LUPIN THE THIRD III ANTHOLOGY

MONKEY PUNCH

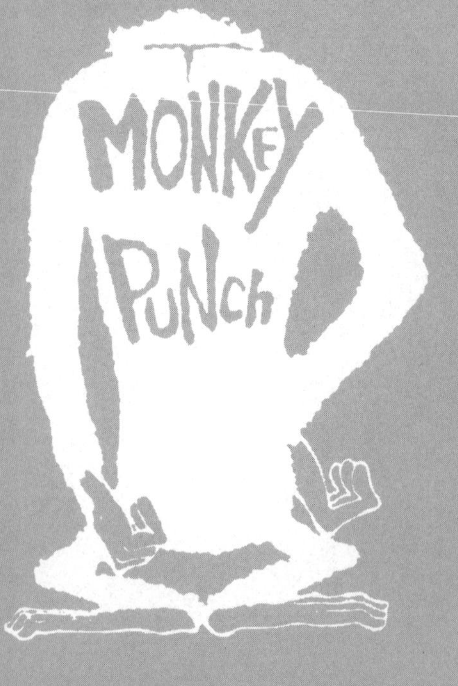

Einige Kapitel mussten aus
früheren Veröffentlichungen
reproduziert werden, wodurch die
Lesbarkeit an manchen Stellen
beeinträchtigt sein kann.
Wir bitten um Verständnis.

DAS GROSSE WIEDERSEHEN DER LUPIN-BANDE

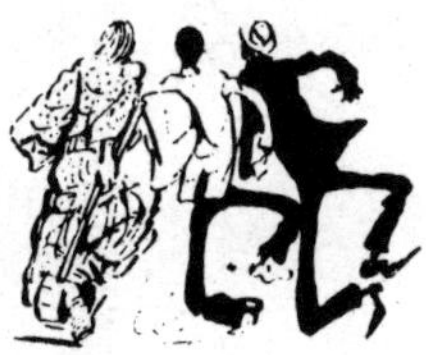

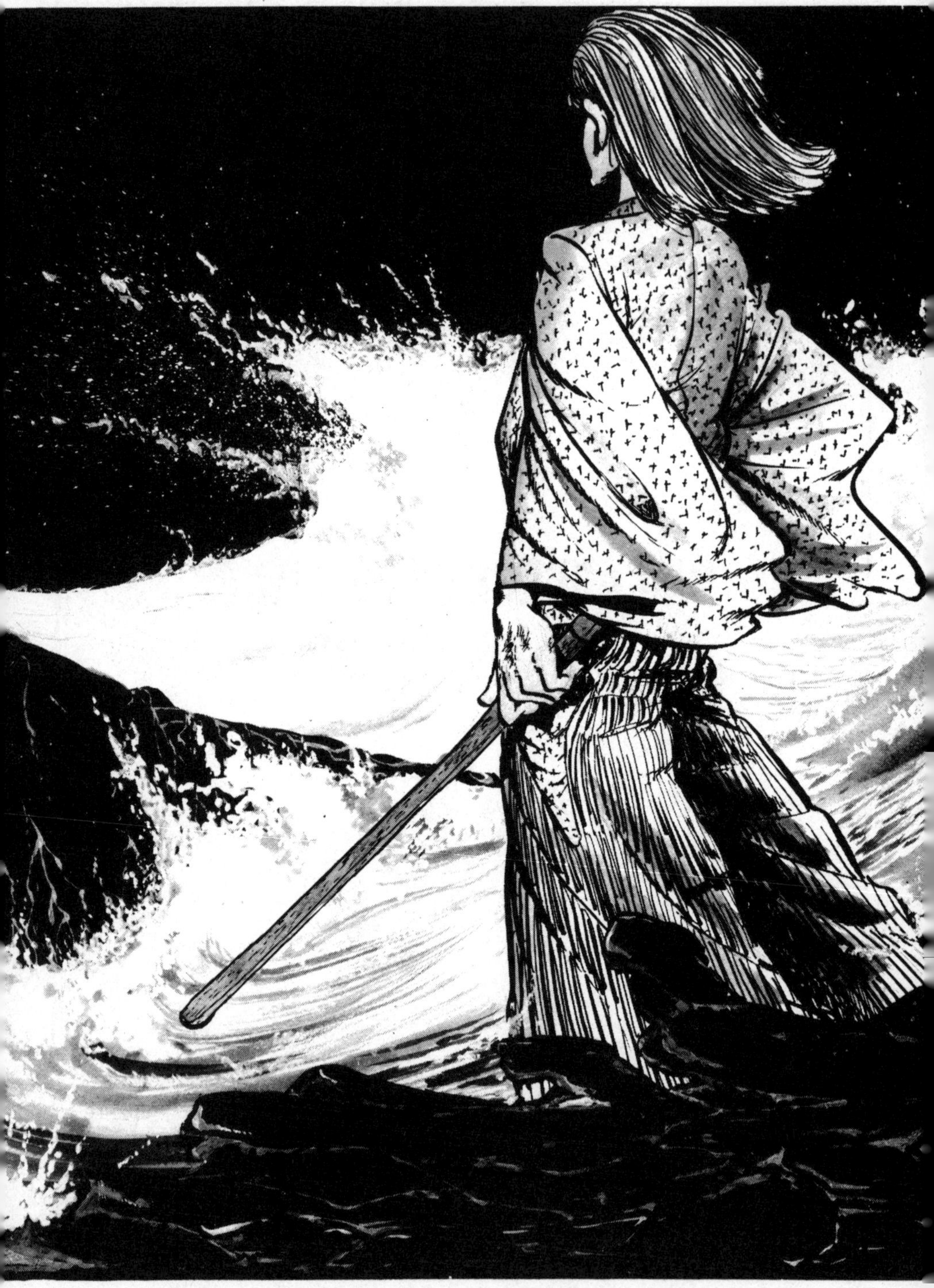

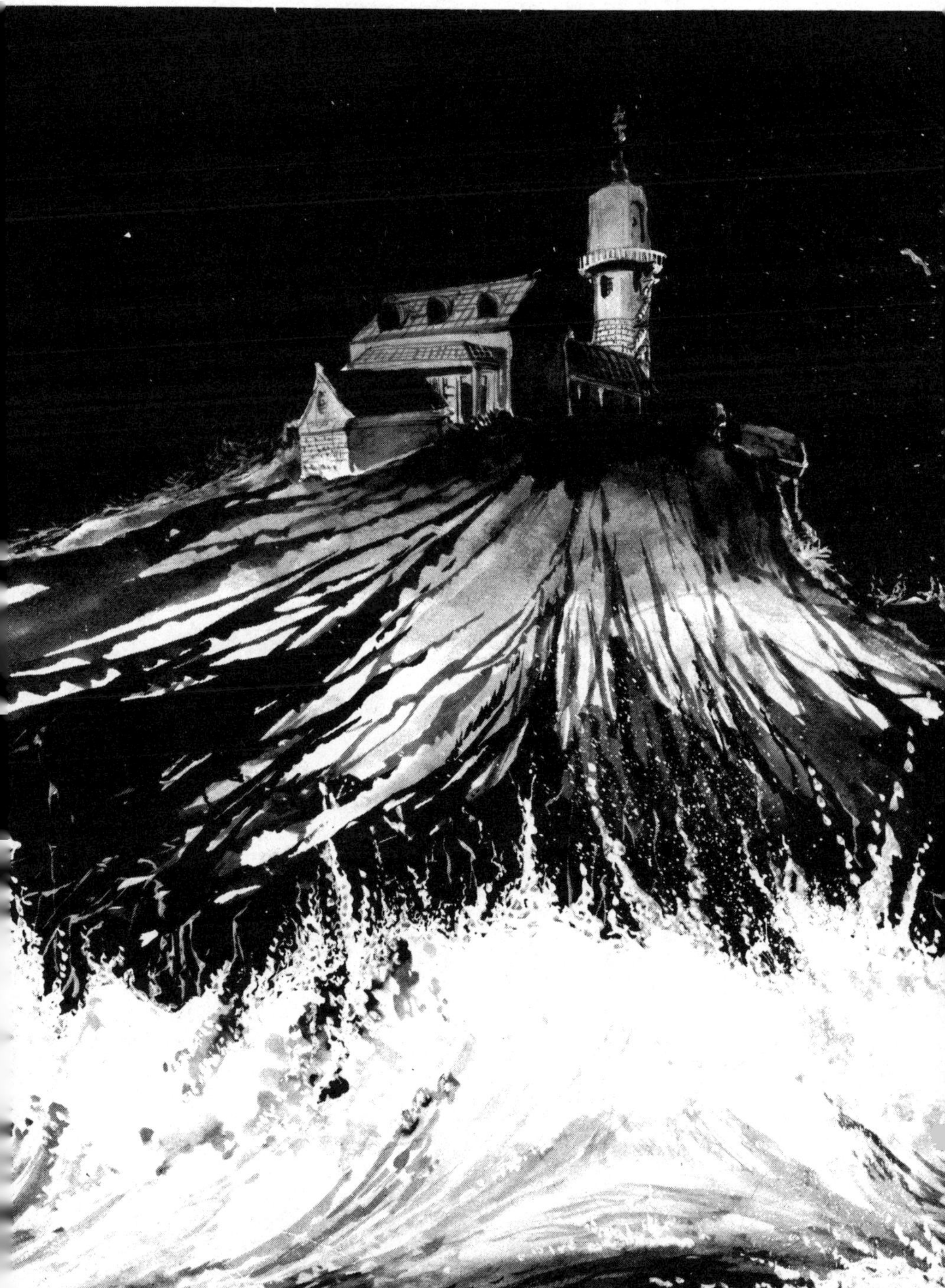

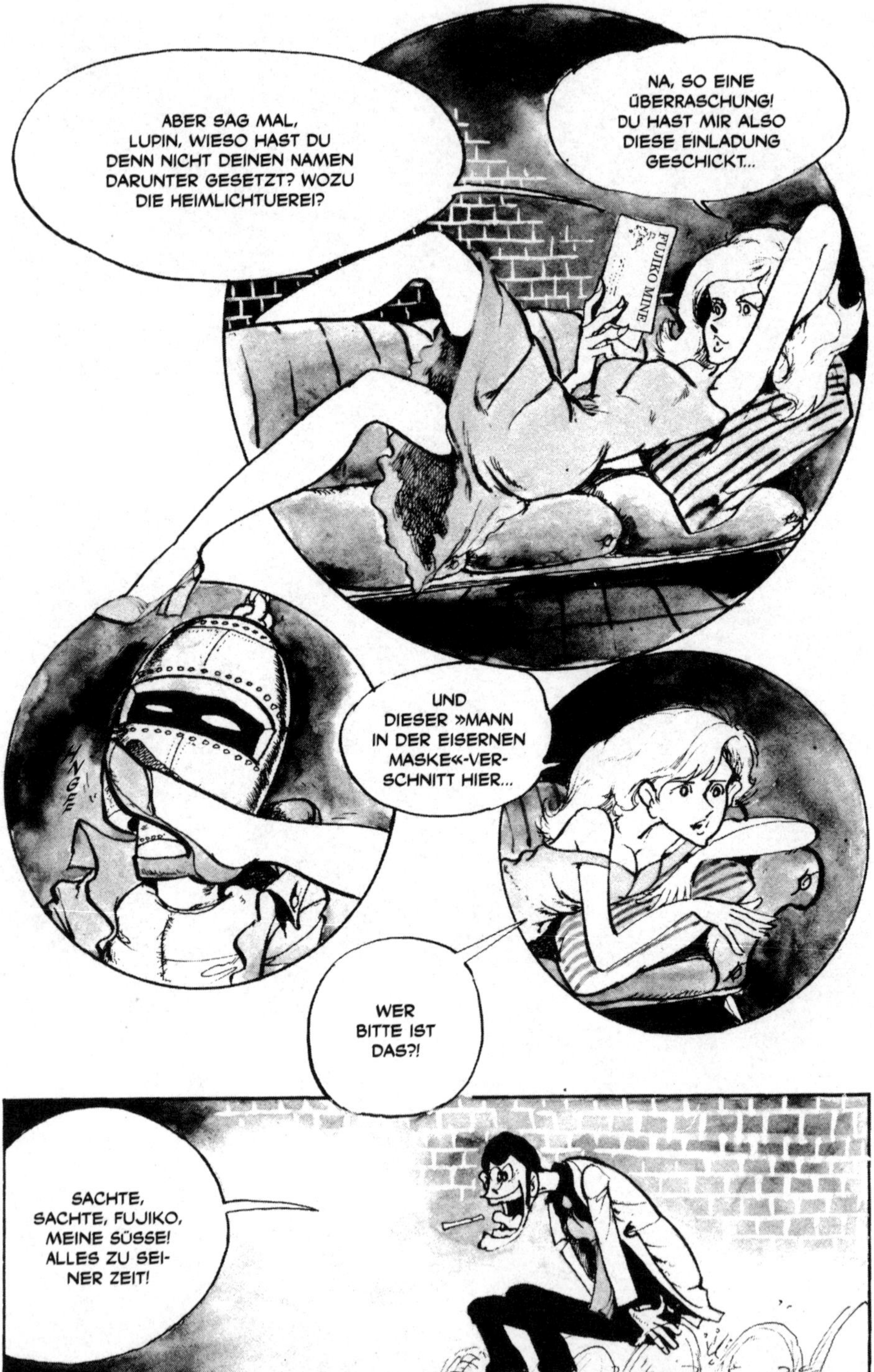
NA, SO EINE ÜBERRASCHUNG! DU HAST MIR ALSO DIESE EINLADUNG GESCHICKT...
ABER SAG MAL, LUPIN, WIESO HAST DU DENN NICHT DEINEN NAMEN DARUNTER GESETZT? WOZU DIE HEIMLICHTUEREI?
FUJIKO MINE
UND DIESER »MANN IN DER EISERNEN MASKE«-VERSCHNITT HIER...
WER BITTE IST DAS?!
SACHTE, SACHTE, FUJIKO, MEINE SÜSSE! ALLES ZU SEINER ZEIT!

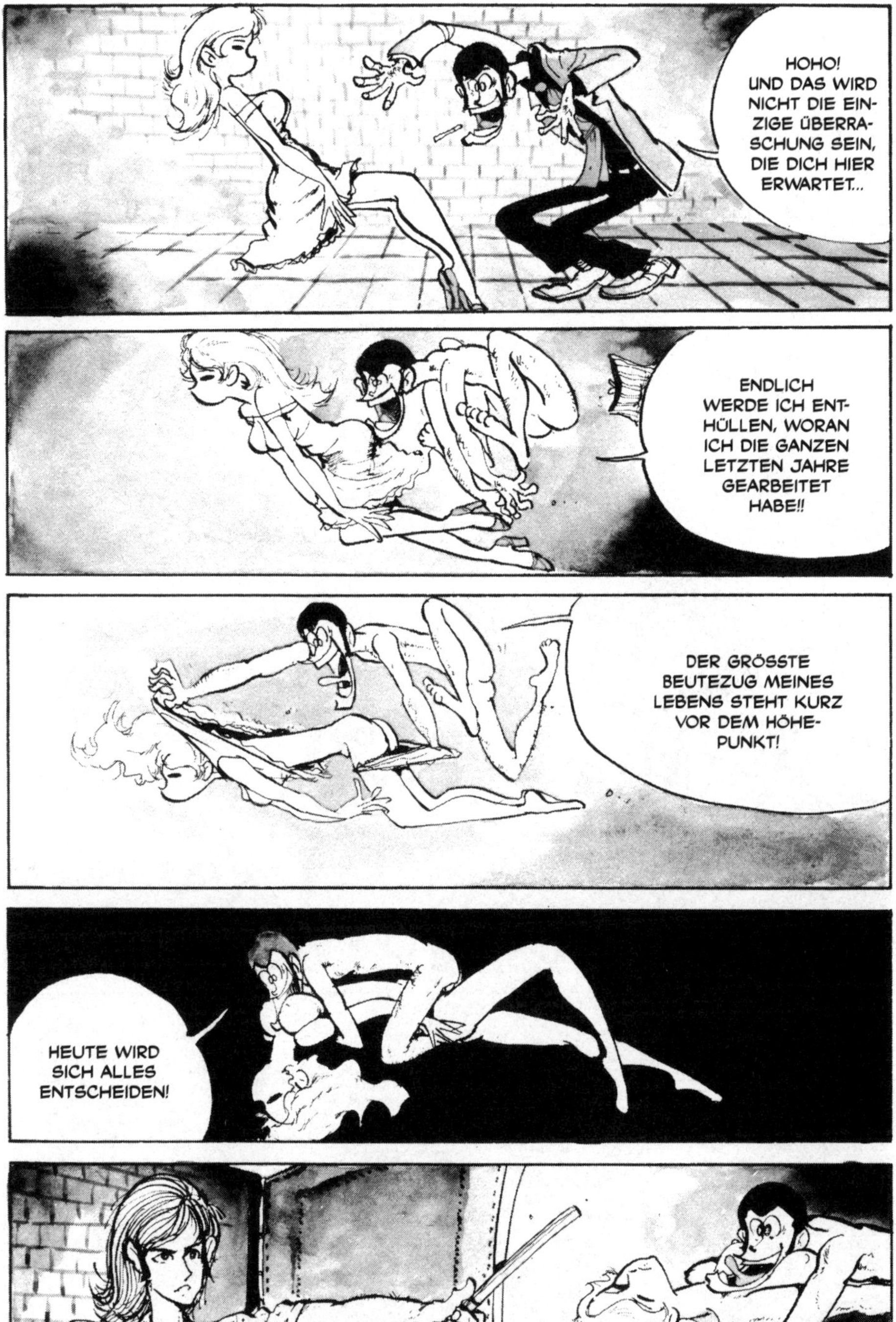
HOHO!
UND DAS WIRD NICHT DIE EINZIGE ÜBERRASCHUNG SEIN, DIE DICH HIER ERWARTET...
ENDLICH WERDE ICH ENTHÜLLEN, WORAN ICH DIE GANZEN LETZTEN JAHRE GEARBEITET HABE!!
DER GRÖSSTE BEUTEZUG MEINES LEBENS STEHT KURZ VOR DEM HÖHEPUNKT!
HEUTE WIRD SICH ALLES ENTSCHEIDEN!

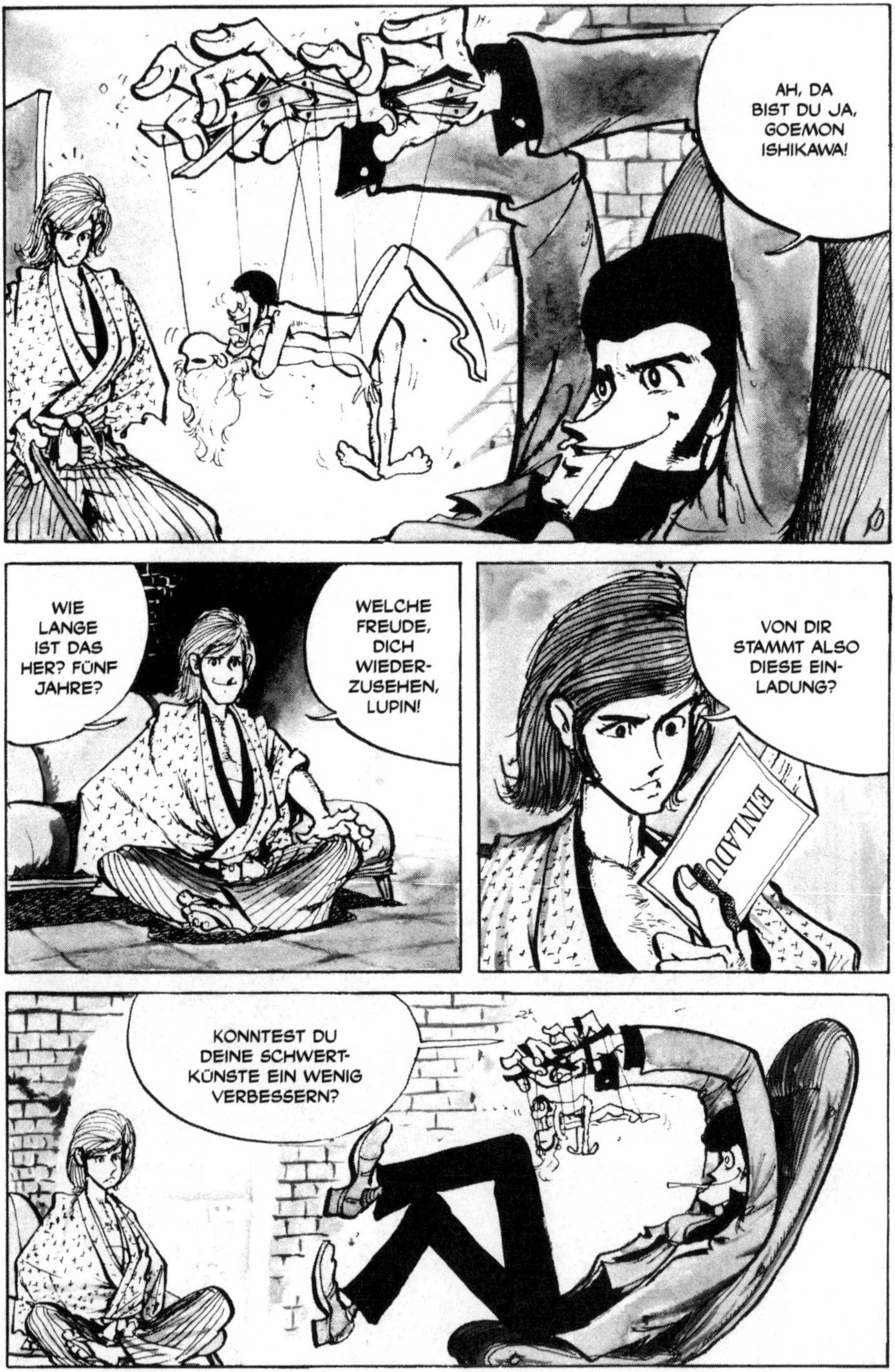
AH, DA BIST DU JA, GOEMON ISHIKAWA!
WIE LANGE IST DAS HER? FÜNF JAHRE?
WELCHE FREUDE, DICH WIEDER-ZUSEHEN, LUPIN!
VON DIR STAMMT ALSO DIESE EIN-LADUNG?
EINLADU
KONNTEST DU DEINE SCHWERT-KÜNSTE EIN WENIG VERBESSERN?

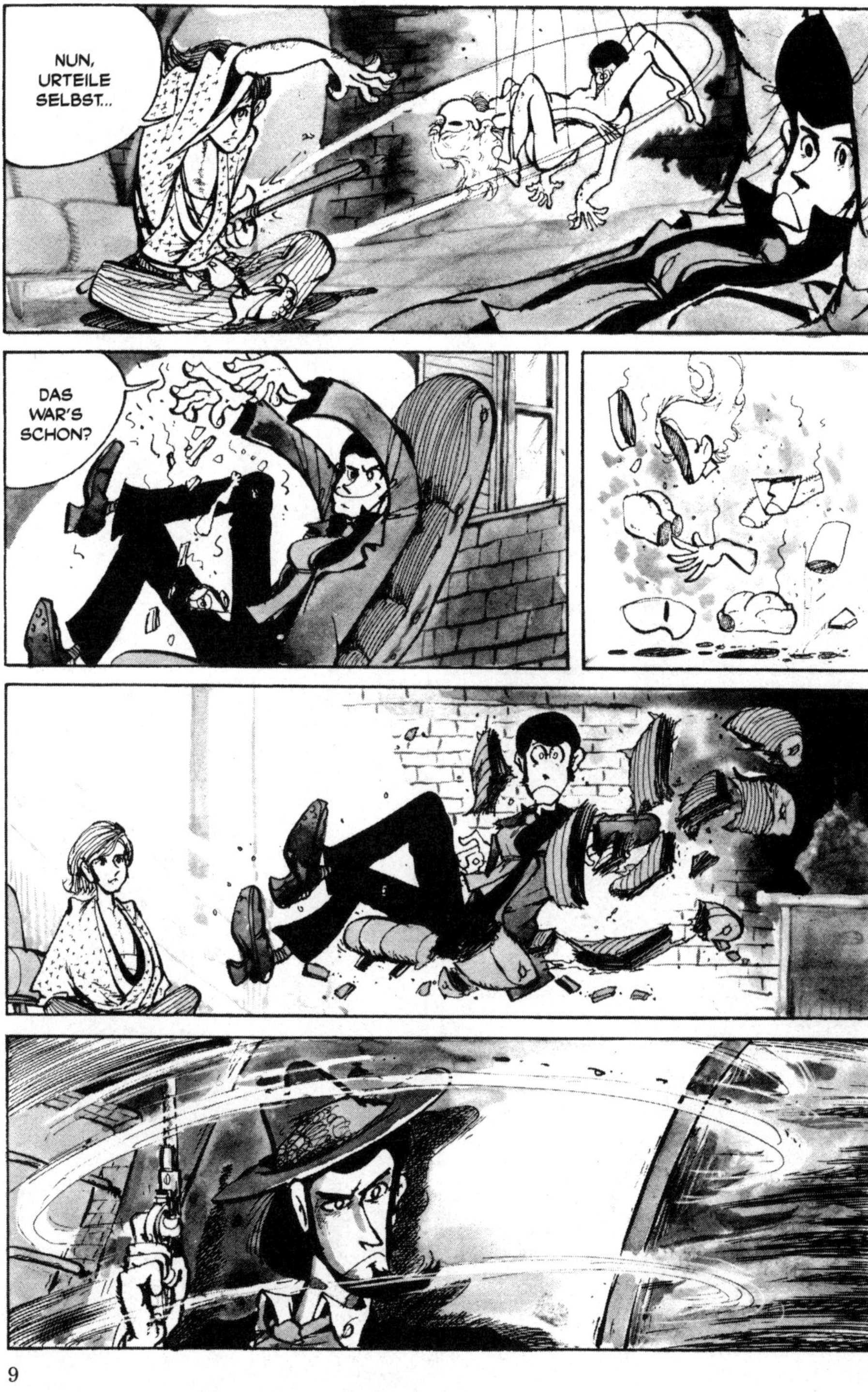
NUN, URTEILE SELBST...
DAS WAR'S SCHON?

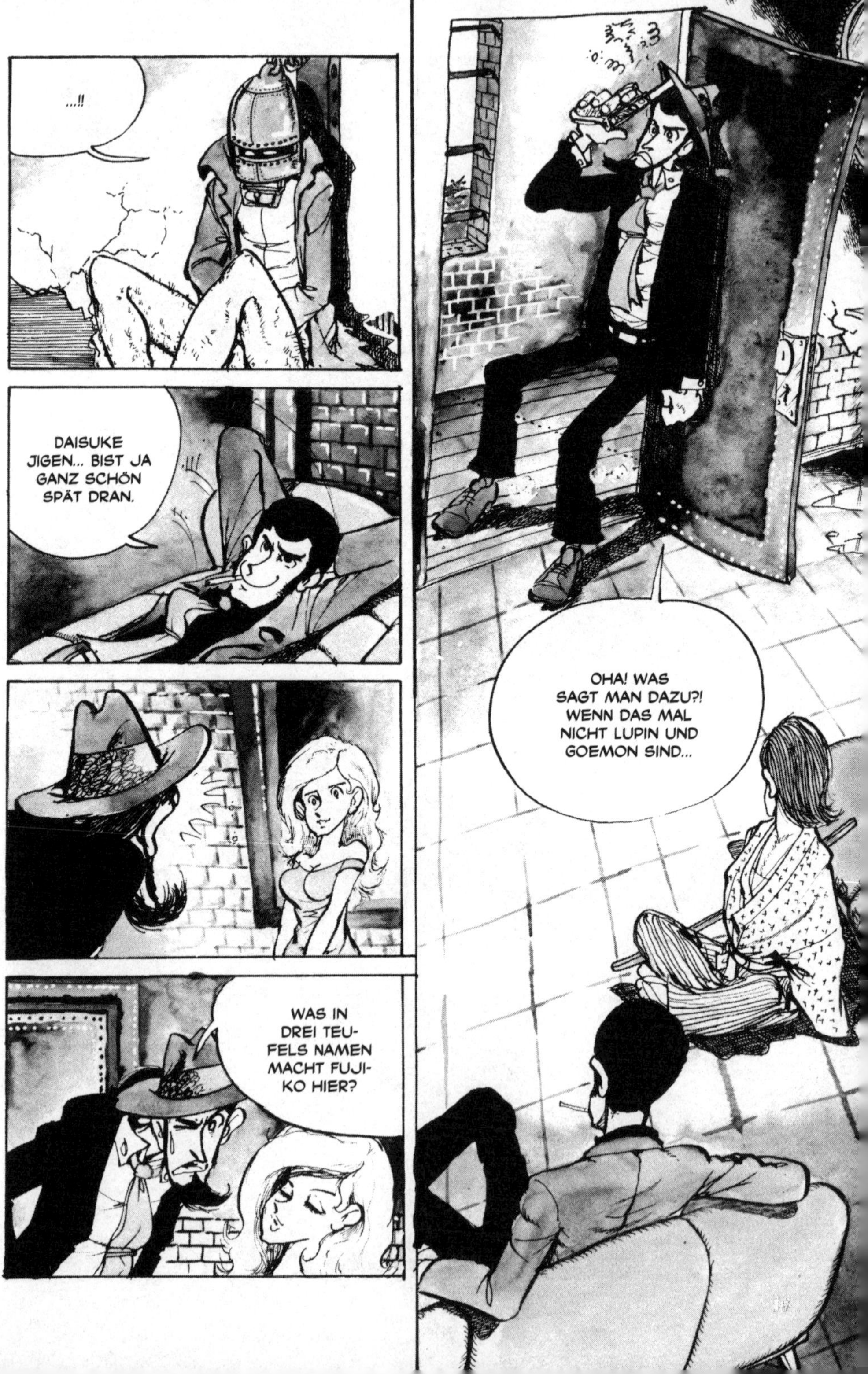
OHA! WAS SAGT MAN DAZU?! WENN DAS MAL NICHT LUPIN UND GOEMON SIND...
...!!
DAISUKE JIGEN... BIST JA GANZ SCHÖN SPÄT DRAN.
WAS IN DREI TEUFELS NAMEN MACHT FUJIKO HIER?

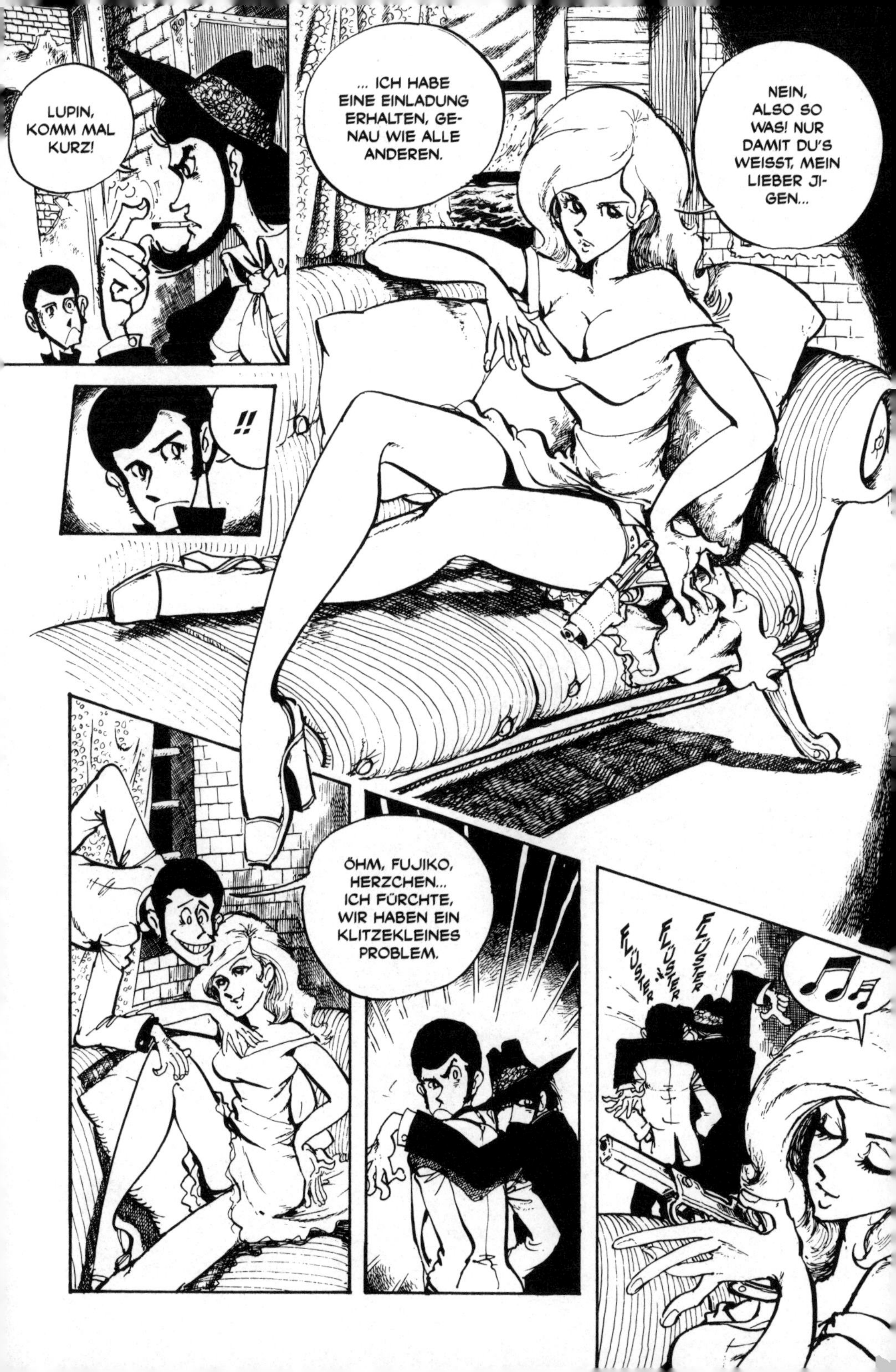
LUPIN, KOMM MAL KURZ!
... ICH HABE EINE EINLADUNG ERHALTEN, GENAU WIE ALLE ANDEREN.
NEIN, ALSO SO WAS! NUR DAMIT DU'S WEISST, MEIN LIEBER JIGEN...
!!
ÖHM, FUJIKO, HERZCHEN... ICH FÜRCHTE, WIR HABEN EIN KLITZEKLEINES PROBLEM.
FLÜSTER
FLÜSTER
FLÜSTER

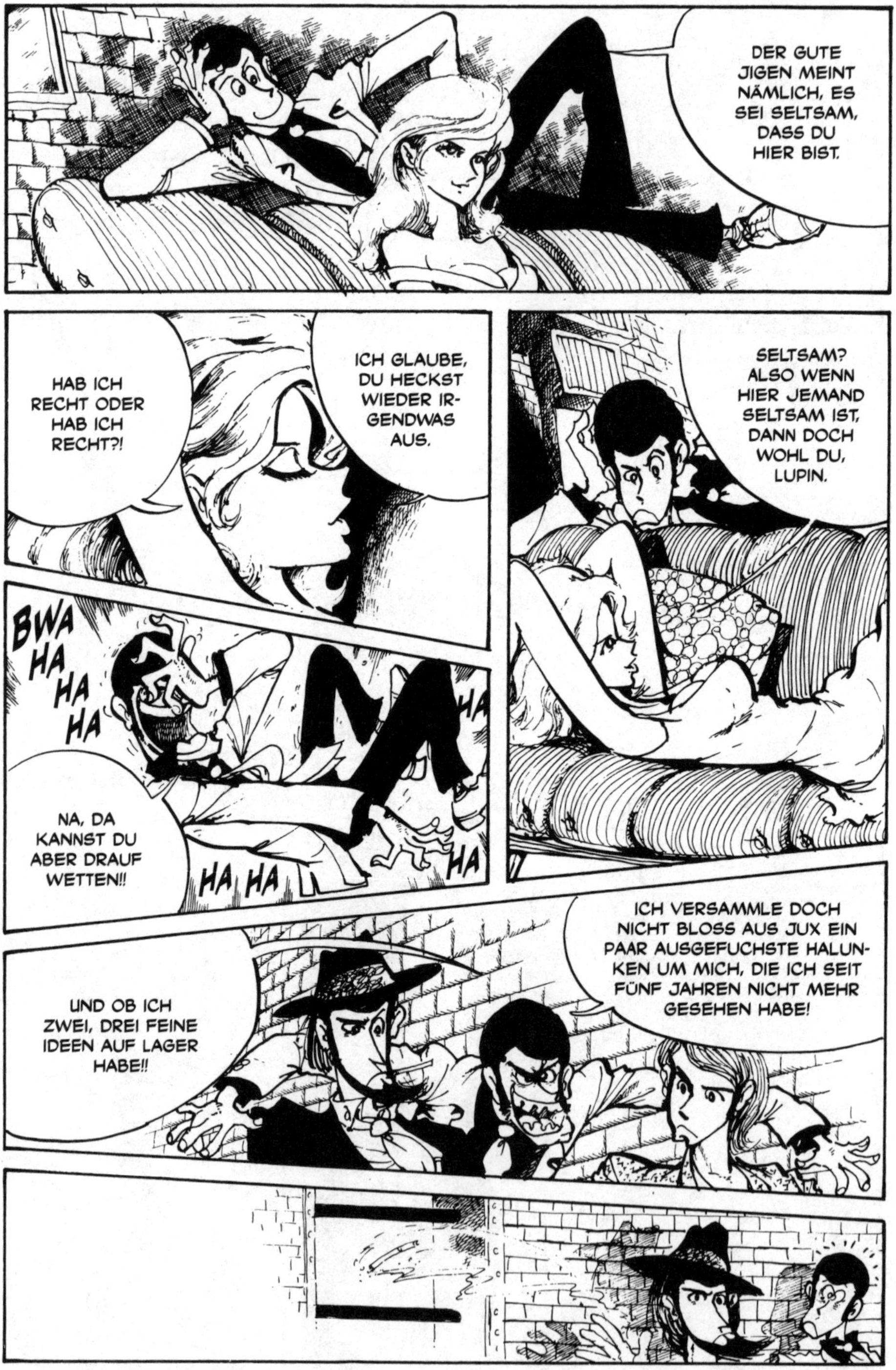

DER GUTE JIGEN MEINT NÄMLICH, ES SEI SELTSAM, DASS DU HIER BIST.
SELTSAM? ALSO WENN HIER JEMAND SELTSAM IST, DANN DOCH WOHL DU, LUPIN.
ICH GLAUBE, DU HECKST WIEDER IR-GENDWAS AUS.
HAB ICH RECHT ODER HAB ICH RECHT?!
BWA HA HA HA HA
HA
HA
HA HA
NA, DA KANNST DU ABER DRAUF WETTEN!!
ICH VERSAMMLE DOCH NICHT BLOSS AUS JUX EIN PAAR AUSGEFUCHSTE HALUN-KEN UM MICH, DIE ICH SEIT FÜNF JAHREN NICHT MEHR GESEHEN HABE!
UND OB ICH ZWEI, DREI FEINE IDEEN AUF LAGER HABE!!

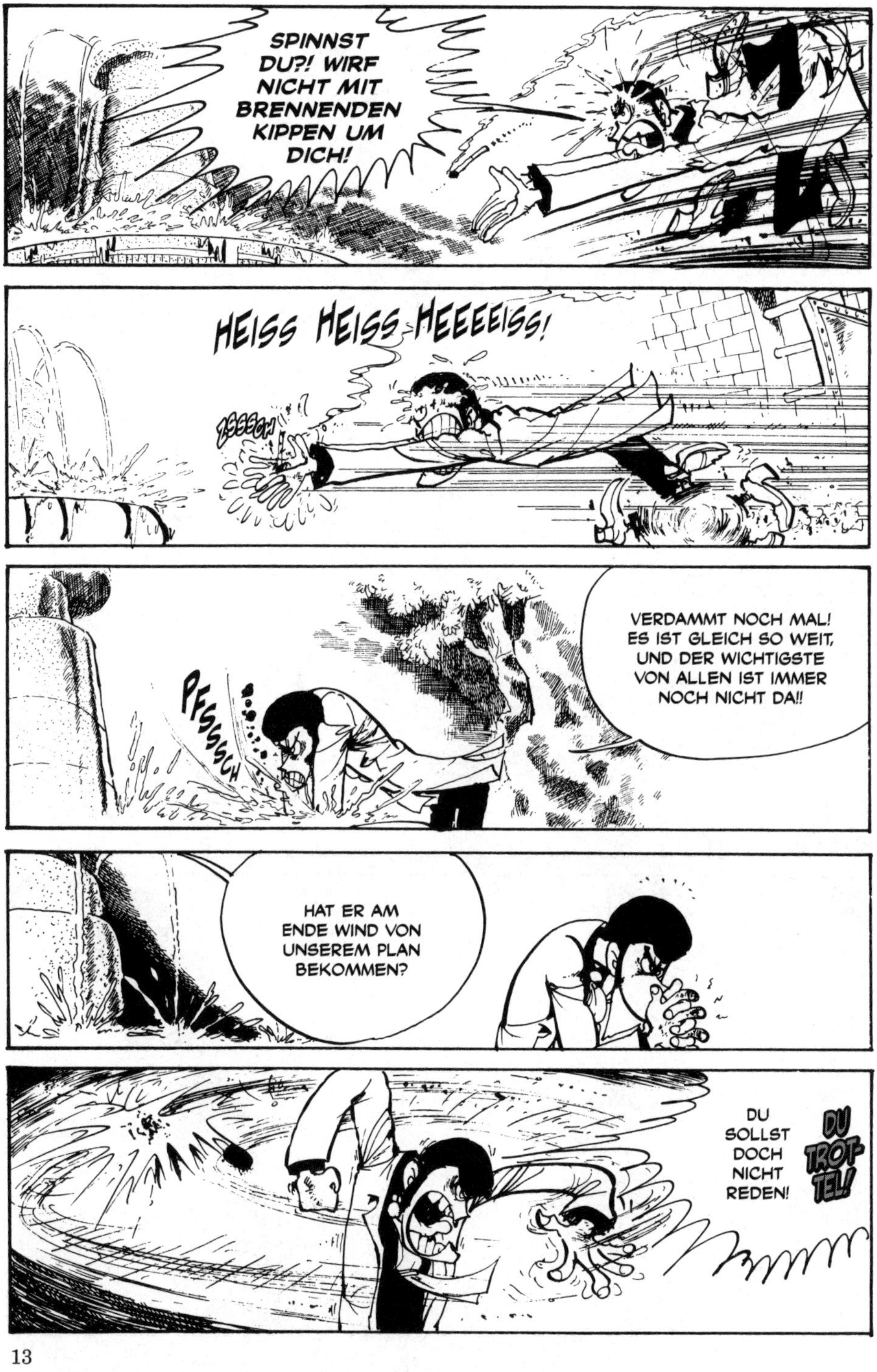
SPINNST DU?! WIRF NICHT MIT BRENNENDEN KIPPEN UM DICH!
HEISS HEISS HEEEEISS!
ZISSSCH
PFSSSCH
VERDAMMT NOCH MAL! ES IST GLEICH SO WEIT, UND DER WICHTIGSTE VON ALLEN IST IMMER NOCH NICHT DA!!
HAT ER AM ENDE WIND VON UNSEREM PLAN BEKOMMEN?
DU SOLLST DOCH NICHT REDEN!
DU TROT-TEL!

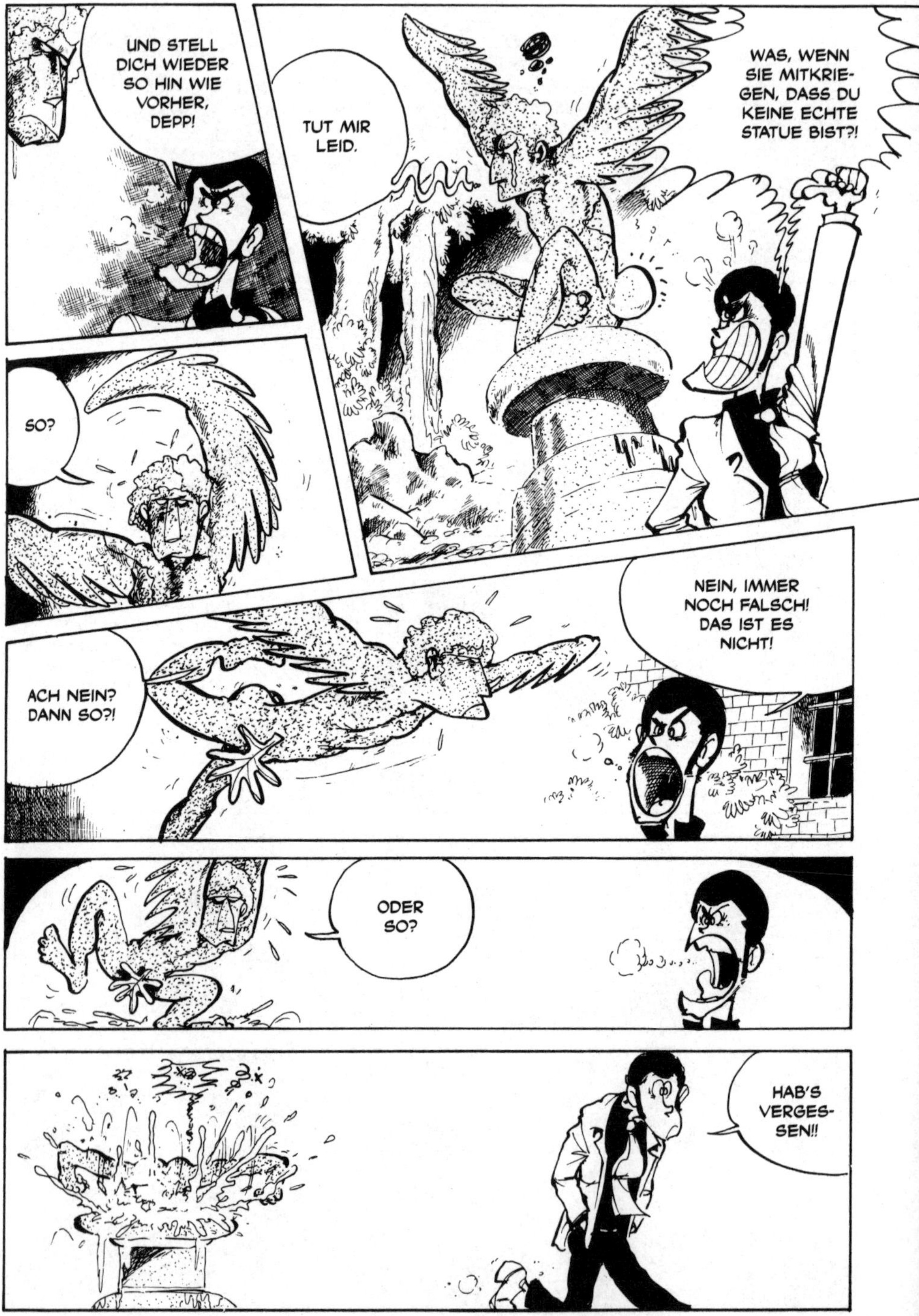
UND STELL DICH WIEDER SO HIN WIE VORHER, DEPP!
TUT MIR LEID.
WAS, WENN SIE MITKRIE-GEN, DASS DU KEINE ECHTE STATUE BIST?!
SO?
NEIN, IMMER NOCH FALSCH! DAS IST ES NICHT!
ACH NEIN? DANN SO?!
ODER SO?
HAB'S VERGES-SEN!!

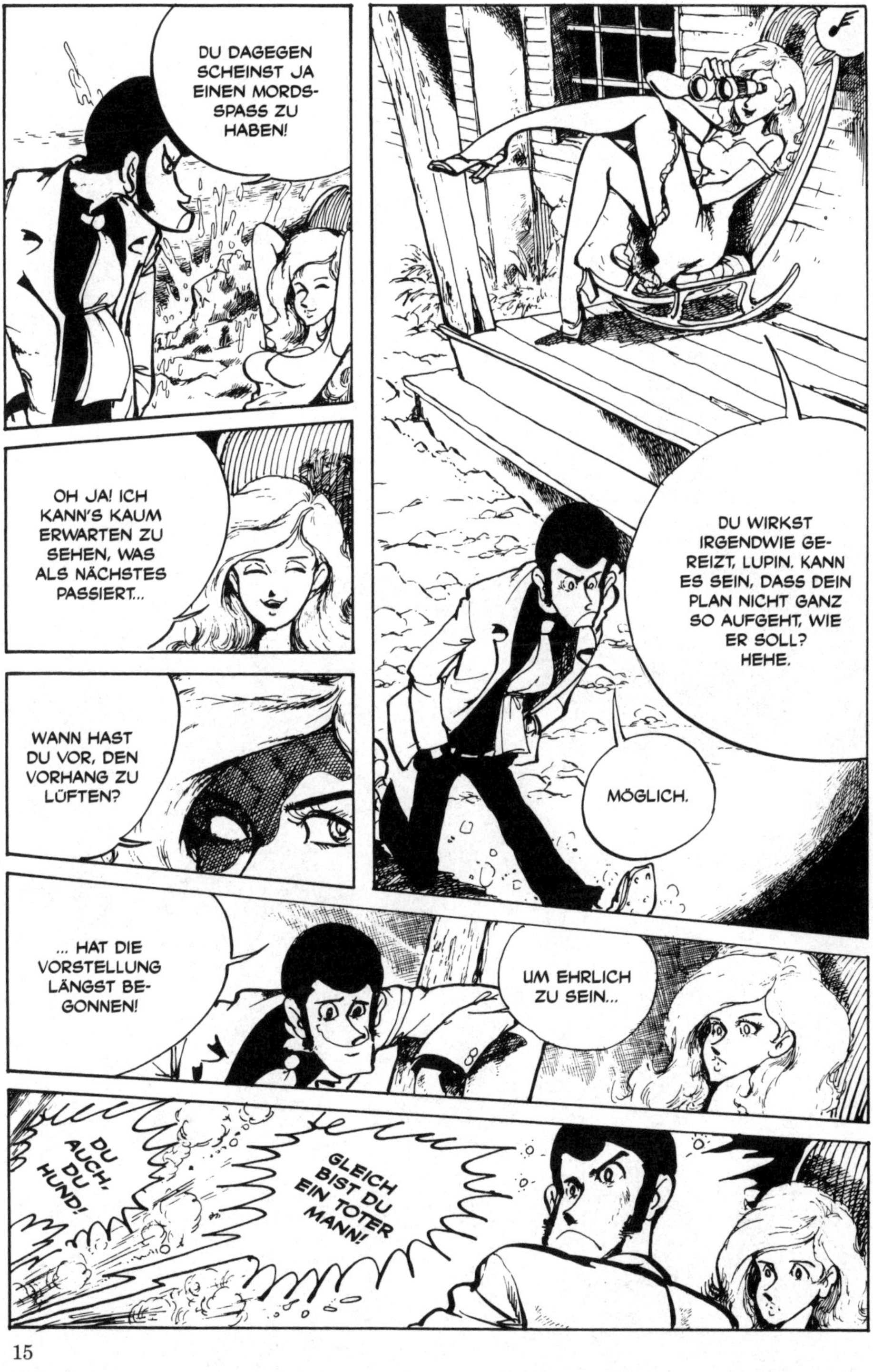

DU DAGEGEN SCHEINST JA EINEN MORDS-SPASS ZU HABEN!
OH JA! ICH KANN'S KAUM ERWARTEN ZU SEHEN, WAS ALS NÄCHSTES PASSIERT...
WANN HAST DU VOR, DEN VORHANG ZU LÜFTEN?
DU WIRKST IRGENDWIE GE-REIZT, LUPIN. KANN ES SEIN, DASS DEIN PLAN NICHT GANZ SO AUFGEHT, WIE ER SOLL? HEHE.
MÖGLICH.
UM EHRLICH ZU SEIN...
... HAT DIE VORSTELLUNG LÄNGST BE-GONNEN!
GLEICH BIST DU EIN TOTER MANN!
DU AUCH, DU HUND!

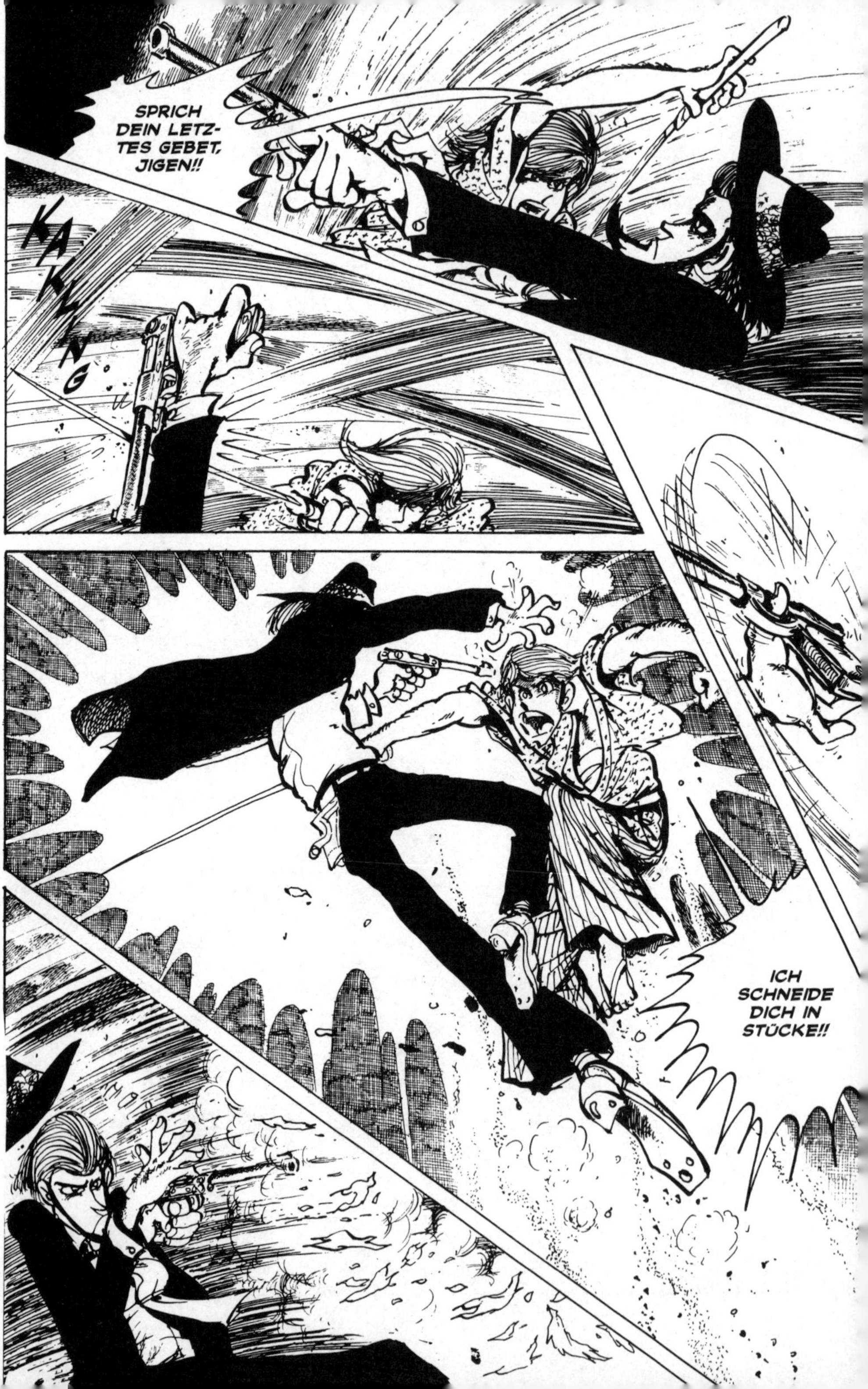
SPRICH DEIN LETZTES GEBET, JIGEN!!
KA-WANG
ICH SCHNEIDE DICH IN STÜCKE!!

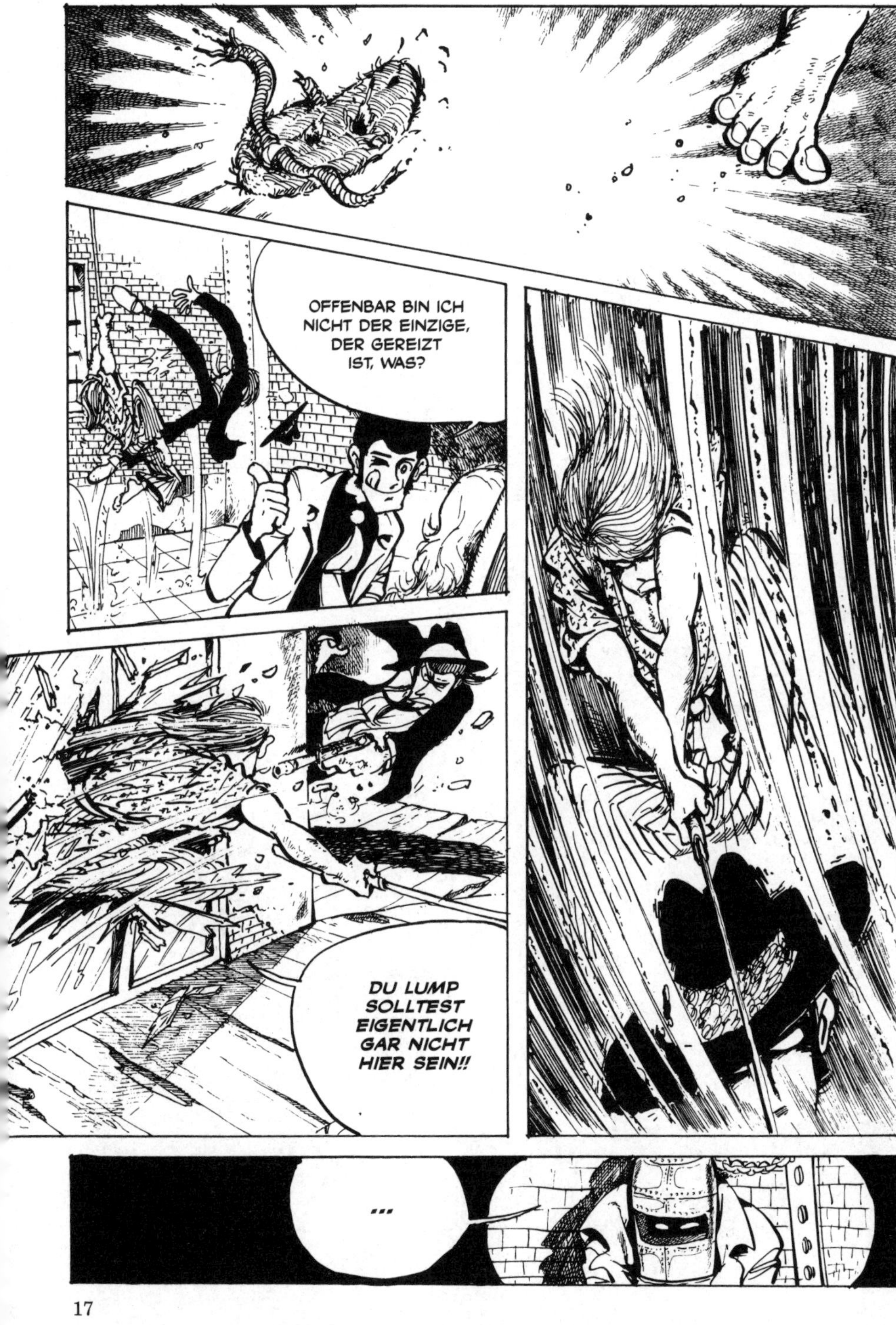
OFFENBAR BIN ICH NICHT DER EINZIGE, DER GEREIZT IST, WAS?
DU LUMP SOLLTEST EIGENTLICH GAR NICHT HIER SEIN!!
...

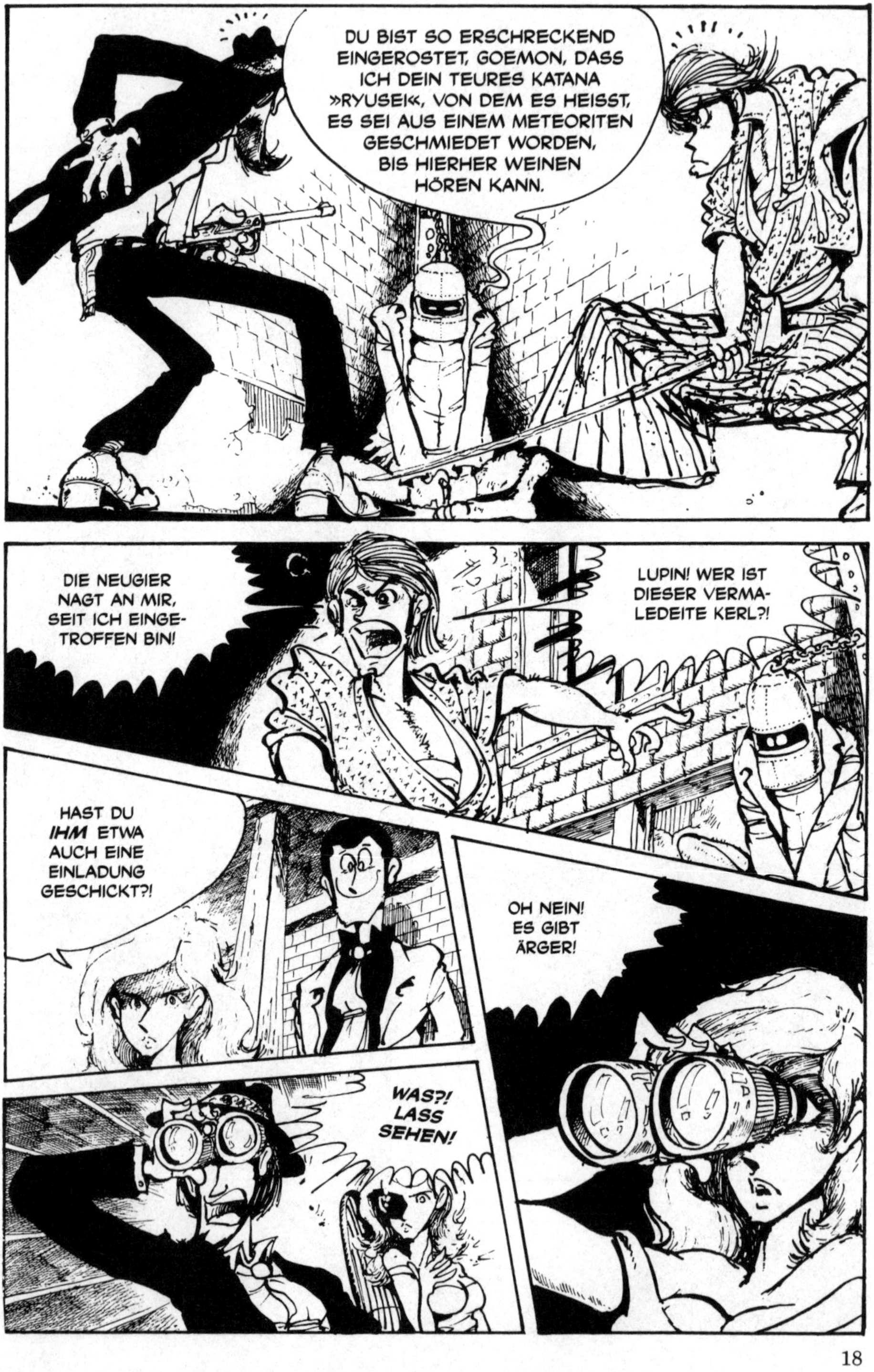
DU BIST SO ERSCHRECKEND EINGEROSTET, GOEMON, DASS ICH DEIN TEURES KATANA »RYUSEI«, VON DEM ES HEISST, ES SEI AUS EINEM METEORITEN GESCHMIEDET WORDEN, BIS HIERHER WEINEN HÖREN KANN.
DIE NEUGIER NAGT AN MIR, SEIT ICH EINGE-TROFFEN BIN!
LUPIN! WER IST DIESER VERMA-LEDEITE KERL?!
HAST DU *IHM* ETWA AUCH EINE EINLADUNG GESCHICKT?!
OH NEIN! ES GIBT ÄRGER!
WAS?! LASS SEHEN!

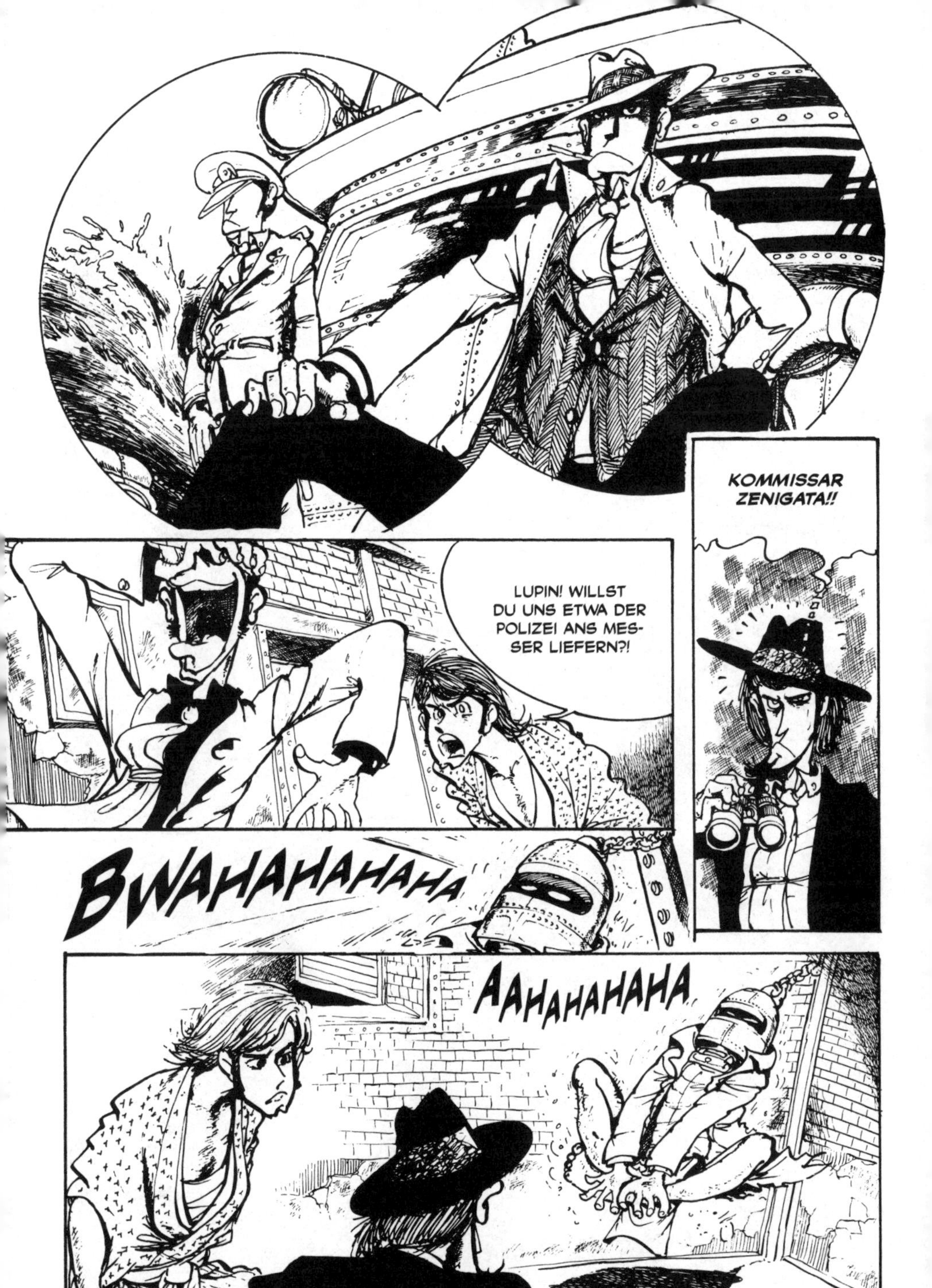
KOMMISSAR ZENIGATA!!
LUPIN! WILLST DU UNS ETWA DER POLIZEI ANS MESSER LIEFERN?!
BWAHAHAHAHAHA
AAHAHAHAHA

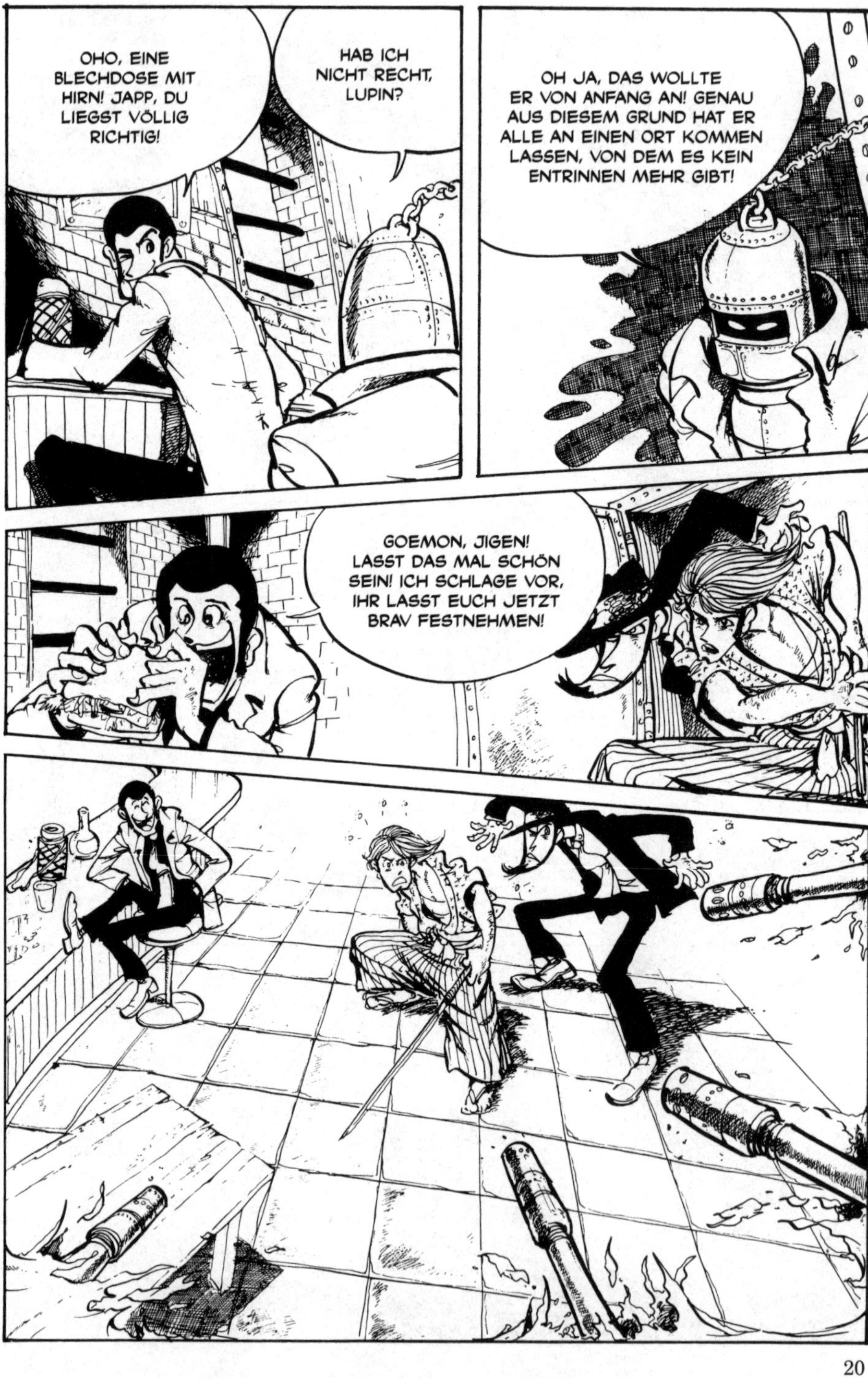
OHO, EINE BLECHDOSE MIT HIRN! JAPP, DU LIEGST VÖLLIG RICHTIG!
HAB ICH NICHT RECHT, LUPIN?
OH JA, DAS WOLLTE ER VON ANFANG AN! GENAU AUS DIESEM GRUND HAT ER ALLE AN EINEN ORT KOMMEN LASSEN, VON DEM ES KEIN ENTRINNEN MEHR GIBT!
GOEMON, JIGEN! LASST DAS MAL SCHÖN SEIN! ICH SCHLAGE VOR, IHR LASST EUCH JETZT BRAV FESTNEHMEN!

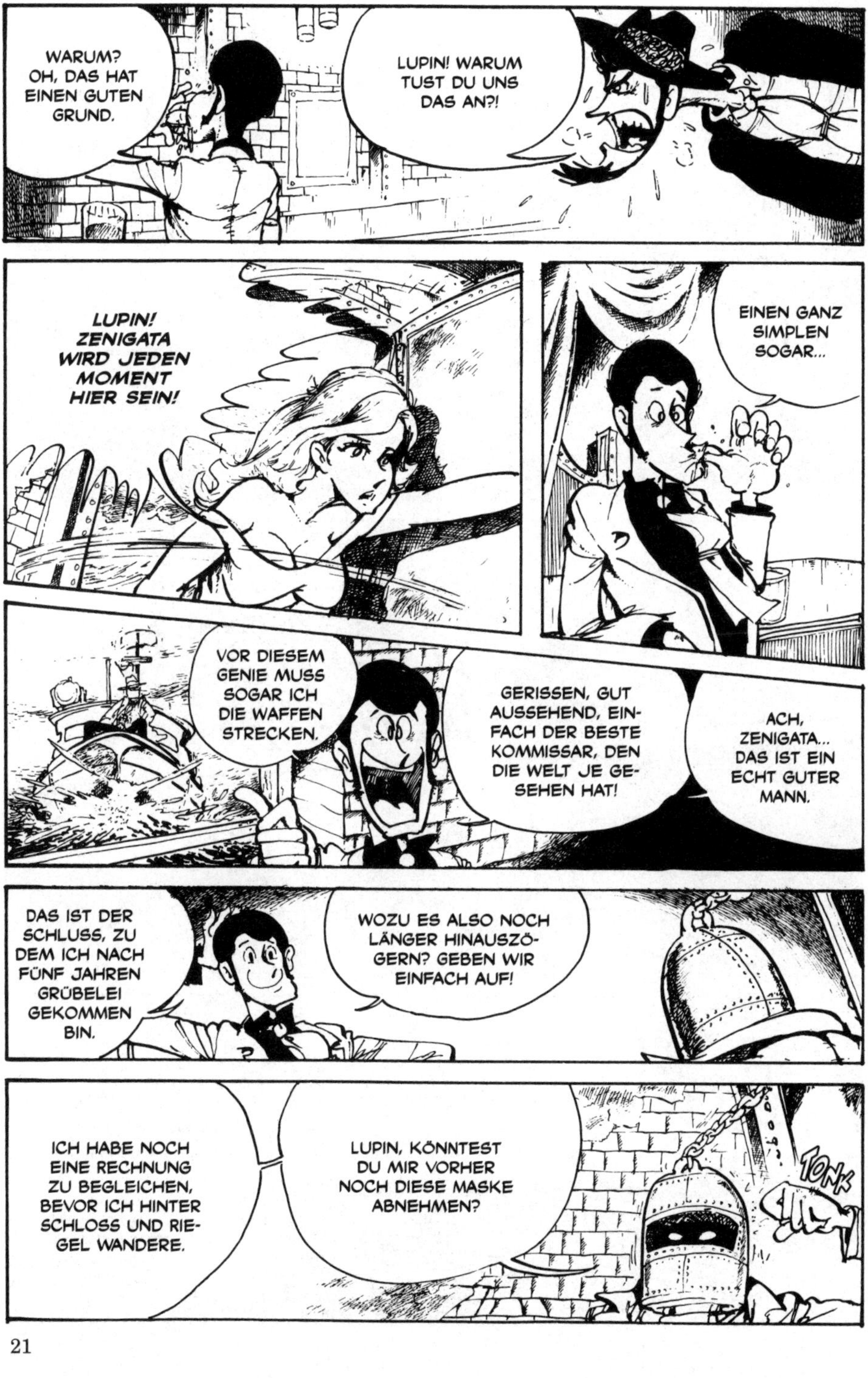
LUPIN! WARUM TUST DU UNS DAS AN?!
WARUM? OH, DAS HAT EINEN GUTEN GRUND.
EINEN GANZ SIMPLEN SOGAR...
LUPIN! ZENIGATA WIRD JEDEN MOMENT HIER SEIN!
ACH, ZENIGATA... DAS IST EIN ECHT GUTER MANN.
GERISSEN, GUT AUSSEHEND, EINFACH DER BESTE KOMMISSAR, DEN DIE WELT JE GESEHEN HAT!
VOR DIESEM GENIE MUSS SOGAR ICH DIE WAFFEN STRECKEN.
WOZU ES ALSO NOCH LÄNGER HINAUSZÖGERN? GEBEN WIR EINFACH AUF!
DAS IST DER SCHLUSS, ZU DEM ICH NACH FÜNF JAHREN GRÜBELEI GEKOMMEN BIN.
TONK
LUPIN, KÖNNTEST DU MIR VORHER NOCH DIESE MASKE ABNEHMEN?
ICH HABE NOCH EINE RECHNUNG ZU BEGLEICHEN, BEVOR ICH HINTER SCHLOSS UND RIEGEL WANDERE.

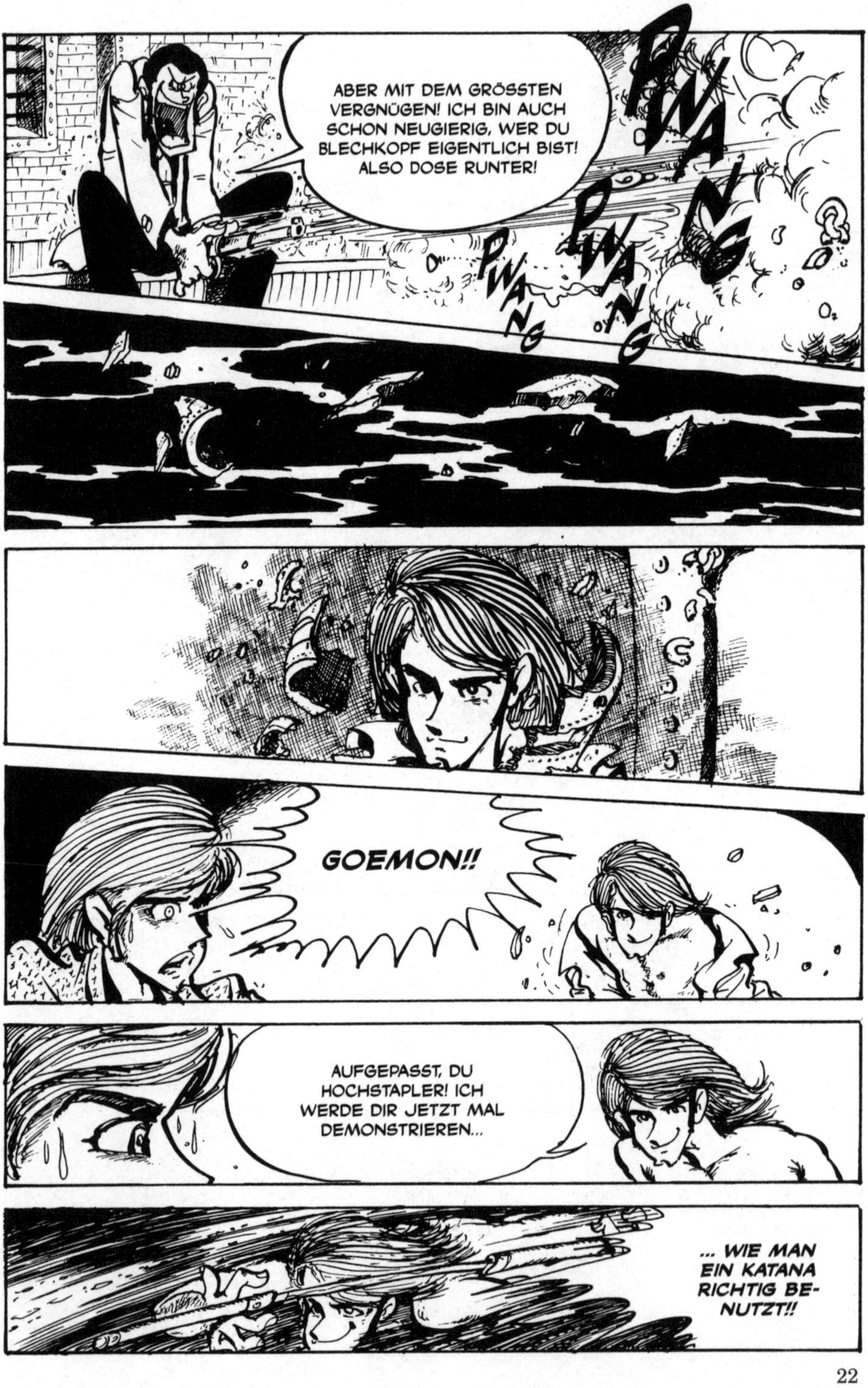
ABER MIT DEM GRÖSSTEN VERGNÜGEN! ICH BIN AUCH SCHON NEUGIERIG, WER DU BLECHKOPF EIGENTLICH BIST! ALSO DOSE RUNTER!
PWANG
PWANG
PWANG
GOEMON!!
AUFGEPASST, DU HOCHSTAPLER! ICH WERDE DIR JETZT MAL DEMONSTRIEREN...
... WIE MAN EIN KATANA RICHTIG BE-NUTZT!!

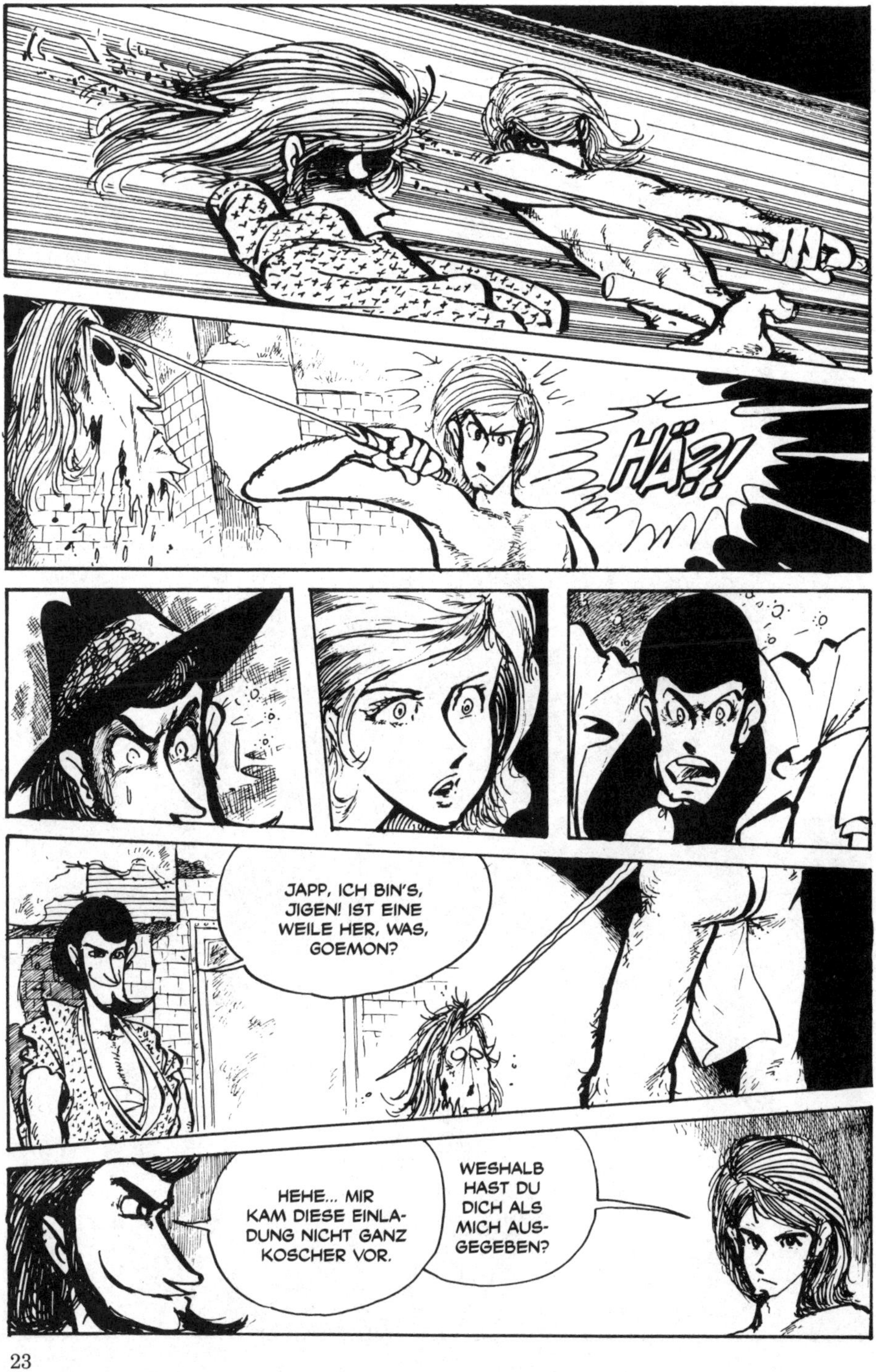
HÄ?!
JAPP, ICH BIN'S, JIGEN! IST EINE WEILE HER, WAS, GOEMON?
WESHALB HAST DU DICH ALS MICH AUS-GEGEBEN?
HEHE... MIR KAM DIESE EINLA-DUNG NICHT GANZ KOSCHER VOR.

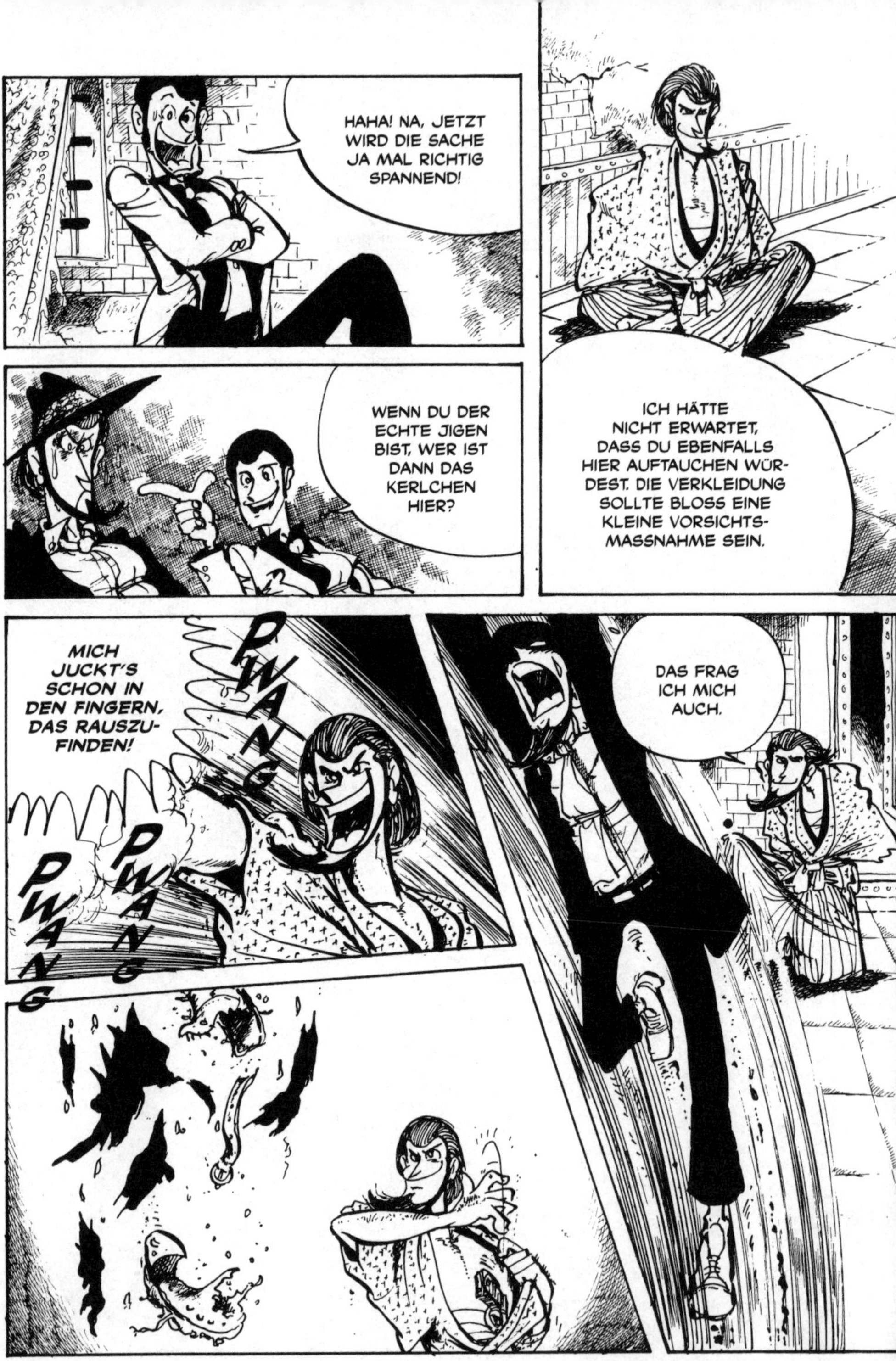
HAHA! NA, JETZT WIRD DIE SACHE JA MAL RICHTIG SPANNEND!
WENN DU DER ECHTE JIGEN BIST, WER IST DANN DAS KERLCHEN HIER?
ICH HÄTTE NICHT ERWARTET, DASS DU EBENFALLS HIER AUFTAUCHEN WÜRDEST. DIE VERKLEIDUNG SOLLTE BLOSS EINE KLEINE VORSICHTSMASSNAHME SEIN.
DAS FRAG ICH MICH AUCH.
MICH JUCKT'S SCHON IN DEN FINGERN, DAS RAUSZUFINDEN!
PWANG
PWANG
PWANG

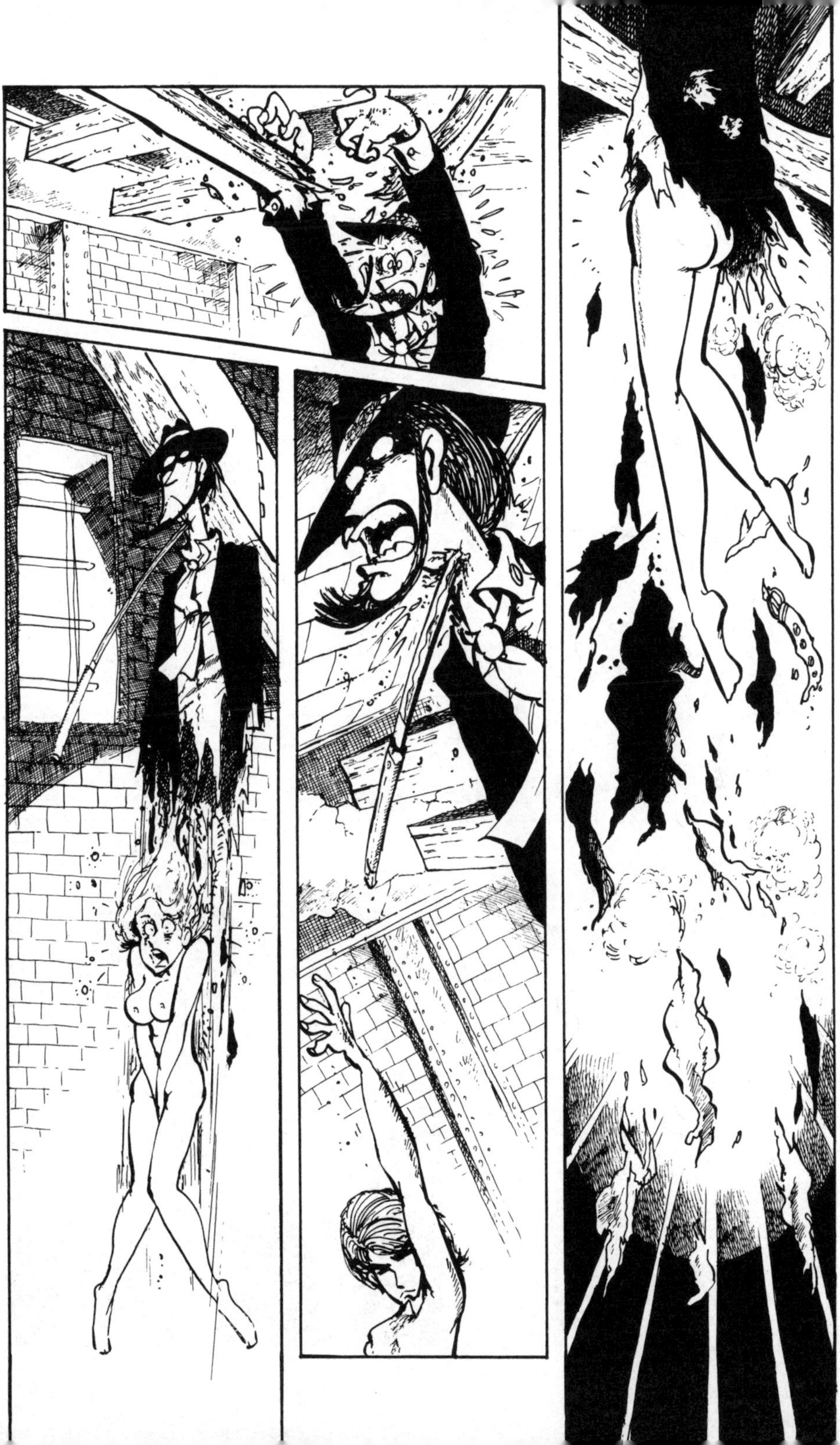

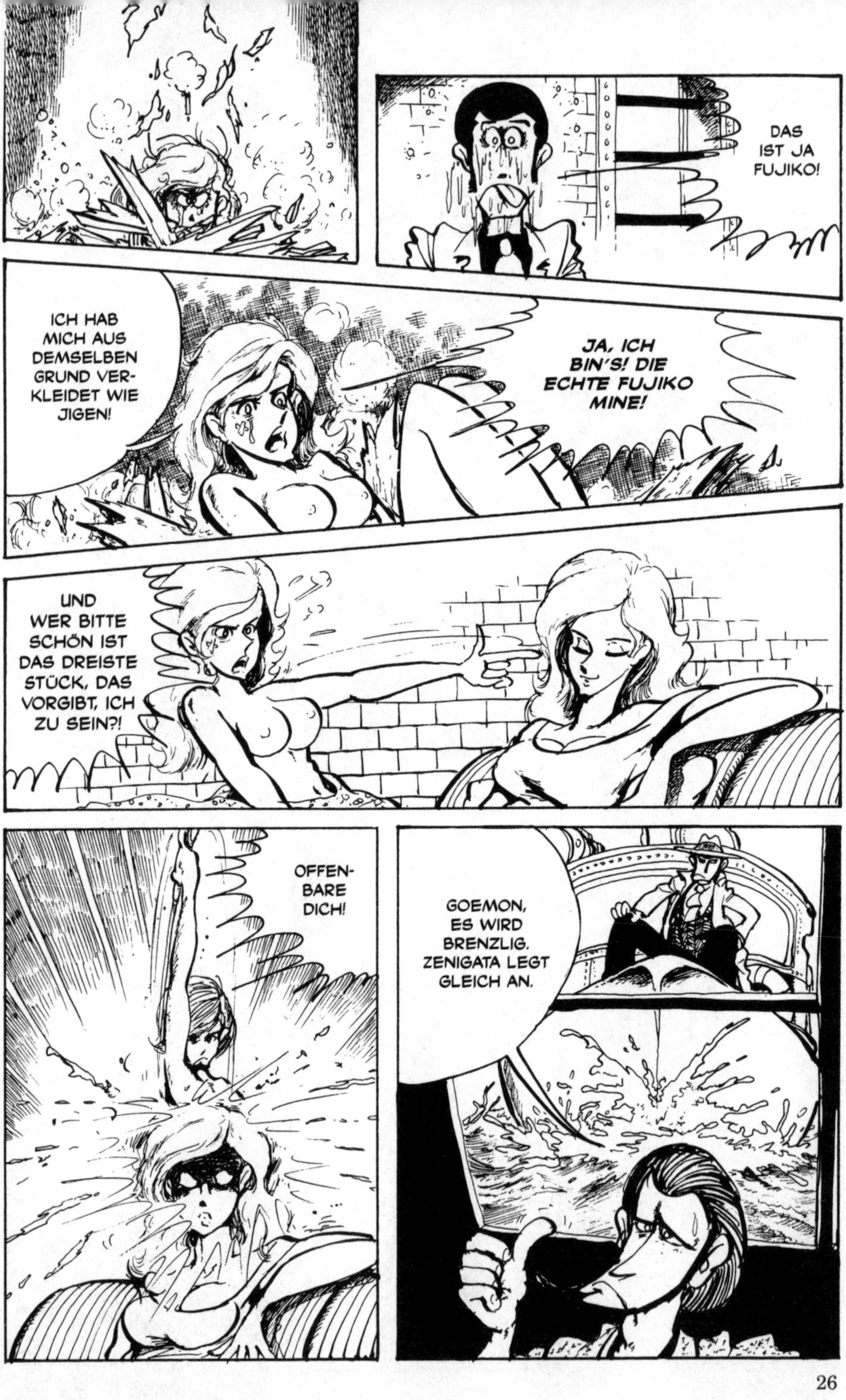
DAS IST JA FUJIKO!
JA, ICH BIN'S! DIE ECHTE FUJIKO MINE!
ICH HAB MICH AUS DEMSELBEN GRUND VERKLEIDET WIE JIGEN!
UND WER BITTE SCHÖN IST DAS DREISTE STÜCK, DAS VORGIBT, ICH ZU SEIN?!
OFFENBARE DICH!
GOEMON, ES WIRD BRENZLIG. ZENIGATA LEGT GLEICH AN.

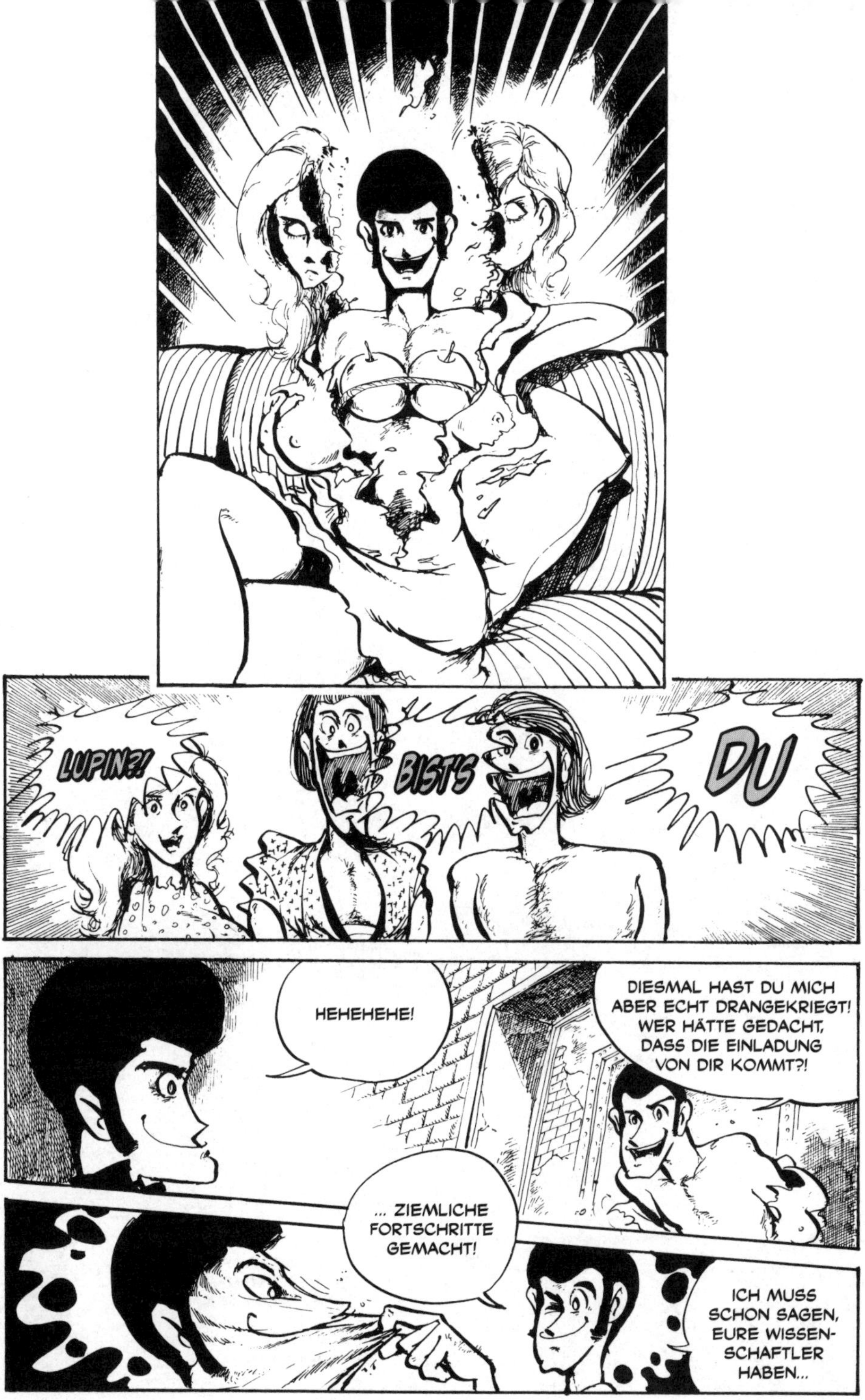
LUPIN?!
BIST'S
DU
HEHEHEHE!
DIESMAL HAST DU MICH ABER ECHT DRANGEKRIEGT! WER HÄTTE GEDACHT, DASS DIE EINLADUNG VON DIR KOMMT?!
ICH MUSS SCHON SAGEN, EURE WISSEN-SCHAFTLER HABEN...
... ZIEMLICHE FORTSCHRITTE GEMACHT!

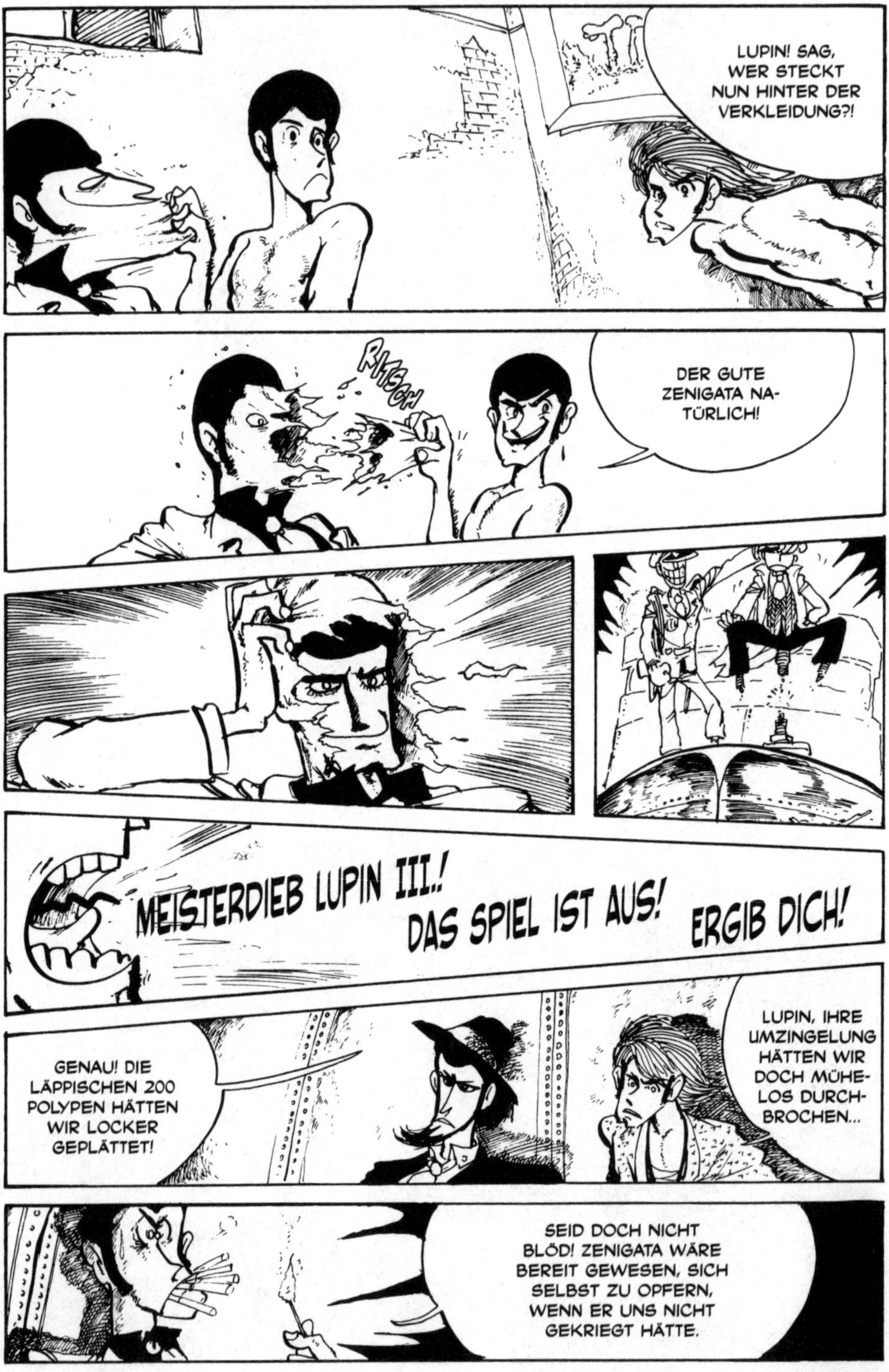
LUPIN! SAG, WER STECKT NUN HINTER DER VERKLEIDUNG?!
RITSCH
DER GUTE ZENIGATA NA-TÜRLICH!
MEISTERDIEB LUPIN III.!
DAS SPIEL IST AUS!
ERGIB DICH!
GENAU! DIE LÄPPISCHEN 200 POLYPEN HÄTTEN WIR LOCKER GEPLÄTTET!
LUPIN, IHRE UMZINGELUNG HÄTTEN WIR DOCH MÜHE-LOS DURCH-BROCHEN...
SEID DOCH NICHT BLÖD! ZENIGATA WÄRE BEREIT GEWESEN, SICH SELBST ZU OPFERN, WENN ER UNS NICHT GEKRIEGT HÄTTE.

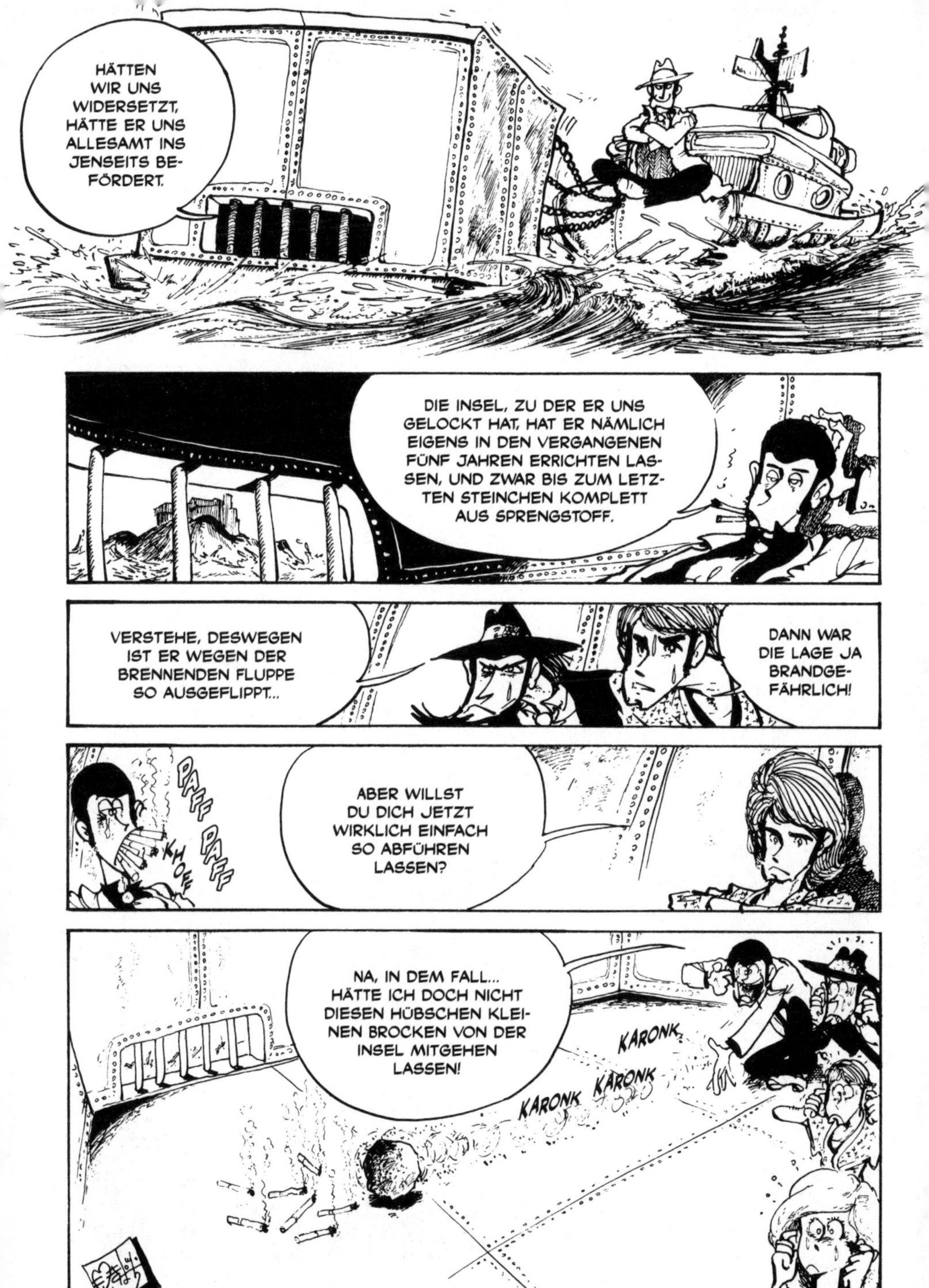

DAS GROSSE WIEDERSEHEN DER LUPIN-BANDE – ENDE

LUPIN III

MONKEY PUNCH

DER FULMINANTE AUFTRITT VON LUPIN III

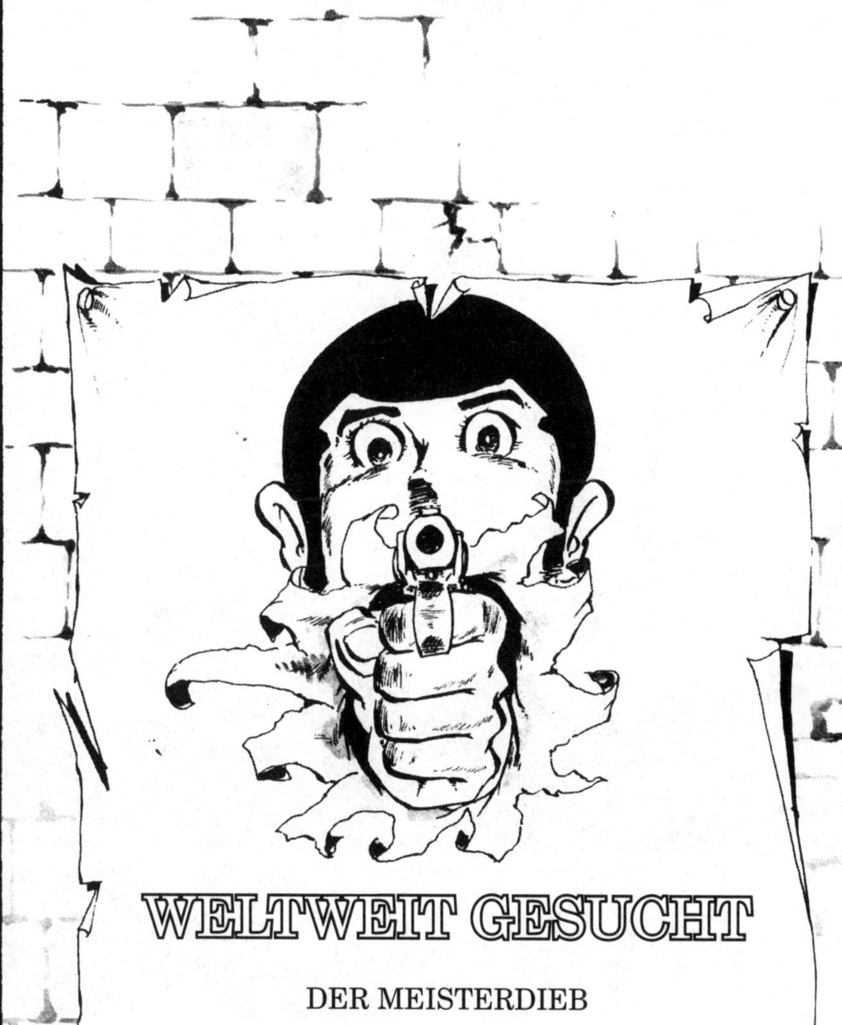

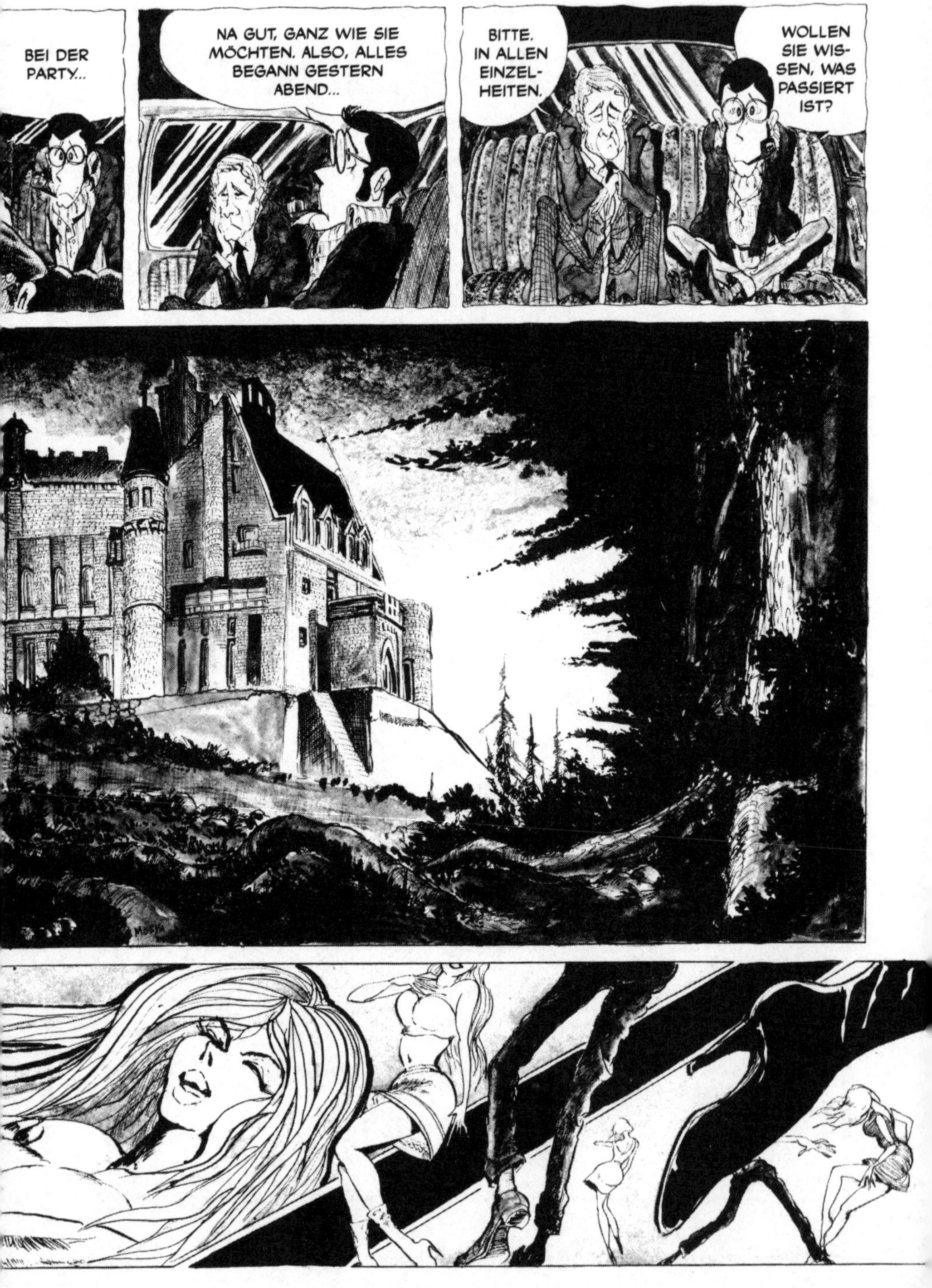
WOLLEN SIE WIS-SEN, WAS PASSIERT IST?
BITTE. IN ALLEN EINZEL-HEITEN.
NA GUT, GANZ WIE SIE MÖCHTEN. ALSO, ALLES BEGANN GESTERN ABEND...
BEI DER PARTY...

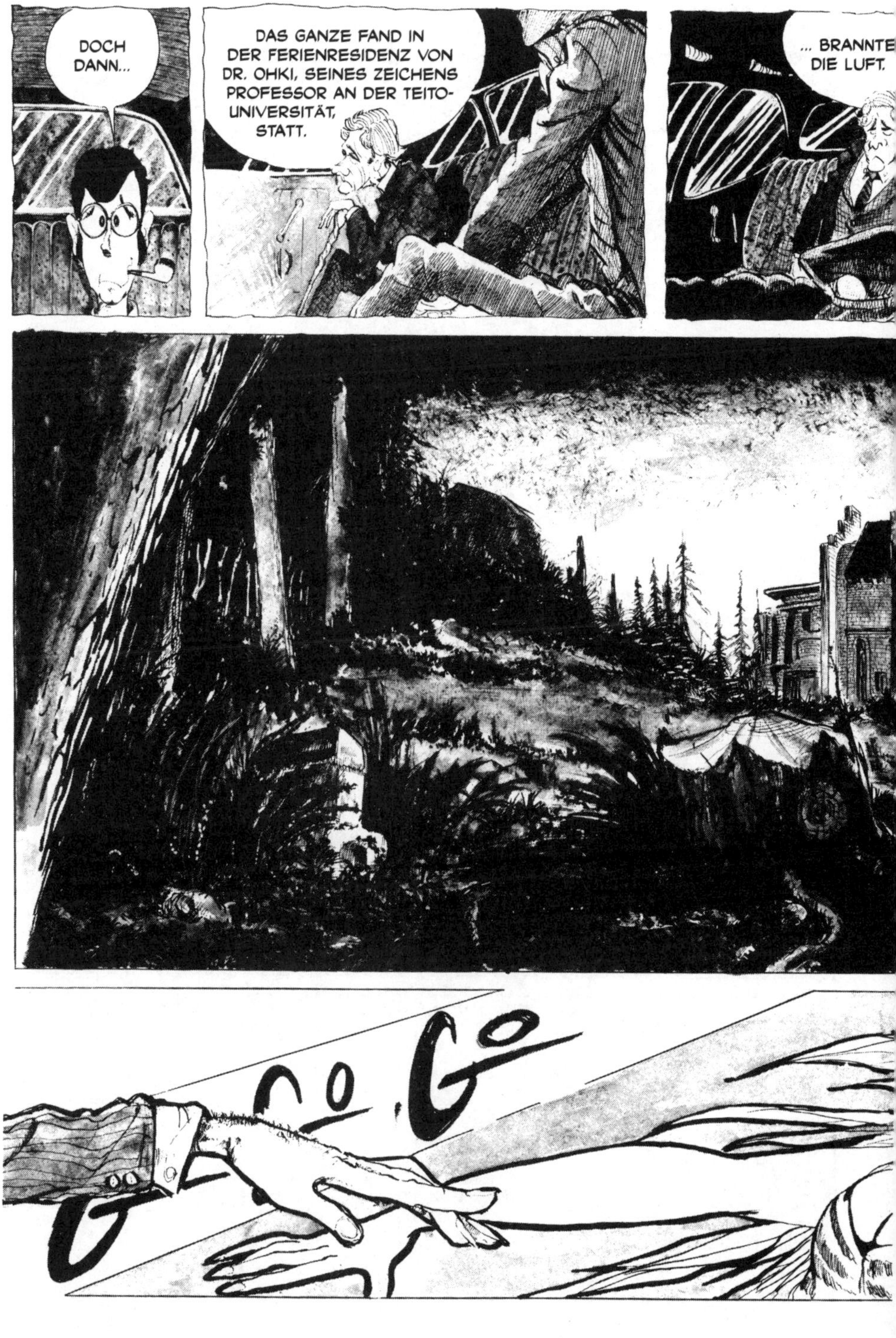
DOCH DANN...
DAS GANZE FAND IN DER FERIENRESIDENZ VON DR. OHKI, SEINES ZEICHENS PROFESSOR AN DER TEITO-UNIVERSITÄT, STATT.
... BRANNTE DIE LUFT.
Go Go

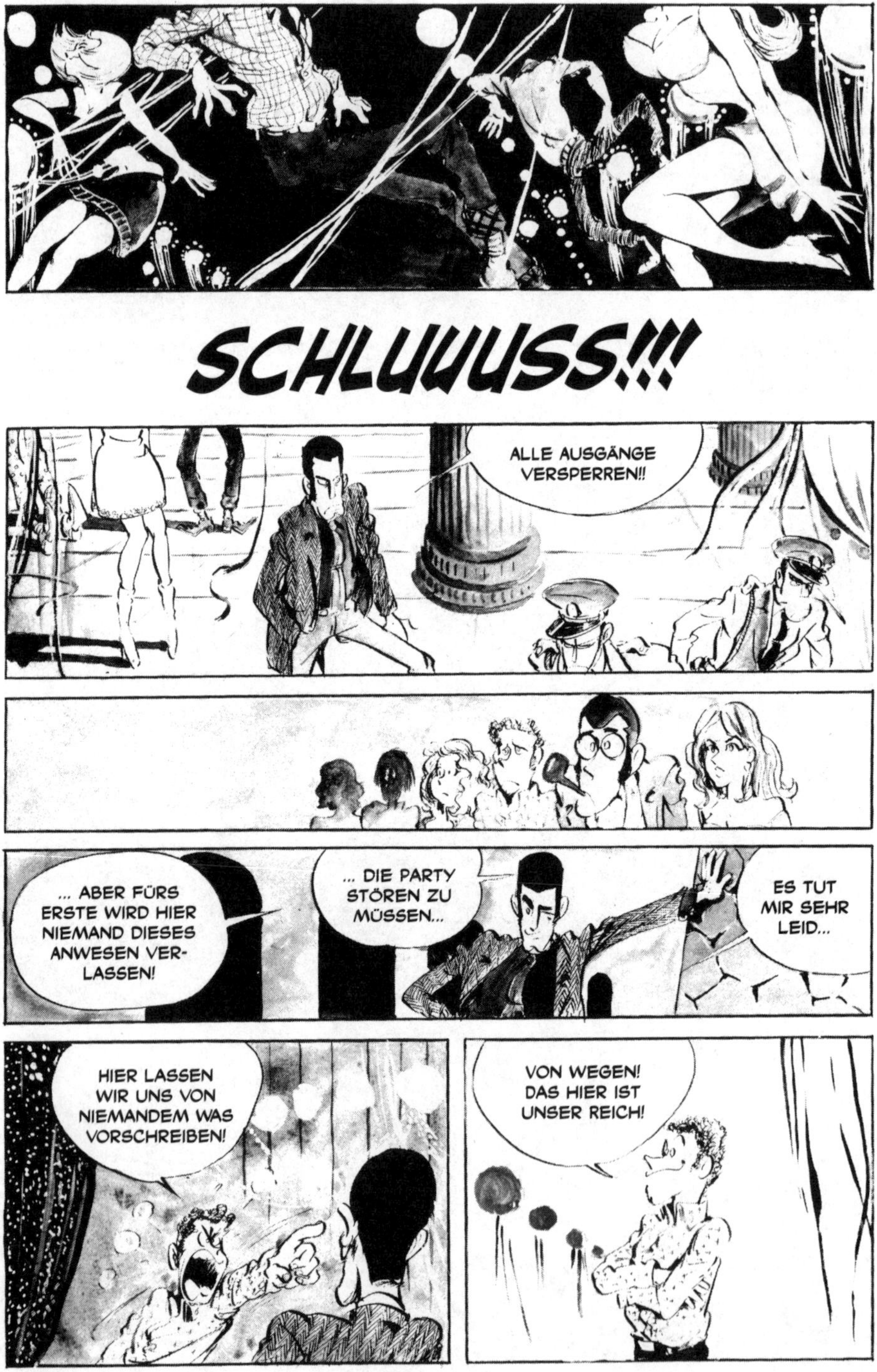
SCHLUUUSS!!!
ALLE AUSGÄNGE VERSPERREN!!
ES TUT MIR SEHR LEID...
... DIE PARTY STÖREN ZU MÜSSEN...
... ABER FÜRS ERSTE WIRD HIER NIEMAND DIESES ANWESEN VERLASSEN!
HIER LASSEN WIR UNS VON NIEMANDEM WAS VORSCHREIBEN!
VON WEGEN! DAS HIER IST UNSER REICH!

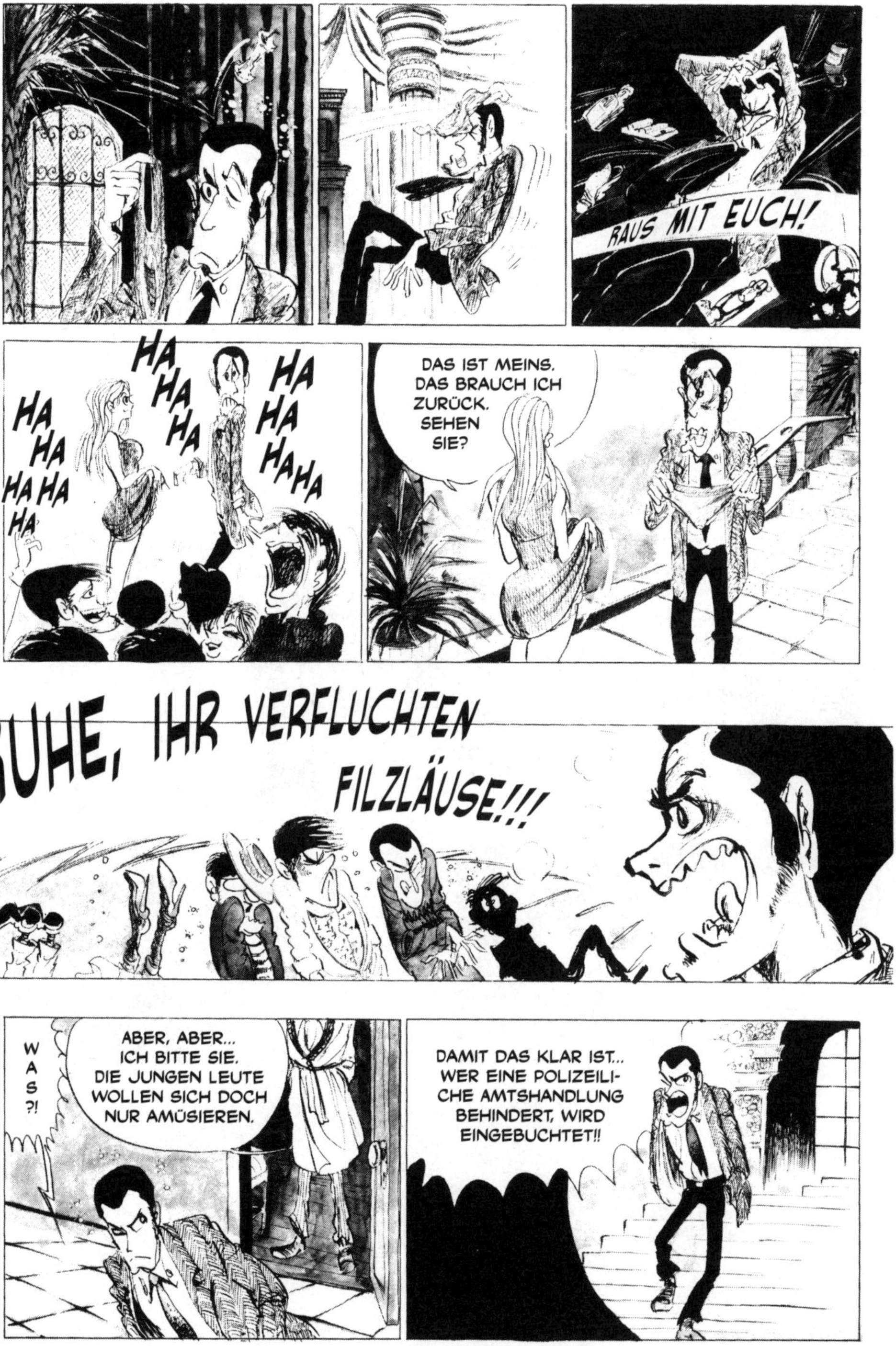
RAUS MIT EUCH!
HA HA HA HA HA HA HA HA HA HA HA HA HA HAHA HA HA
DAS IST MEINS. DAS BRAUCH ICH ZURÜCK. SEHEN SIE?
RUHE, IHR VERFLUCHTEN FILZLÄUSE!!!
DAMIT DAS KLAR IST... WER EINE POLIZEILICHE AMTSHANDLUNG BEHINDERT, WIRD EINGEBUCHTET!!
WAS?!
ABER, ABER... ICH BITTE SIE. DIE JUNGEN LEUTE WOLLEN SICH DOCH NUR AMÜSIEREN.

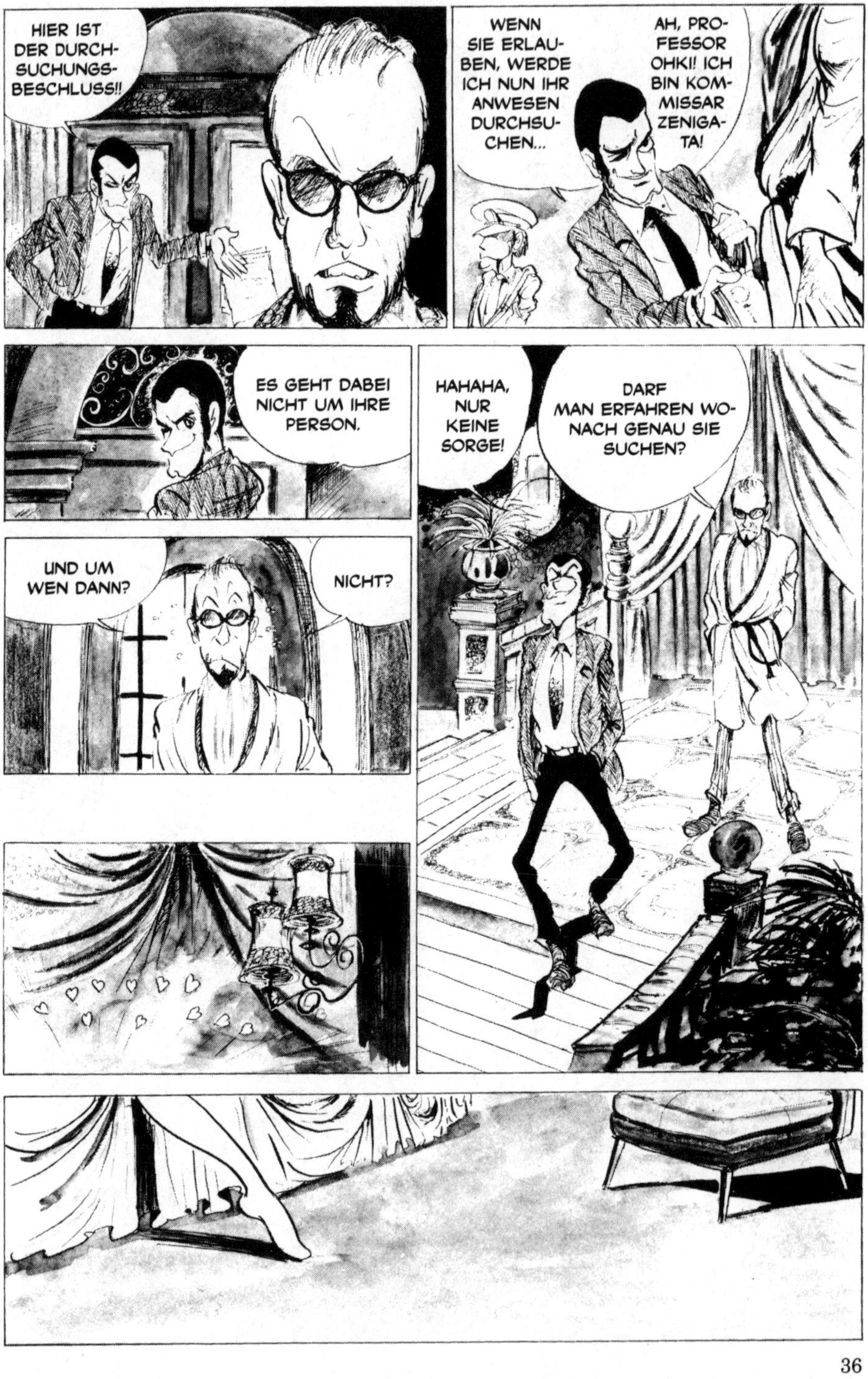
AH, PROFESSOR OHKI! ICH BIN KOMMISSAR ZENIGATA!
WENN SIE ERLAUBEN, WERDE ICH NUN IHR ANWESEN DURCHSUCHEN...
HIER IST DER DURCHSUCHUNGSBESCHLUSS!!
DARF MAN ERFAHREN WONACH GENAU SIE SUCHEN?
HAHAHA, NUR KEINE SORGE!
ES GEHT DABEI NICHT UM IHRE PERSON.
NICHT?
UND UM WEN DANN?

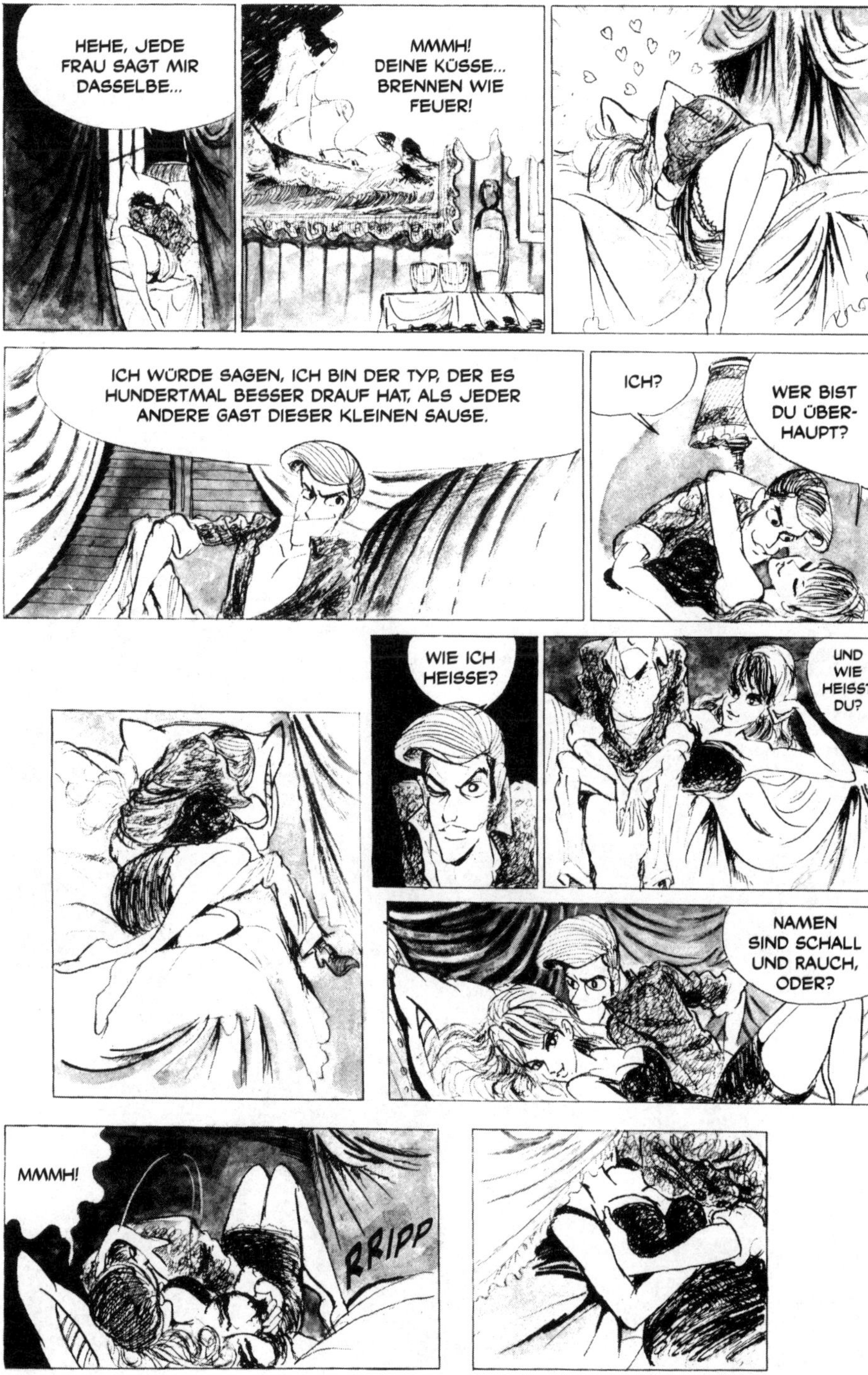
HEHE, JEDE FRAU SAGT MIR DASSELBE...
MMMH! DEINE KÜSSE... BRENNEN WIE FEUER!
ICH WÜRDE SAGEN, ICH BIN DER TYP, DER ES HUNDERTMAL BESSER DRAUF HAT, ALS JEDER ANDERE GAST DIESER KLEINEN SAUSE.
WER BIST DU ÜBERHAUPT?
ICH?
WIE ICH HEISSE?
UND WIE HEISST DU?
NAMEN SIND SCHALL UND RAUCH, ODER?
MMMH!
RRIPP

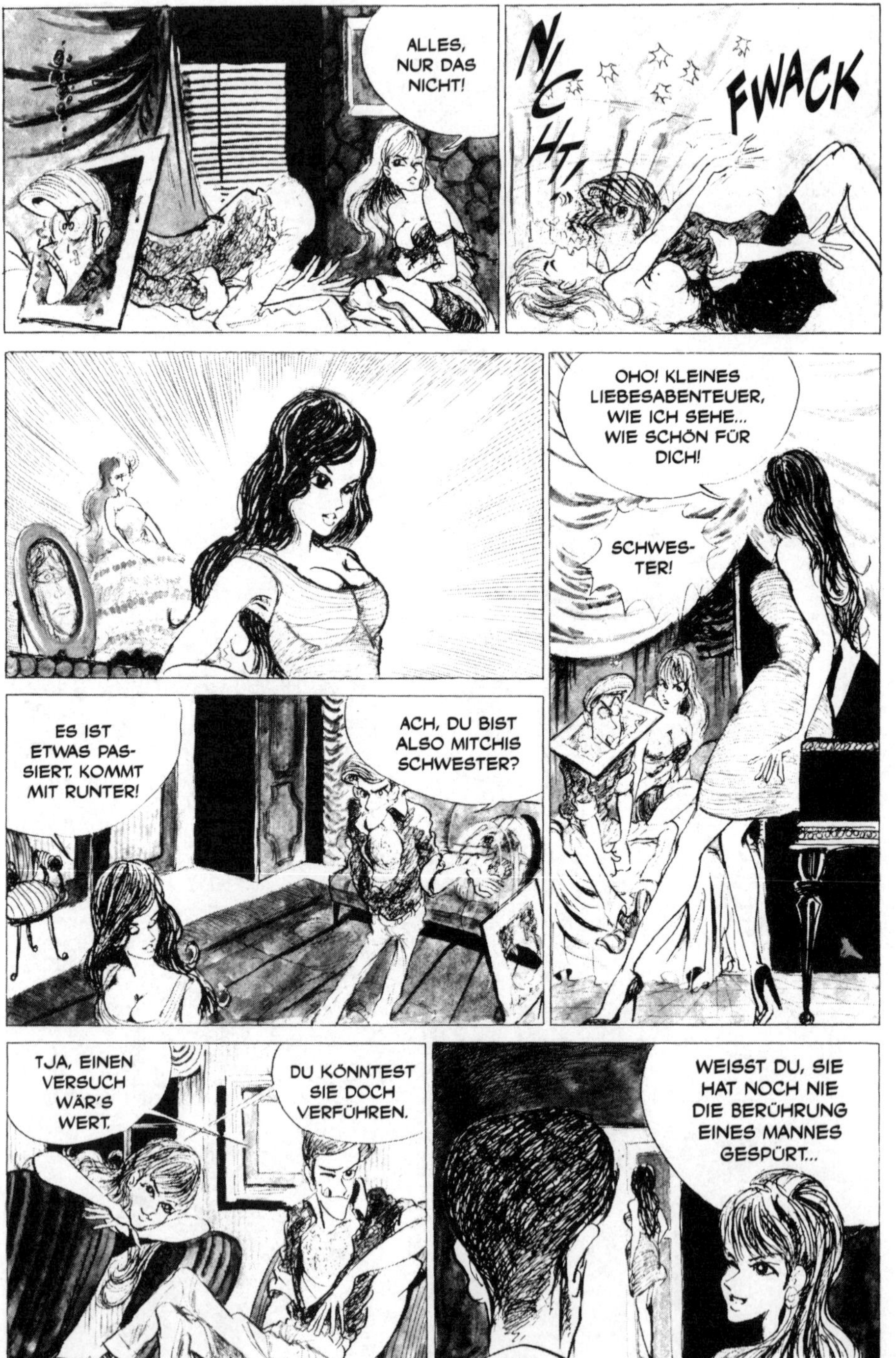
ALLES, NUR DAS NICHT!
NICHT!
FWACK
OHO! KLEINES LIEBESABENTEUER, WIE ICH SEHE... WIE SCHÖN FÜR DICH!
SCHWES-TER!
ES IST ETWAS PAS-SIERT. KOMMT MIT RUNTER!
ACH, DU BIST ALSO MITCHIS SCHWESTER?
TJA, EINEN VERSUCH WÄR'S WERT.
DU KÖNNTEST SIE DOCH VERFÜHREN.
WEISST DU, SIE HAT NOCH NIE DIE BERÜHRUNG EINES MANNES GESPÜRT...

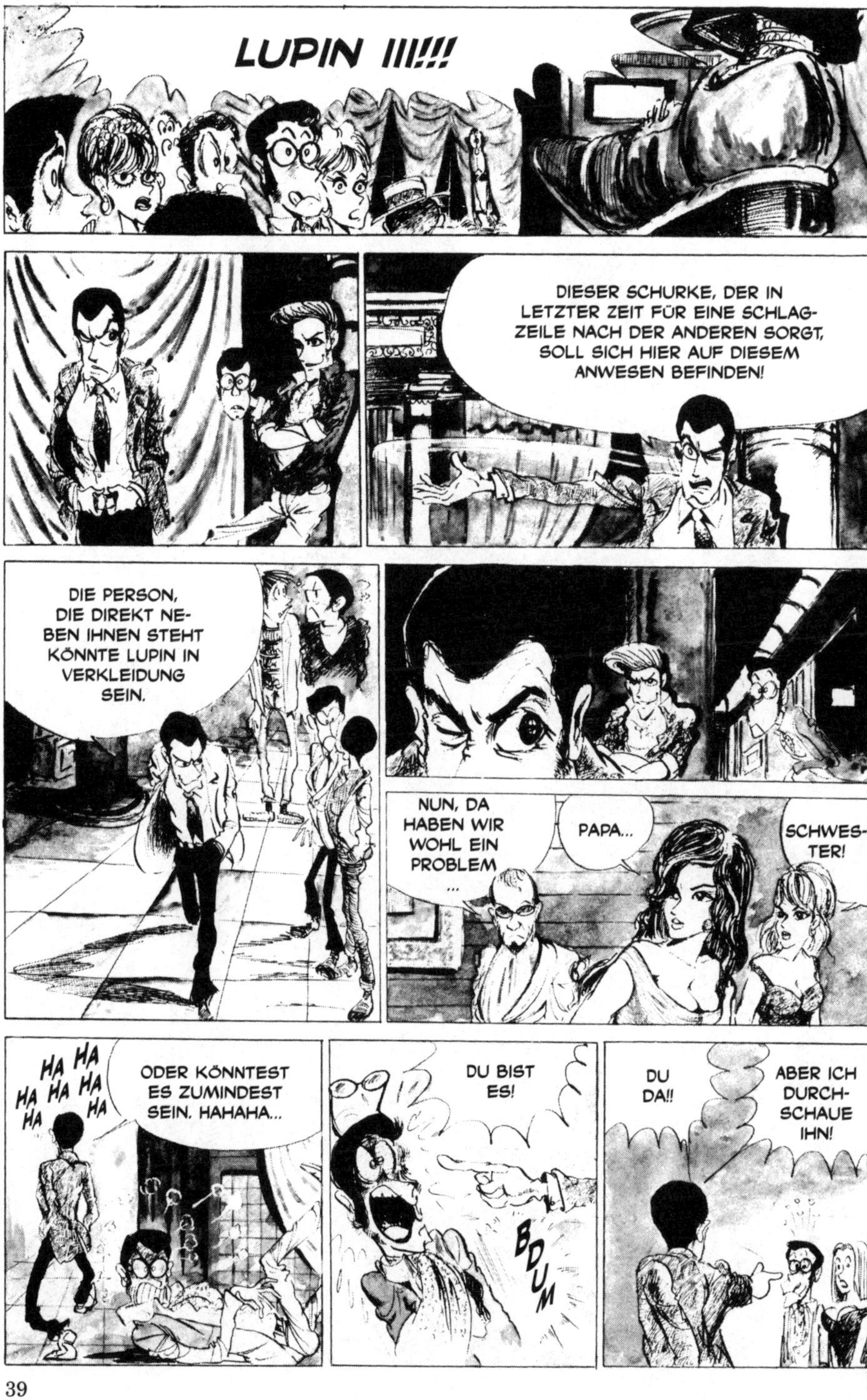
LUPIN III!!!
DIESER SCHURKE, DER IN LETZTER ZEIT FÜR EINE SCHLAGZEILE NACH DER ANDEREN SORGT, SOLL SICH HIER AUF DIESEM ANWESEN BEFINDEN!
DIE PERSON, DIE DIREKT NEBEN IHNEN STEHT KÖNNTE LUPIN IN VERKLEIDUNG SEIN.
NUN, DA HABEN WIR WOHL EIN PROBLEM …
PAPA…
SCHWESTER!
HA HA HA HA HA HA HA HA HA
ODER KÖNNTEST ES ZUMINDEST SEIN. HAHAHA…
DU BIST ES!
BDUM
DU DA!!
ABER ICH DURCHSCHAUE IHN!

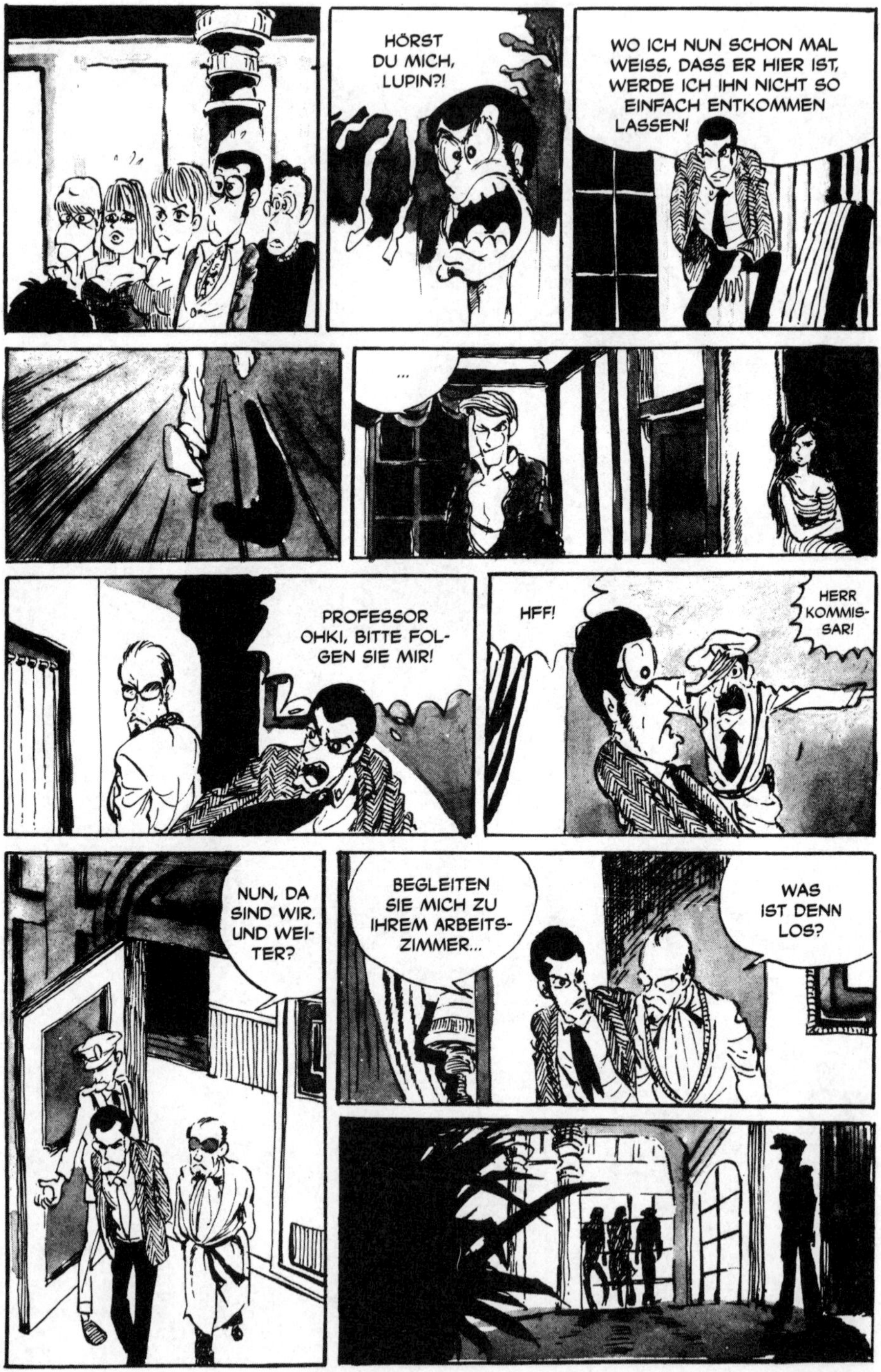
HÖRST DU MICH, LUPIN?!
WO ICH NUN SCHON MAL WEISS, DASS ER HIER IST, WERDE ICH IHN NICHT SO EINFACH ENTKOMMEN LASSEN!
...
PROFESSOR OHKI, BITTE FOL-GEN SIE MIR!
HFF!
HERR KOMMIS-SAR!
NUN, DA SIND WIR. UND WEI-TER?
BEGLEITEN SIE MICH ZU IHREM ARBEITS-ZIMMER...
WAS IST DENN LOS?

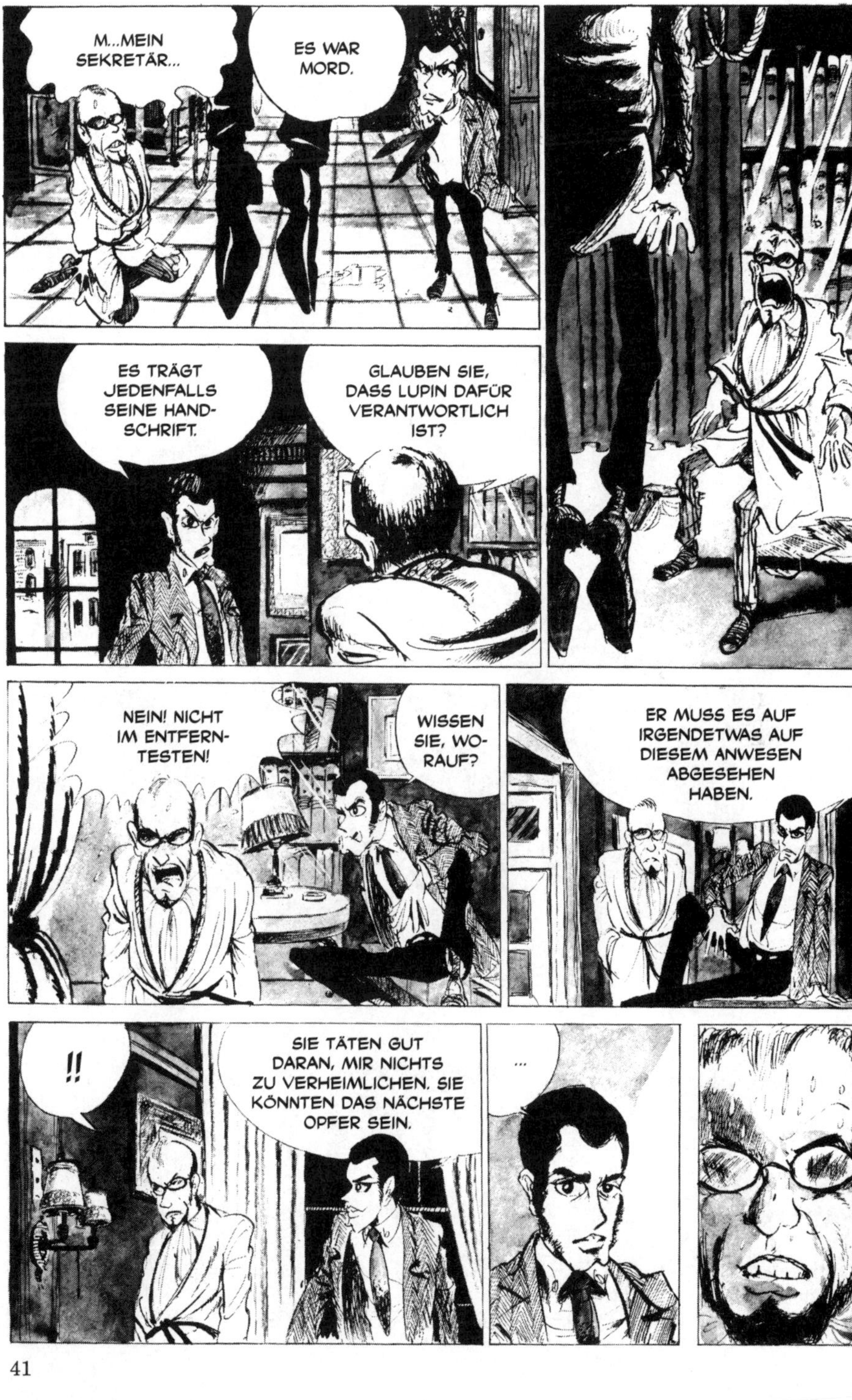
M...MEIN SEKRETÄR...
ES WAR MORD.
ES TRÄGT JEDENFALLS SEINE HAND- SCHRIFT.
GLAUBEN SIE, DASS LUPIN DAFÜR VERANTWORTLICH IST?
NEIN! NICHT IM ENTFERN- TESTEN!
WISSEN SIE, WO- RAUF?
ER MUSS ES AUF IRGENDETWAS AUF DIESEM ANWESEN ABGESEHEN HABEN.
!!
SIE TÄTEN GUT DARAN, MIR NICHTS ZU VERHEIMLICHEN. SIE KÖNNTEN DAS NÄCHSTE OPFER SEIN.
...

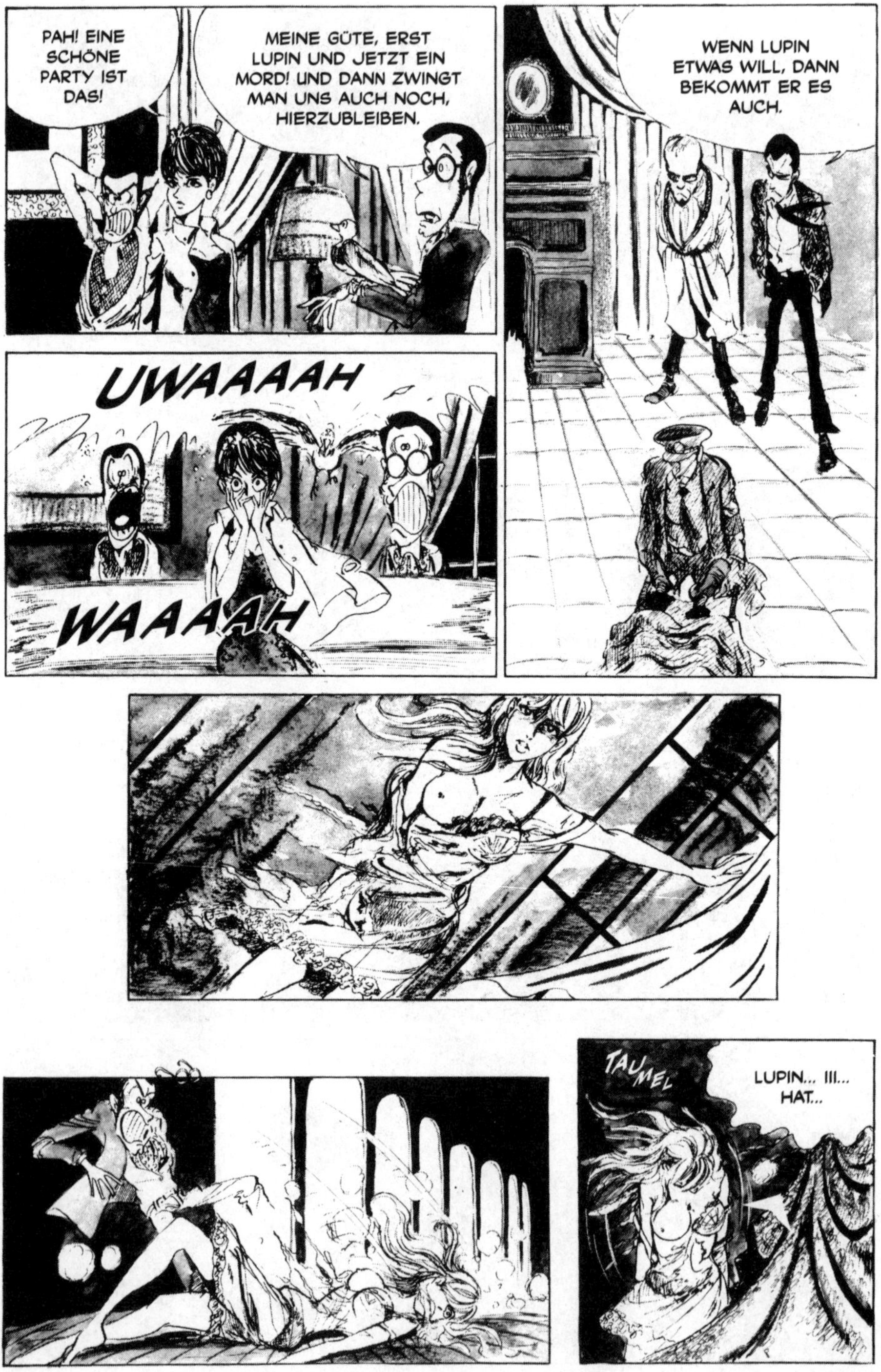

PAH! EINE SCHÖNE PARTY IST DAS!
MEINE GÜTE, ERST LUPIN UND JETZT EIN MORD! UND DANN ZWINGT MAN UNS AUCH NOCH, HIERZUBLEIBEN.
WENN LUPIN ETWAS WILL, DANN BEKOMMT ER ES AUCH.
UWAAAAH
WAAAAH
TAUMEL
LUPIN... III... HAT...

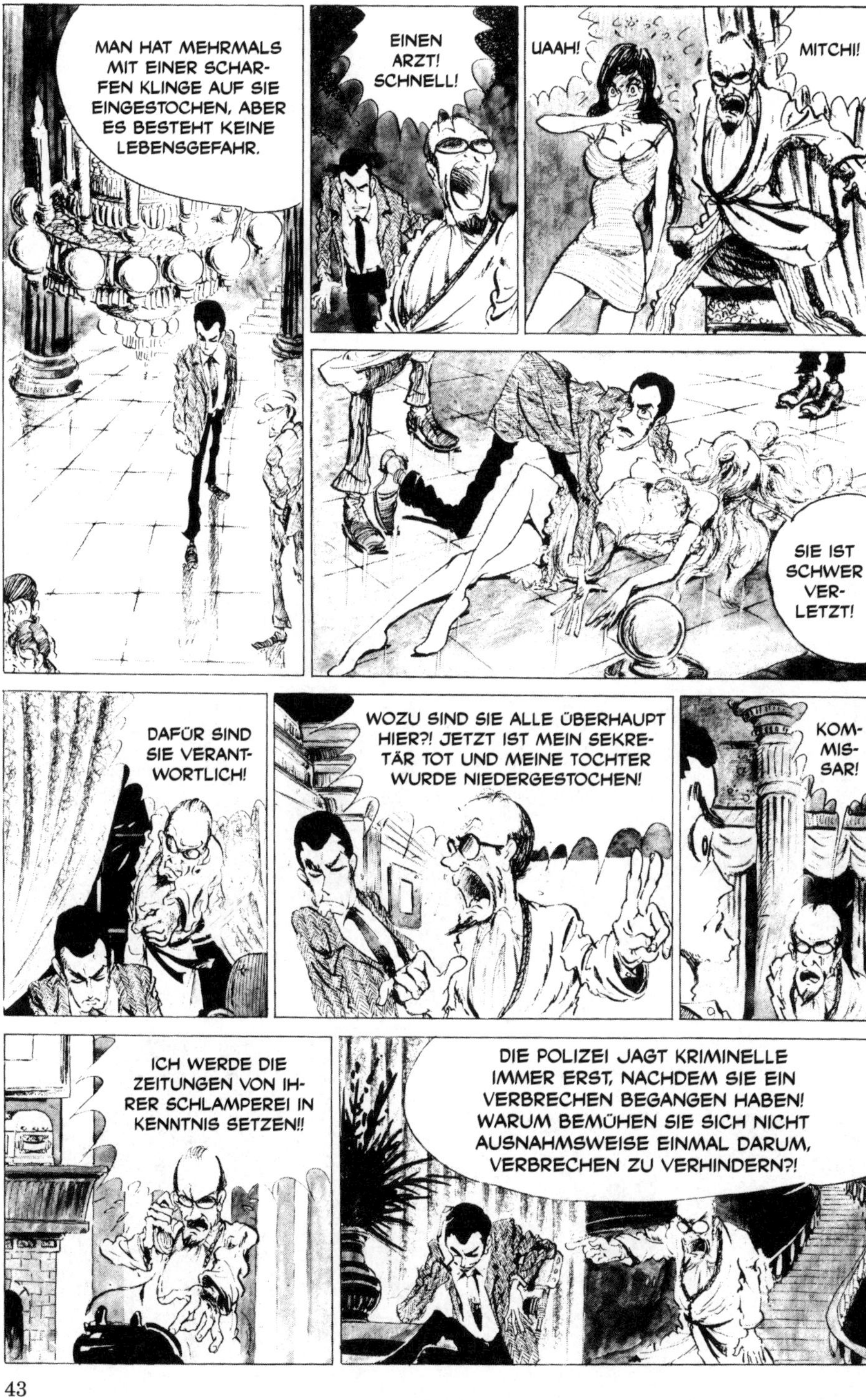
MAN HAT MEHRMALS MIT EINER SCHARFEN KLINGE AUF SIE EINGESTOCHEN, ABER ES BESTEHT KEINE LEBENSGEFAHR.
EINEN ARZT! SCHNELL!
UAAH!
MITCHI!
SIE IST SCHWER VERLETZT!
DAFÜR SIND SIE VERANTWORTLICH!
WOZU SIND SIE ALLE ÜBERHAUPT HIER?! JETZT IST MEIN SEKRETÄR TOT UND MEINE TOCHTER WURDE NIEDERGESTOCHEN!
KOMMISSAR!
ICH WERDE DIE ZEITUNGEN VON IHRER SCHLAMPEREI IN KENNTNIS SETZEN!!
DIE POLIZEI JAGT KRIMINELLE IMMER ERST, NACHDEM SIE EIN VERBRECHEN BEGANGEN HABEN! WARUM BEMÜHEN SIE SICH NICHT AUSNAHMSWEISE EINMAL DARUM, VERBRECHEN ZU VERHINDERN?!

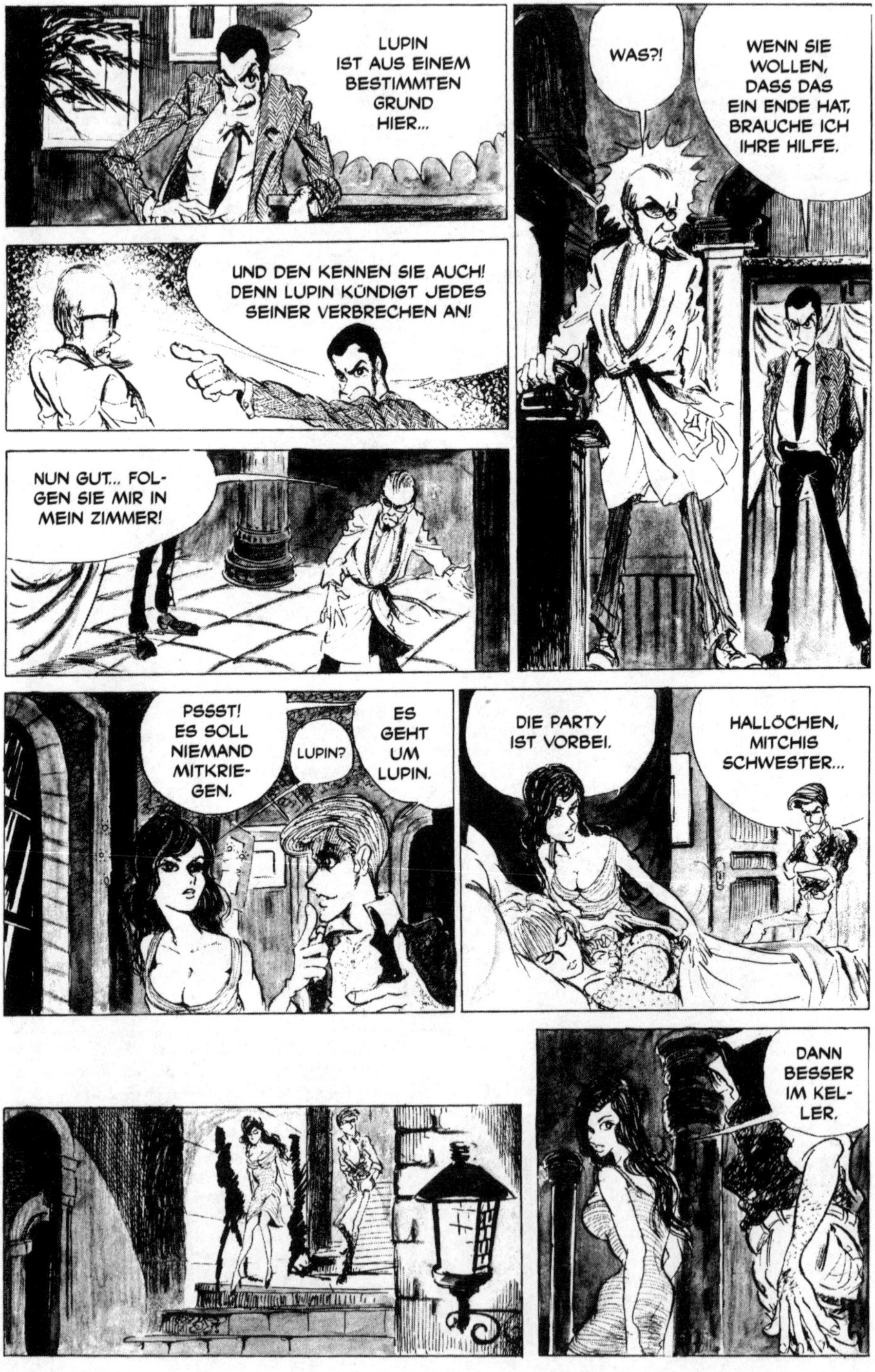

WENN SIE WOLLEN, DASS DAS EIN ENDE HAT, BRAUCHE ICH IHRE HILFE.
WAS?!
LUPIN IST AUS EINEM BESTIMMTEN GRUND HIER...
UND DEN KENNEN SIE AUCH! DENN LUPIN KÜNDIGT JEDES SEINER VERBRECHEN AN!
NUN GUT... FOL-GEN SIE MIR IN MEIN ZIMMER!
HALLÖCHEN, MITCHIS SCHWESTER...
DIE PARTY IST VORBEI.
ES GEHT UM LUPIN.
LUPIN?
PSSST! ES SOLL NIEMAND MITKRIE-GEN.
DANN BESSER IM KEL-LER.

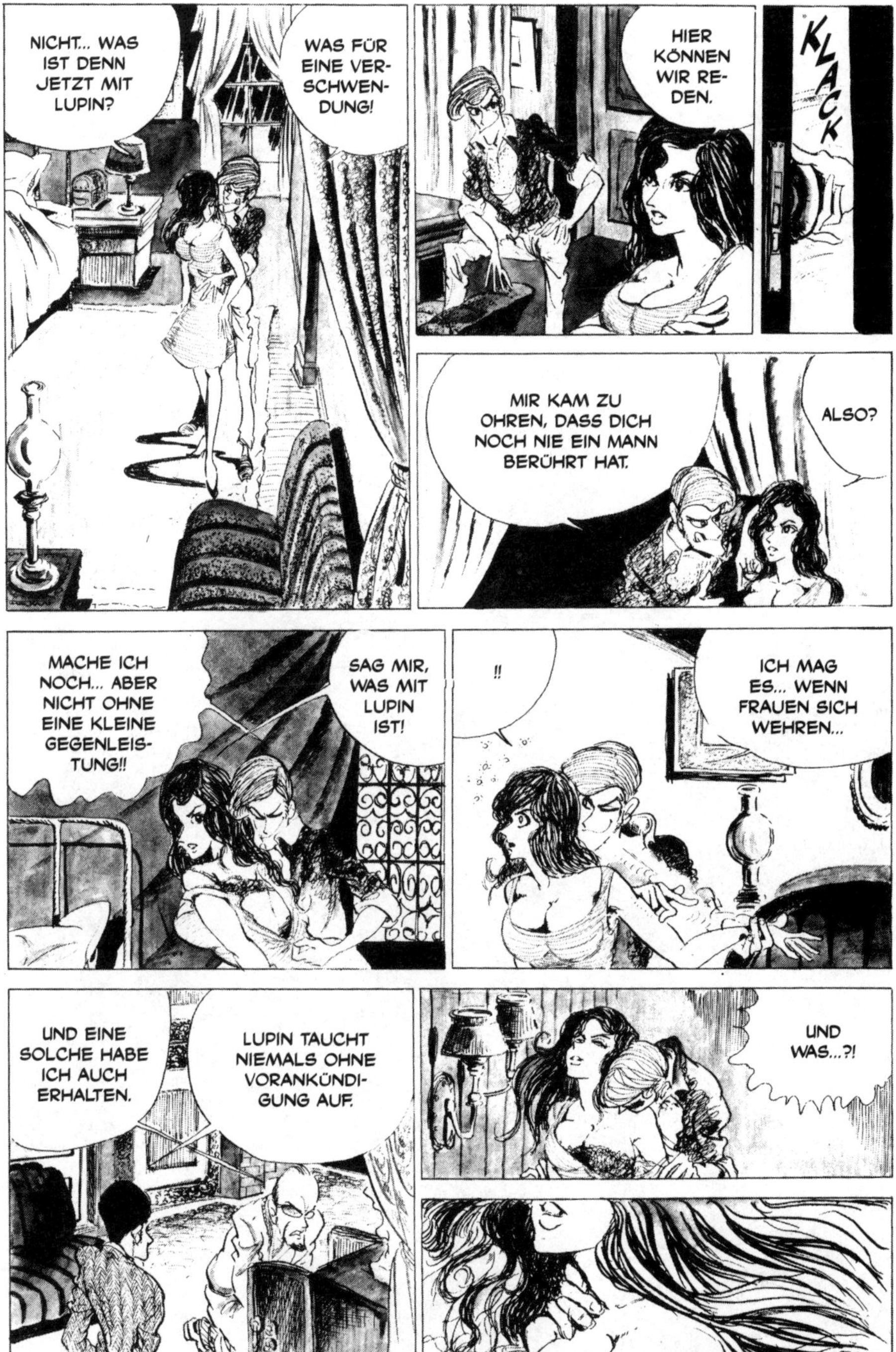
NICHT... WAS IST DENN JETZT MIT LUPIN?
WAS FÜR EINE VERSCHWENDUNG!
HIER KÖNNEN WIR REDEN.
KLACK
MIR KAM ZU OHREN, DASS DICH NOCH NIE EIN MANN BERÜHRT HAT.
ALSO?
MACHE ICH NOCH... ABER NICHT OHNE EINE KLEINE GEGENLEISTUNG!!
SAG MIR, WAS MIT LUPIN IST!
!!
ICH MAG ES... WENN FRAUEN SICH WEHREN...
UND EINE SOLCHE HABE ICH AUCH ERHALTEN.
LUPIN TAUCHT NIEMALS OHNE VORANKÜNDIGUNG AUF.
UND WAS...?!

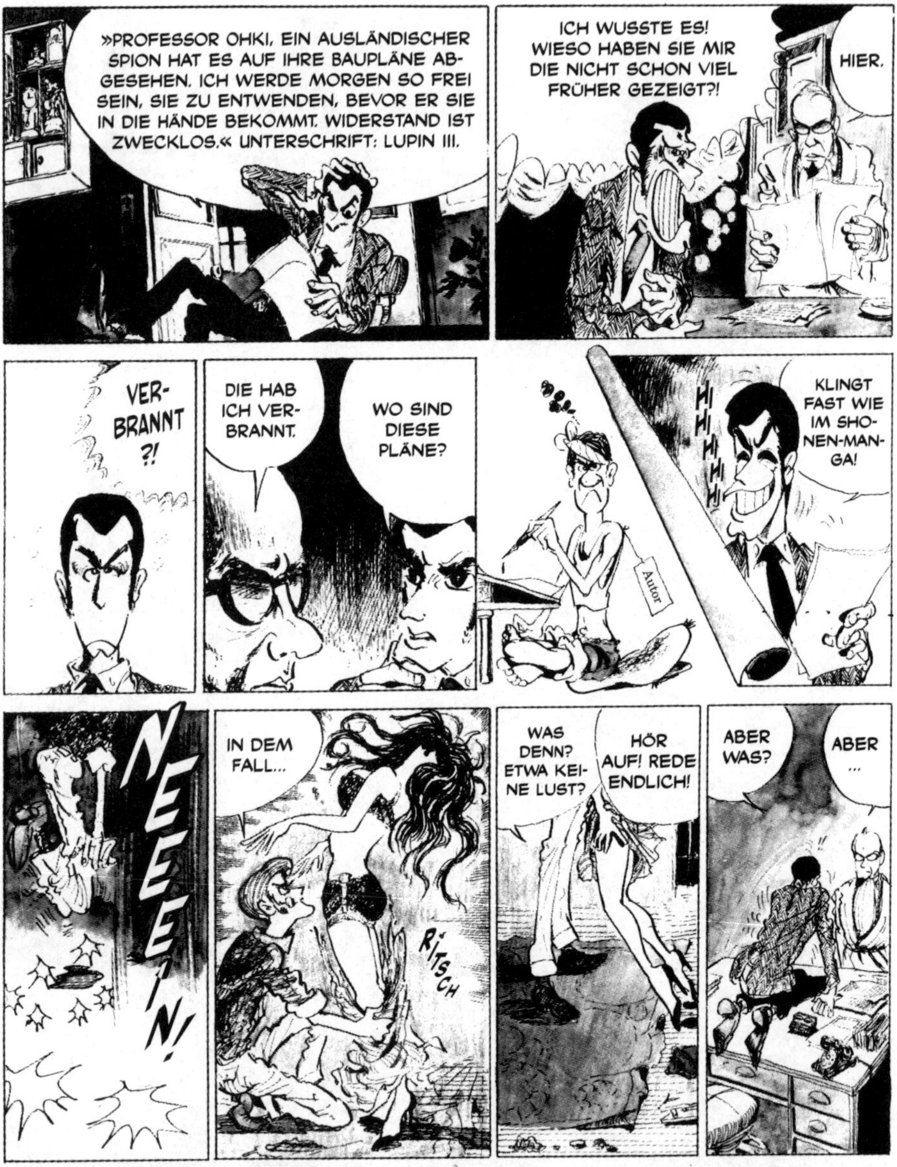
HIER.
ICH WUSSTE ES! WIESO HABEN SIE MIR DIE NICHT SCHON VIEL FRÜHER GEZEIGT?!
»PROFESSOR OHKI, EIN AUSLÄNDISCHER SPION HAT ES AUF IHRE BAUPLÄNE ABGESEHEN. ICH WERDE MORGEN SO FREI SEIN, SIE ZU ENTWENDEN, BEVOR ER SIE IN DIE HÄNDE BEKOMMT. WIDERSTAND IST ZWECKLOS.« UNTERSCHRIFT: LUPIN III.
KLINGT FAST WIE IM SHONEN-MANGA!
HI HI HI HI HI
Autor
WO SIND DIESE PLÄNE?
DIE HAB ICH VERBRANNT.
VERBRANNT?!
ABER ...
ABER WAS?
HÖR AUF! REDE ENDLICH!
WAS DENN? ETWA KEINE LUST?
IN DEM FALL...
RITSCH
NEEEIN!
SCHON WIEDER?!
DU HAST MITCHI NIEDERGESTOCHEN, NICHT WAHR?

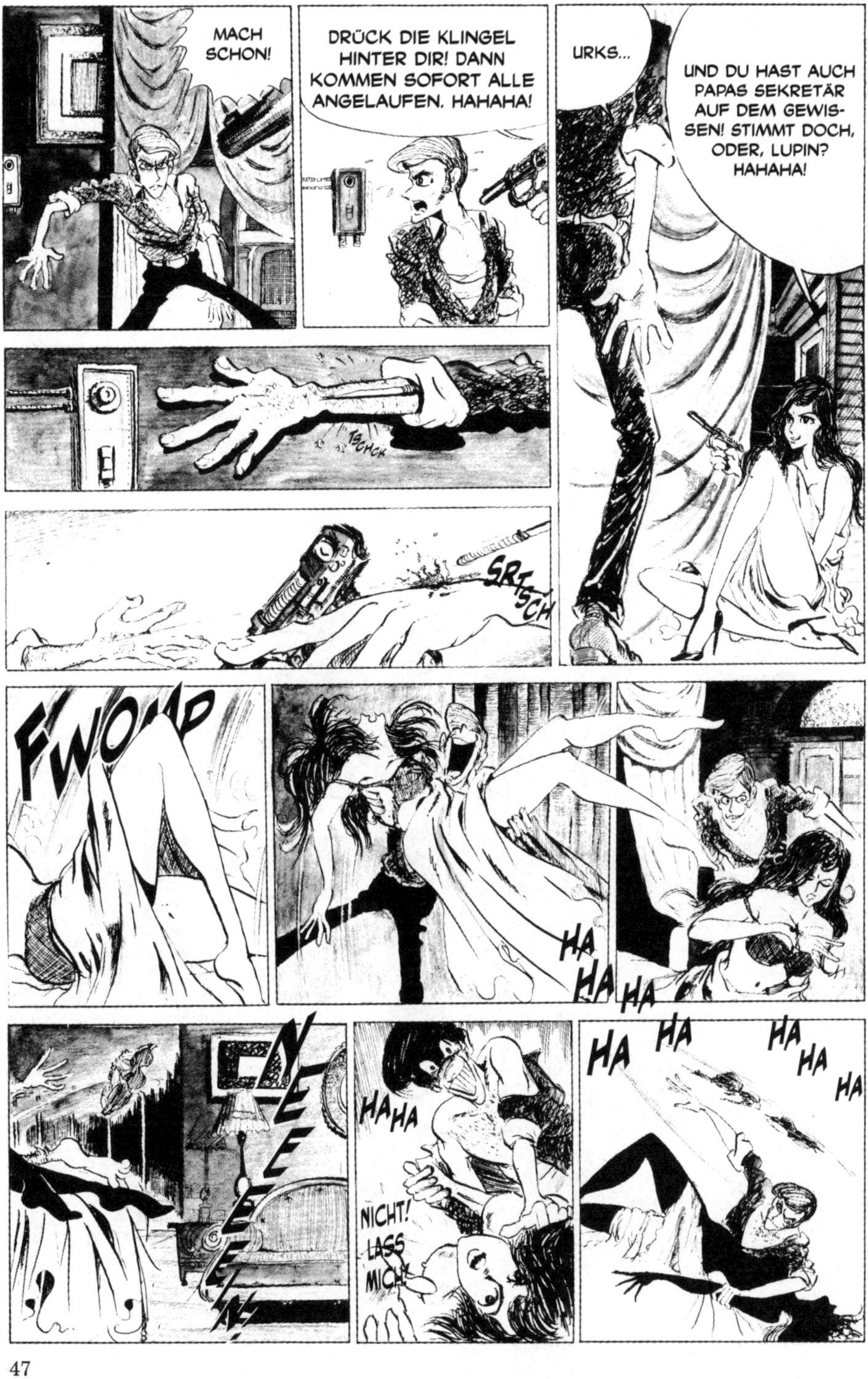
MACH SCHON!
DRÜCK DIE KLINGEL HINTER DIR! DANN KOMMEN SOFORT ALLE ANGELAUFEN. HAHAHA!
URKS...
UND DU HAST AUCH PAPAS SEKRETÄR AUF DEM GEWISSEN! STIMMT DOCH, ODER, LUPIN? HAHAHA!
TSCHCK
SRTSCH
FWOMP
HA HA HA
NEEEEEIN!
HAHA
NICHT! LASS MICH!
HA HA HA HA HA HA

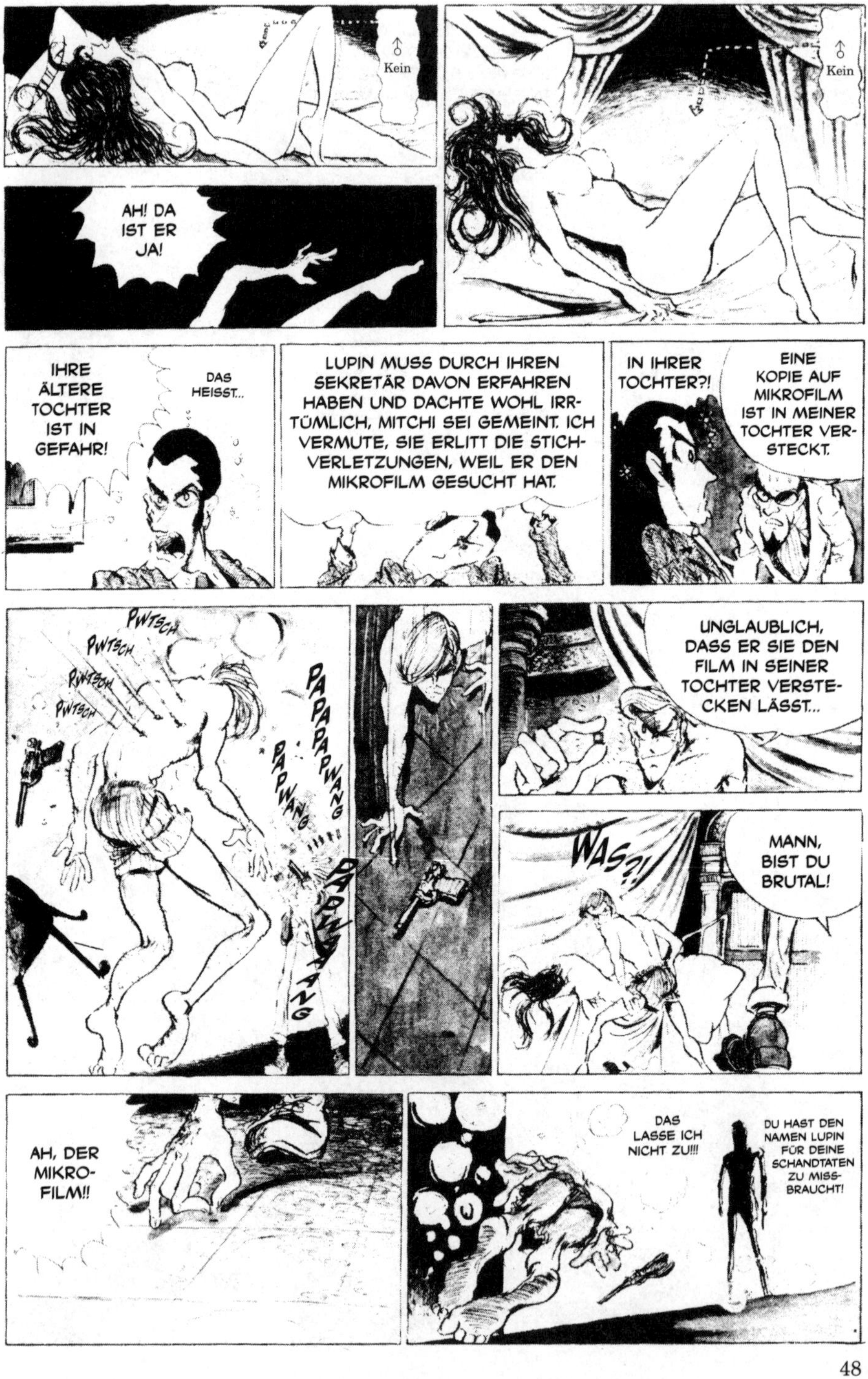
Kein
Kein
AH! DA IST ER JA!
EINE KOPIE AUF MIKROFILM IST IN MEINER TOCHTER VERSTECKT.
IN IHRER TOCHTER?!
LUPIN MUSS DURCH IHREN SEKRETÄR DAVON ERFAHREN HABEN UND DACHTE WOHL IRRTÜMLICH, MITCHI SEI GEMEINT. ICH VERMUTE, SIE ERLITT DIE STICHVERLETZUNGEN, WEIL ER DEN MIKROFILM GESUCHT HAT.
DAS HEISST...
IHRE ÄLTERE TOCHTER IST IN GEFAHR!
UNGLAUBLICH, DASS ER SIE DEN FILM IN SEINER TOCHTER VERSTECKEN LÄSST...
WAS?!
MANN, BIST DU BRUTAL!
PWTSCH
PWTSCH
PWTSCH
PWTSCH
PAPAPAPWANG
PAPWANG
DU HAST DEN NAMEN LUPIN FÜR DEINE SCHANDTATEN ZU MISSBRAUCHT!
DAS LASSE ICH NICHT ZU!!!
AH, DER MIKROFILM!!

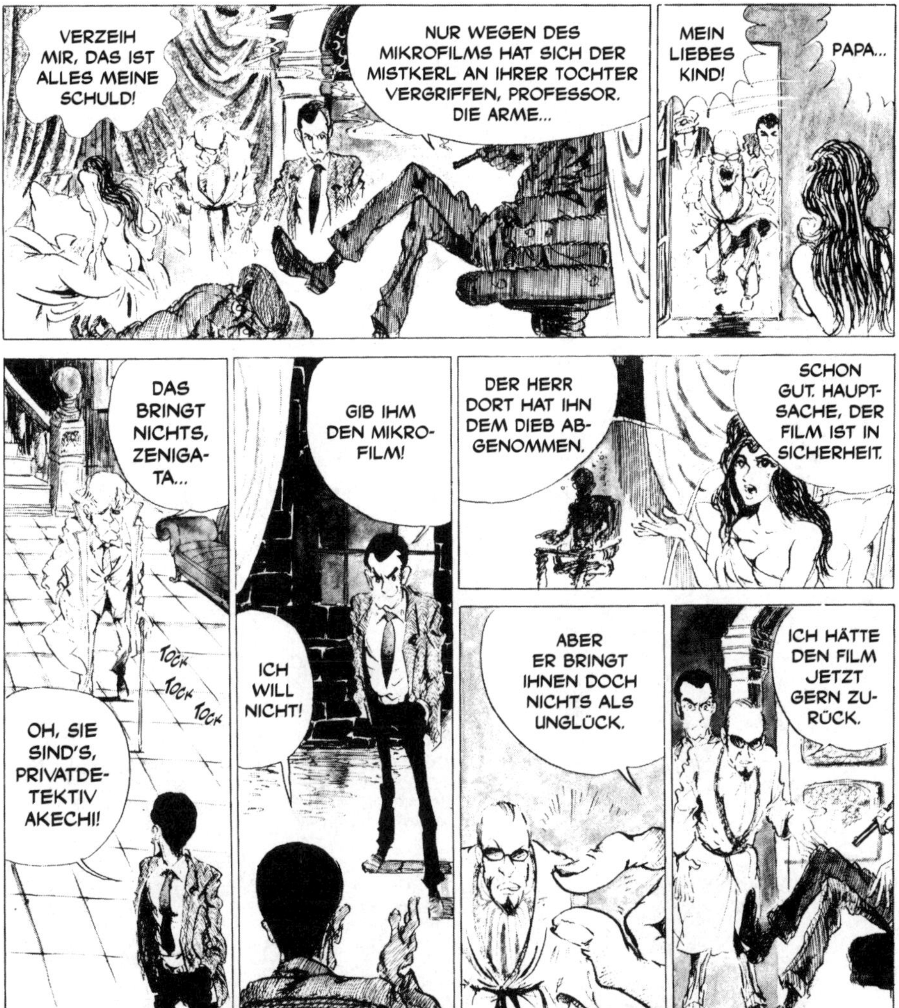
VERZEIH MIR, DAS IST ALLES MEINE SCHULD!
NUR WEGEN DES MIKROFILMS HAT SICH DER MISTKERL AN IHRER TOCHTER VERGRIFFEN, PROFESSOR. DIE ARME...
MEIN LIEBES KIND!
PAPA...
DAS BRINGT NICHTS, ZENIGA-TA...
TOCK
TOCK
TOCK
OH, SIE SIND'S, PRIVATDE-TEKTIV AKECHI!
GIB IHM DEN MIKRO-FILM!
ICH WILL NICHT!
DER HERR DORT HAT IHN DEM DIEB AB-GENOMMEN.
SCHON GUT. HAUPT-SACHE, DER FILM IST IN SICHERHEIT.
ABER ER BRINGT IHNEN DOCH NICHTS ALS UNGLÜCK.
ICH HÄTTE DEN FILM JETZT GERN ZU-RÜCK.
SIE KOMMEN GERADE ALLES AN-DERE ALS RECHT.
SIEH AN, DER ALTE AKECHI ...
HAB ICH NICHT RECHT, LUPIN?
WAS DER GUTE MANN WILL, DAS BEKOMMT ER AUCH.

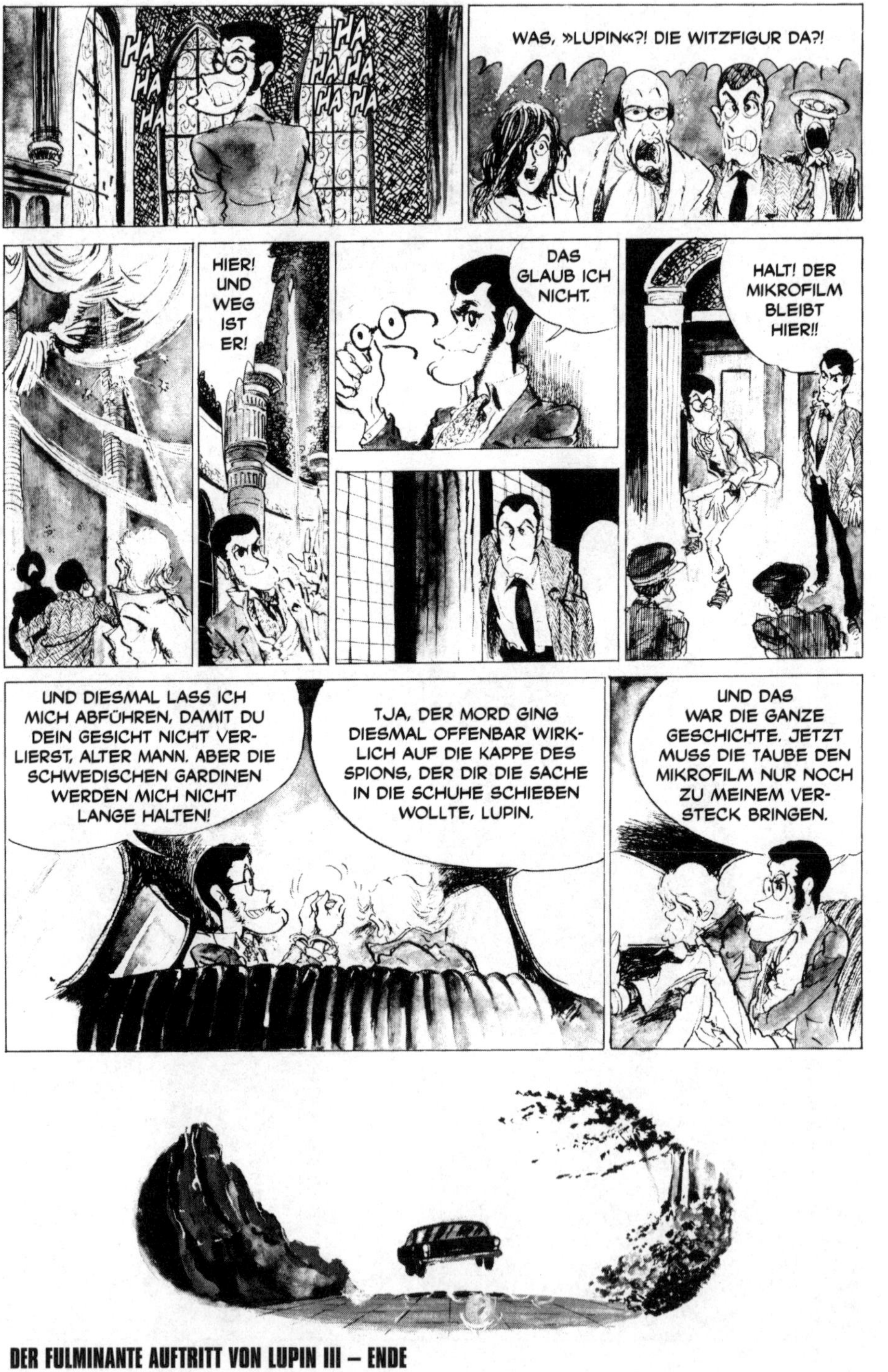

DER FULMINANTE AUFTRITT VON LUPIN III – ENDE

1 MANN, 180 GESICHTER

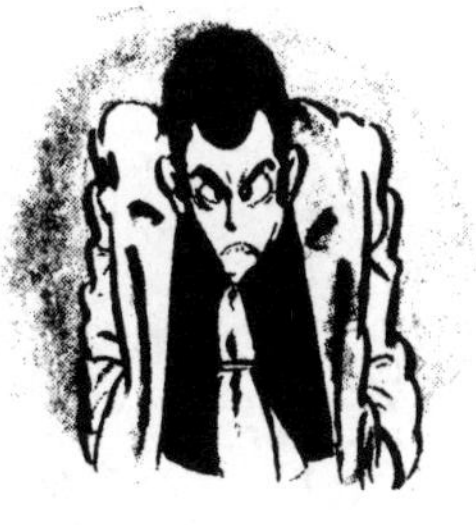

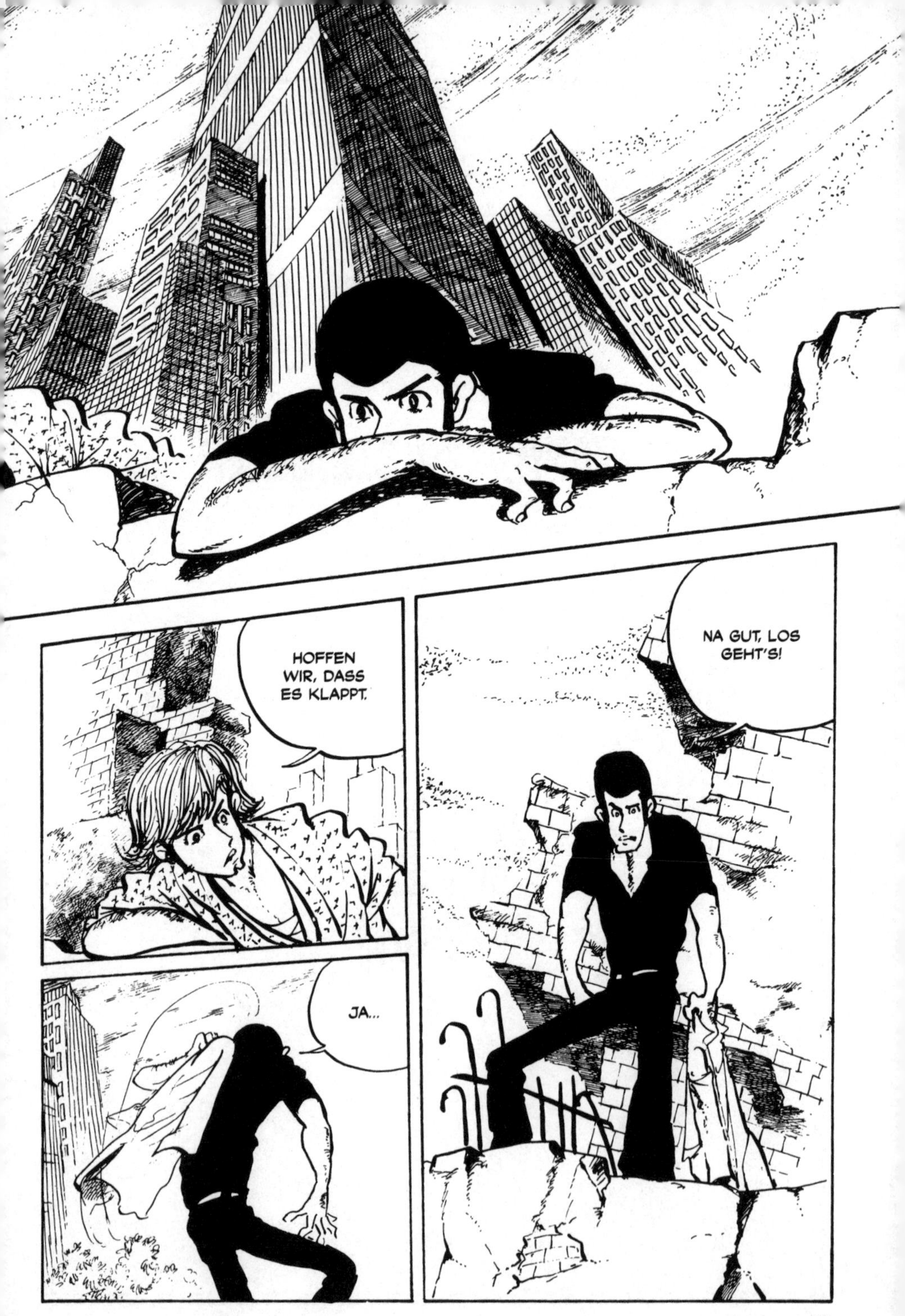
NA GUT, LOS GEHT'S!
HOFFEN WIR, DASS ES KLAPPT.
JA...

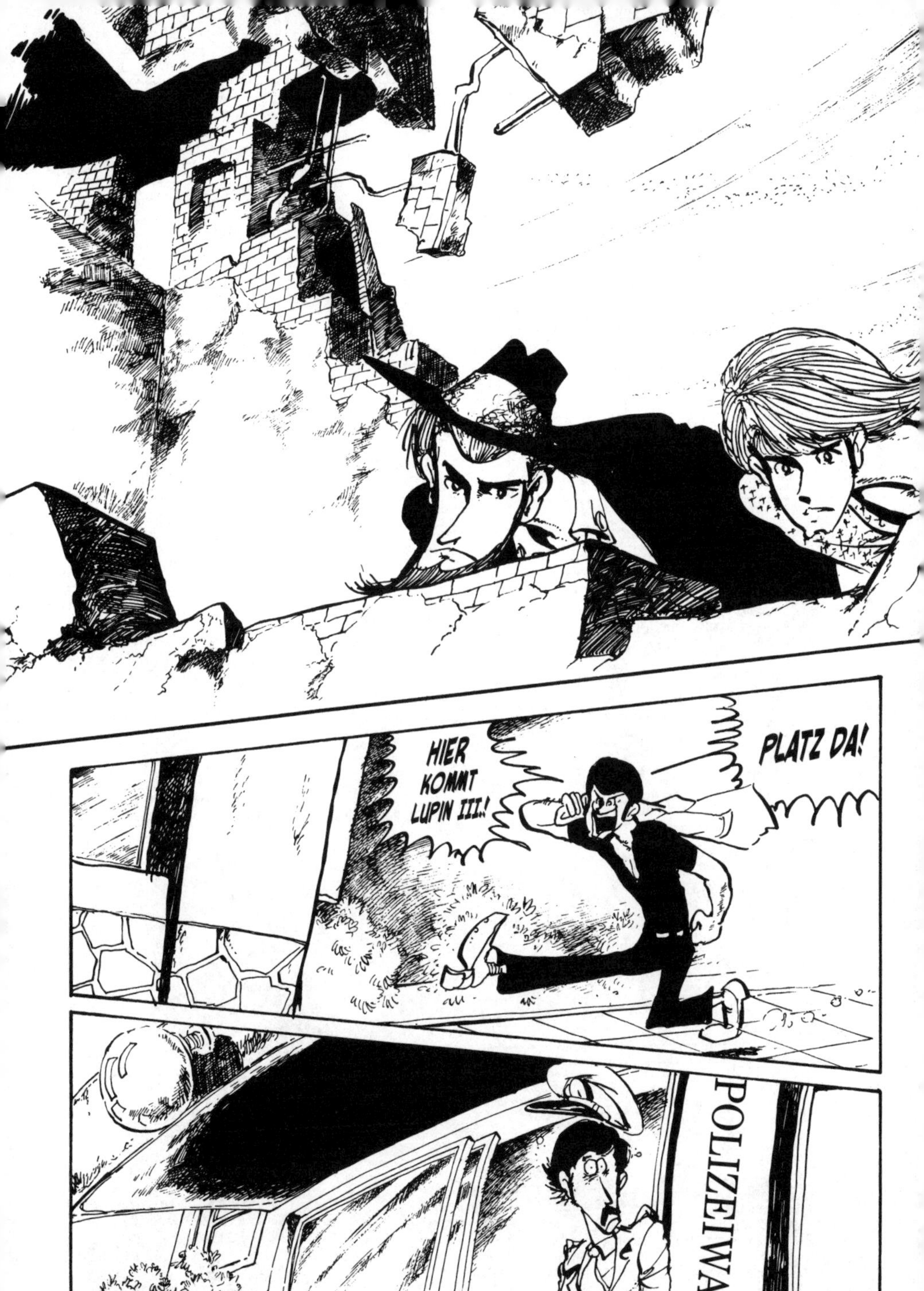
HIER KOMMT LUPIN III.!
PLATZ DA!
POLIZEIWAC

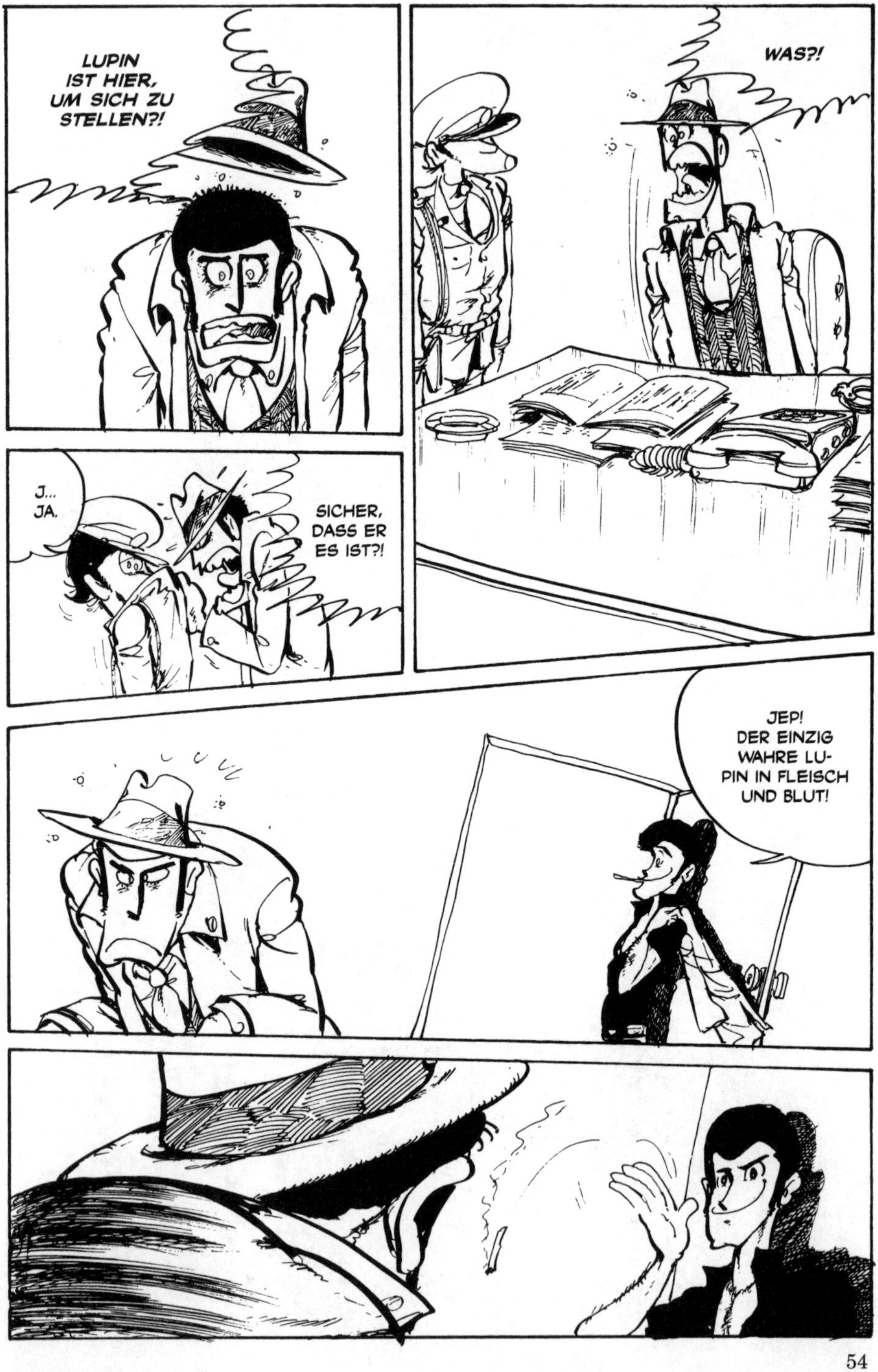

LUPIN IST HIER, UM SICH ZU STELLEN?!
WAS?!
SICHER, DASS ER ES IST?!
J... JA.
JEP! DER EINZIG WAHRE LUPIN IN FLEISCH UND BLUT!

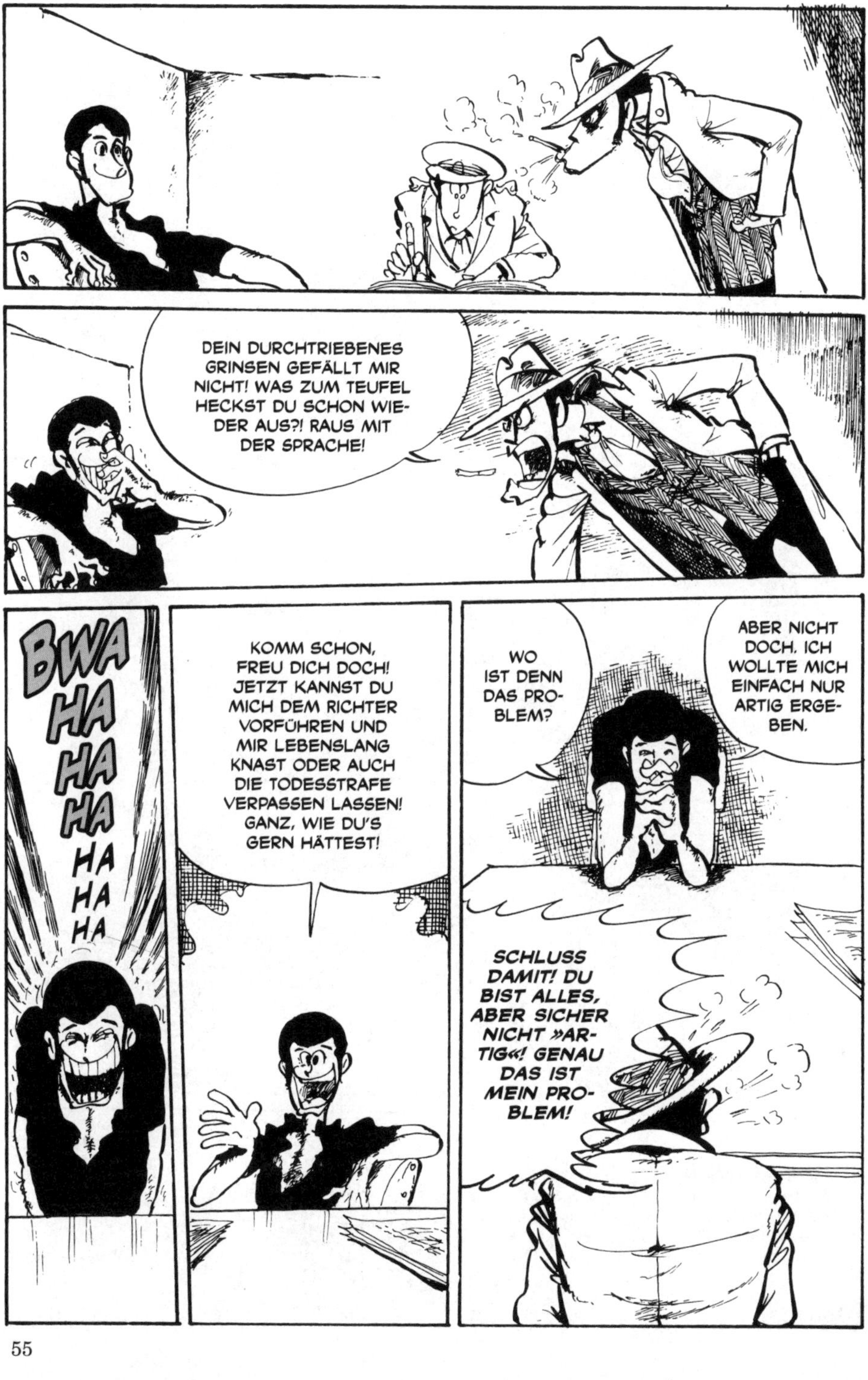
DEIN DURCHTRIEBENES GRINSEN GEFÄLLT MIR NICHT! WAS ZUM TEUFEL HECKST DU SCHON WIEDER AUS?! RAUS MIT DER SPRACHE!
BWA HA HA HA HA HA HA
KOMM SCHON, FREU DICH DOCH! JETZT KANNST DU MICH DEM RICHTER VORFÜHREN UND MIR LEBENSLANG KNAST ODER AUCH DIE TODESSTRAFE VERPASSEN LASSEN! GANZ, WIE DU'S GERN HÄTTEST!
ABER NICHT DOCH. ICH WOLLTE MICH EINFACH NUR ARTIG ERGEBEN.
WO IST DENN DAS PROBLEM?
SCHLUSS DAMIT! DU BIST ALLES, ABER SICHER NICHT »ARTIG«! GENAU DAS IST MEIN PROBLEM!

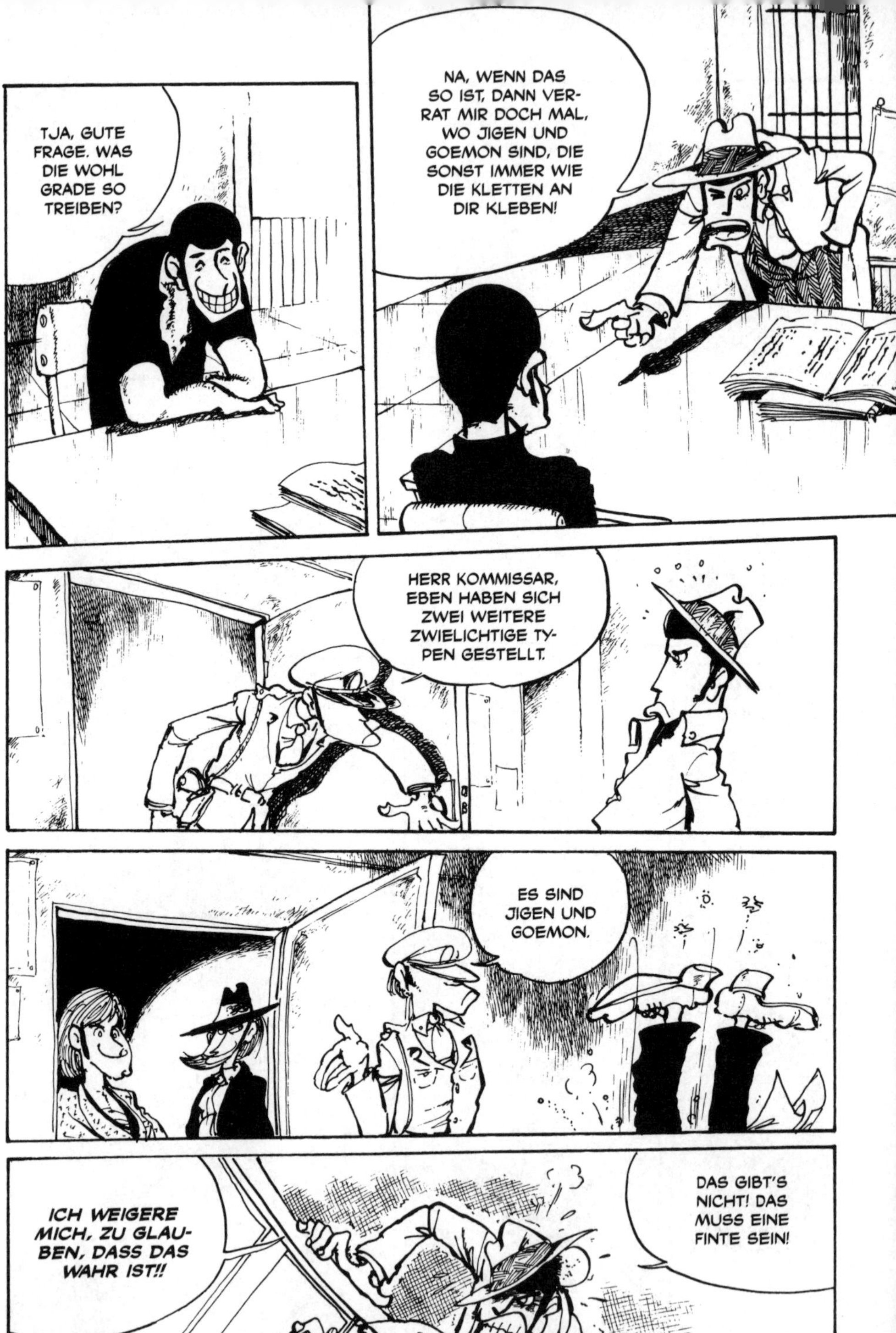
NA, WENN DAS SO IST, DANN VERRAT MIR DOCH MAL, WO JIGEN UND GOEMON SIND, DIE SONST IMMER WIE DIE KLETTEN AN DIR KLEBEN!
TJA, GUTE FRAGE. WAS DIE WOHL GRADE SO TREIBEN?
HERR KOMMISSAR, EBEN HABEN SICH ZWEI WEITERE ZWIELICHTIGE TYPEN GESTELLT.
ES SIND JIGEN UND GOEMON.
DAS GIBT'S NICHT! DAS MUSS EINE FINTE SEIN!
ICH WEIGERE MICH, ZU GLAUBEN, DASS DAS WAHR IST!!

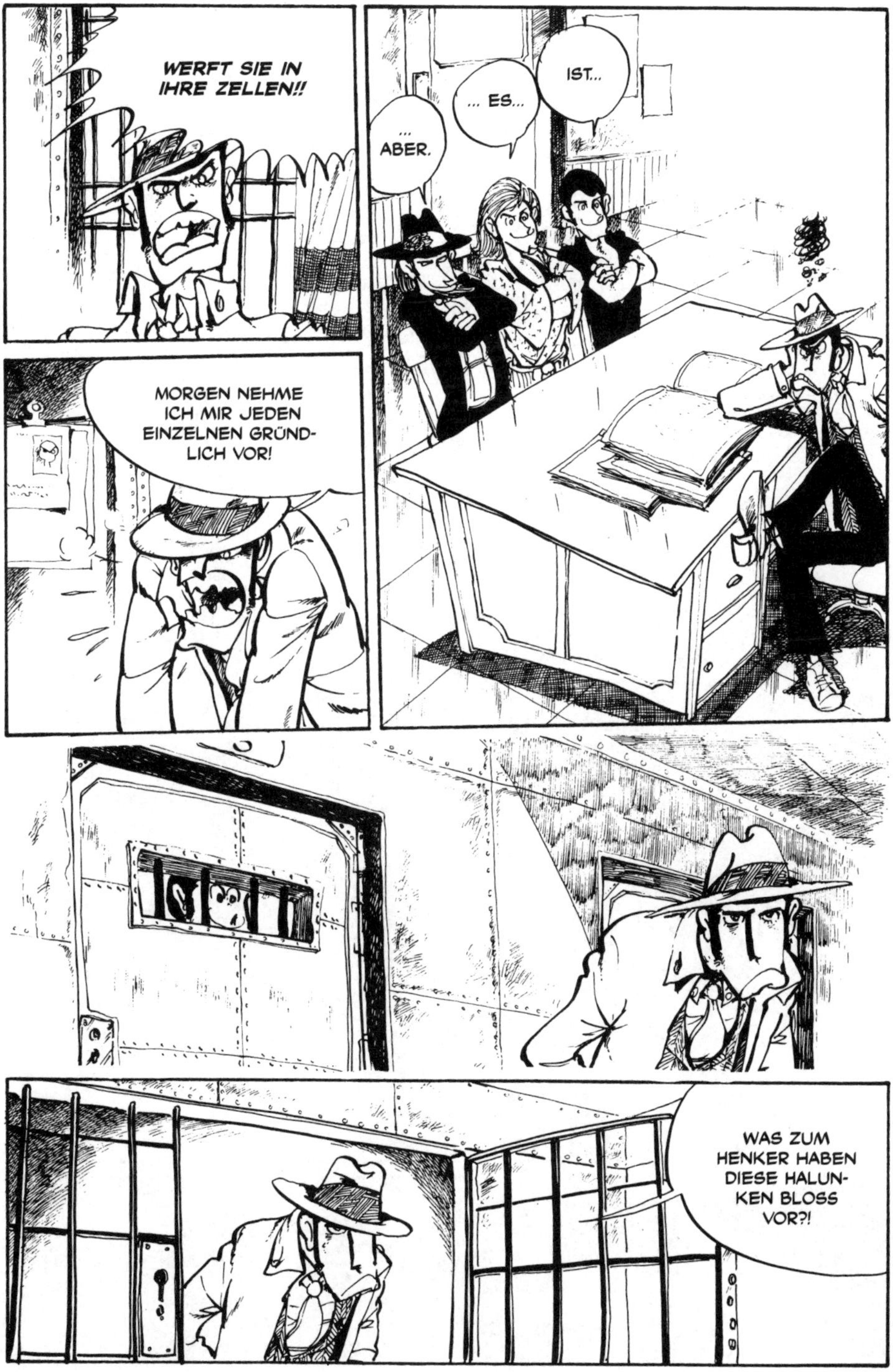
WERFT SIE IN IHRE ZELLEN!!
... ABER.
... ES...
IST...
MORGEN NEHME ICH MIR JEDEN EINZELNEN GRÜNDLICH VOR!
WAS ZUM HENKER HABEN DIESE HALUNKEN BLOSS VOR?!

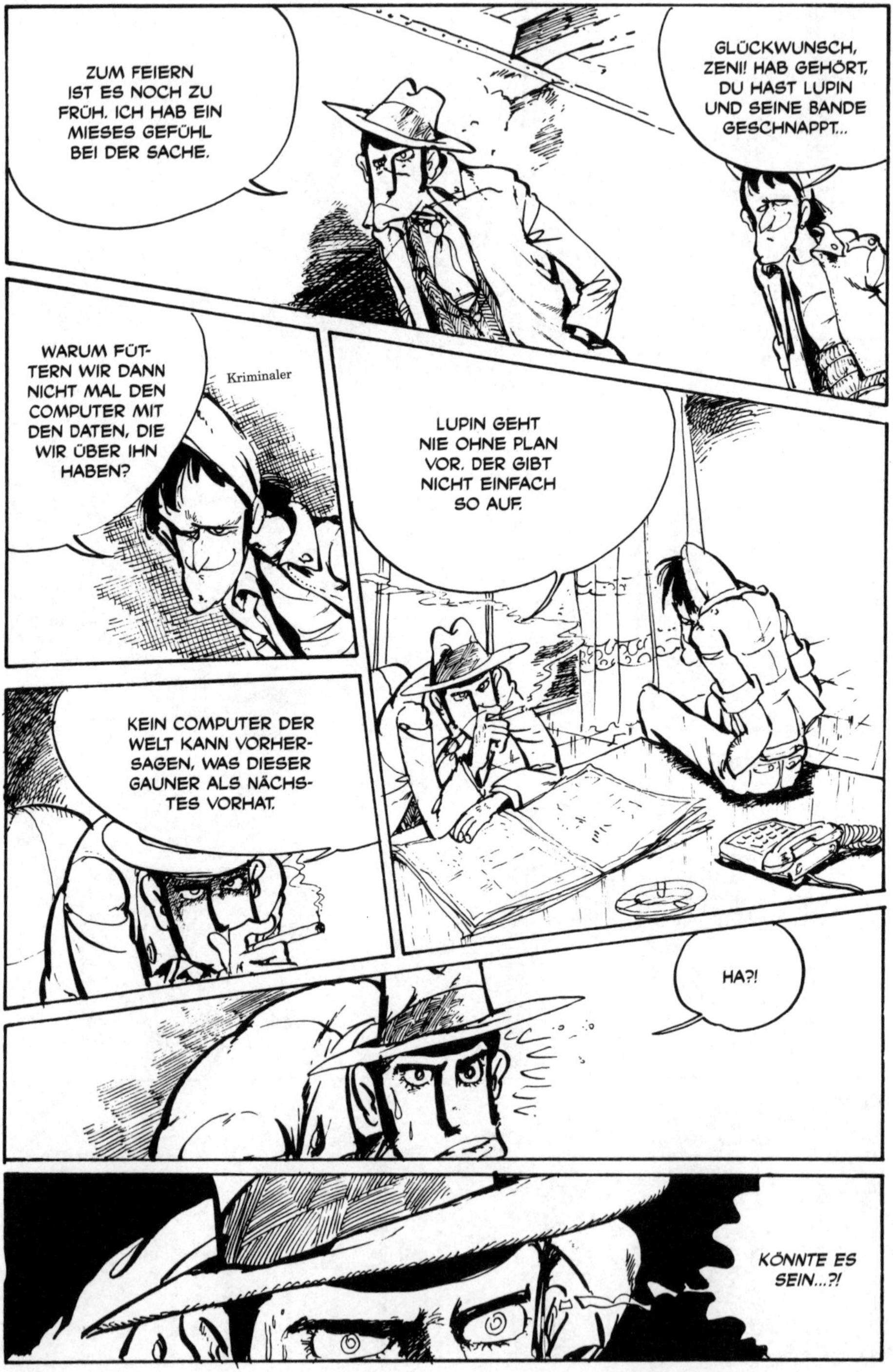
GLÜCKWUNSCH, ZENI! HAB GEHÖRT, DU HAST LUPIN UND SEINE BANDE GESCHNAPPT...
ZUM FEIERN IST ES NOCH ZU FRÜH. ICH HAB EIN MIESES GEFÜHL BEI DER SACHE.
WARUM FÜTTERN WIR DANN NICHT MAL DEN COMPUTER MIT DEN DATEN, DIE WIR ÜBER IHN HABEN?
Kriminaler
LUPIN GEHT NIE OHNE PLAN VOR. DER GIBT NICHT EINFACH SO AUF.
KEIN COMPUTER DER WELT KANN VORHERSAGEN, WAS DIESER GAUNER ALS NÄCHSTES VORHAT.
HA?!
KÖNNTE ES SEIN...?!

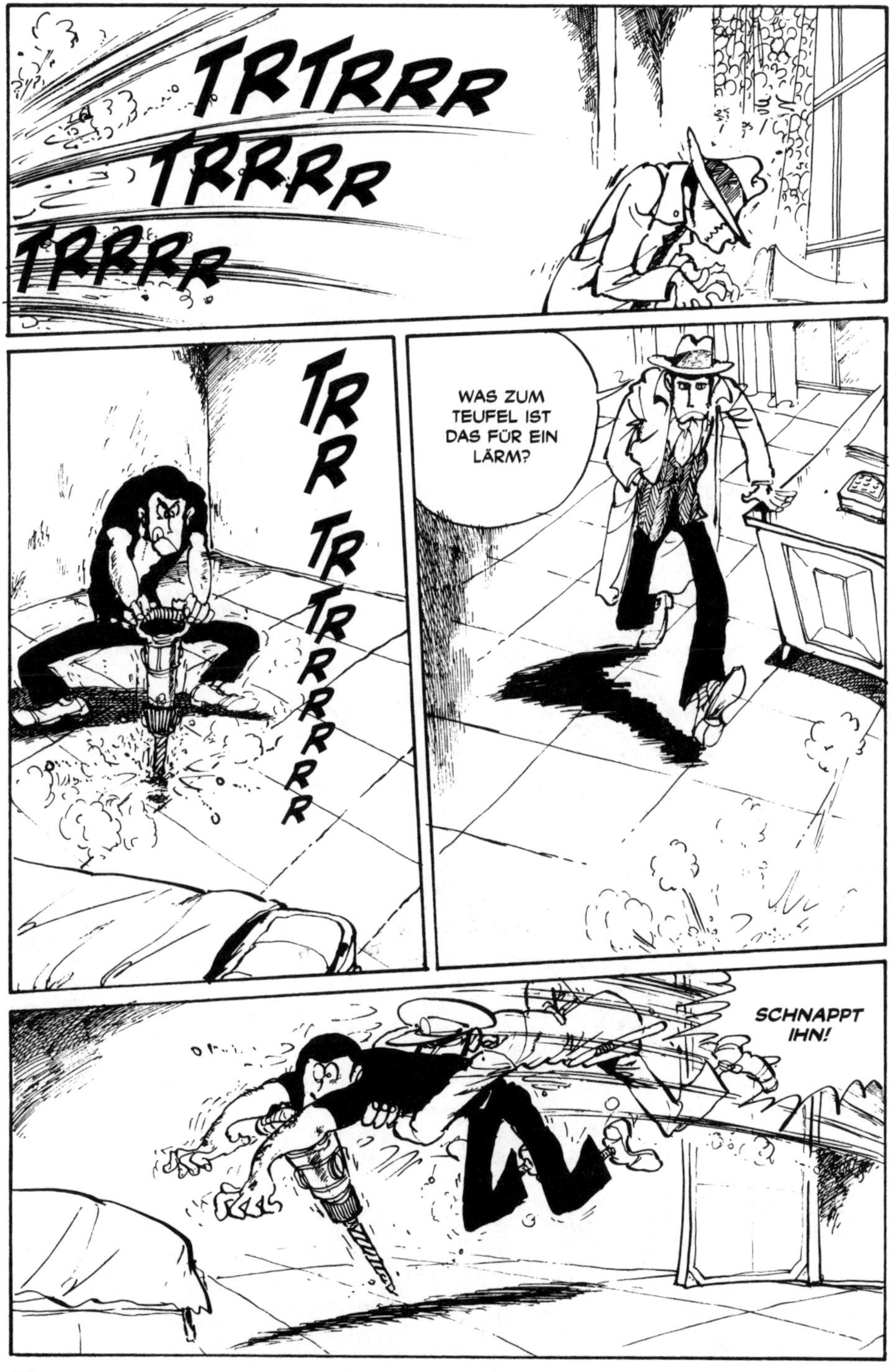
TRTRRR
TRRRRR
TRRRRR
TRR TRTRRRRRRR
WAS ZUM TEUFEL IST DAS FÜR EIN LÄRM?
SCHNAPPT IHN!

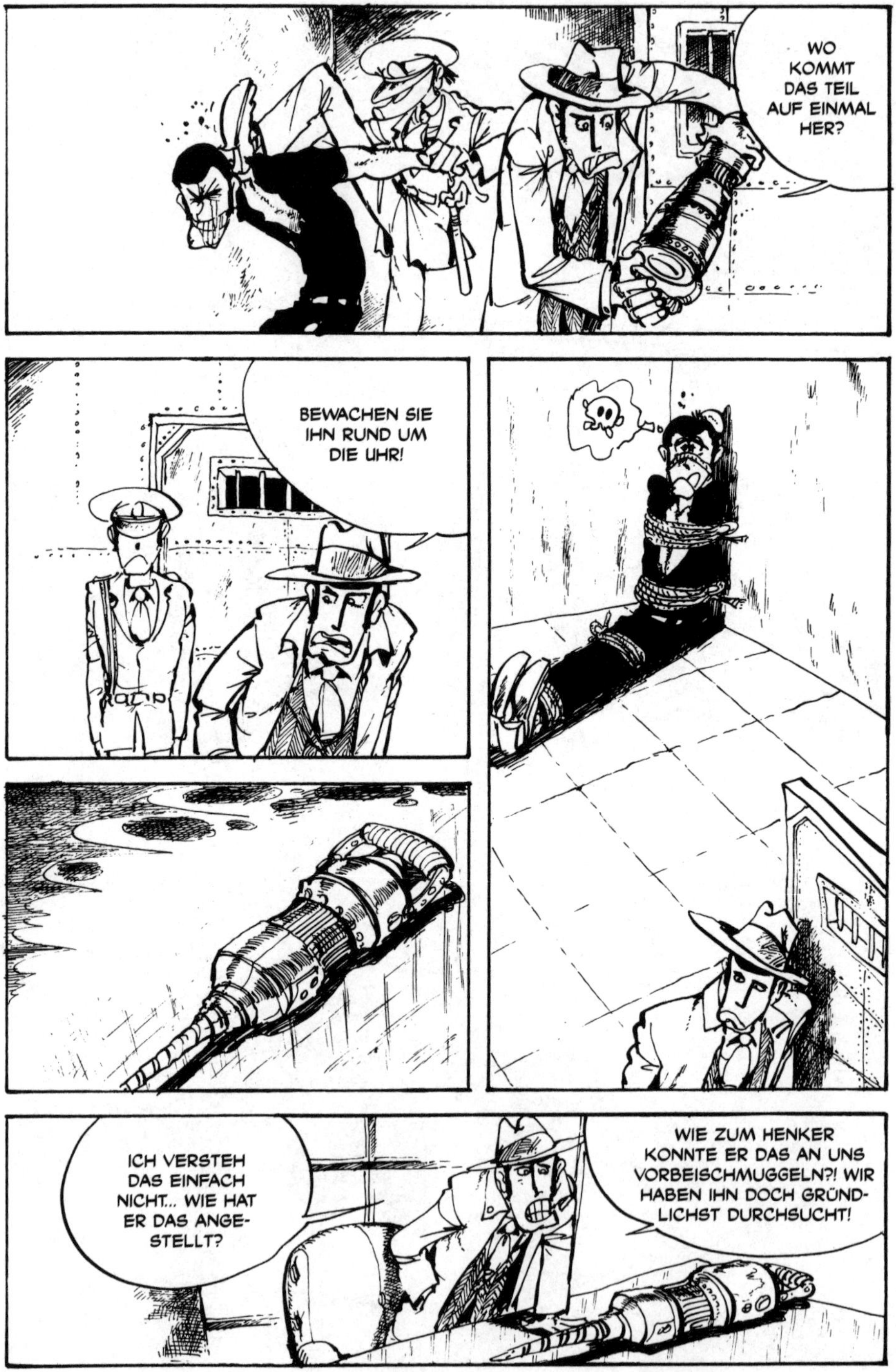
WO KOMMT DAS TEIL AUF EINMAL HER?
BEWACHEN SIE IHN RUND UM DIE UHR!
ICH VERSTEH DAS EINFACH NICHT... WIE HAT ER DAS ANGE-STELLT?
WIE ZUM HENKER KONNTE ER DAS AN UNS VORBEISCHMUGGELN?! WIR HABEN IHN DOCH GRÜNDLICHST DURCHSUCHT!

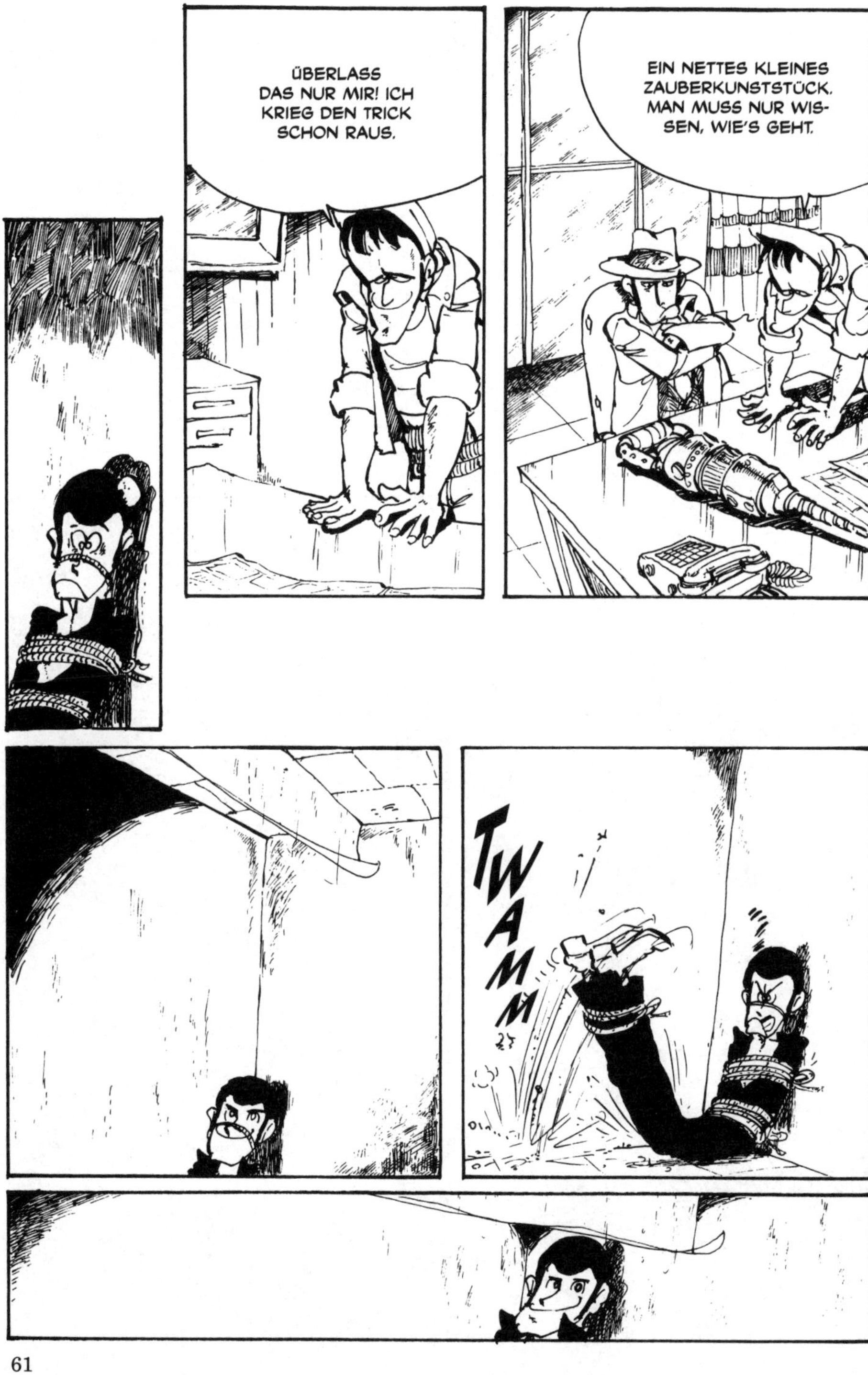
EIN NETTES KLEINES ZAUBERKUNSTSTÜCK. MAN MUSS NUR WISSEN, WIE'S GEHT.
ÜBERLASS DAS NUR MIR! ICH KRIEG DEN TRICK SCHON RAUS.
TWAMM

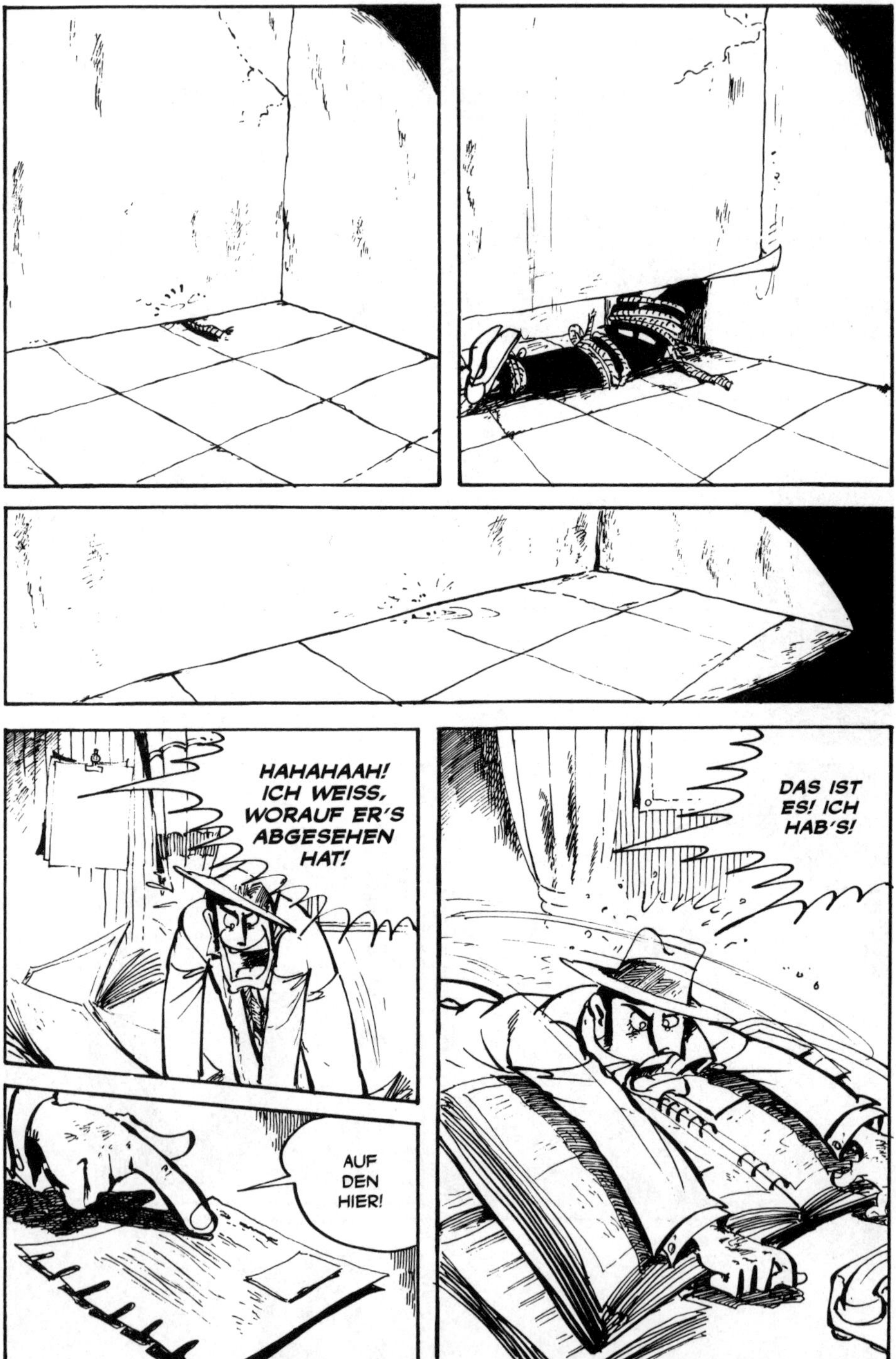
HAHAHAAH! ICH WEISS, WORAUF ER'S ABGESEHEN HAT!
AUF DEN HIER!
DAS IST ES! ICH HAB'S!

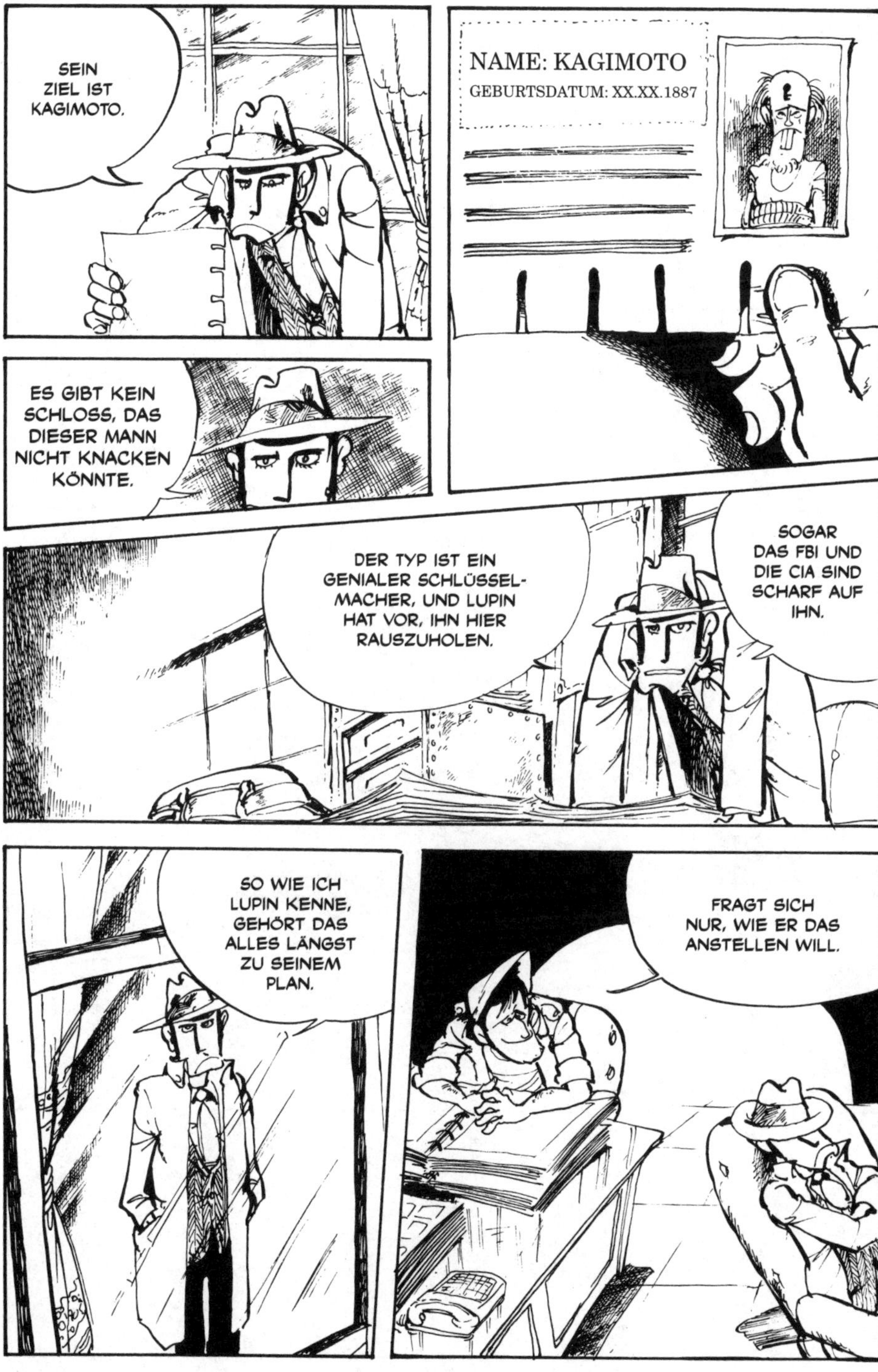
SEIN ZIEL IST KAGIMOTO.
NAME: KAGIMOTO
GEBURTSDATUM: XX.XX.1887
ES GIBT KEIN SCHLOSS, DAS DIESER MANN NICHT KNACKEN KÖNNTE.
DER TYP IST EIN GENIALER SCHLÜSSEL-MACHER, UND LUPIN HAT VOR, IHN HIER RAUSZUHOLEN.
SOGAR DAS FBI UND DIE CIA SIND SCHARF AUF IHN.
SO WIE ICH LUPIN KENNE, GEHÖRT DAS ALLES LÄNGST ZU SEINEM PLAN.
FRAGT SICH NUR, WIE ER DAS ANSTELLEN WILL.

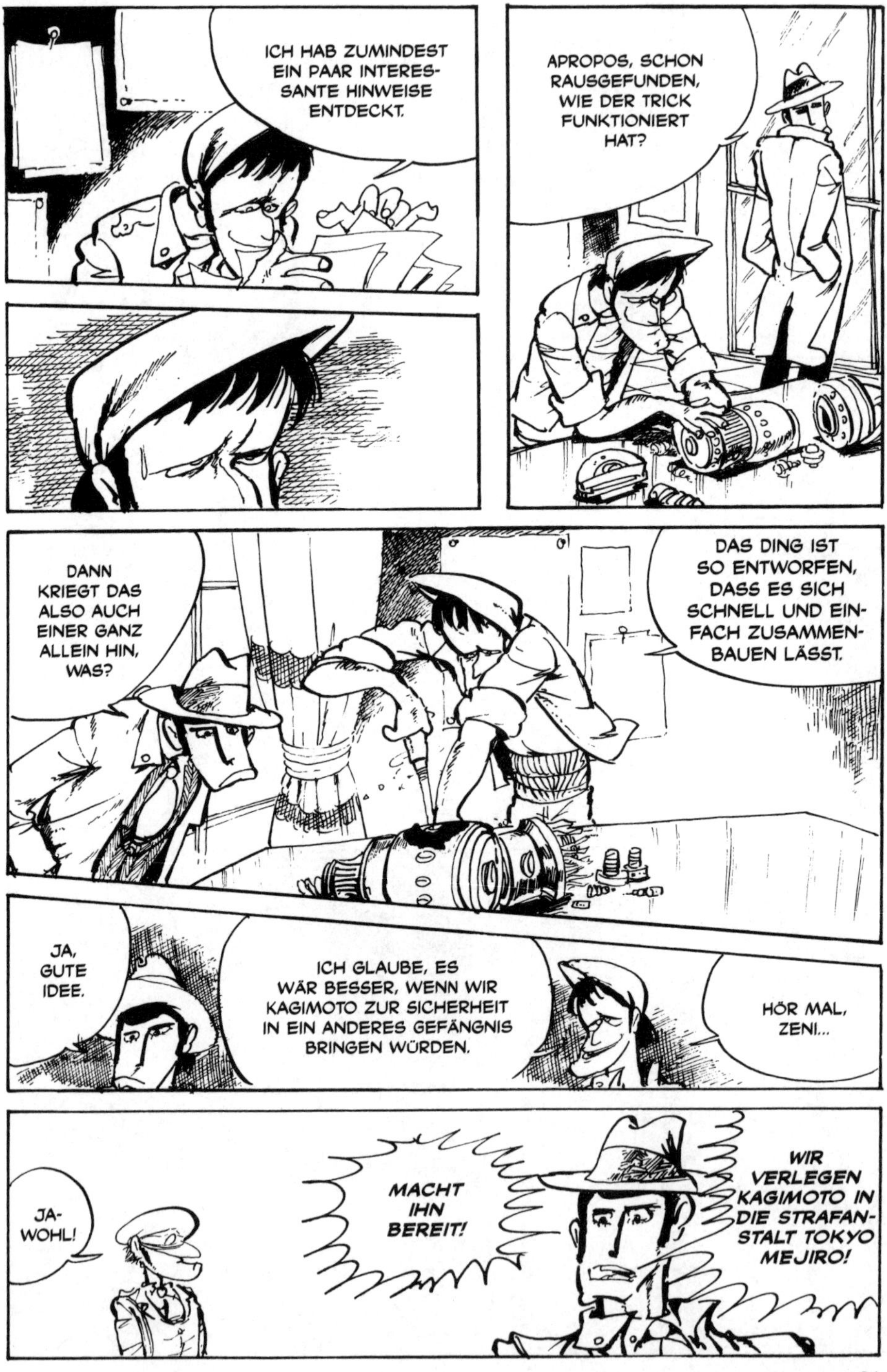
ICH HAB ZUMINDEST EIN PAAR INTERES-SANTE HINWEISE ENTDECKT.
APROPOS, SCHON RAUSGEFUNDEN, WIE DER TRICK FUNKTIONIERT HAT?
DAS DING IST SO ENTWORFEN, DASS ES SICH SCHNELL UND EIN-FACH ZUSAMMEN-BAUEN LÄSST.
DANN KRIEGT DAS ALSO AUCH EINER GANZ ALLEIN HIN, WAS?
HÖR MAL, ZENI...
ICH GLAUBE, ES WÄR BESSER, WENN WIR KAGIMOTO ZUR SICHERHEIT IN EIN ANDERES GEFÄNGNIS BRINGEN WÜRDEN.
JA, GUTE IDEE.
WIR VERLEGEN KAGIMOTO IN DIE STRAFAN-STALT TOKYO MEJIRO!
MACHT IHN BEREIT!
JA-WOHL!

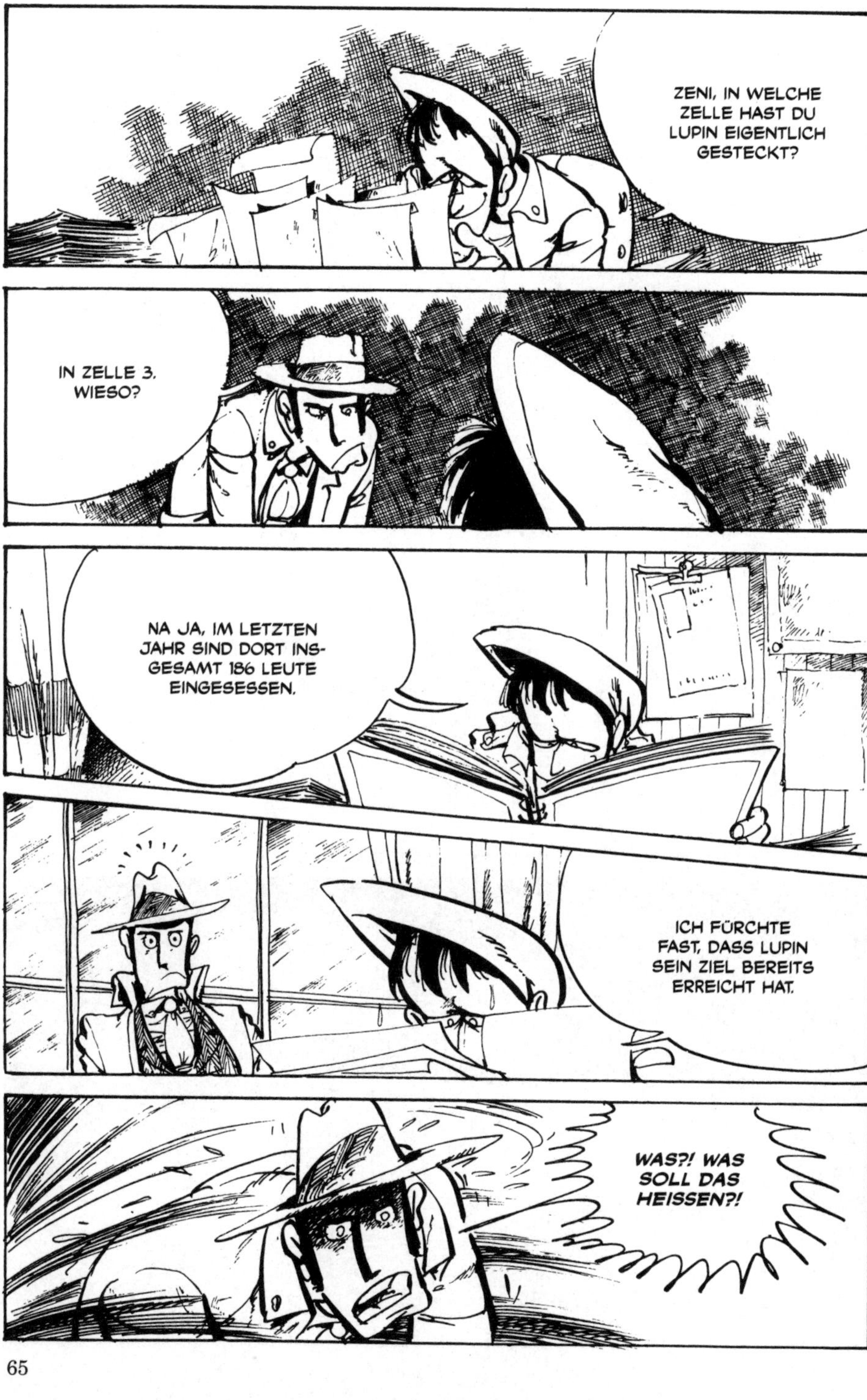

ZENI, IN WELCHE ZELLE HAST DU LUPIN EIGENTLICH GESTECKT?
IN ZELLE 3. WIESO?
NA JA, IM LETZTEN JAHR SIND DORT INS-GESAMT 186 LEUTE EINGESESSEN.
ICH FÜRCHTE FAST, DASS LUPIN SEIN ZIEL BEREITS ERREICHT HAT.
WAS?! WAS SOLL DAS HEISSEN?!

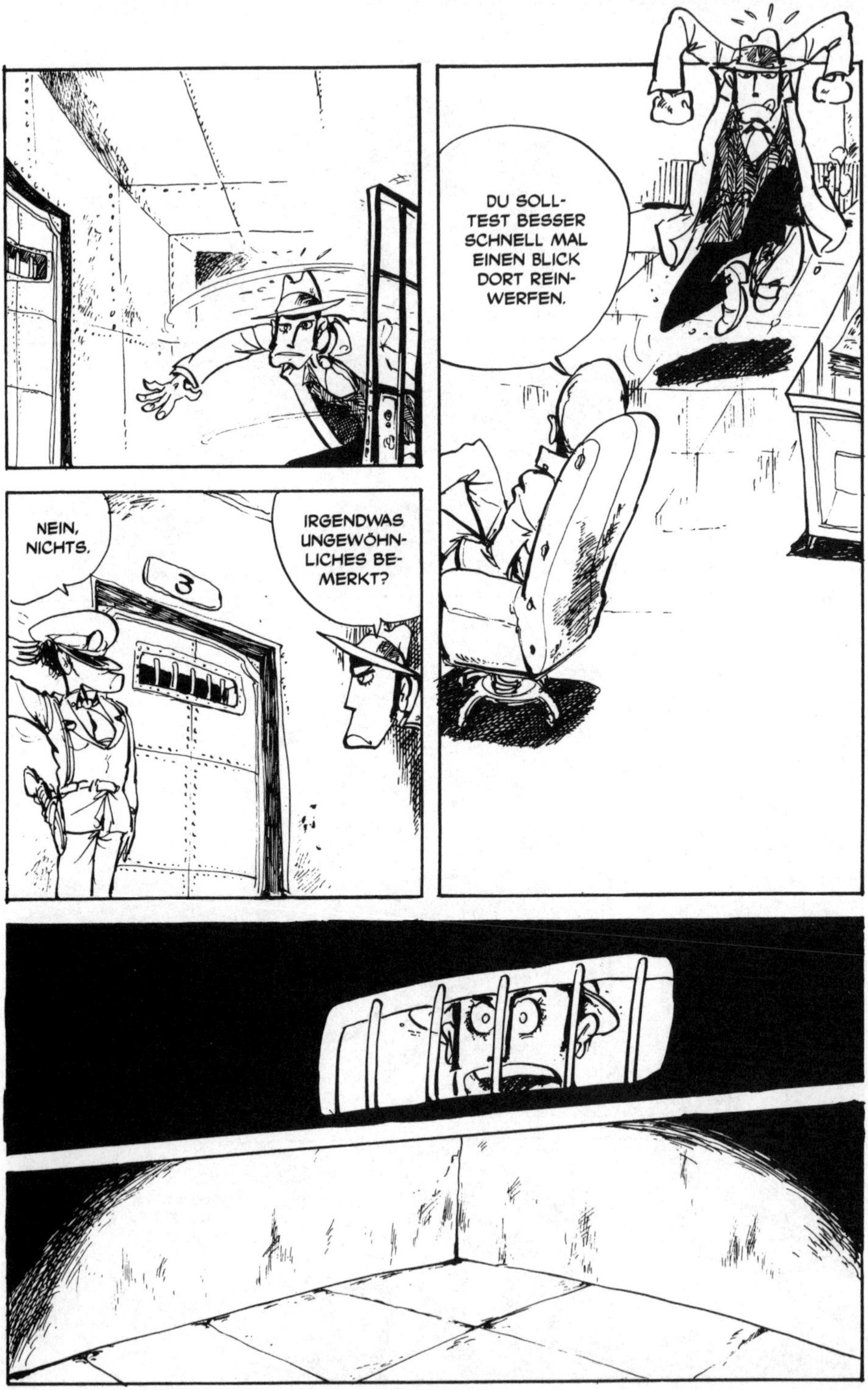
DU SOLL-
TEST BESSER
SCHNELL MAL
EINEN BLICK
DORT REIN-
WERFEN.
IRGENDWAS
UNGEWÖHN-
LICHES BE-
MERKT?
NEIN,
NICHTS.

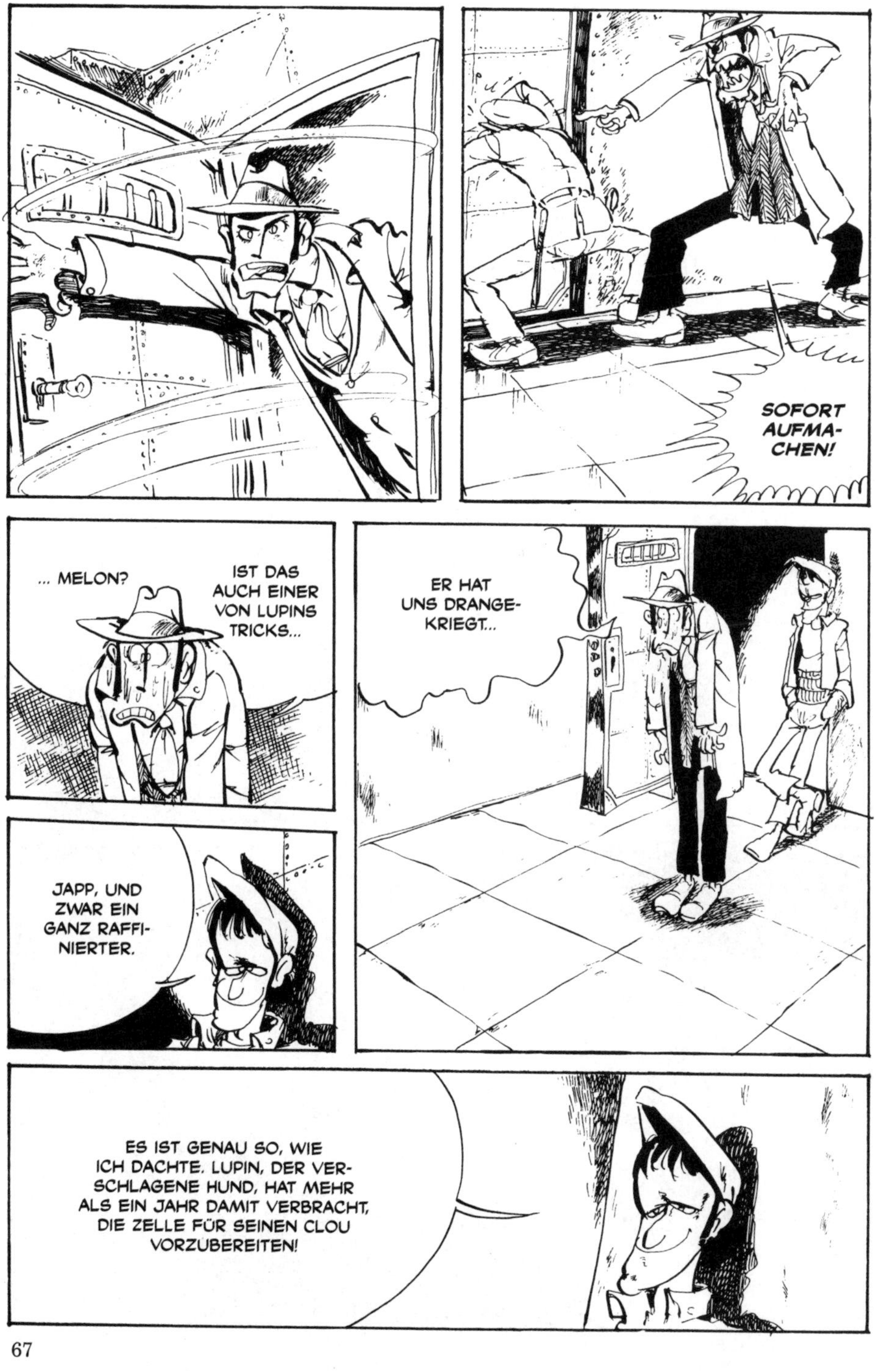
SOFORT AUFMACHEN!
... MELON?
IST DAS AUCH EINER VON LUPINS TRICKS...
ER HAT UNS DRANGEKRIEGT...
JAPP, UND ZWAR EIN GANZ RAFFINIERTER.
ES IST GENAU SO, WIE ICH DACHTE. LUPIN, DER VERSCHLAGENE HUND, HAT MEHR ALS EIN JAHR DAMIT VERBRACHT, DIE ZELLE FÜR SEINEN CLOU VORZUBEREITEN!

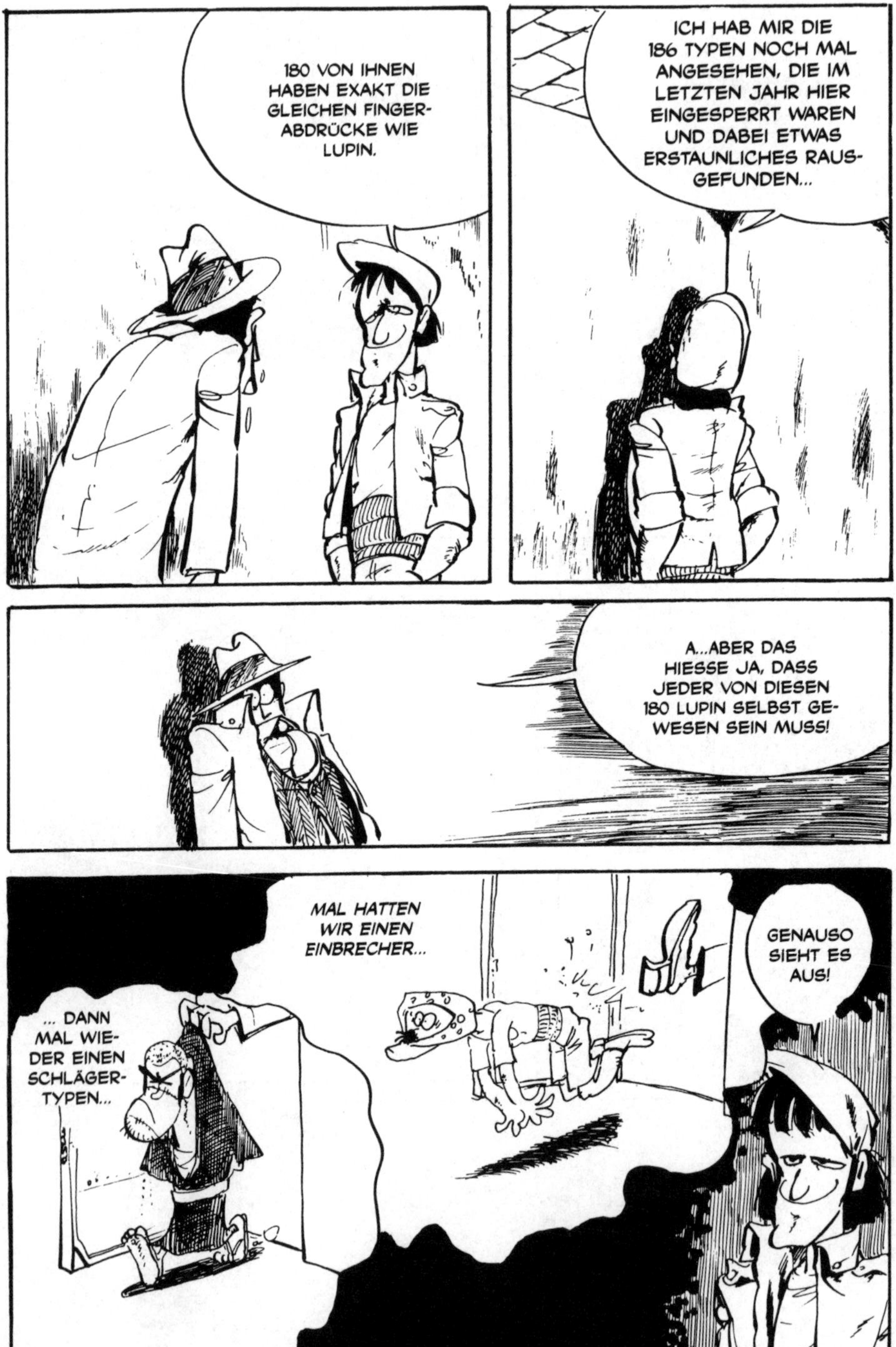
ICH HAB MIR DIE 186 TYPEN NOCH MAL ANGESEHEN, DIE IM LETZTEN JAHR HIER EINGESPERRT WAREN UND DABEI ETWAS ERSTAUNLICHES RAUS-GEFUNDEN...
180 VON IHNEN HABEN EXAKT DIE GLEICHEN FINGER-ABDRÜCKE WIE LUPIN.
A...ABER DAS HIESSE JA, DASS JEDER VON DIESEN 180 LUPIN SELBST GE-WESEN SEIN MUSS!
GENAUSO SIEHT ES AUS!
MAL HATTEN WIR EINEN EINBRECHER...
... DANN MAL WIE-DER EINEN SCHLÄGER-TYPEN...

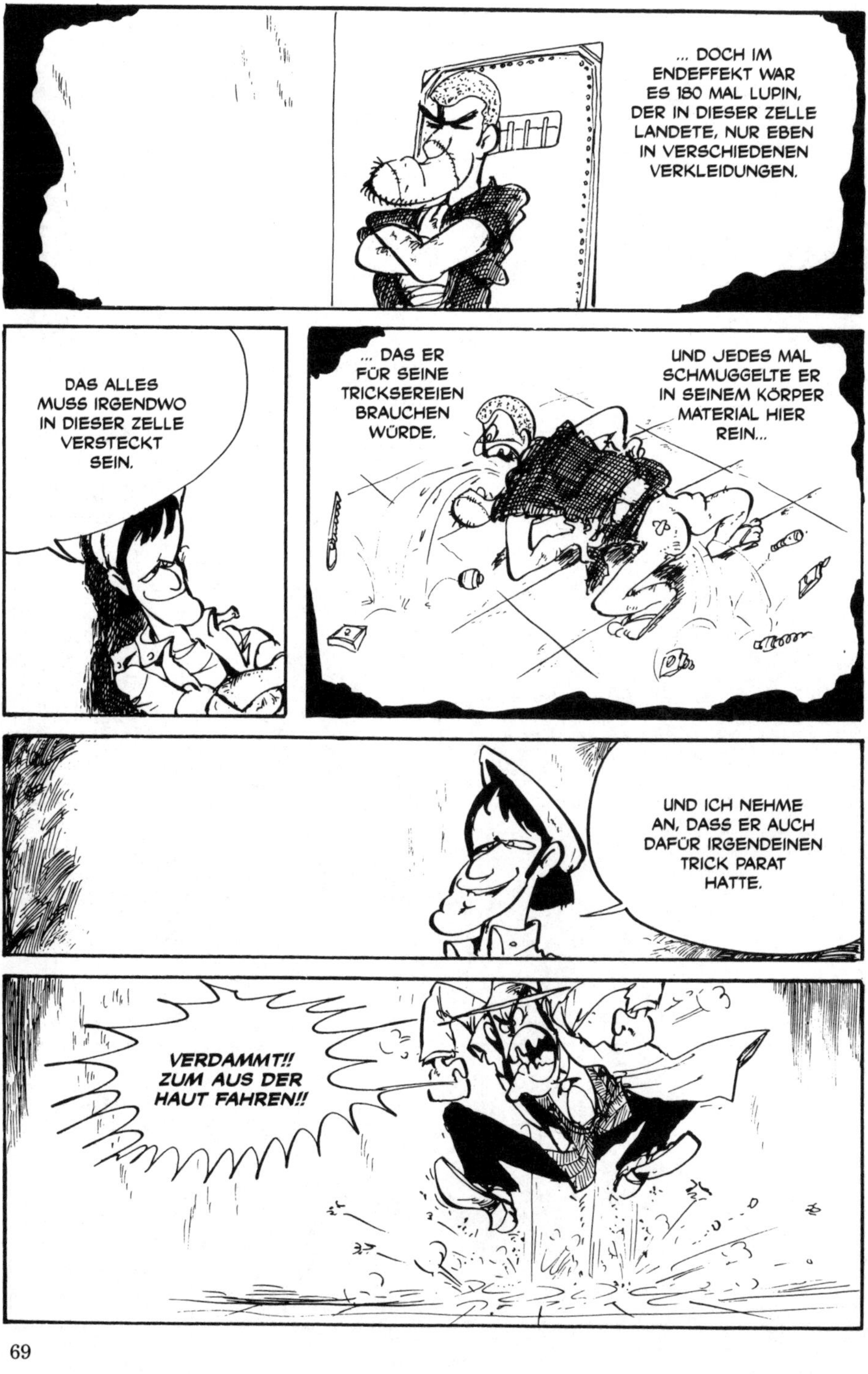
... DOCH IM ENDEFFEKT WAR ES 180 MAL LUPIN, DER IN DIESER ZELLE LANDETE, NUR EBEN IN VERSCHIEDENEN VERKLEIDUNGEN.
DAS ALLES MUSS IRGENDWO IN DIESER ZELLE VERSTECKT SEIN.
UND JEDES MAL SCHMUGGELTE ER IN SEINEM KÖRPER MATERIAL HIER REIN...
... DAS ER FÜR SEINE TRICKSEREIEN BRAUCHEN WÜRDE.
UND ICH NEHME AN, DASS ER AUCH DAFÜR IRGENDEINEN TRICK PARAT HATTE.
VERDAMMT!! ZUM AUS DER HAUT FAHREN!!

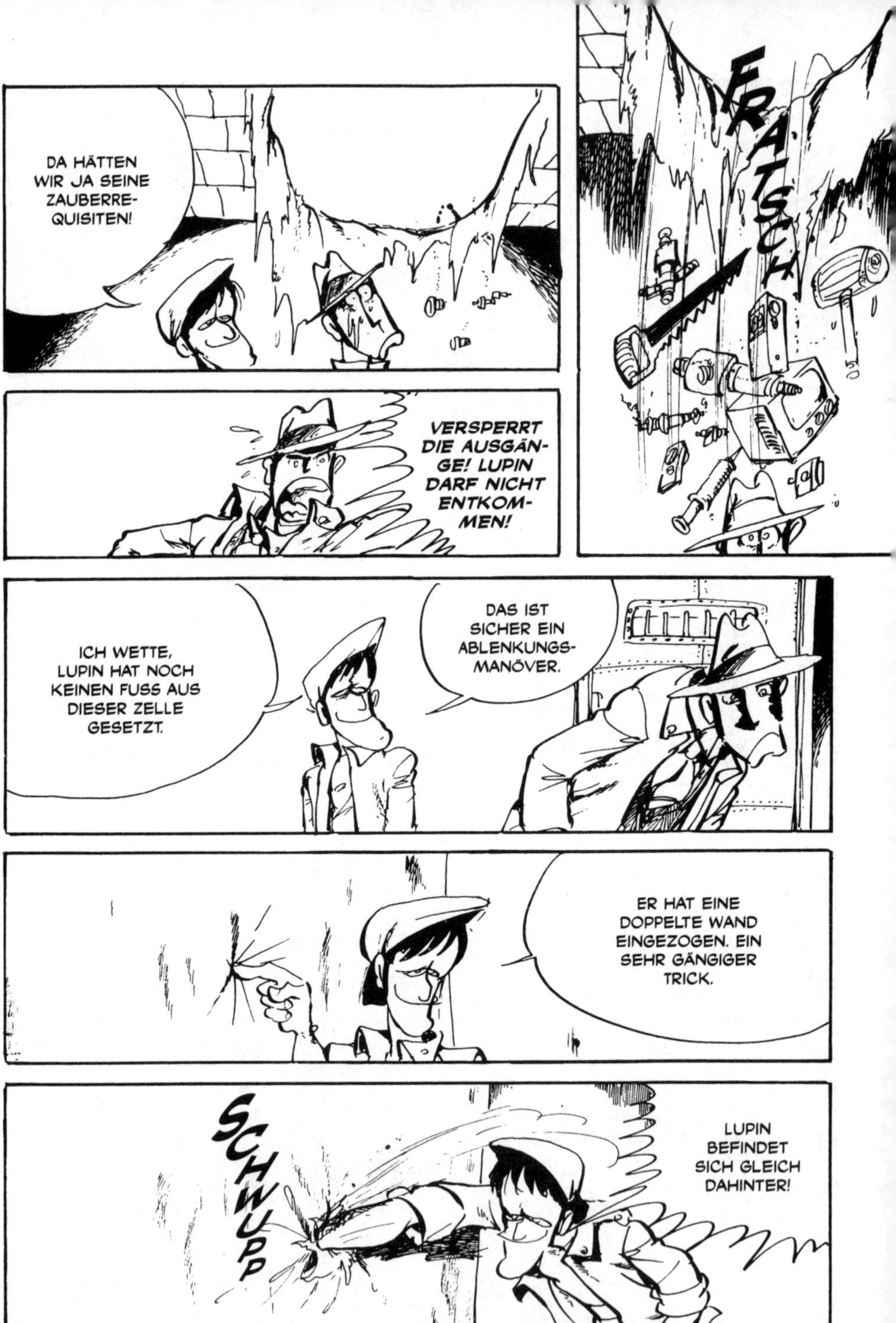

FRATSCH
DA HÄTTEN WIR JA SEINE ZAUBERRE-QUISITEN!
VERSPERRT DIE AUSGÄN-GE! LUPIN DARF NICHT ENTKOM-MEN!
DAS IST SICHER EIN ABLENKUNGS-MANÖVER.
ICH WETTE, LUPIN HAT NOCH KEINEN FUSS AUS DIESER ZELLE GESETZT.
ER HAT EINE DOPPELTE WAND EINGEZOGEN. EIN SEHR GÄNGIGER TRICK.
LUPIN BEFINDET SICH GLEICH DAHINTER!
SCHWUPP

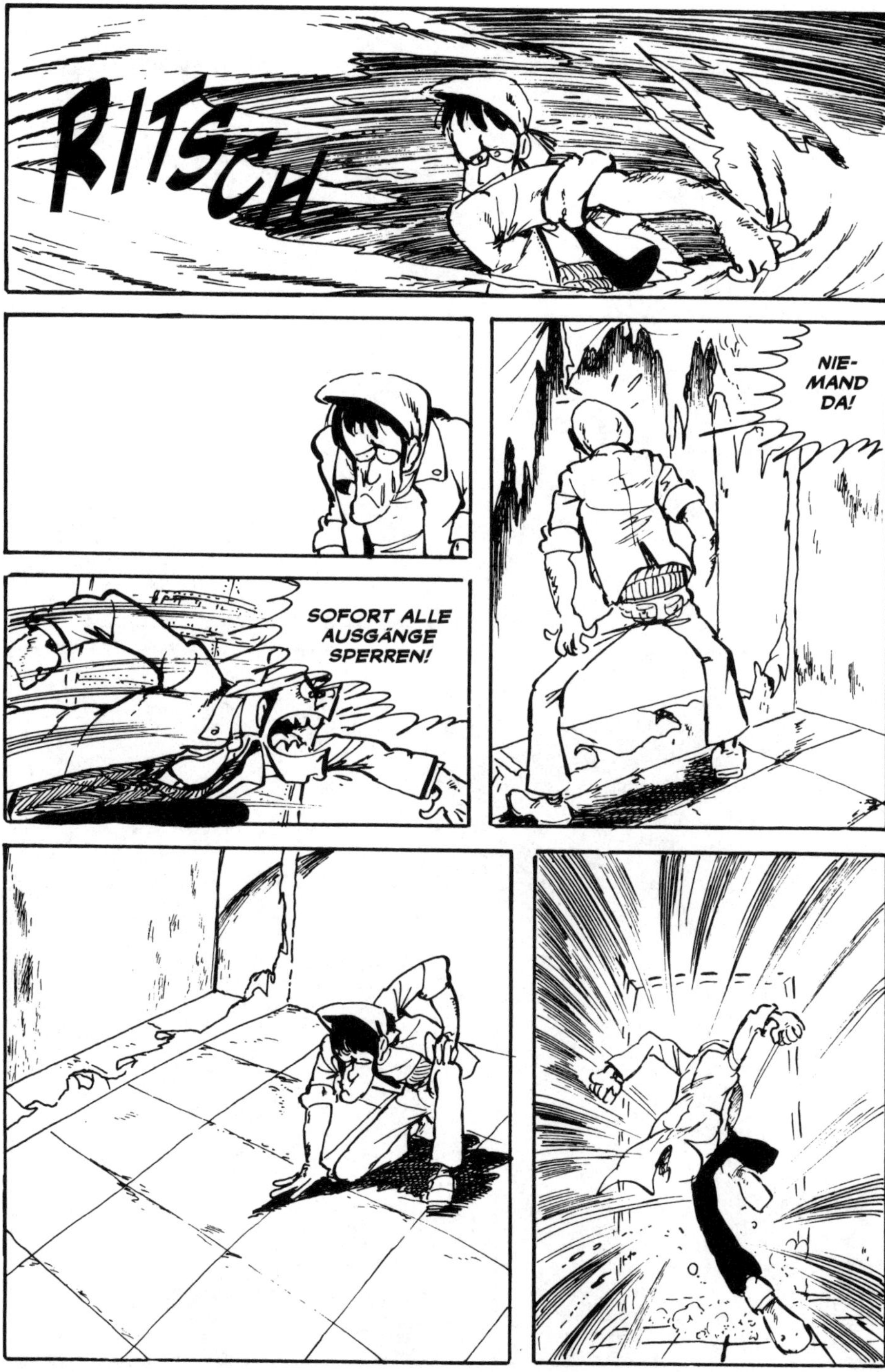
RITSCH
NIE-
MAND
DA!
SOFORT ALLE
AUSGÄNGE
SPERREN!

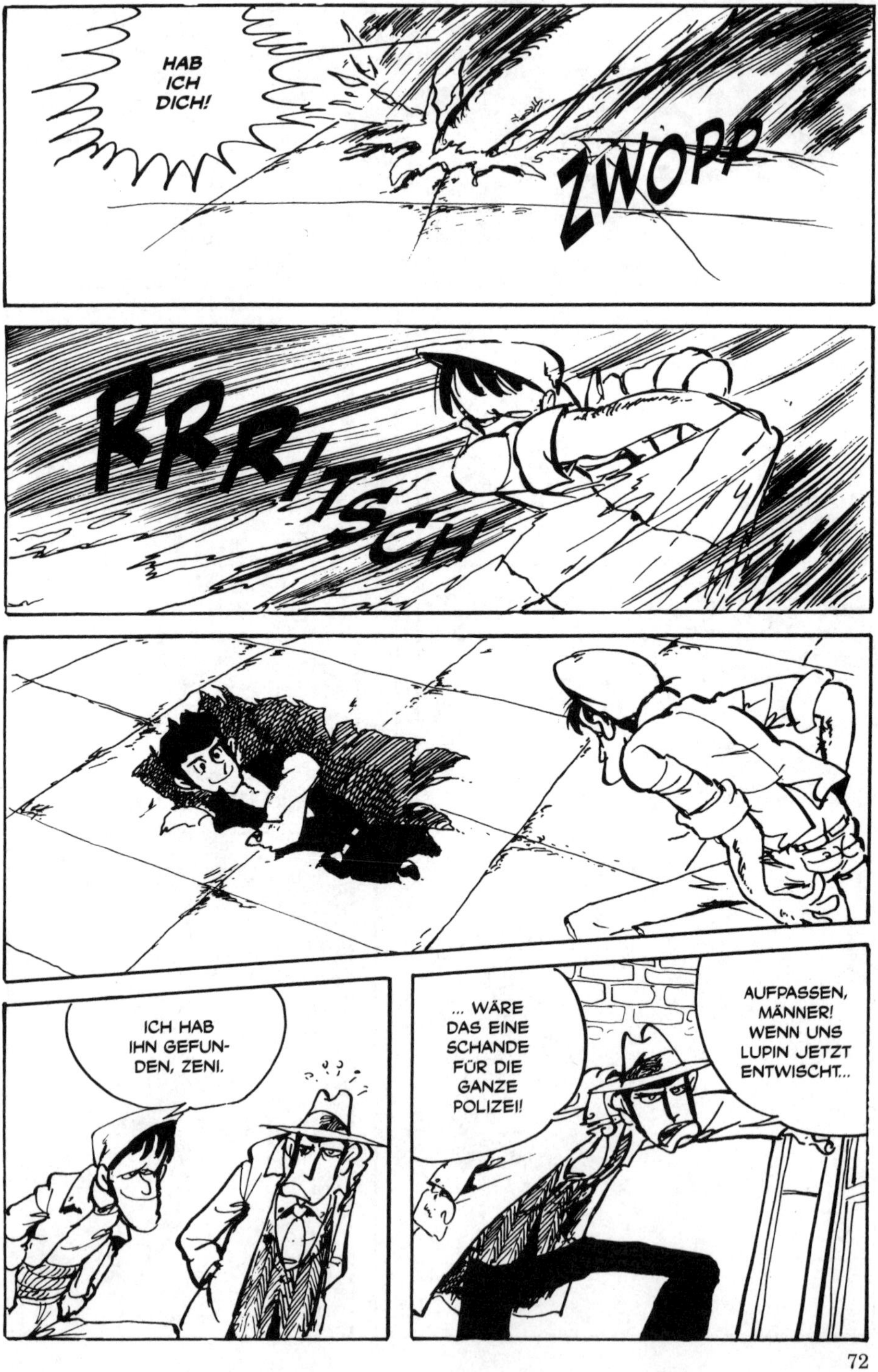
HAB ICH DICH!
ZWOPP
RRRITSCH
ICH HAB IHN GEFUNDEN, ZENI.
AUFPASSEN, MÄNNER! WENN UNS LUPIN JETZT ENTWISCHT...
... WÄRE DAS EINE SCHANDE FÜR DIE GANZE POLIZEI!

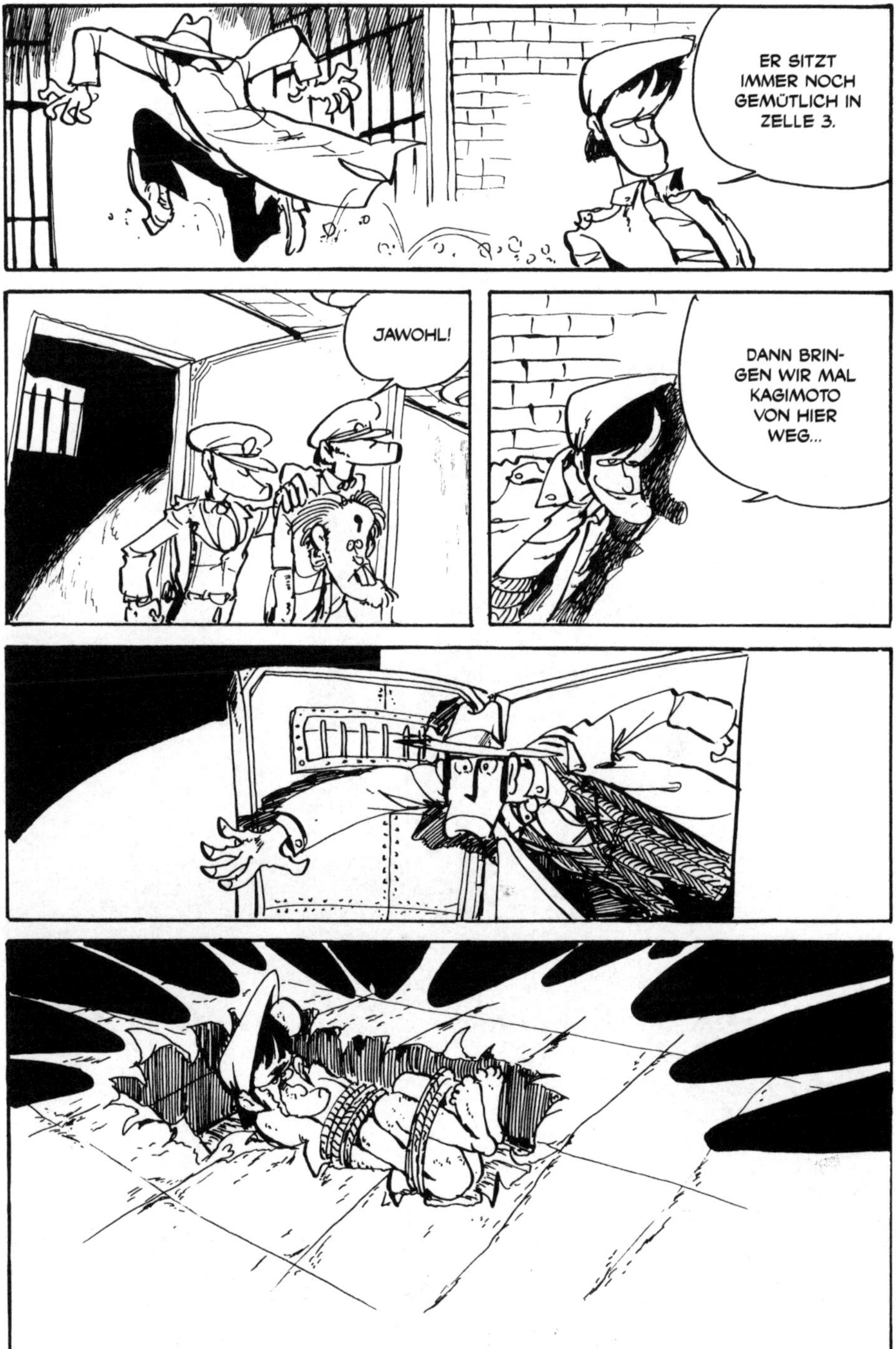
ER SITZT IMMER NOCH GEMÜTLICH IN ZELLE 3.
JAWOHL!
DANN BRINGEN WIR MAL KAGIMOTO VON HIER WEG...

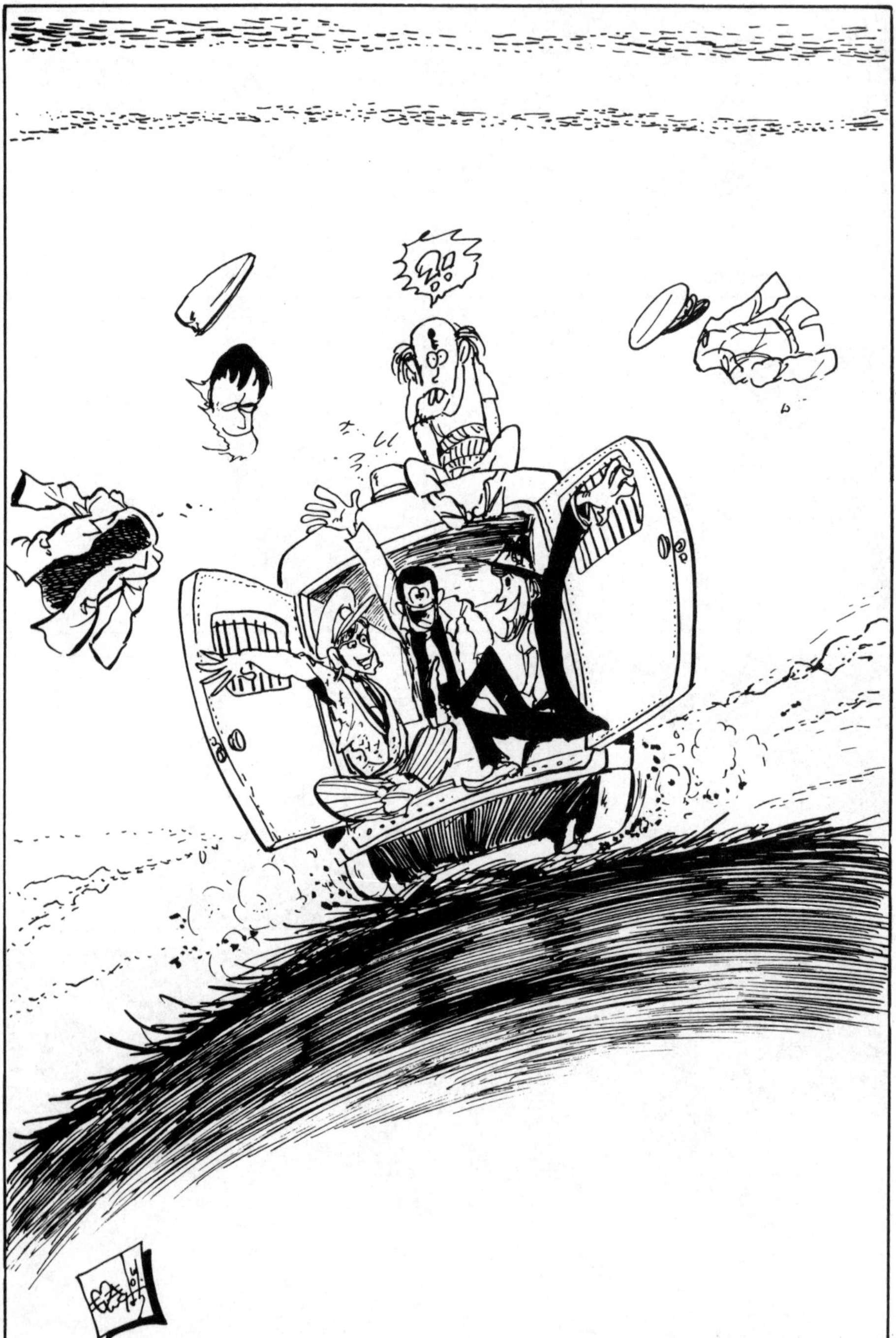

1 MANN, 180 GESICHTER – ENDE

DER MAGIER

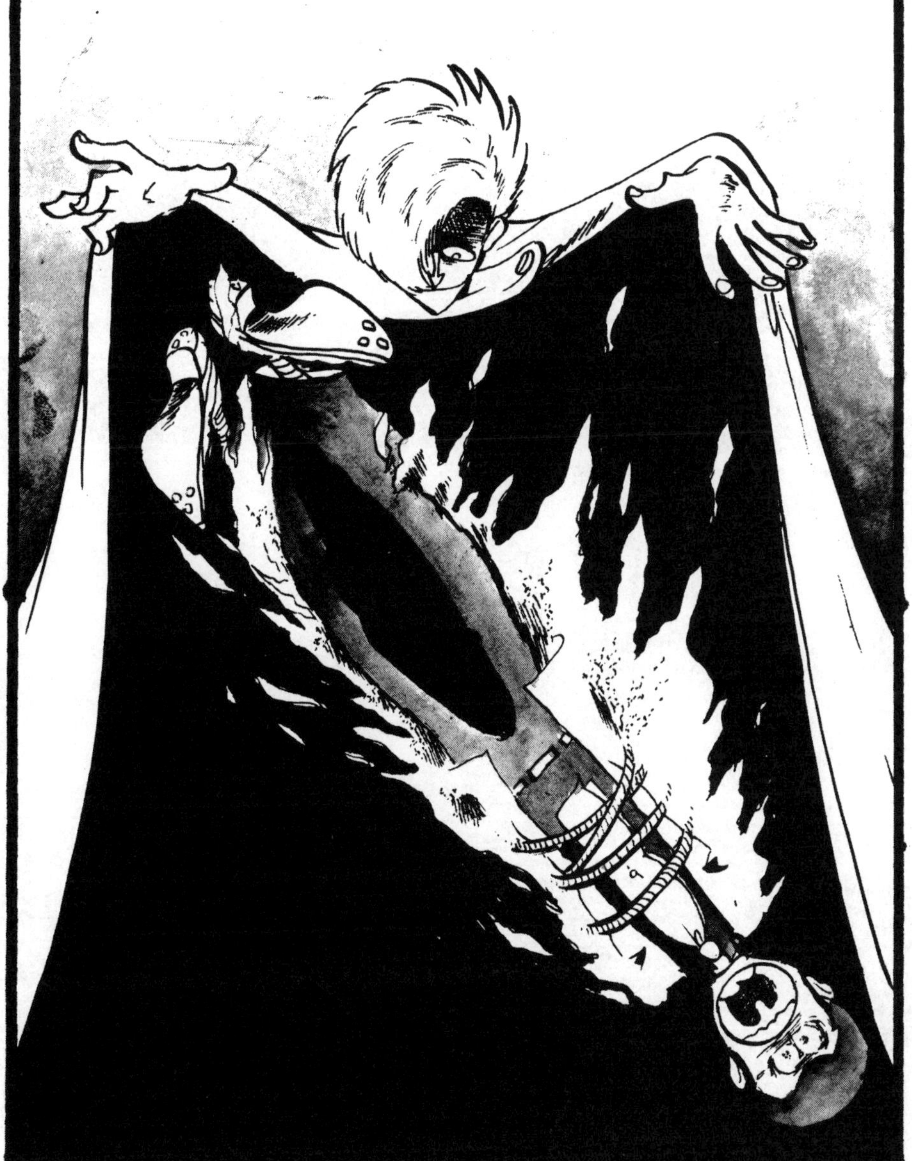

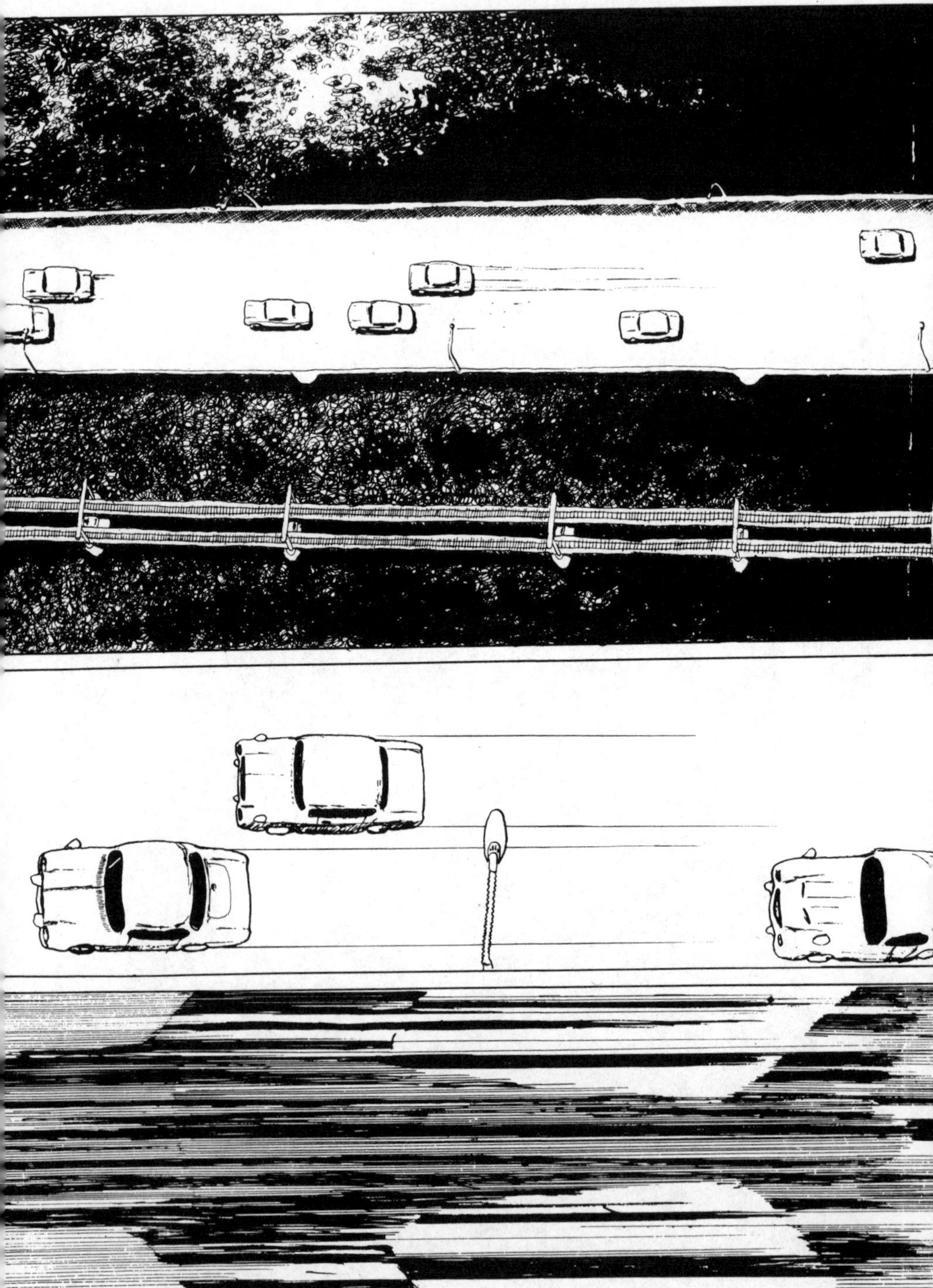

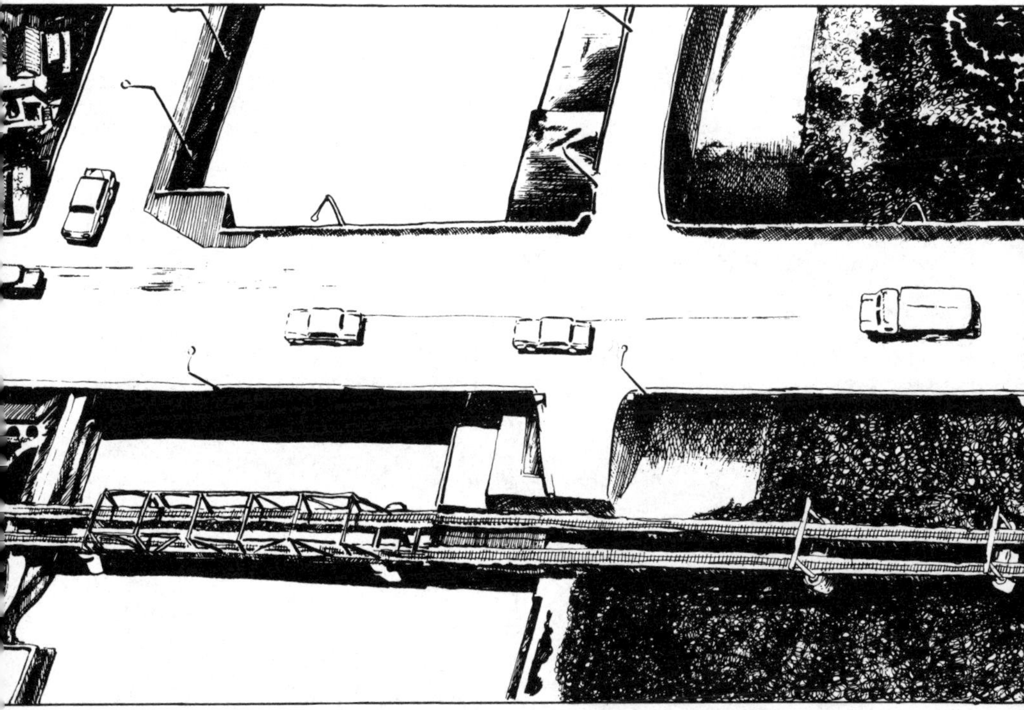

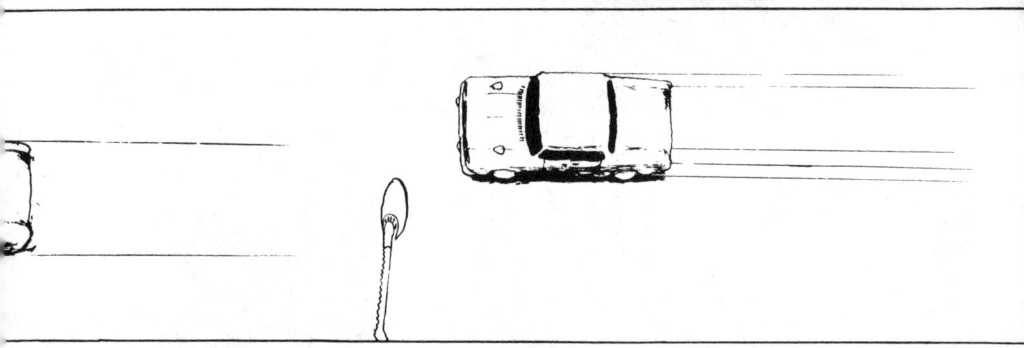

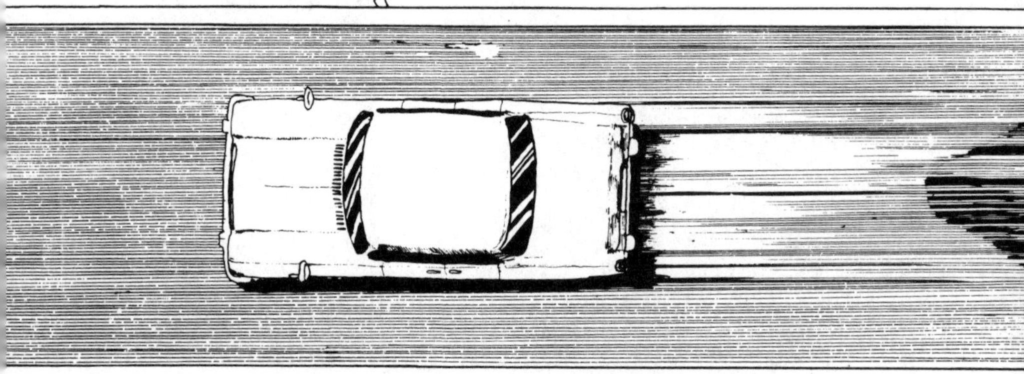

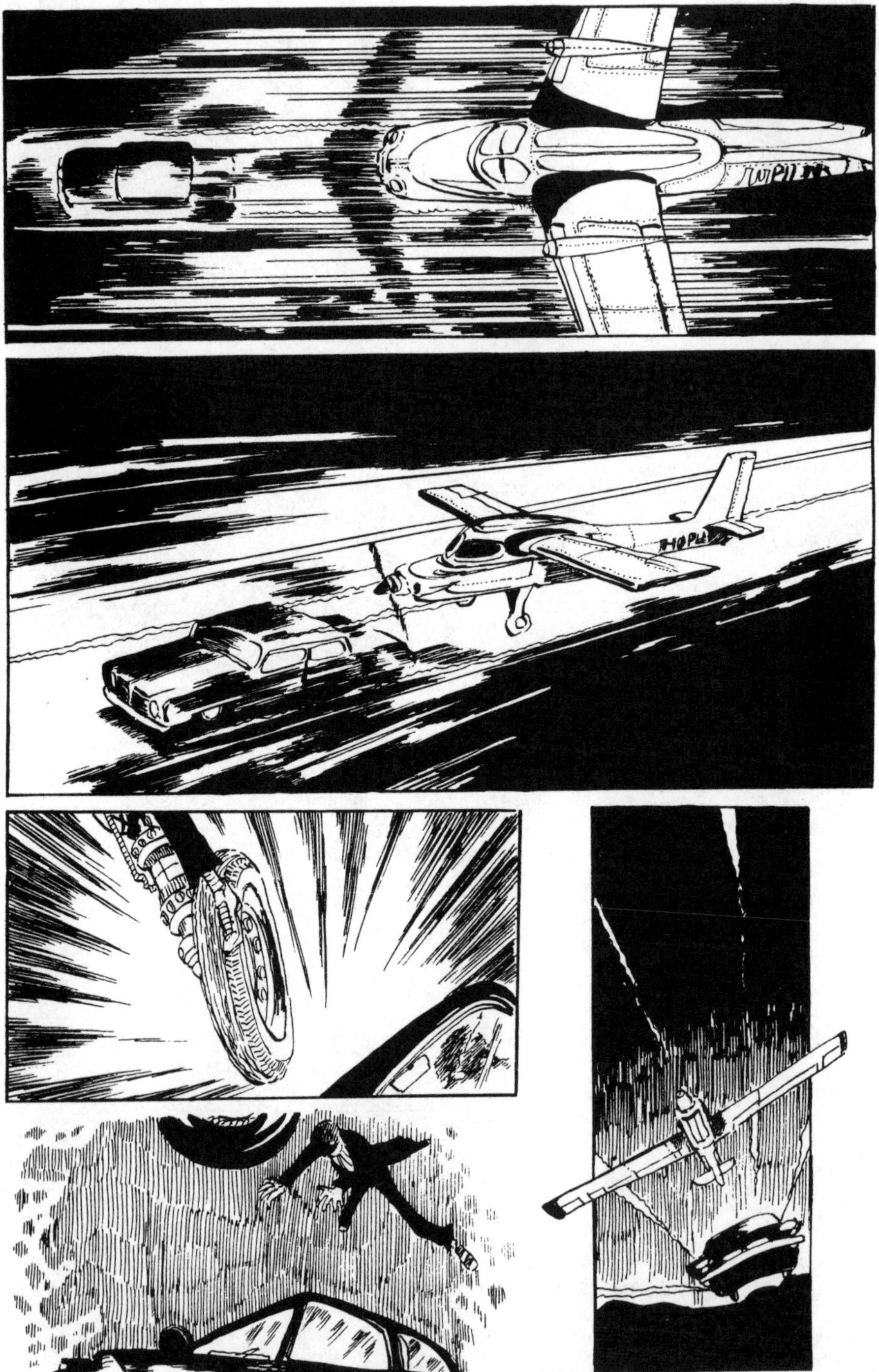

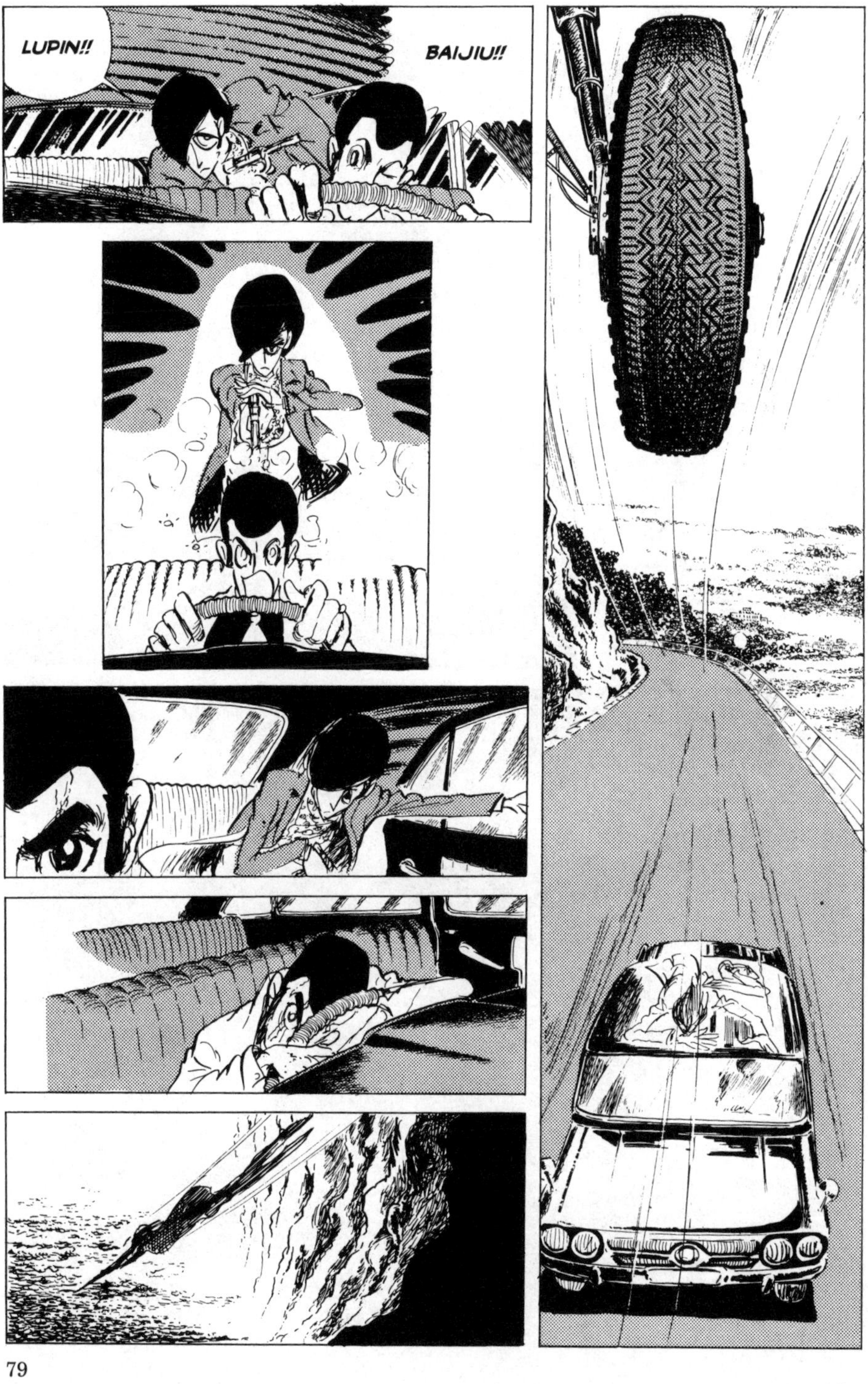
LUPIN!!
BAIJIU!!

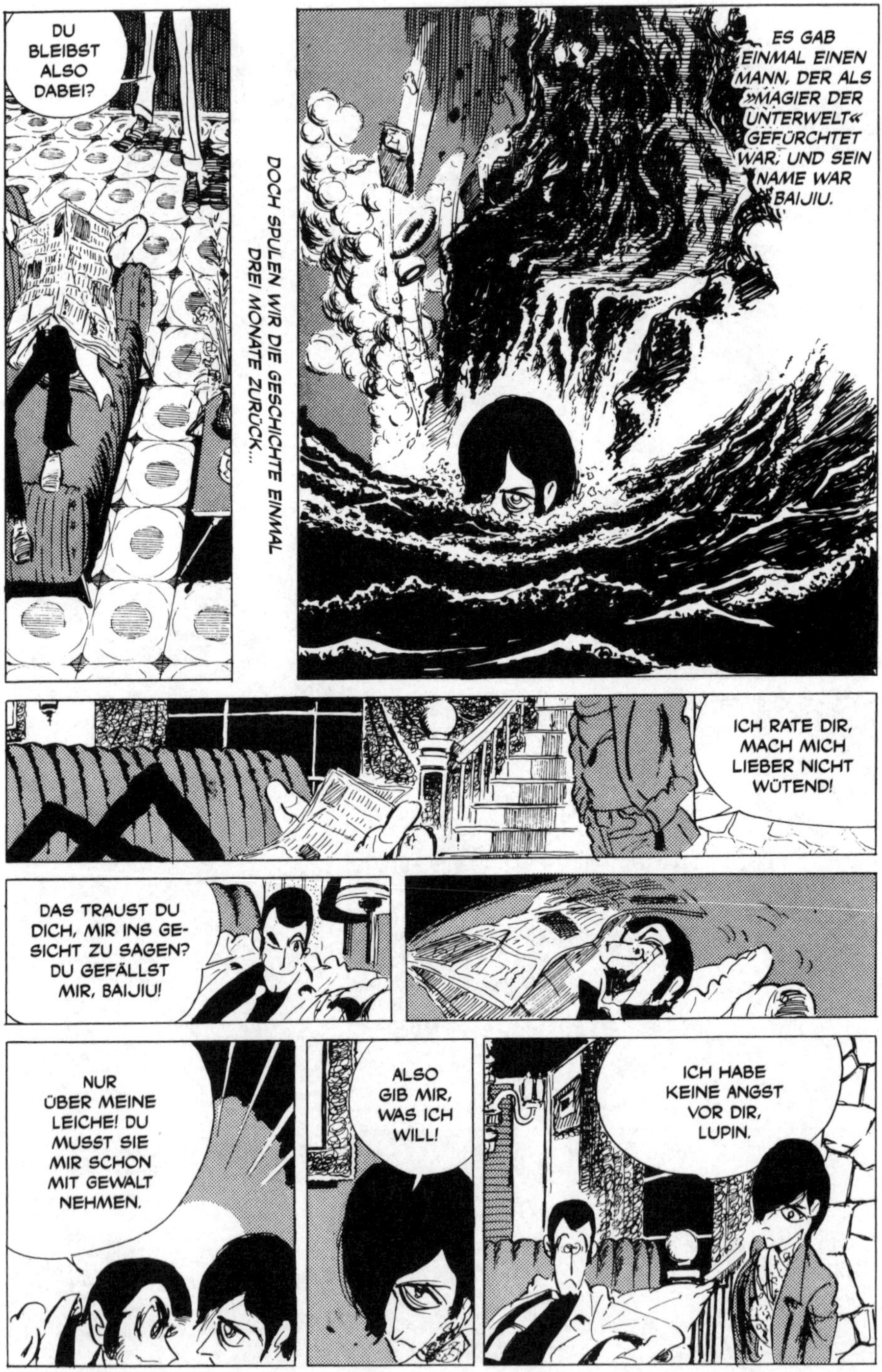
ES GAB EINMAL EINEN MANN, DER ALS »MAGIER DER UNTERWELT« GEFÜRCHTET WAR, UND SEIN NAME WAR BAIJIU.
DOCH SPULEN WIR DIE GESCHICHTE EINMAL DREI MONATE ZURÜCK...
DU BLEIBST ALSO DABEI?
ICH RATE DIR, MACH MICH LIEBER NICHT WÜTEND!
DAS TRAUST DU DICH, MIR INS GESICHT ZU SAGEN? DU GEFÄLLST MIR, BAIJIU!
ICH HABE KEINE ANGST VOR DIR, LUPIN.
ALSO GIB MIR, WAS ICH WILL!
NUR ÜBER MEINE LEICHE! DU MUSST SIE MIR SCHON MIT GEWALT NEHMEN.

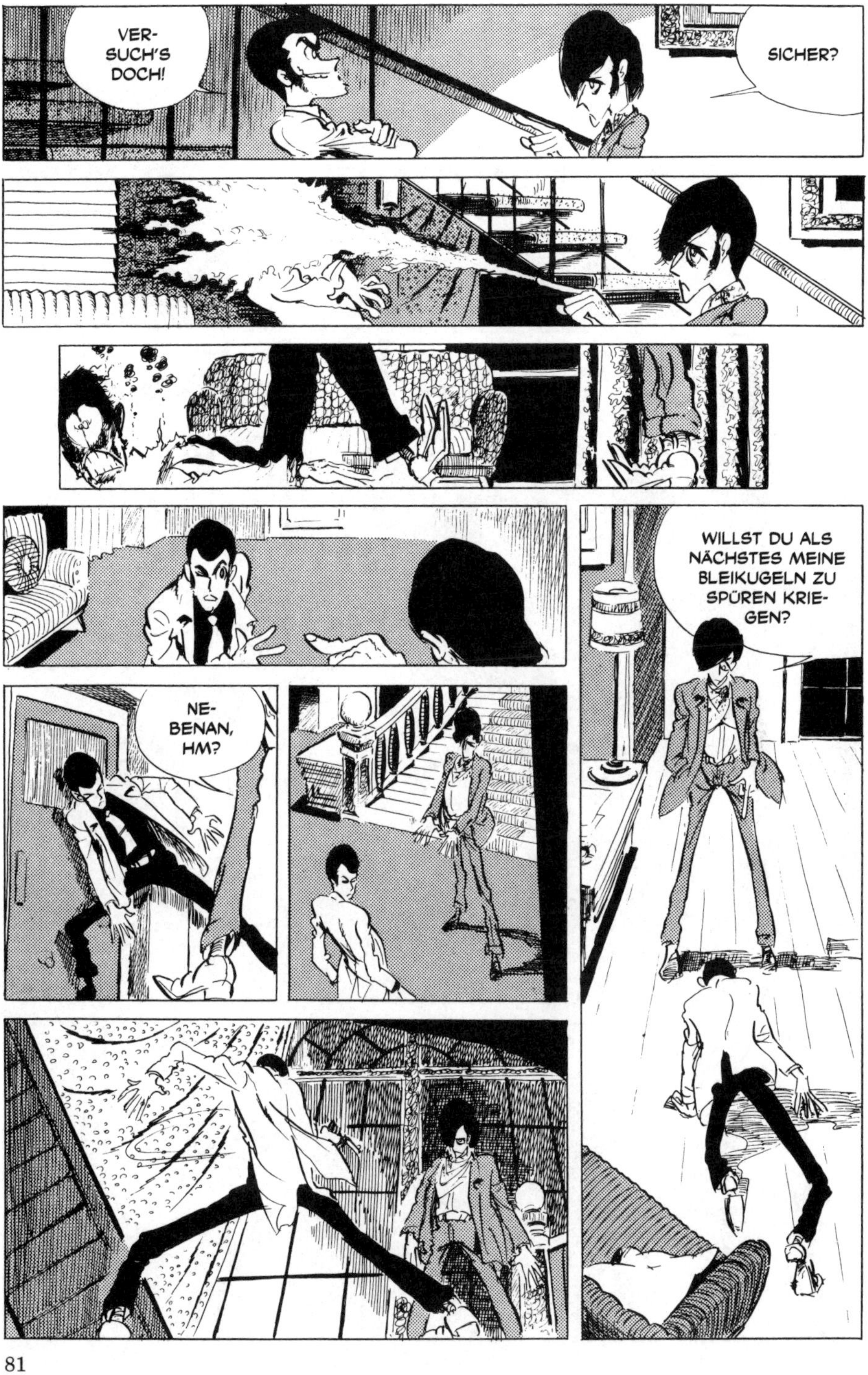
VER-SUCH'S DOCH!
SICHER?
WILLST DU ALS NÄCHSTES MEINE BLEIKUGELN ZU SPÜREN KRIE-GEN?
NE-BENAN, HM?

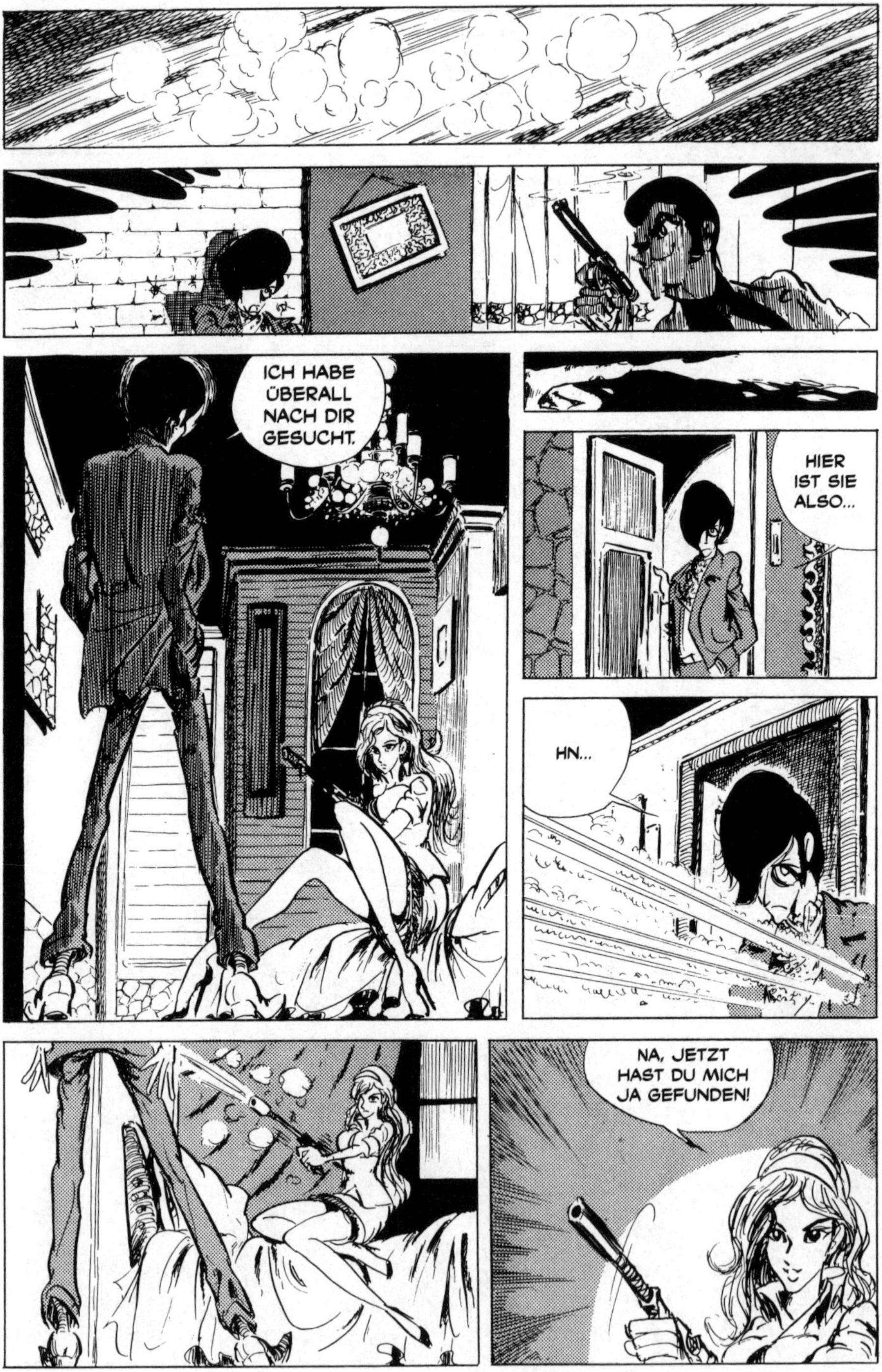
HIER IST SIE ALSO...
ICH HABE ÜBERALL NACH DIR GESUCHT.
HN...
NA, JETZT HAST DU MICH JA GEFUNDEN!

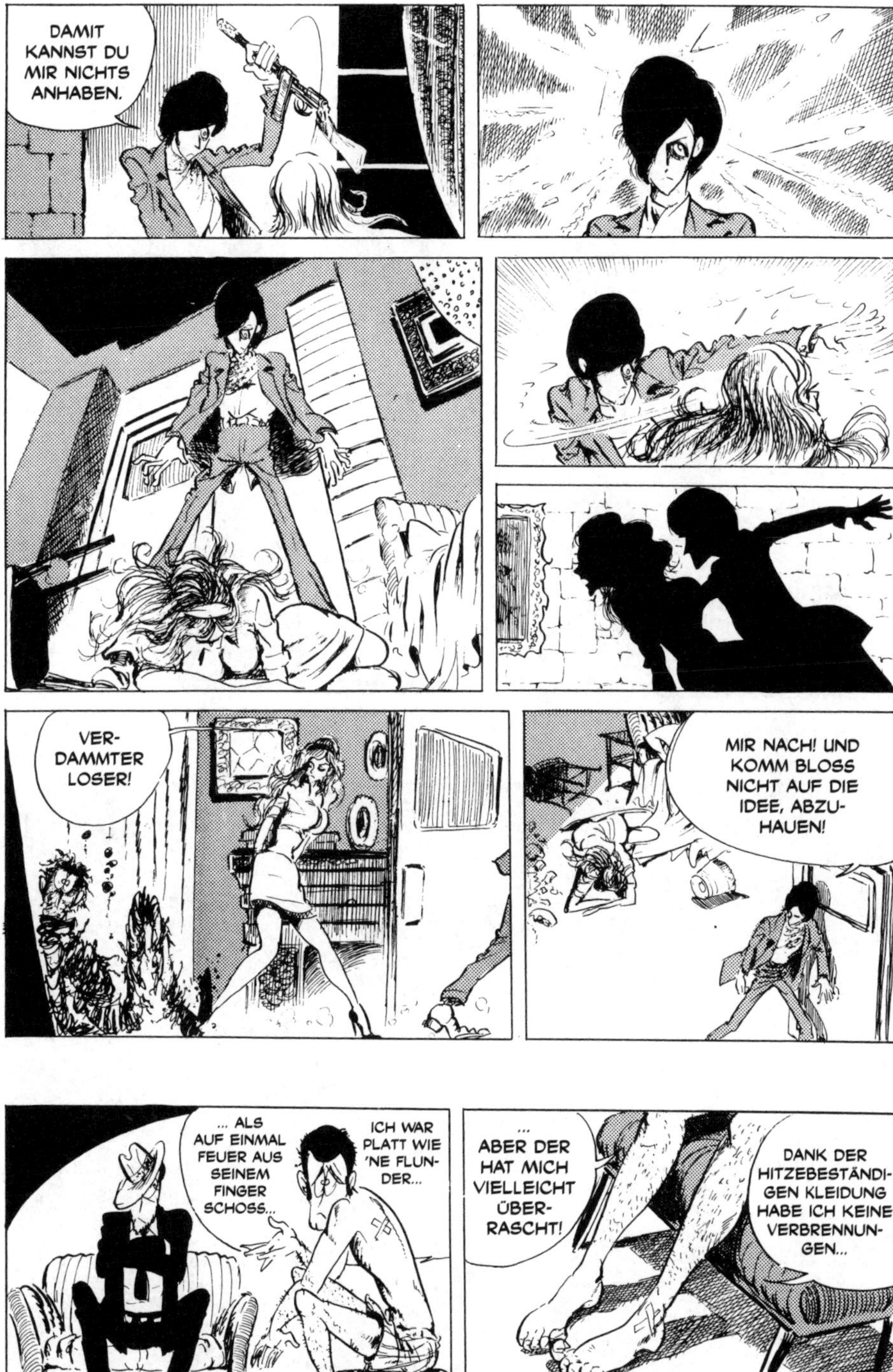
DAMIT KANNST DU MIR NICHTS ANHABEN.
VER-DAMMTER LOSER!
MIR NACH! UND KOMM BLOSS NICHT AUF DIE IDEE, ABZU-HAUEN!
... ALS AUF EINMAL FEUER AUS SEINEM FINGER SCHOSS...
ICH WAR PLATT WIE 'NE FLUN-DER...
... ABER DER HAT MICH VIELLEICHT ÜBER-RASCHT!
DANK DER HITZEBESTÄNDI-GEN KLEIDUNG HABE ICH KEINE VERBRENNUN-GEN...

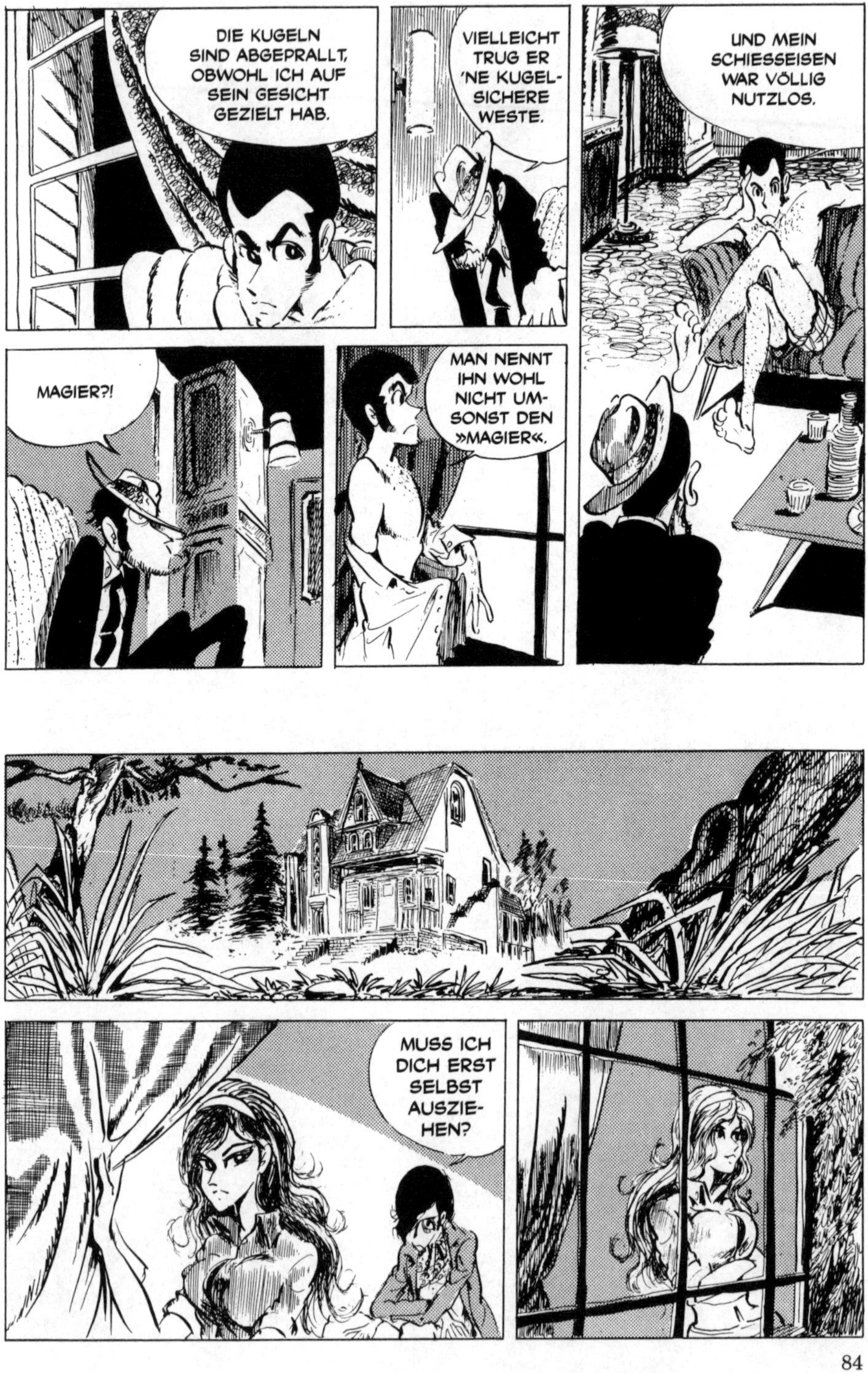
DIE KUGELN SIND ABGEPRALLT, OBWOHL ICH AUF SEIN GESICHT GEZIELT HAB.
VIELLEICHT TRUG ER 'NE KUGEL-SICHERE WESTE.
UND MEIN SCHIESSEISEN WAR VÖLLIG NUTZLOS.
MAGIER?!
MAN NENNT IHN WOHL NICHT UM-SONST DEN »MAGIER«.
MUSS ICH DICH ERST SELBST AUSZIE-HEN?

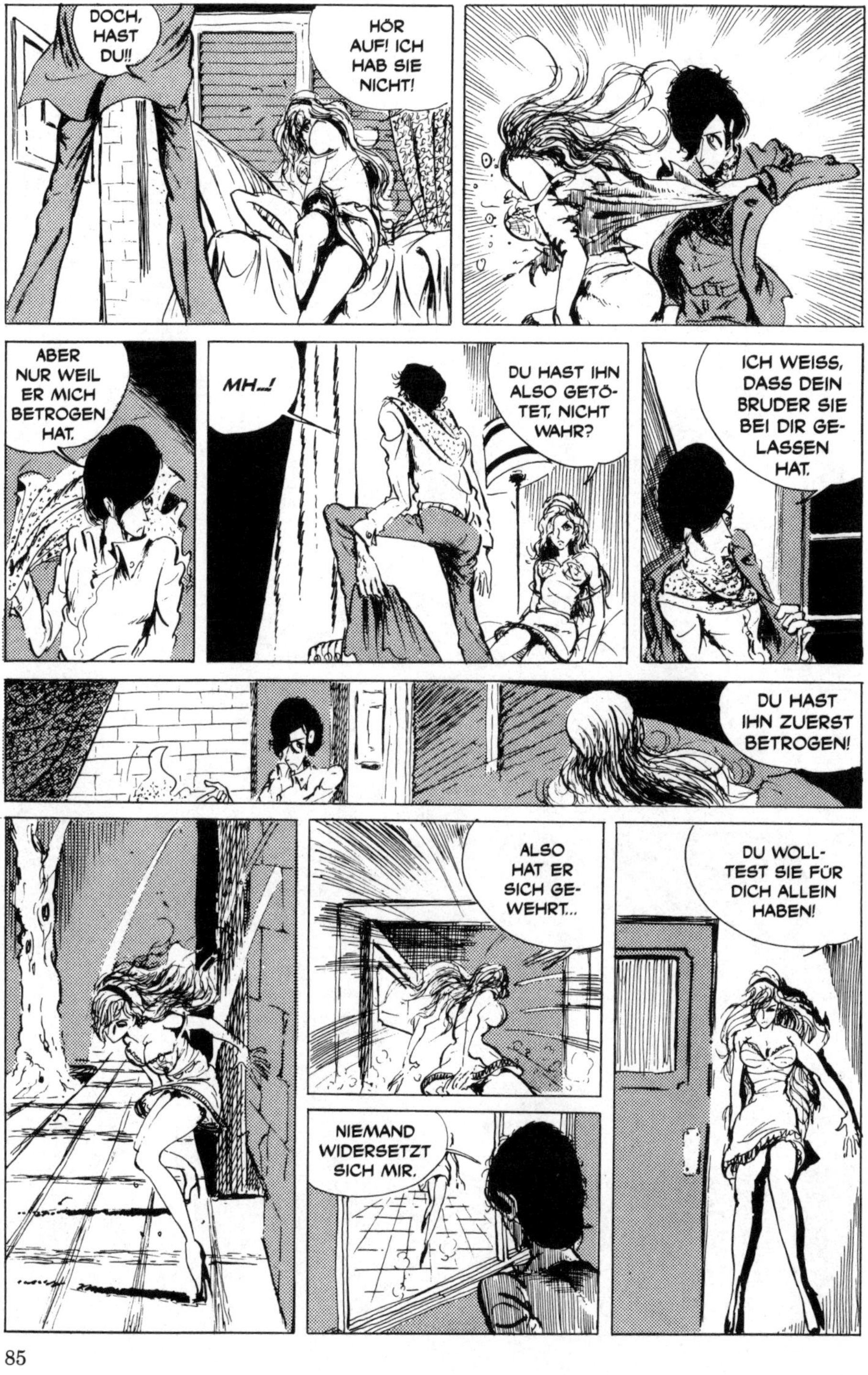

HÖR AUF! ICH HAB SIE NICHT!
DOCH, HAST DU!!
DU HAST IHN ALSO GETÖTET, NICHT WAHR?
ABER NUR WEIL ER MICH BETROGEN HAT.
MH...!
ICH WEISS, DASS DEIN BRUDER SIE BEI DIR GELASSEN HAT.
DU HAST IHN ZUERST BETROGEN!
ALSO HAT ER SICH GEWEHRT...
DU WOLLTEST SIE FÜR DICH ALLEIN HABEN!
NIEMAND WIDERSETZT SICH MIR.

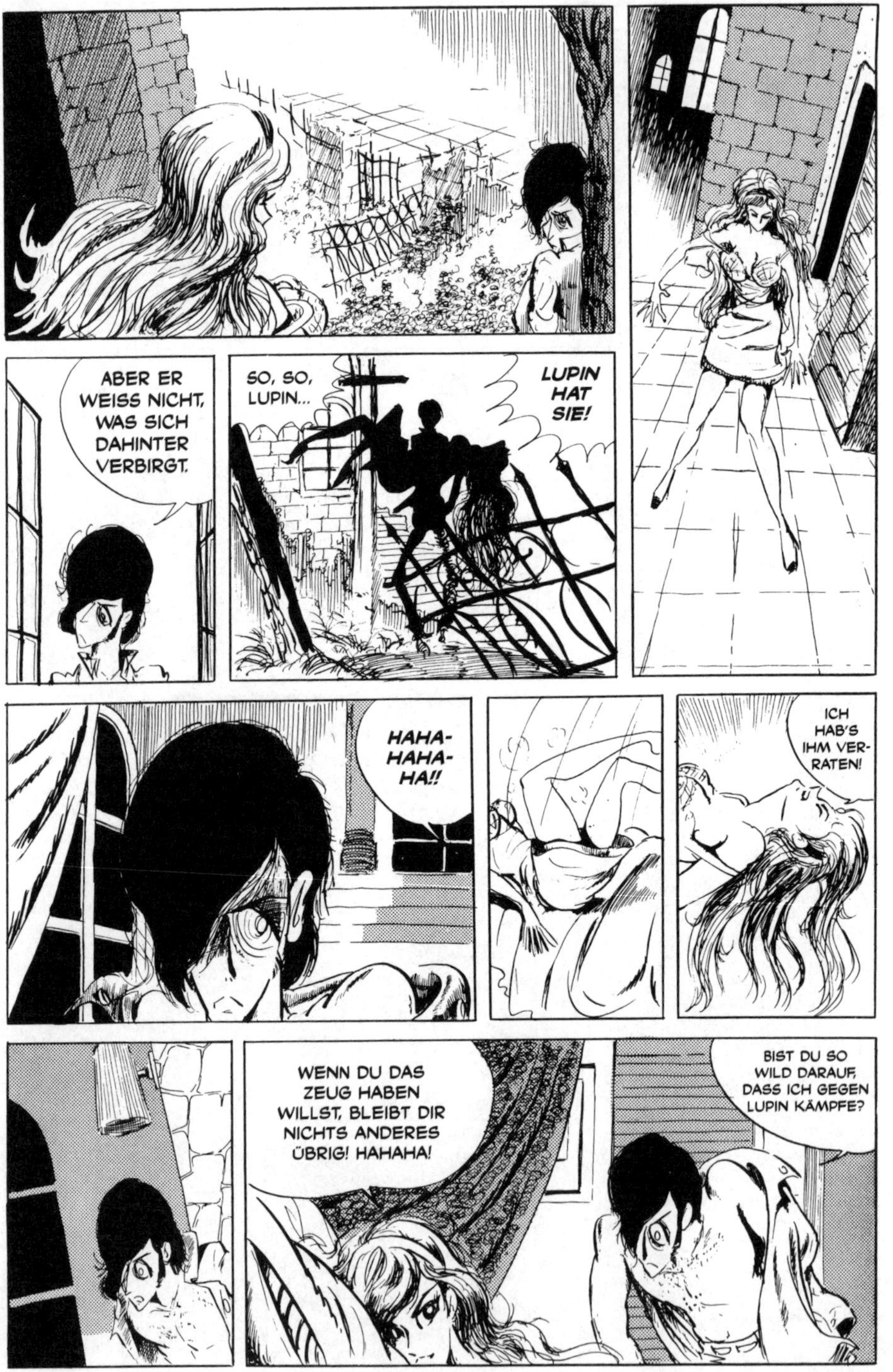
ABER ER WEISS NICHT, WAS SICH DAHINTER VERBIRGT.
SO, SO, LUPIN...
LUPIN HAT SIE!
HAHA-HAHA-HA!!
ICH HAB'S IHM VER-RATEN!
BIST DU SO WILD DARAUF, DASS ICH GEGEN LUPIN KÄMPFE?
WENN DU DAS ZEUG HABEN WILLST, BLEIBT DIR NICHTS ANDERES ÜBRIG! HAHAHA!

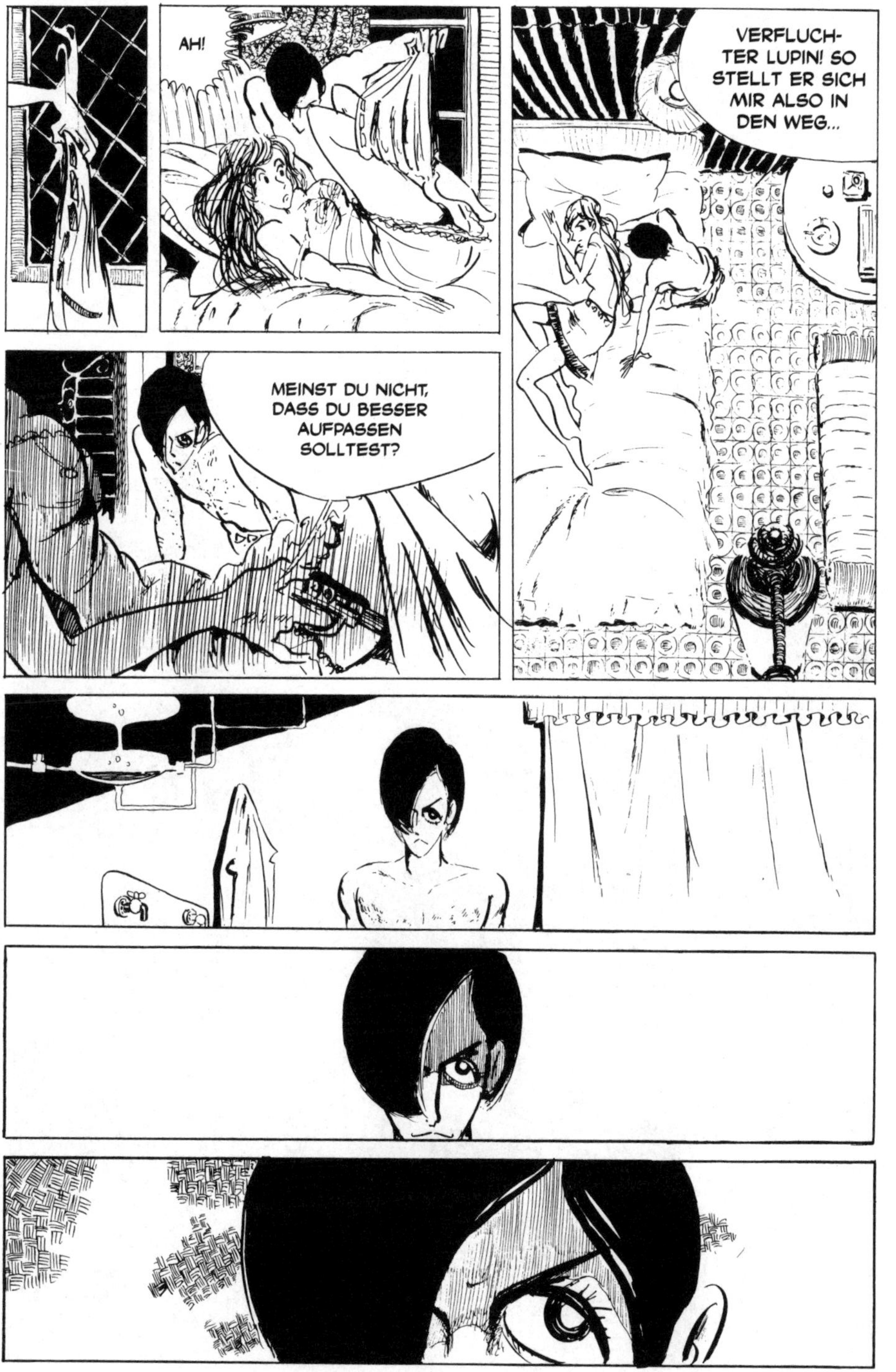
AH!
VERFLUCHTER LUPIN! SO STELLT ER SICH MIR ALSO IN DEN WEG...
MEINST DU NICHT, DASS DU BESSER AUFPASSEN SOLLTEST?

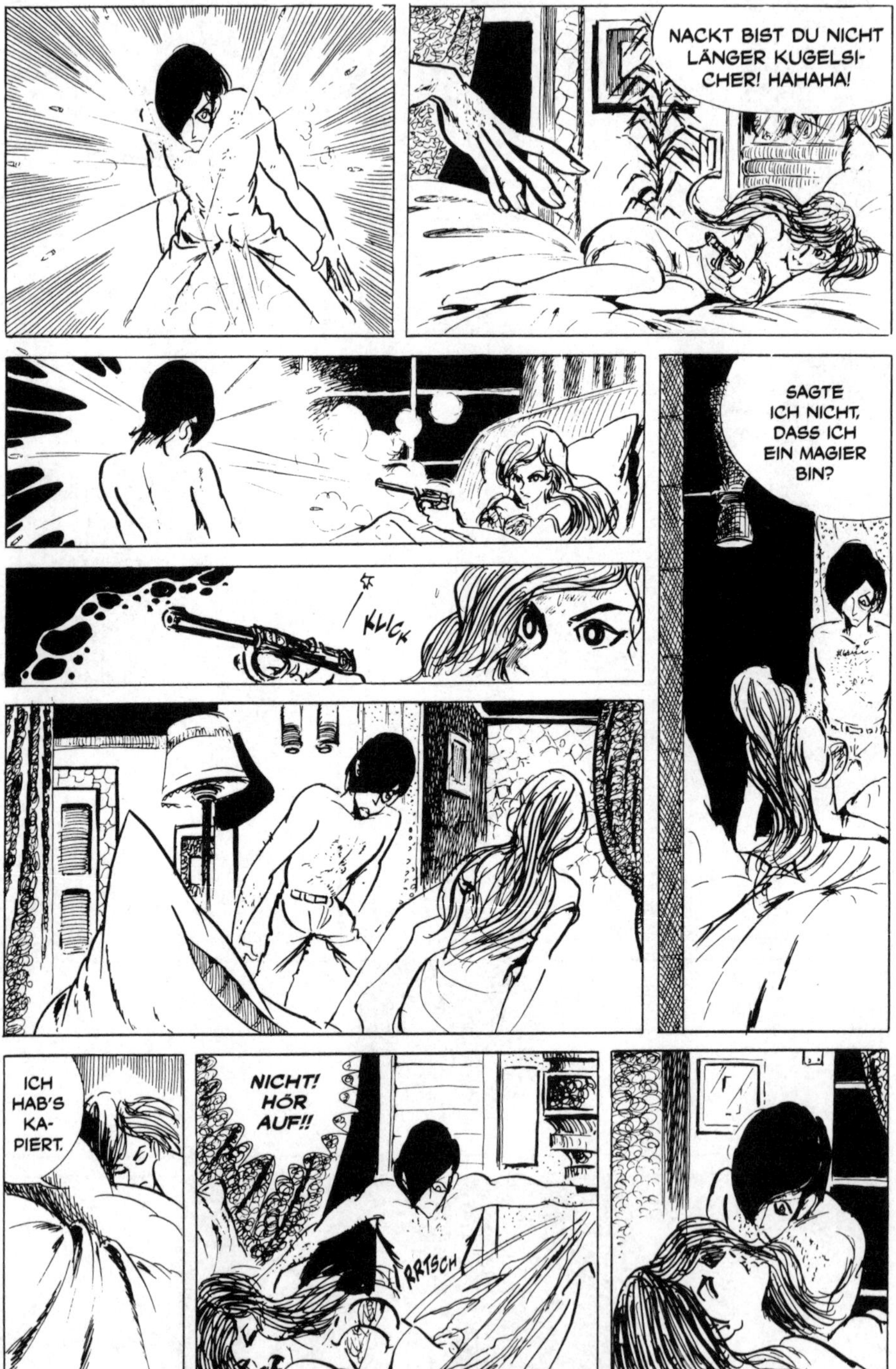
NACKT BIST DU NICHT LÄNGER KUGELSI-CHER! HAHAHA!
KLICK
SAGTE ICH NICHT, DASS ICH EIN MAGIER BIN?
ICH HAB'S KA-PIERT.
NICHT! HÖR AUF!!
RRTSCH

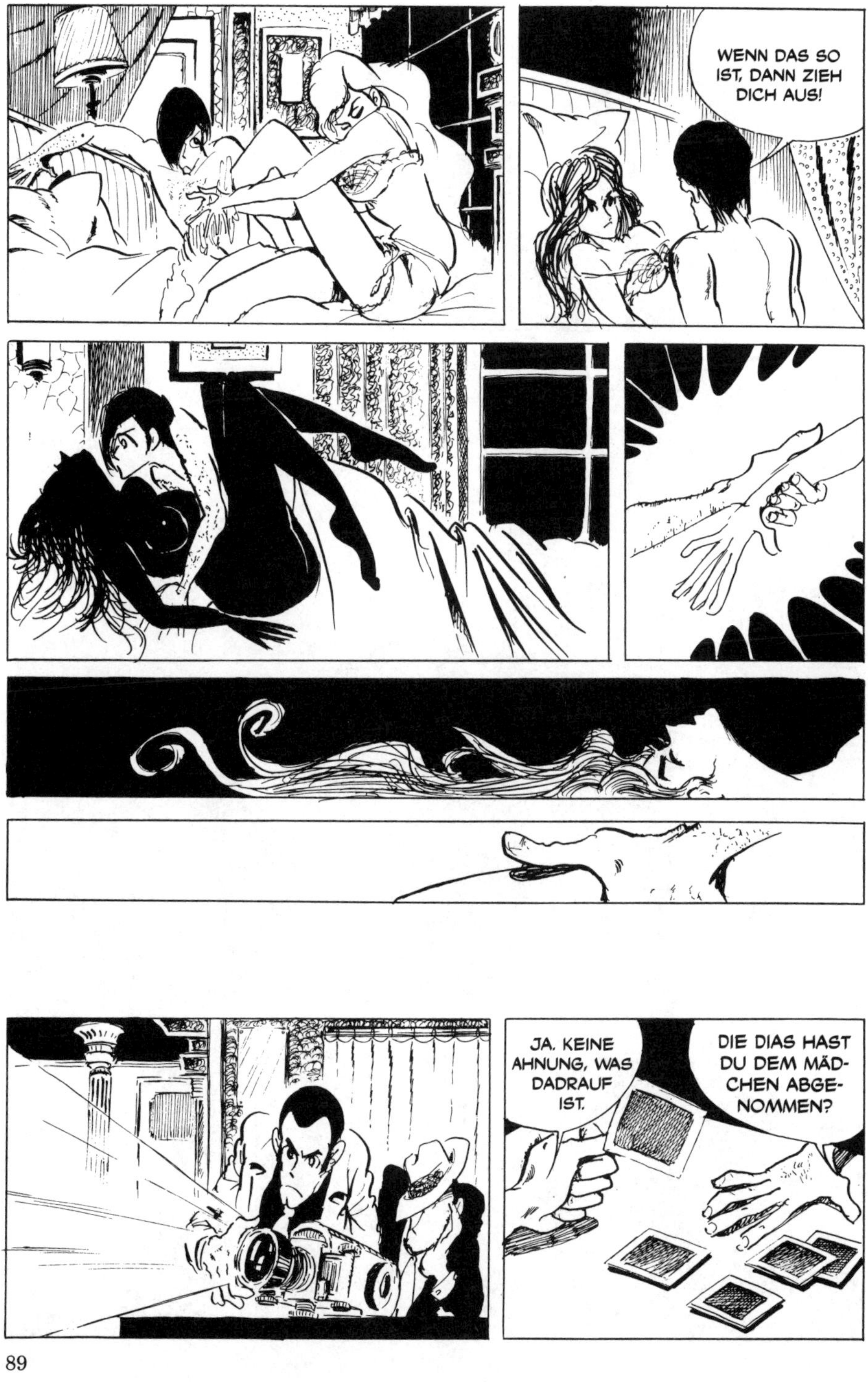
WENN DAS SO IST, DANN ZIEH DICH AUS!
DIE DIAS HAST DU DEM MÄDCHEN ABGENOMMEN?
JA. KEINE AHNUNG, WAS DADRAUF IST.

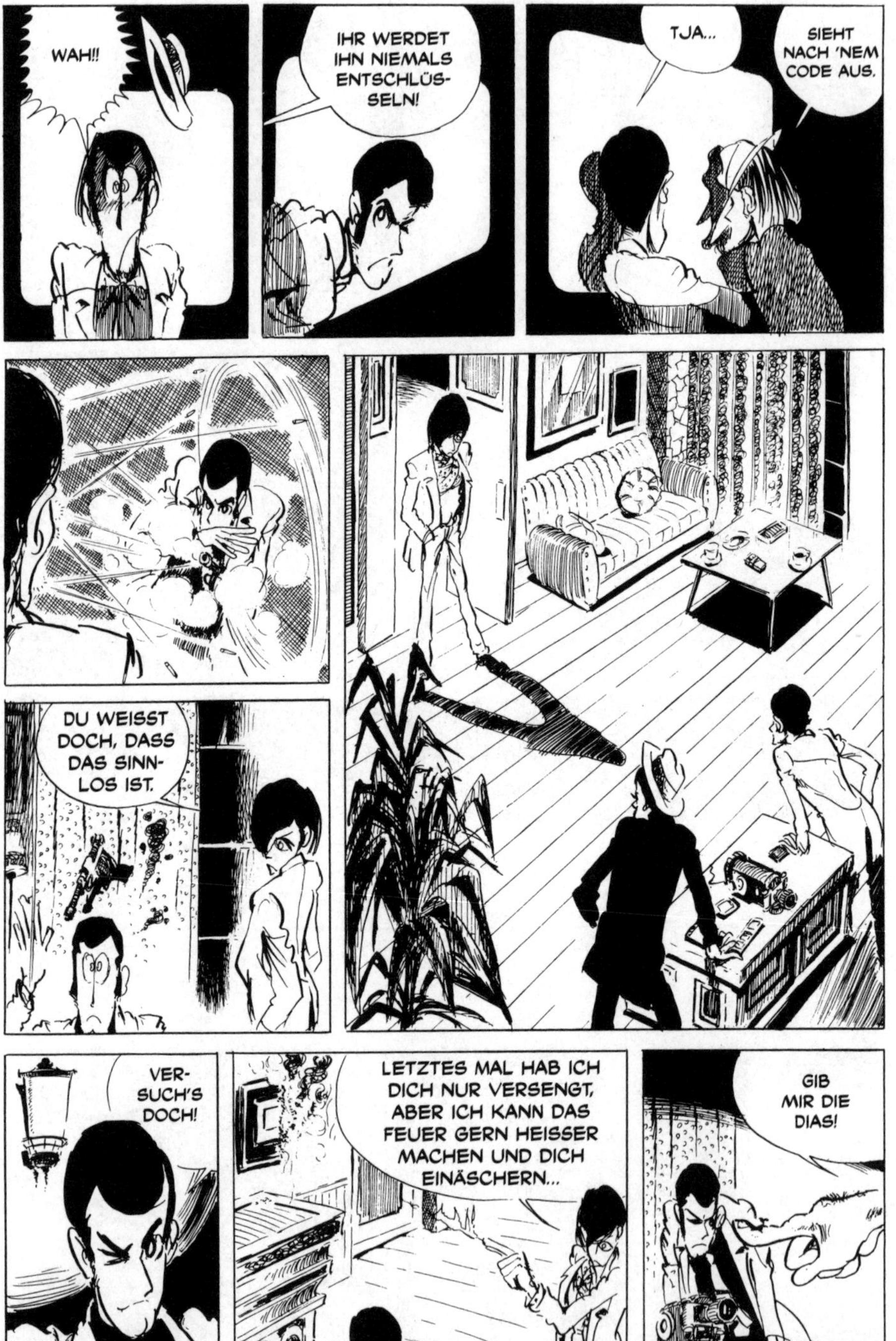
WAH!!
IHR WERDET IHN NIEMALS ENTSCHLÜS-SELN!
SIEHT NACH 'NEM CODE AUS.
TJA...
DU WEISST DOCH, DASS DAS SINN-LOS IST.
GIB MIR DIE DIAS!
LETZTES MAL HAB ICH DICH NUR VERSENGT, ABER ICH KANN DAS FEUER GERN HEISSER MACHEN UND DICH EINÄSCHERN...
VER-SUCH'S DOCH!

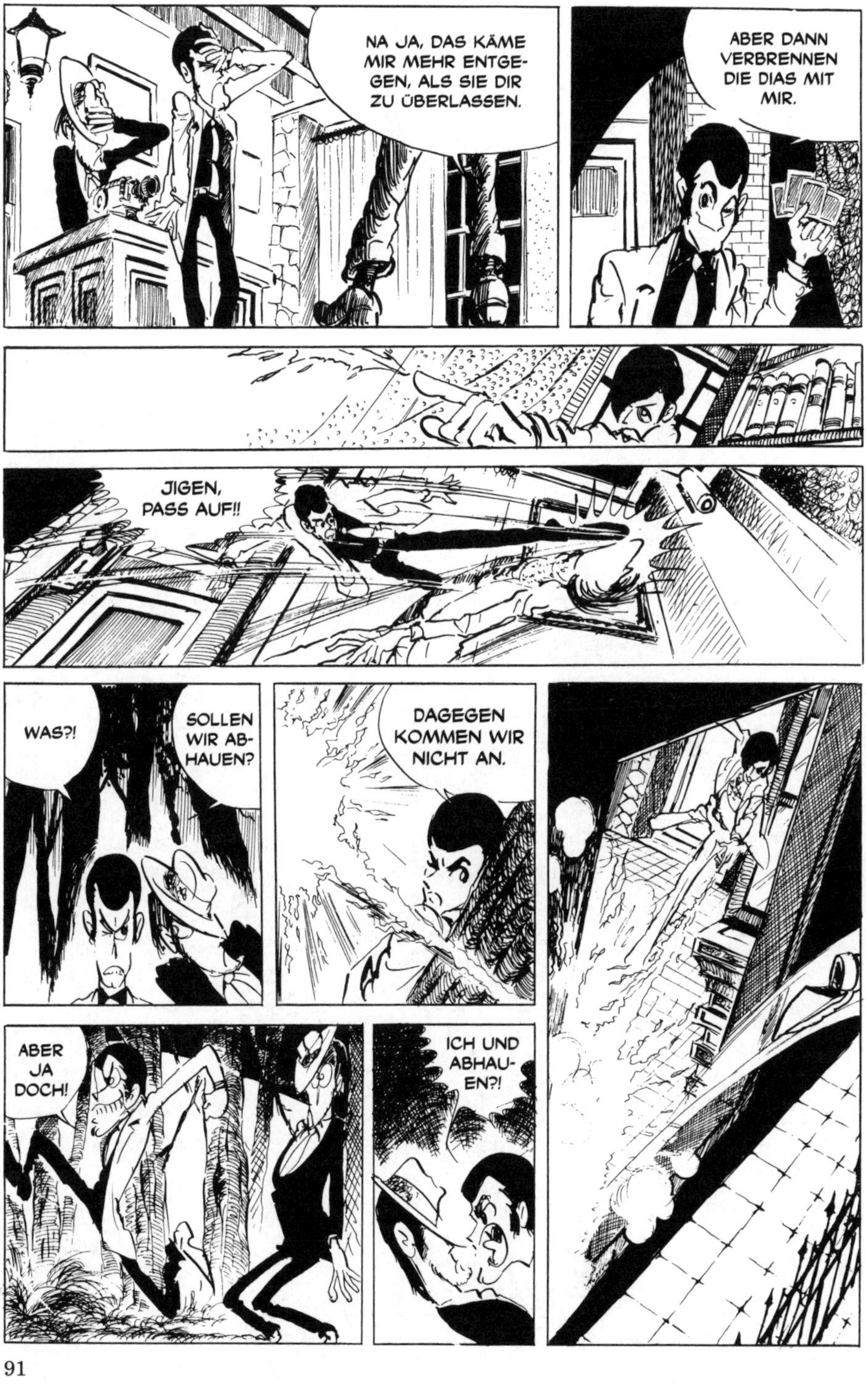

NA JA, DAS KÄME MIR MEHR ENTGEGEN, ALS SIE DIR ZU ÜBERLASSEN.
ABER DANN VERBRENNEN DIE DIAS MIT MIR.
JIGEN, PASS AUF!!
WAS?!
SOLLEN WIR ABHAUEN?
DAGEGEN KOMMEN WIR NICHT AN.
ABER JA DOCH!
ICH UND ABHAUEN?!

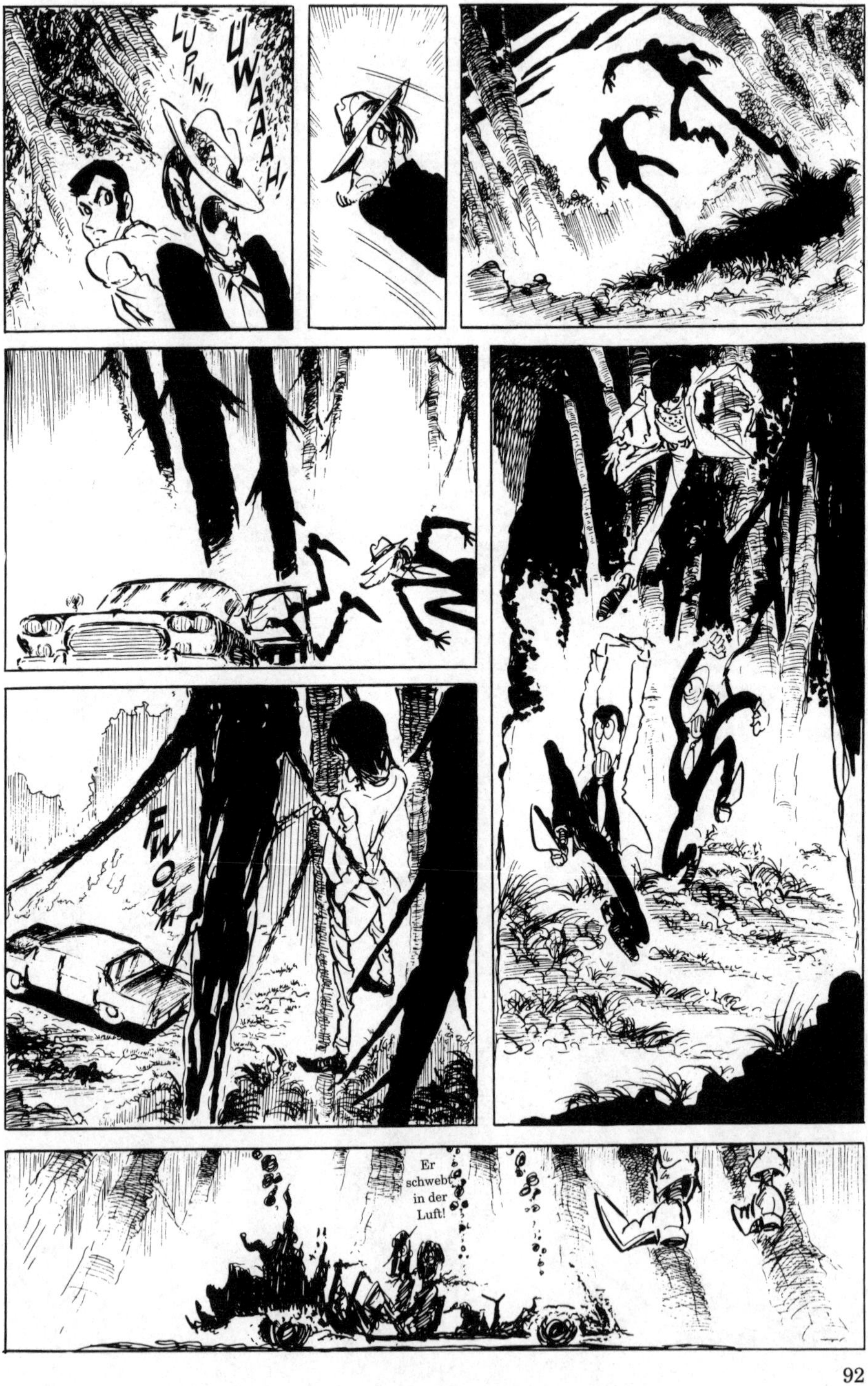
LUPIN!!
ÜWAAAAH!
FWOMM
Er schwebt in der Luft!

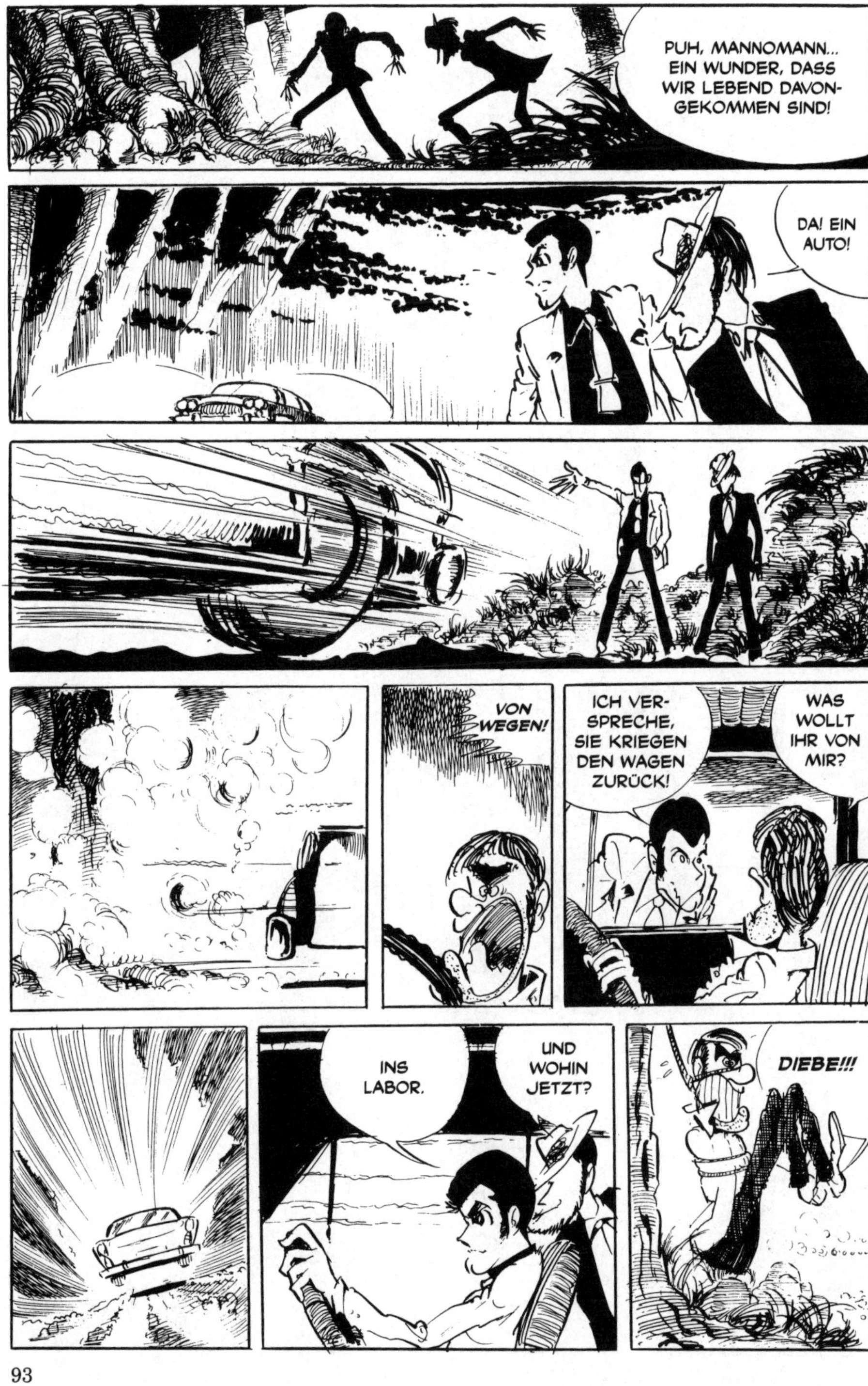
PUH, MANNOMANN... EIN WUNDER, DASS WIR LEBEND DAVON-GEKOMMEN SIND!
DA! EIN AUTO!
VON WEGEN!
WAS WOLLT IHR VON MIR?
ICH VER-SPRECHE, SIE KRIEGEN DEN WAGEN ZURÜCK!
UND WOHIN JETZT?
INS LABOR.
DIEBE!!!

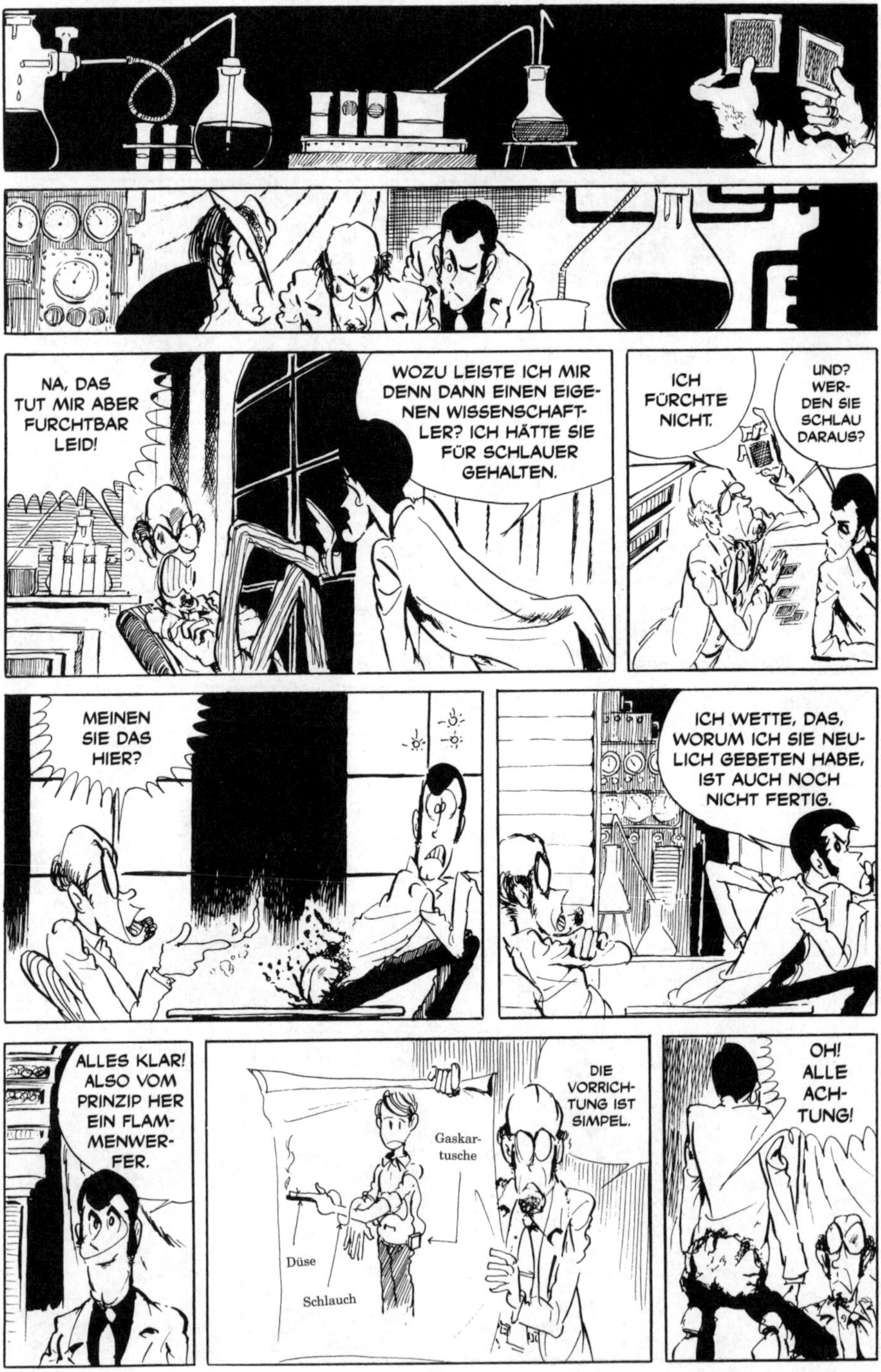
NA, DAS TUT MIR ABER FURCHTBAR LEID!
WOZU LEISTE ICH MIR DENN DANN EINEN EIGENEN WISSENSCHAFTLER? ICH HÄTTE SIE FÜR SCHLAUER GEHALTEN.
UND? WERDEN SIE SCHLAU DARAUS?
ICH FÜRCHTE NICHT.
MEINEN SIE DAS HIER?
ICH WETTE, DAS, WORUM ICH SIE NEULICH GEBETEN HABE, IST AUCH NOCH NICHT FERTIG.
ALLES KLAR! ALSO VOM PRINZIP HER EIN FLAMMENWERFER.
DIE VORRICHTUNG IST SIMPEL.
Gaskartusche
Düse
Schlauch
OH! ALLE ACHTUNG!

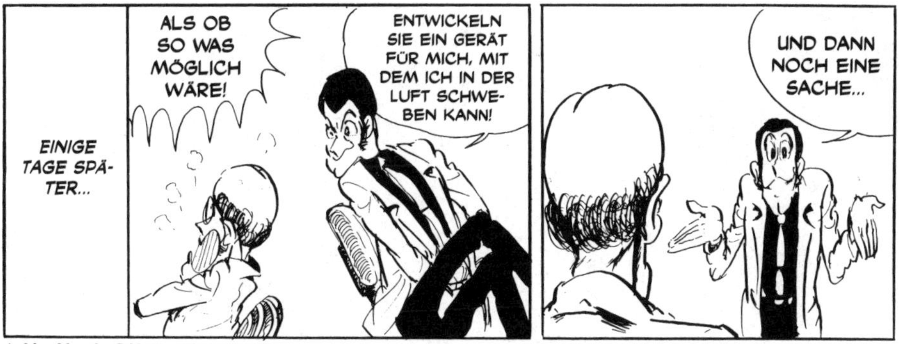

Auf den folgenden Bildern wurde die männliche Figur weggelassen.

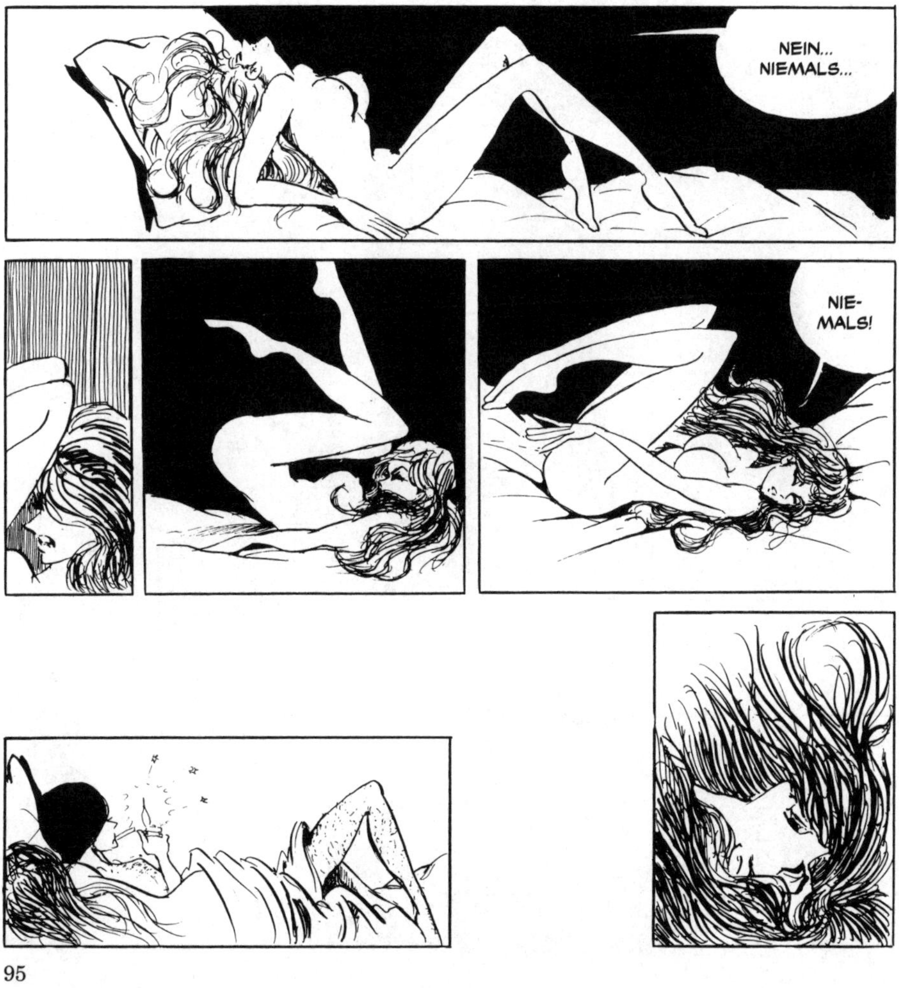

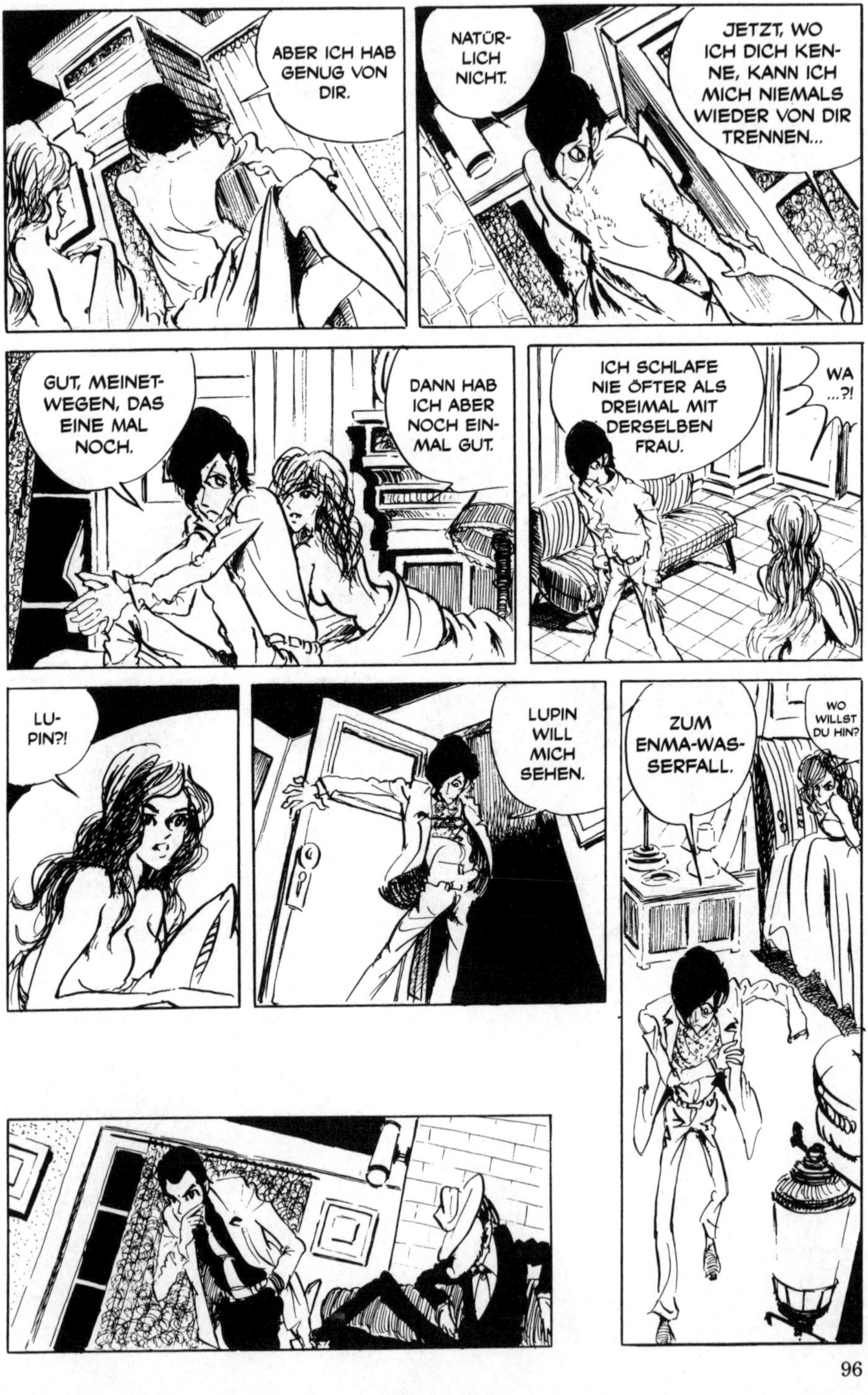
ABER ICH HAB GENUG VON DIR.
NATÜRLICH NICHT.
JETZT, WO ICH DICH KENNE, KANN ICH MICH NIEMALS WIEDER VON DIR TRENNEN...
GUT, MEINETWEGEN, DAS EINE MAL NOCH.
DANN HAB ICH ABER NOCH EINMAL GUT.
ICH SCHLAFE NIE ÖFTER ALS DREIMAL MIT DERSELBEN FRAU.
WA ...?!
LUPIN?!
LUPIN WILL MICH SEHEN.
ZUM ENMA-WASSERFALL.
WO WILLST DU HIN?

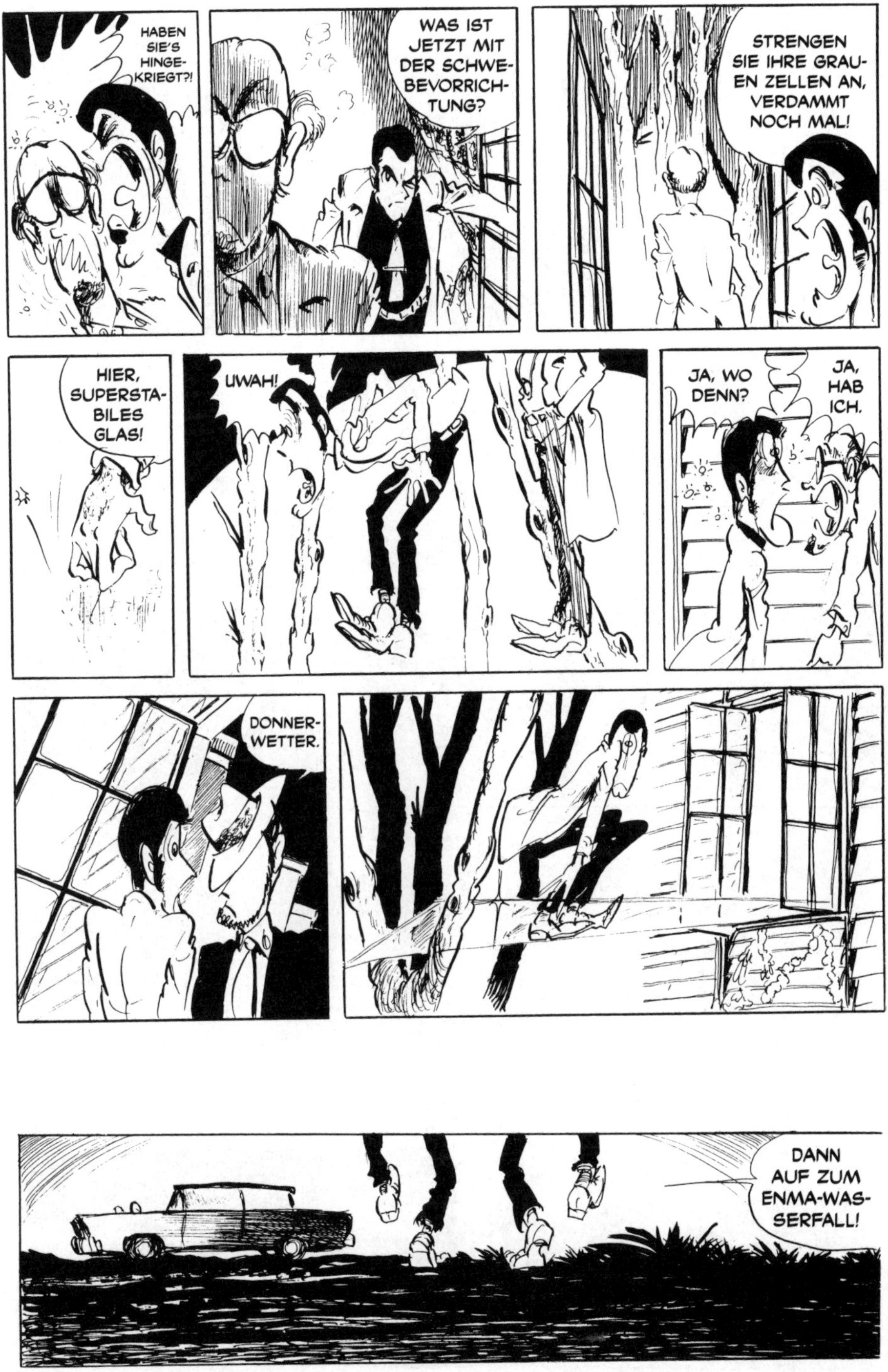
STRENGEN SIE IHRE GRAU- EN ZELLEN AN, VERDAMMT NOCH MAL!
WAS IST JETZT MIT DER SCHWE- BEVORRICH- TUNG?
HABEN SIE'S HINGE- KRIEGT?!
JA, HAB ICH.
JA, WO DENN?
UWAH!
HIER, SUPERSTA- BILES GLAS!
DONNER- WETTER.
DANN AUF ZUM ENMA-WAS- SERFALL!

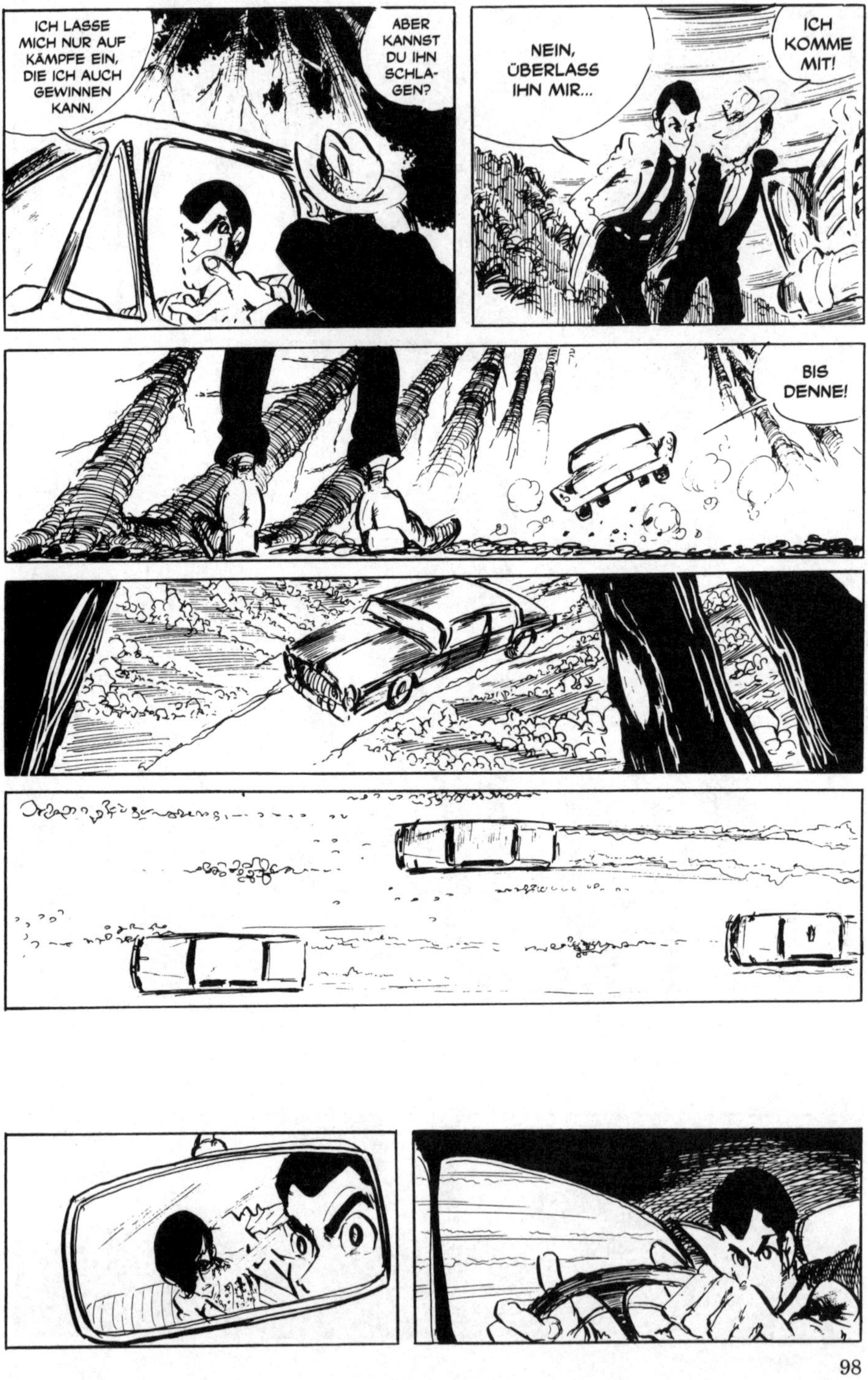
ICH KOMME MIT!
NEIN, ÜBERLASS IHN MIR...
ABER KANNST DU IHN SCHLA-GEN?
ICH LASSE MICH NUR AUF KÄMPFE EIN, DIE ICH AUCH GEWINNEN KANN.
BIS DENNE!

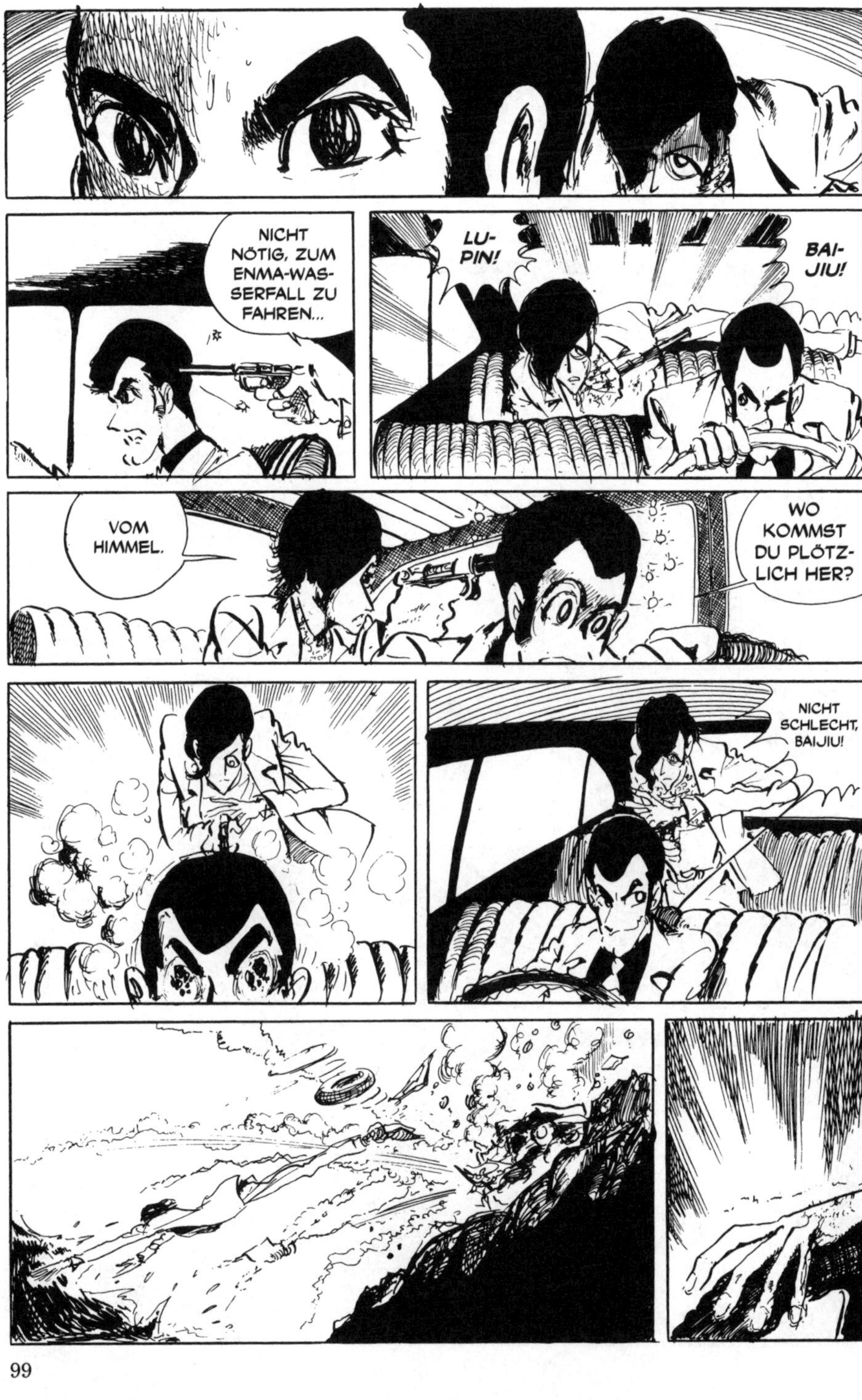

NICHT NÖTIG, ZUM ENMA-WASSERFALL ZU FAHREN...
LU-PIN!
BAI-JIU!
WO KOMMST DU PLÖTZLICH HER?
VOM HIMMEL.
NICHT SCHLECHT, BAIJIU!

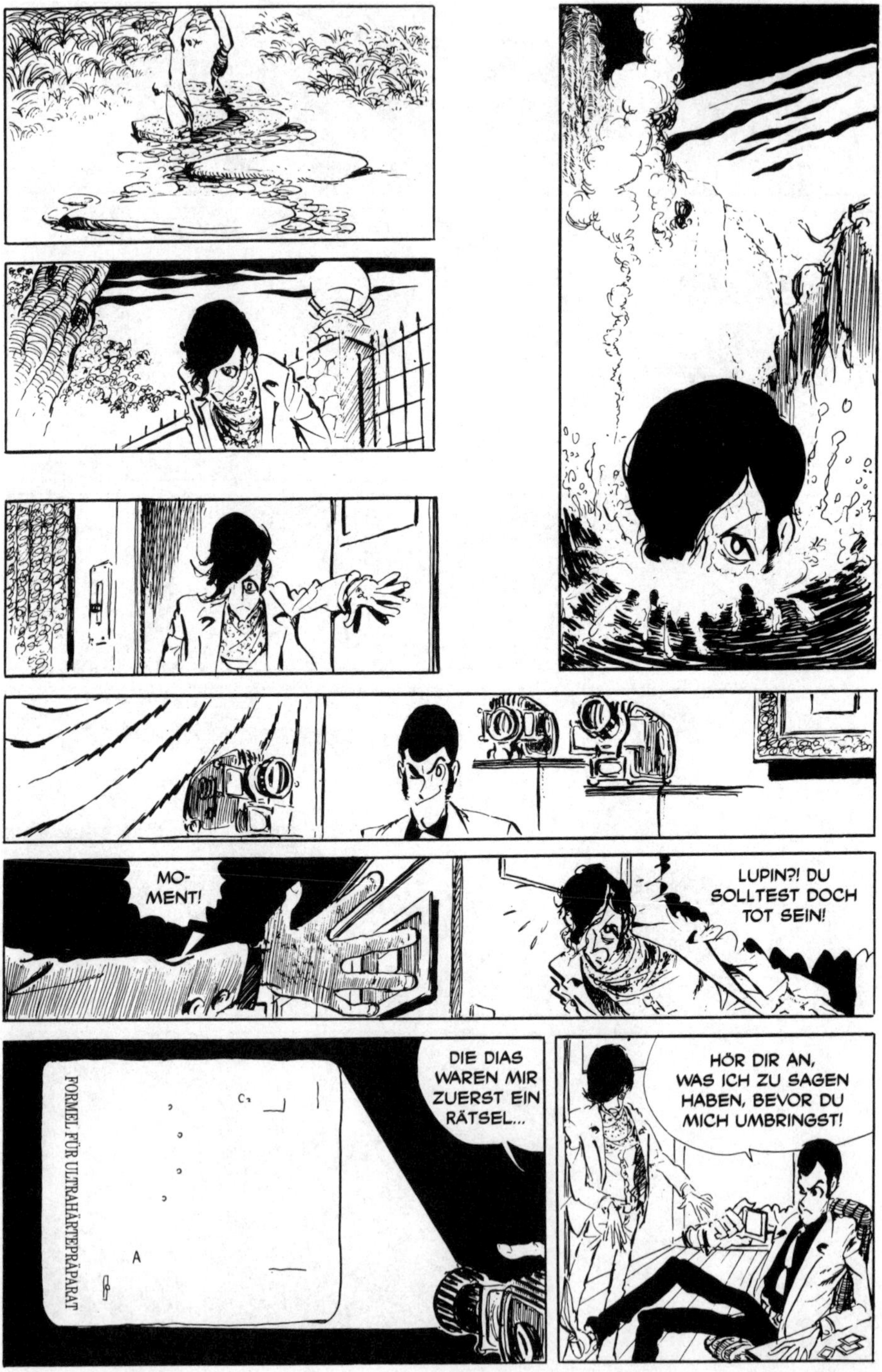
MO-
MENT!
LUPIN?! DU
SOLLTEST DOCH
TOT SEIN!
FORMEL FÜR ULTRAHÄRTEPRÄPARAT
DIE DIAS
WAREN MIR
ZUERST EIN
RÄTSEL...
HÖR DIR AN,
WAS ICH ZU SAGEN
HABEN, BEVOR DU
MICH UMBRINGST!

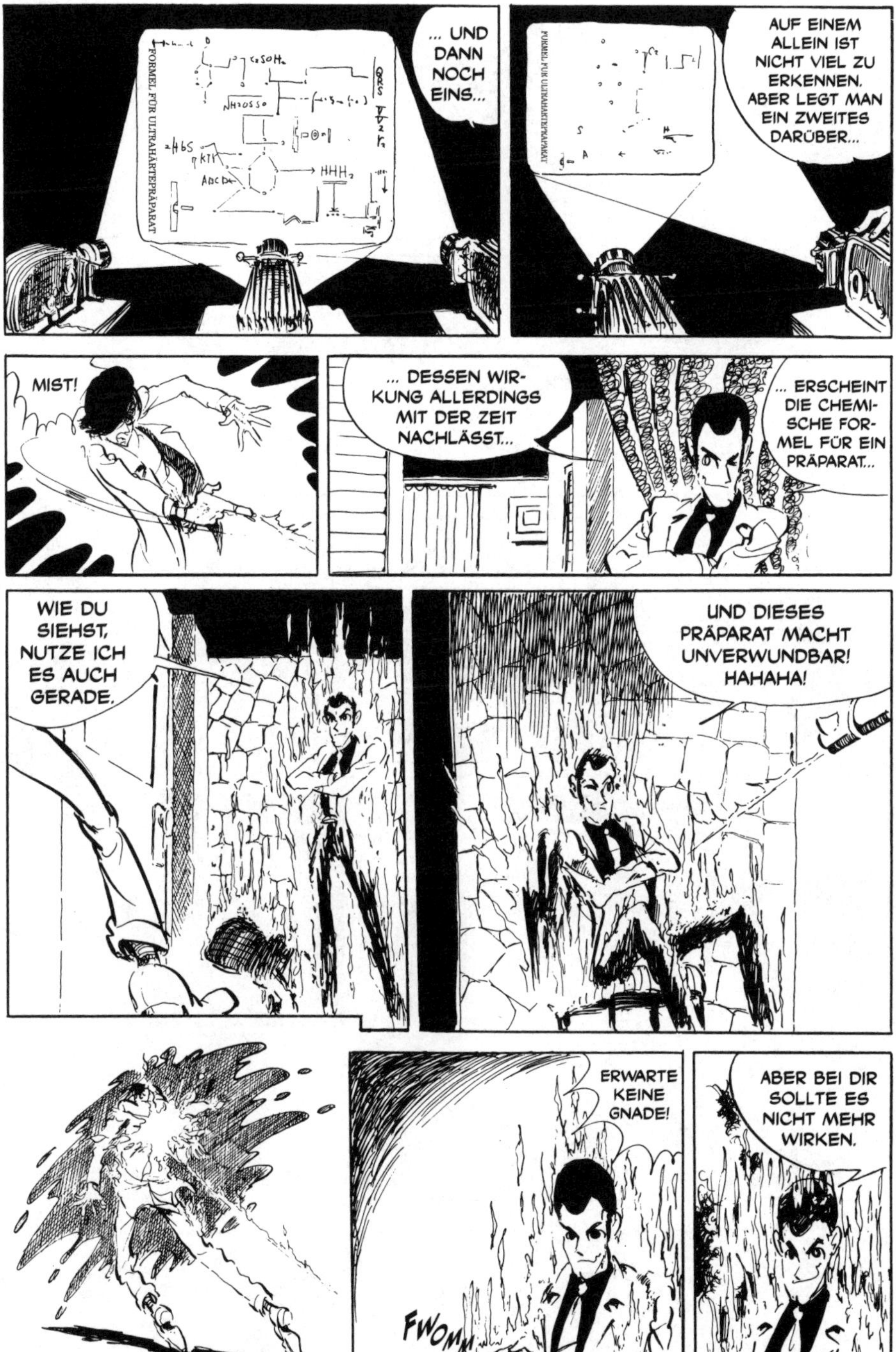
AUF EINEM ALLEIN IST NICHT VIEL ZU ERKENNEN. ABER LEGT MAN EIN ZWEITES DARÜBER...
FORMEL FÜR ULTRAHÄRTEPRÄPARAT
... UND DANN NOCH EINS...
FORMEL FÜR ULTRAHÄRTEPRÄPARAT
... ERSCHEINT DIE CHEMISCHE FORMEL FÜR EIN PRÄPARAT...
... DESSEN WIRKUNG ALLERDINGS MIT DER ZEIT NACHLÄSST...
MIST!
UND DIESES PRÄPARAT MACHT UNVERWUNDBAR! HAHAHA!
WIE DU SIEHST, NUTZE ICH ES AUCH GERADE.
ABER BEI DIR SOLLTE ES NICHT MEHR WIRKEN.
ERWARTE KEINE GNADE!
FWOMM

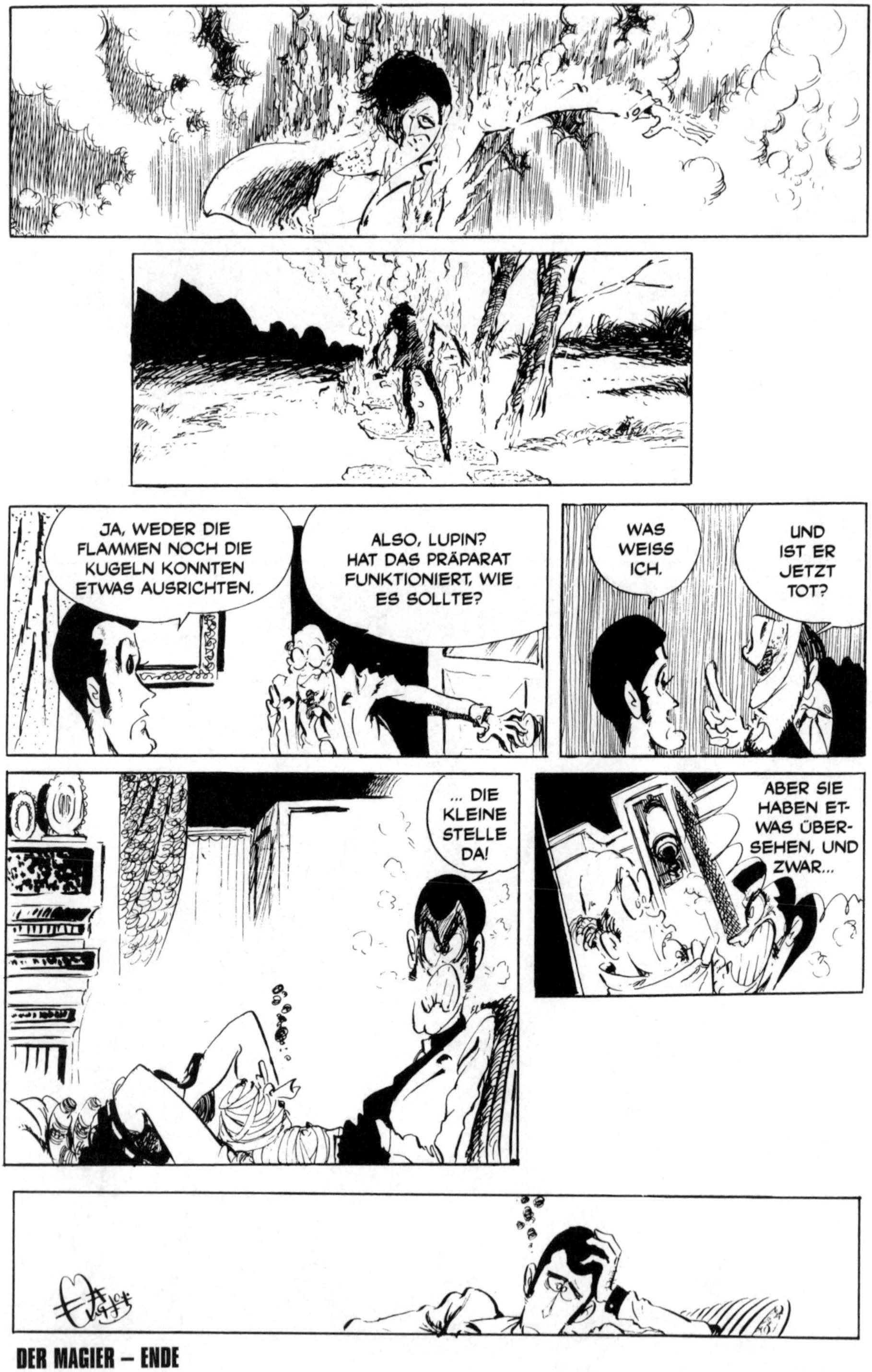

DER MAGIER – ENDE

WESTERN JIGEN

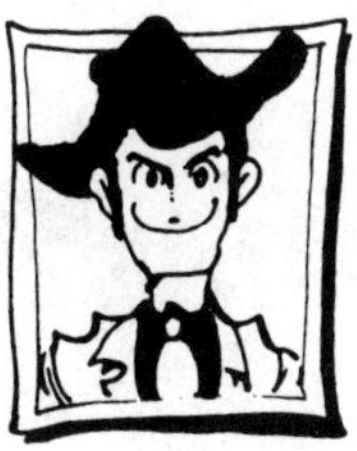

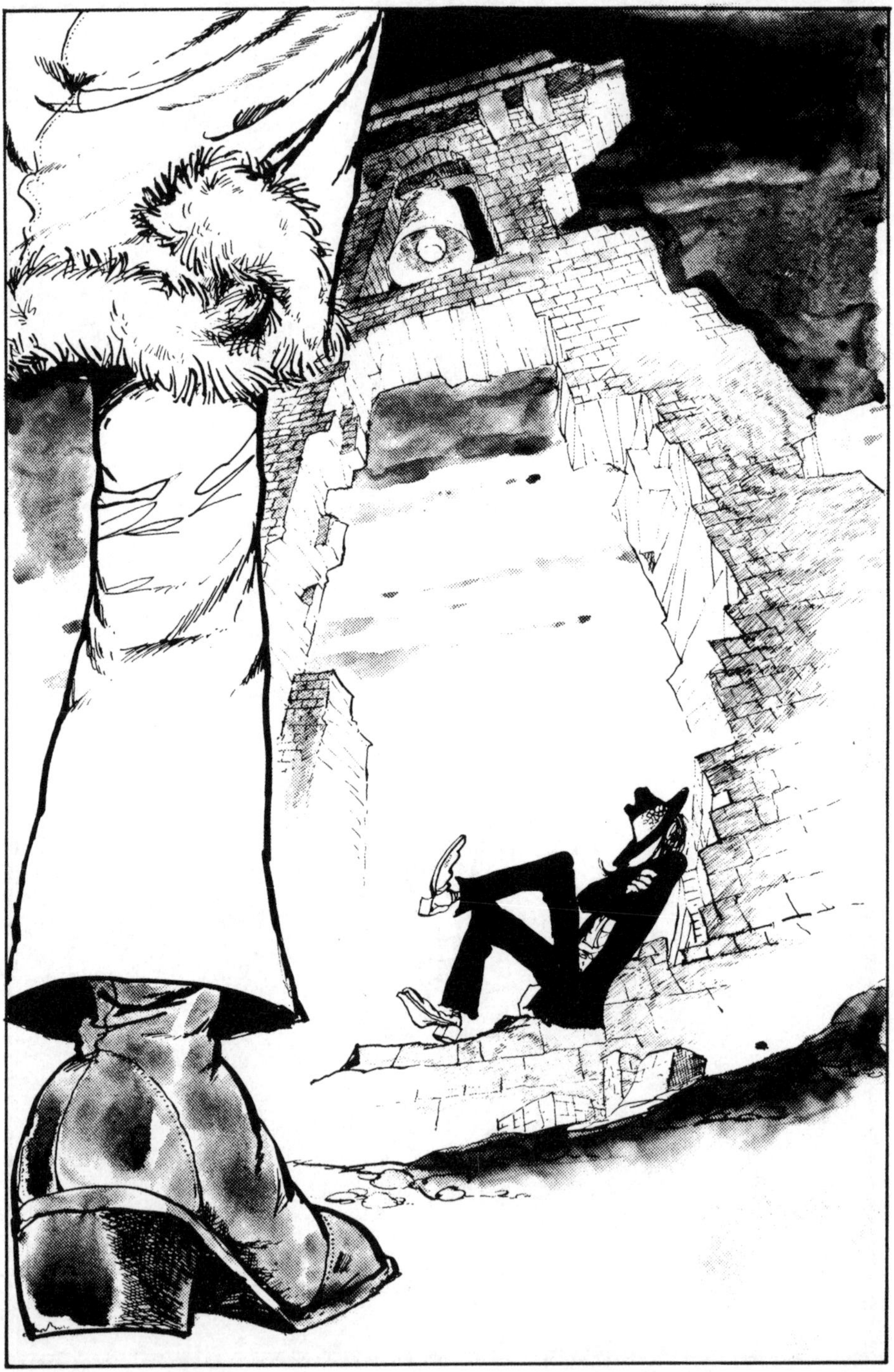

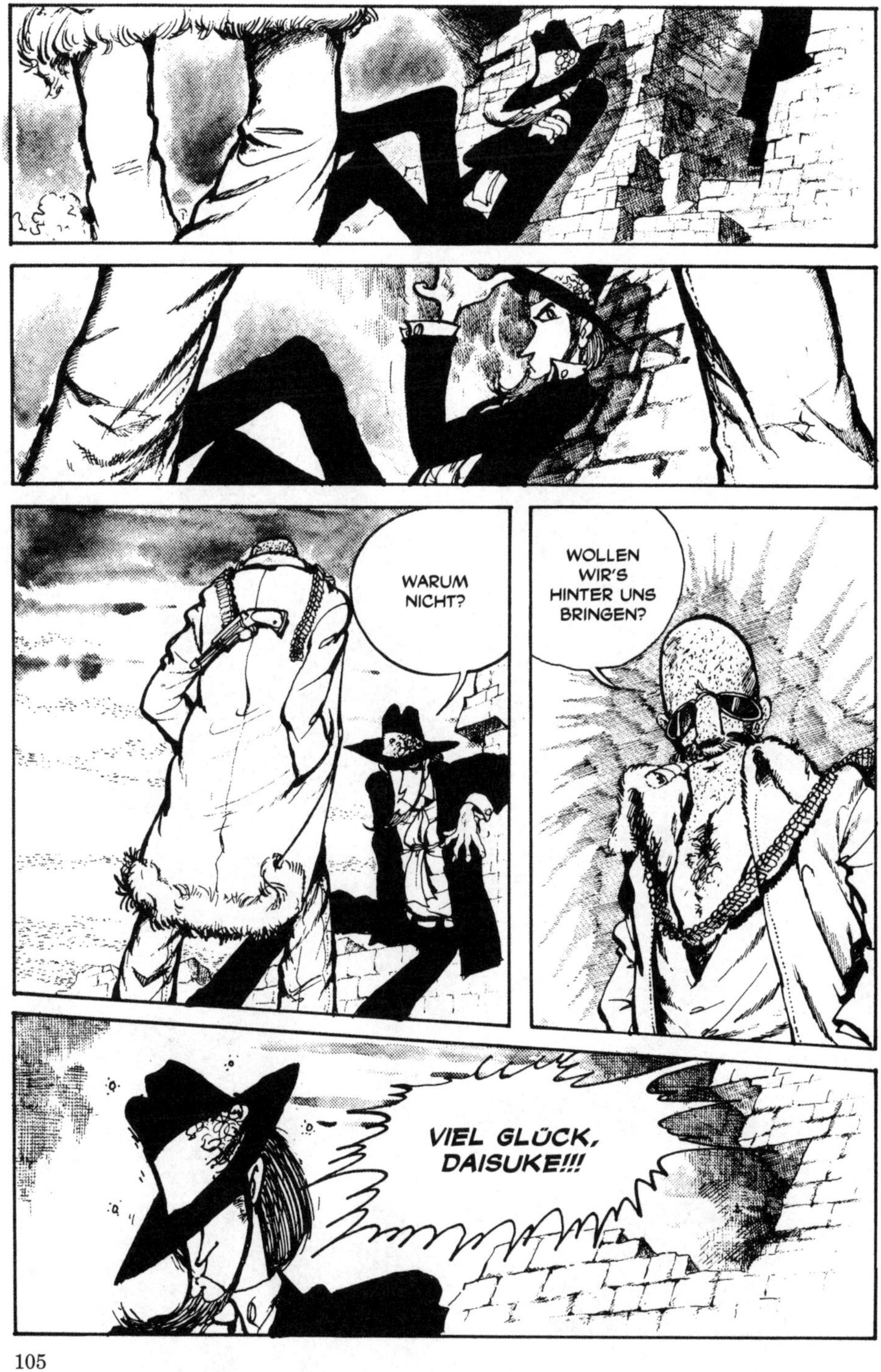
WOLLEN WIR'S HINTER UNS BRINGEN?
WARUM NICHT?
VIEL GLÜCK, DAISUKE!!!

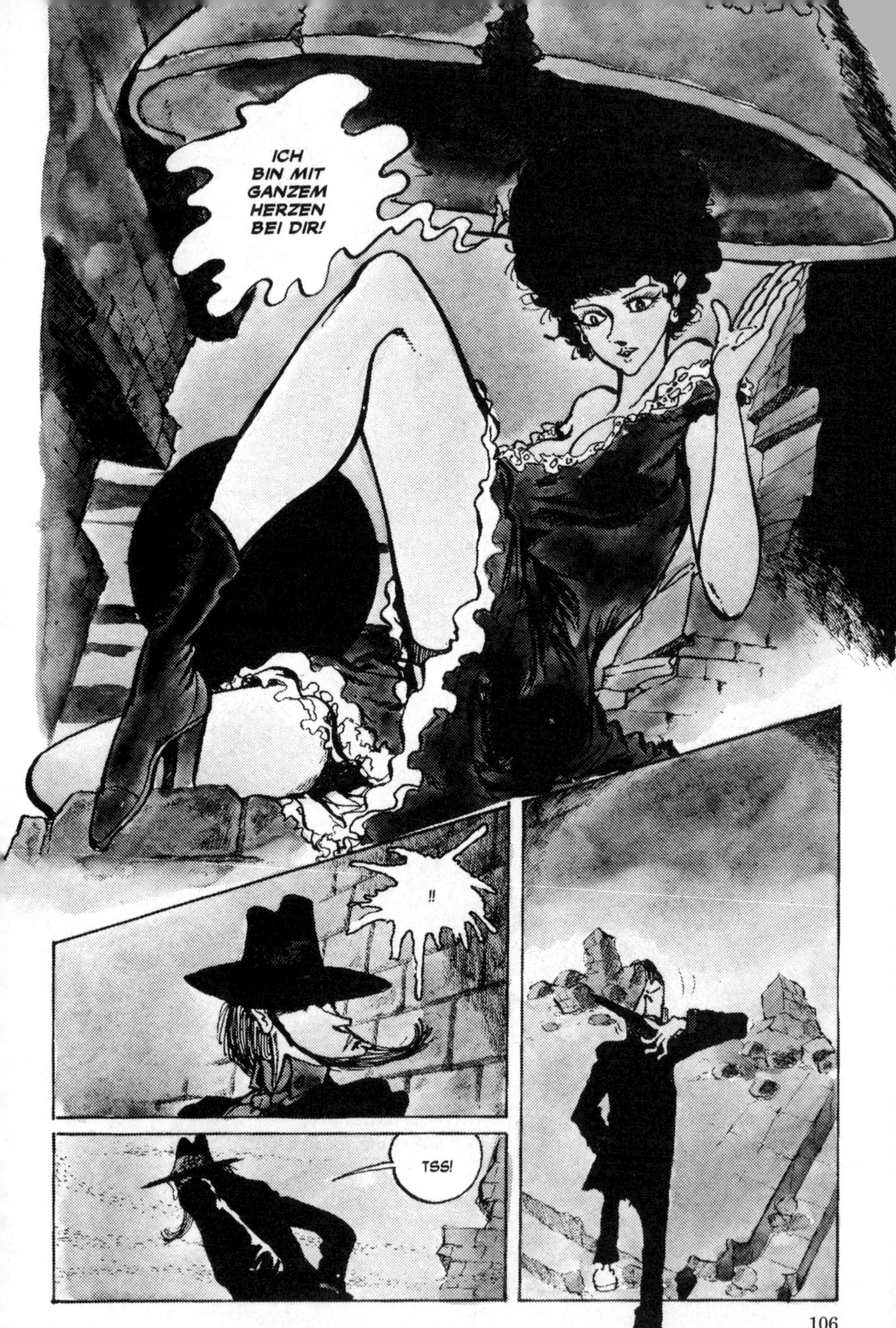
ICH BIN MIT GANZEM HERZEN BEI DIR!
!!
TSS!

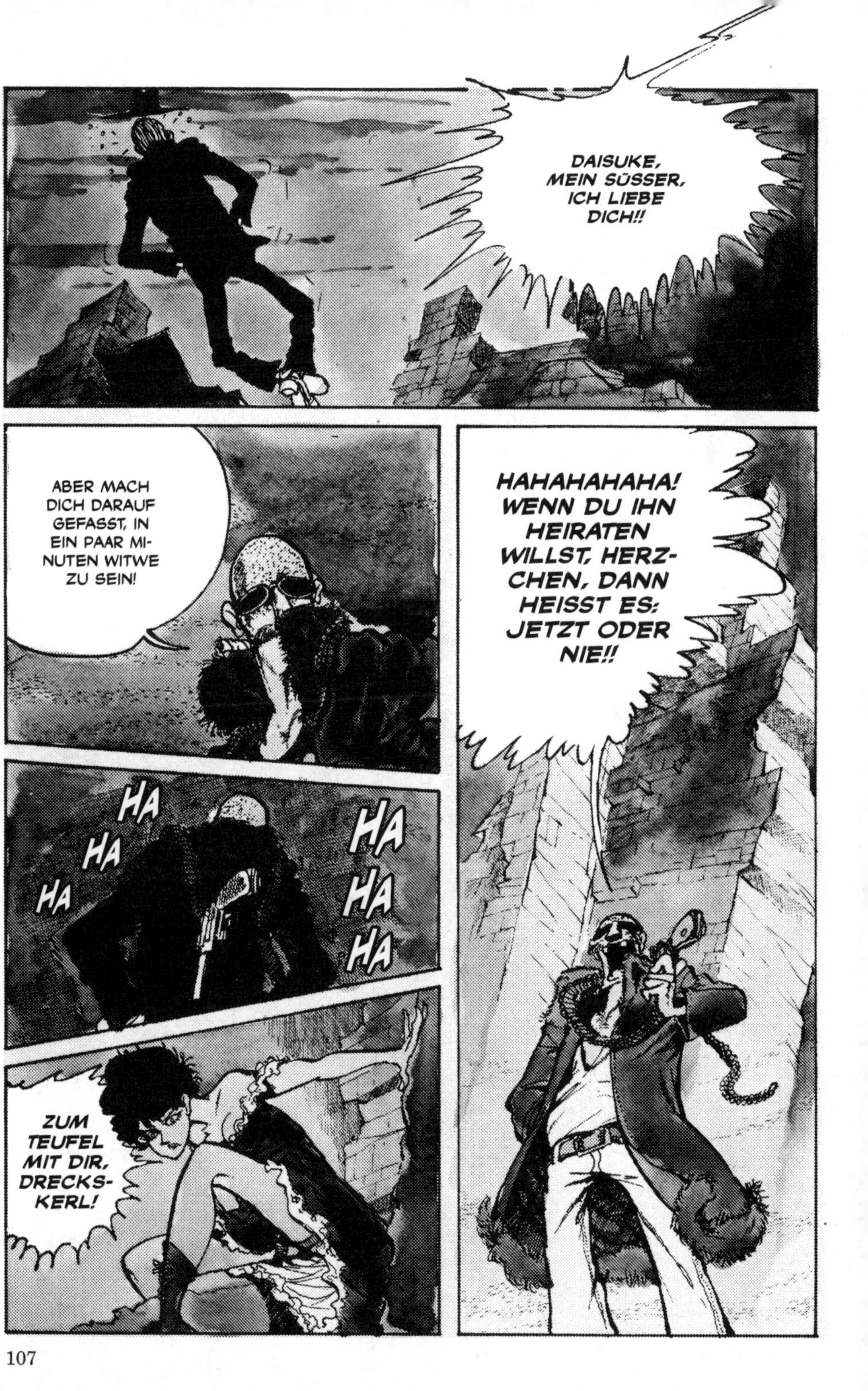
DAISUKE, MEIN SÜSSER, ICH LIEBE DICH!!
HAHAHAHAHA! WENN DU IHN HEIRATEN WILLST, HERZCHEN, DANN HEISST ES: JETZT ODER NIE!!
ABER MACH DICH DARAUF GEFASST, IN EIN PAAR MINUTEN WITWE ZU SEIN!
HA HA HA
HA HA HA HA
ZUM TEUFEL MIT DIR, DRECKSKERL!

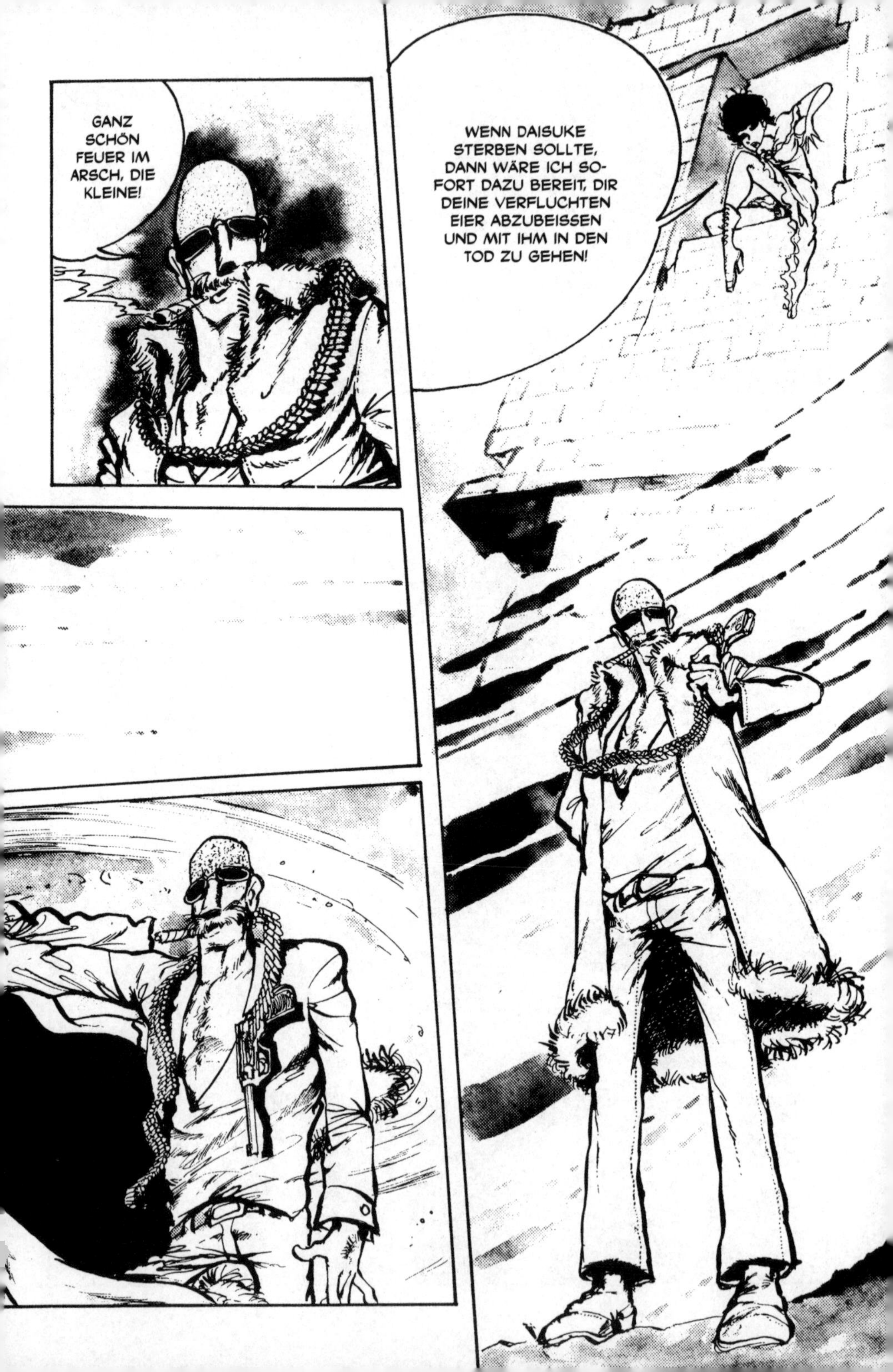
WENN DAISUKE STERBEN SOLLTE, DANN WÄRE ICH SOFORT DAZU BEREIT, DIR DEINE VERFLUCHTEN EIER ABZUBEISSEN UND MIT IHM IN DEN TOD ZU GEHEN!
GANZ SCHÖN FEUER IM ARSCH, DIE KLEINE!

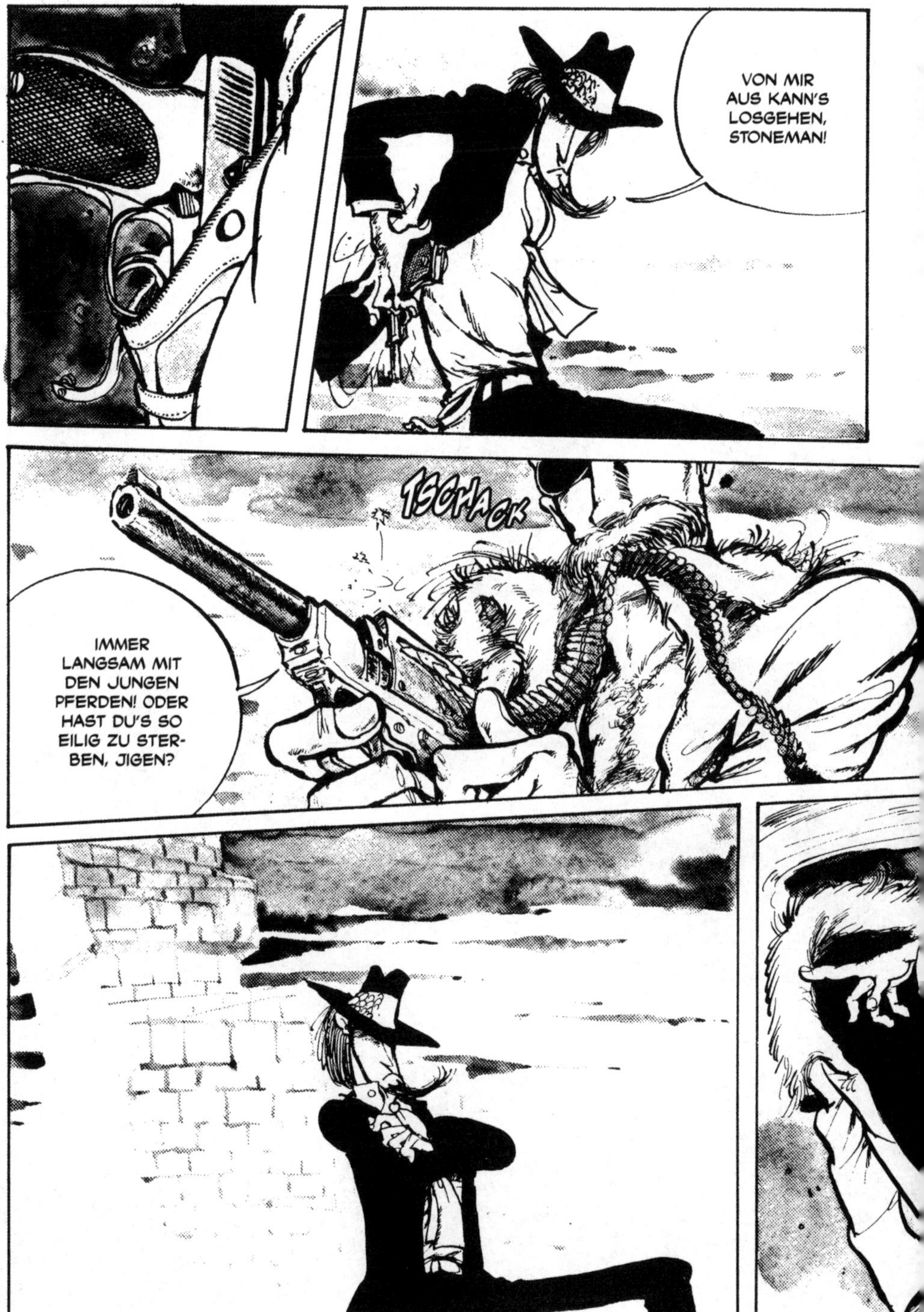
VON MIR AUS KANN'S LOSGEHEN, STONEMAN!
TSCHACK
IMMER LANGSAM MIT DEN JUNGEN PFERDEN! ODER HAST DU'S SO EILIG ZU STERBEN, JIGEN?

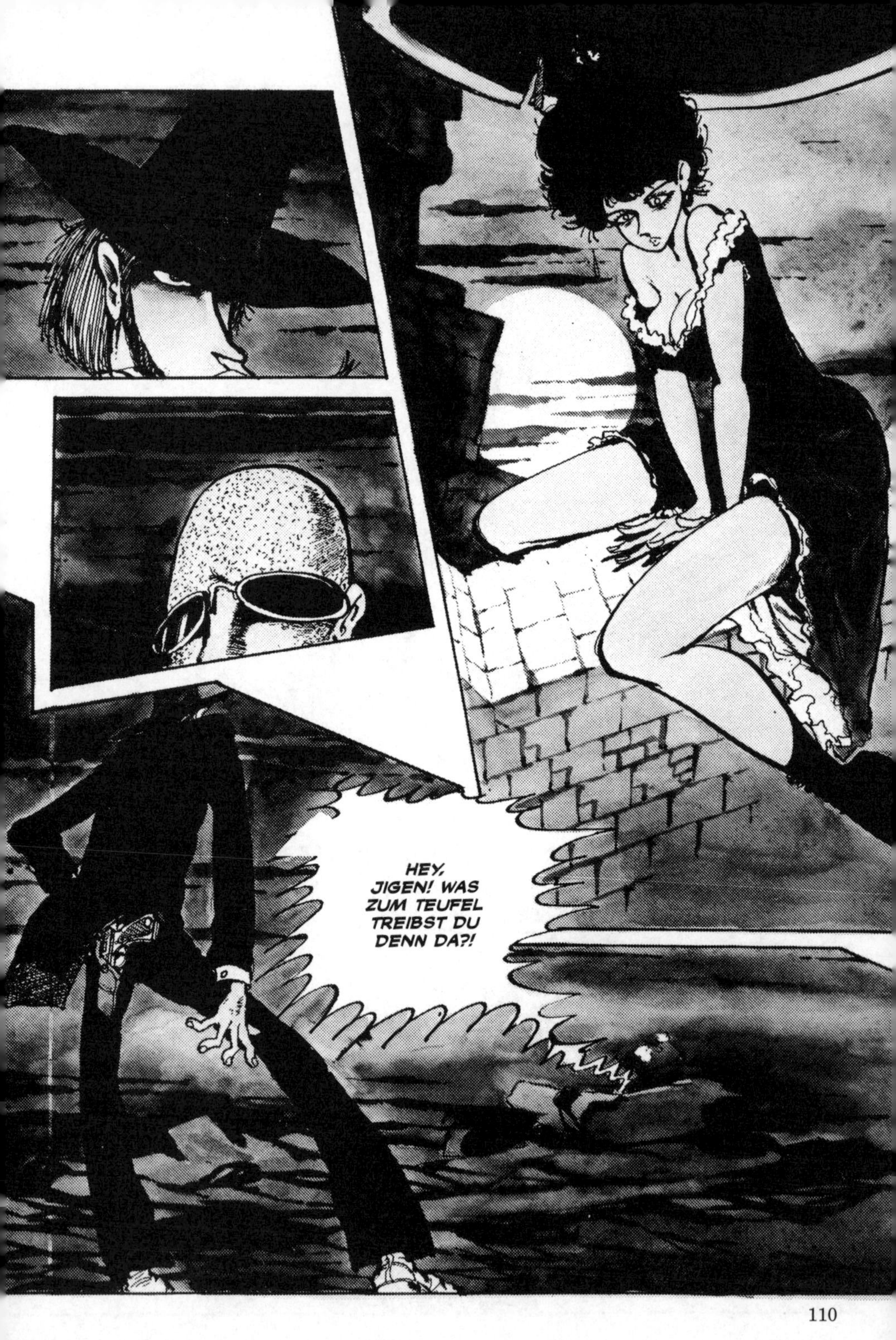
HEY, JIGEN! WAS ZUM TEUFEL TREIBST DU DENN DA?!

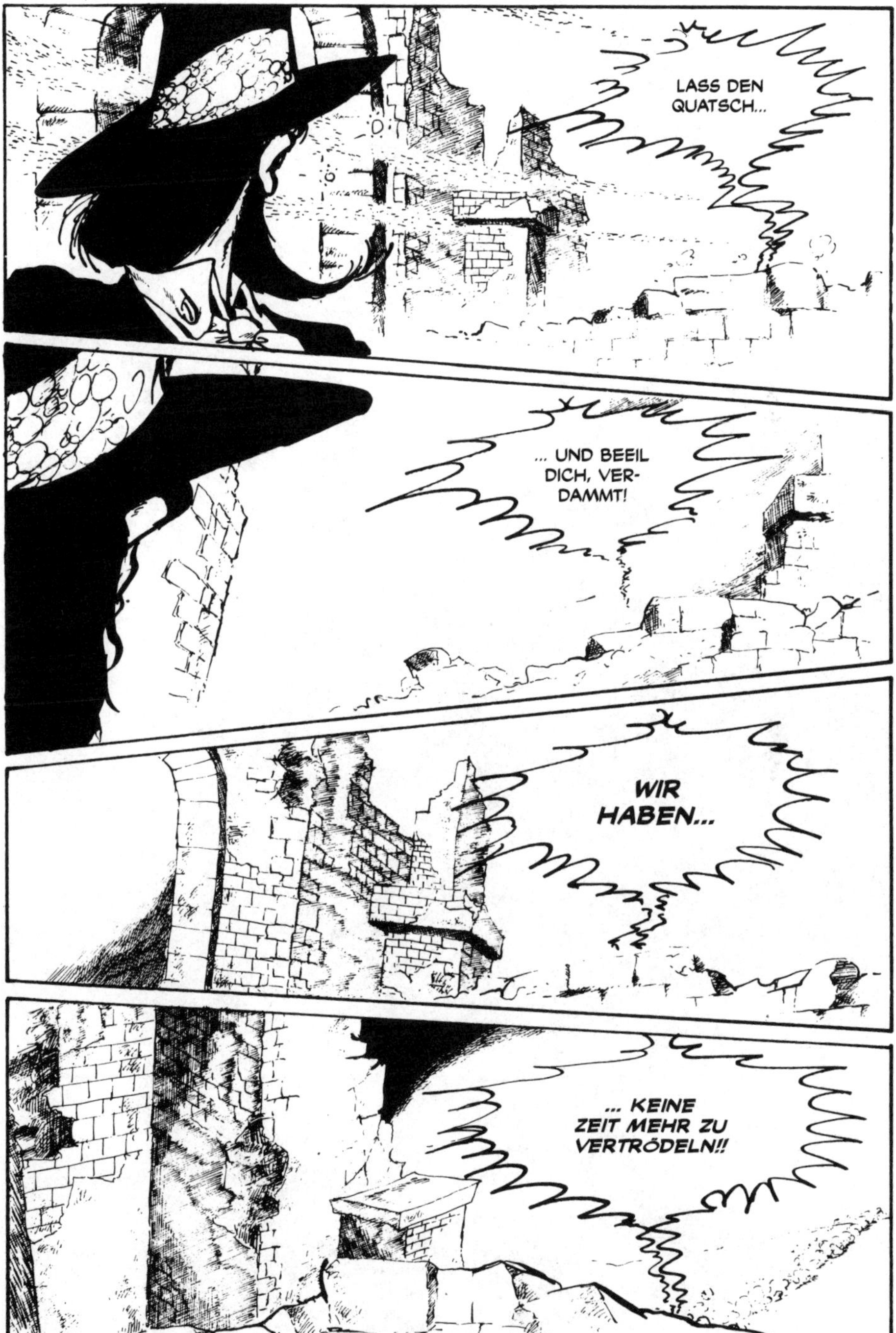
LASS DEN QUATSCH...
... UND BEEIL DICH, VER-DAMMT!
WIR HABEN...
... KEINE ZEIT MEHR ZU VERTRÖDELN!!

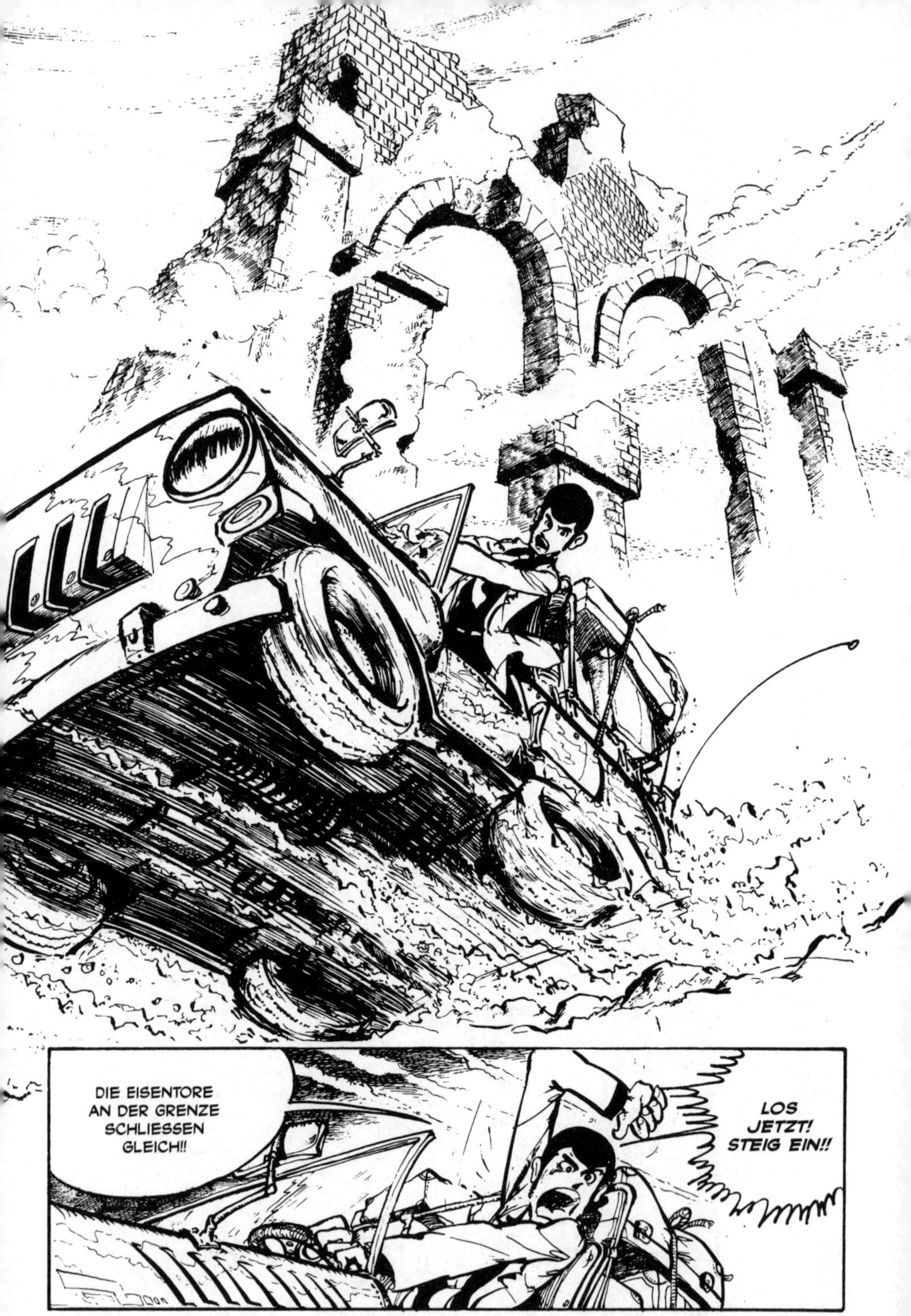
DIE EISENTORE AN DER GRENZE SCHLIESSEN GLEICH!!
LOS JETZT! STEIG EIN!!

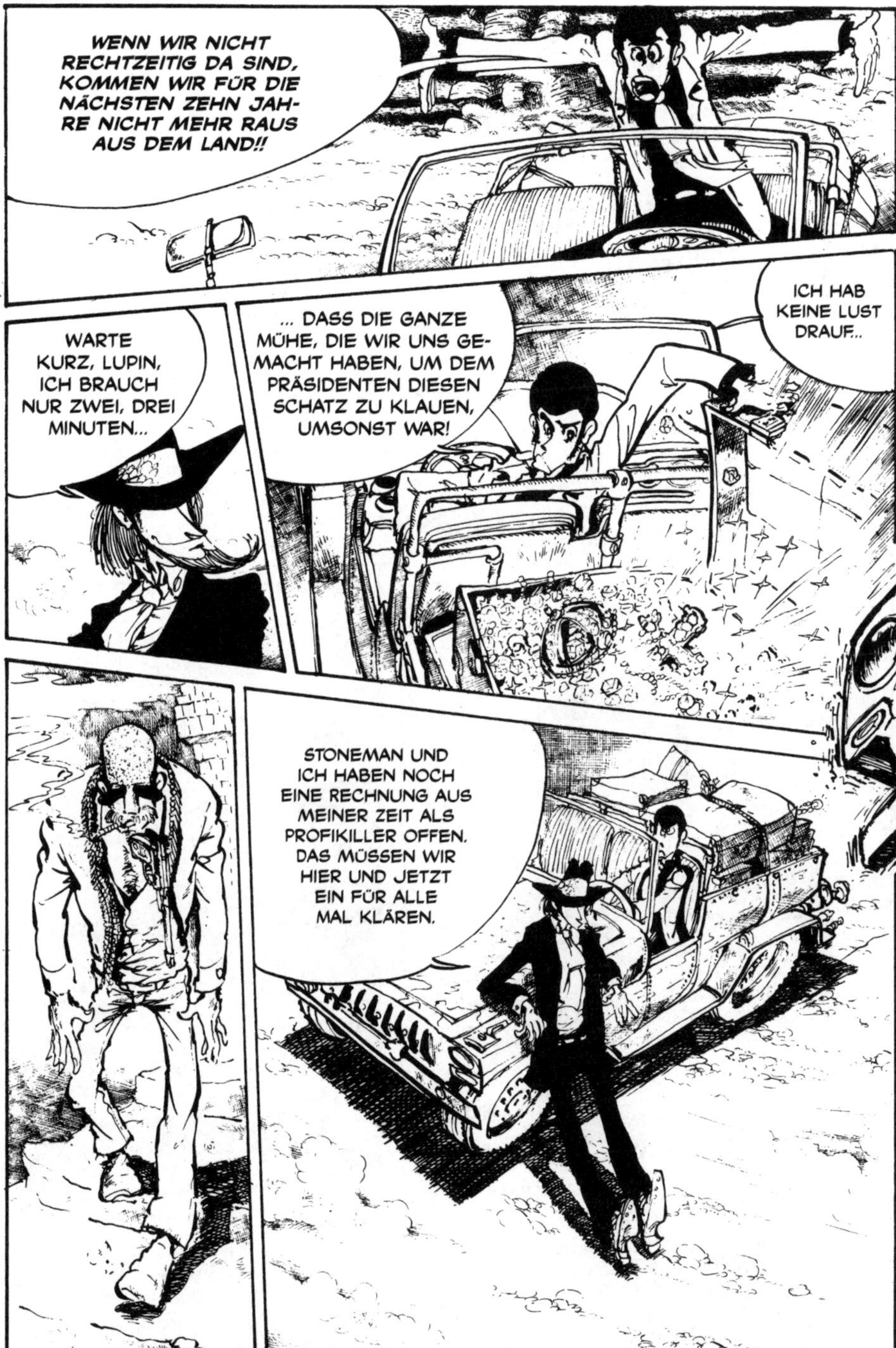
WENN WIR NICHT RECHTZEITIG DA SIND, KOMMEN WIR FÜR DIE NÄCHSTEN ZEHN JAHRE NICHT MEHR RAUS AUS DEM LAND!!
ICH HAB KEINE LUST DRAUF...
... DASS DIE GANZE MÜHE, DIE WIR UNS GEMACHT HABEN, UM DEM PRÄSIDENTEN DIESEN SCHATZ ZU KLAUEN, UMSONST WAR!
WARTE KURZ, LUPIN, ICH BRAUCH NUR ZWEI, DREI MINUTEN...
STONEMAN UND ICH HABEN NOCH EINE RECHNUNG AUS MEINER ZEIT ALS PROFIKILLER OFFEN. DAS MÜSSEN WIR HIER UND JETZT EIN FÜR ALLE MAL KLÄREN.

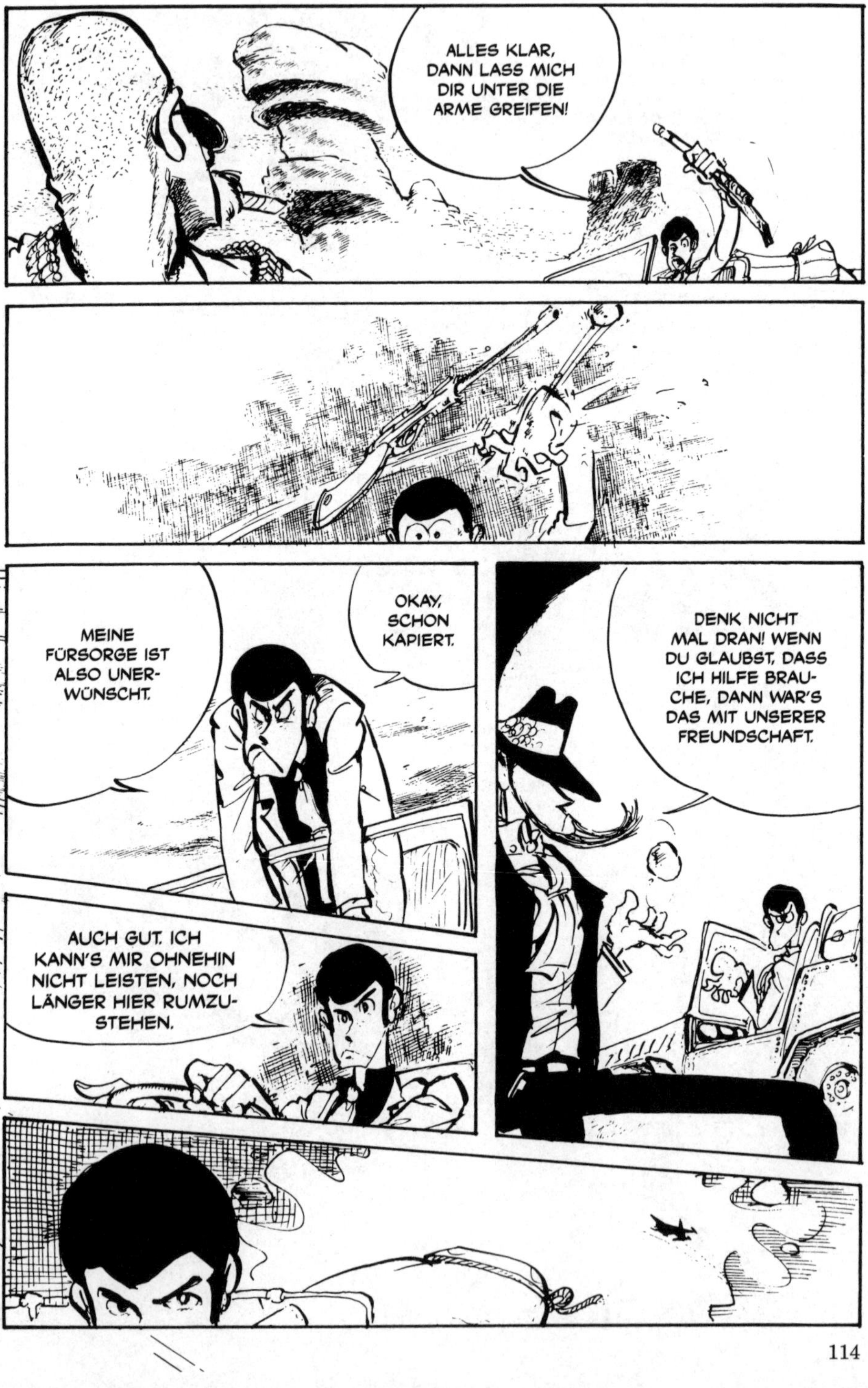
ALLES KLAR, DANN LASS MICH DIR UNTER DIE ARME GREIFEN!
DENK NICHT MAL DRAN! WENN DU GLAUBST, DASS ICH HILFE BRAUCHE, DANN WAR'S DAS MIT UNSERER FREUNDSCHAFT.
OKAY, SCHON KAPIERT.
MEINE FÜRSORGE IST ALSO UNERWÜNSCHT.
AUCH GUT. ICH KANN'S MIR OHNEHIN NICHT LEISTEN, NOCH LÄNGER HIER RUMZUSTEHEN.

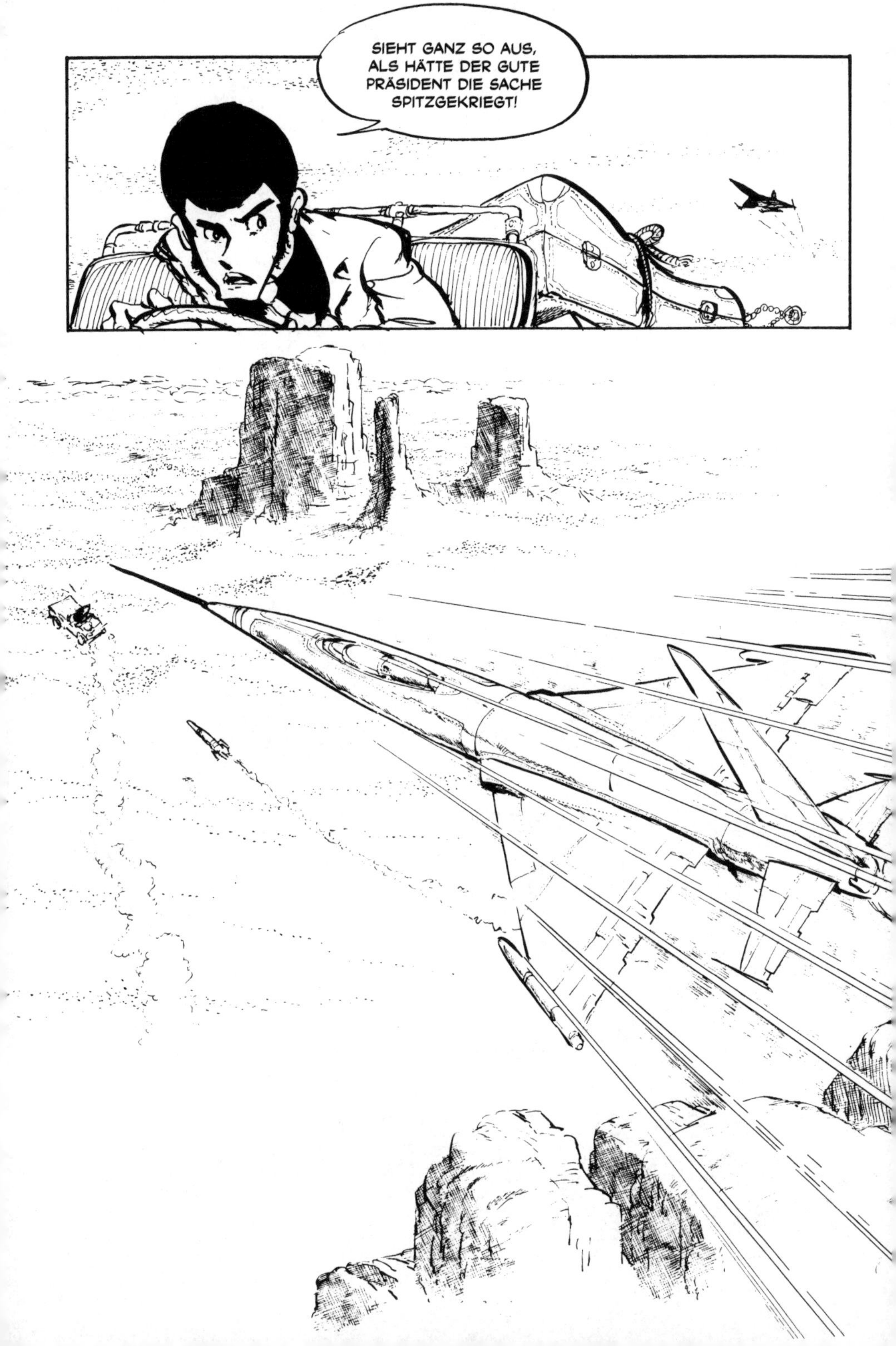
SIEHT GANZ SO AUS, ALS HÄTTE DER GUTE PRÄSIDENT DIE SACHE SPITZGEKRIEGT!

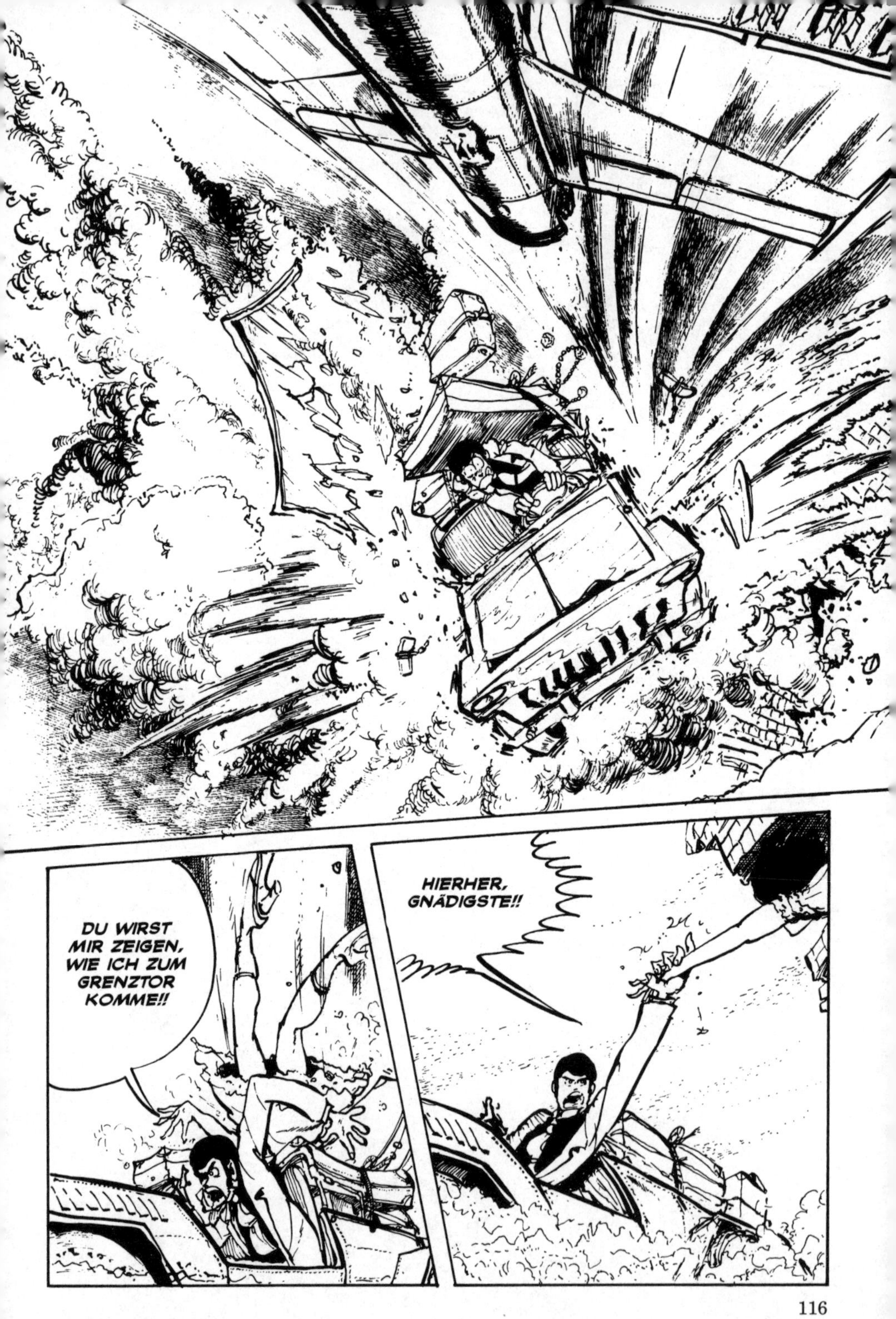
DU WIRST MIR ZEIGEN, WIE ICH ZUM GRENZTOR KOMME!!
HIERHER, GNÄDIGSTE!!

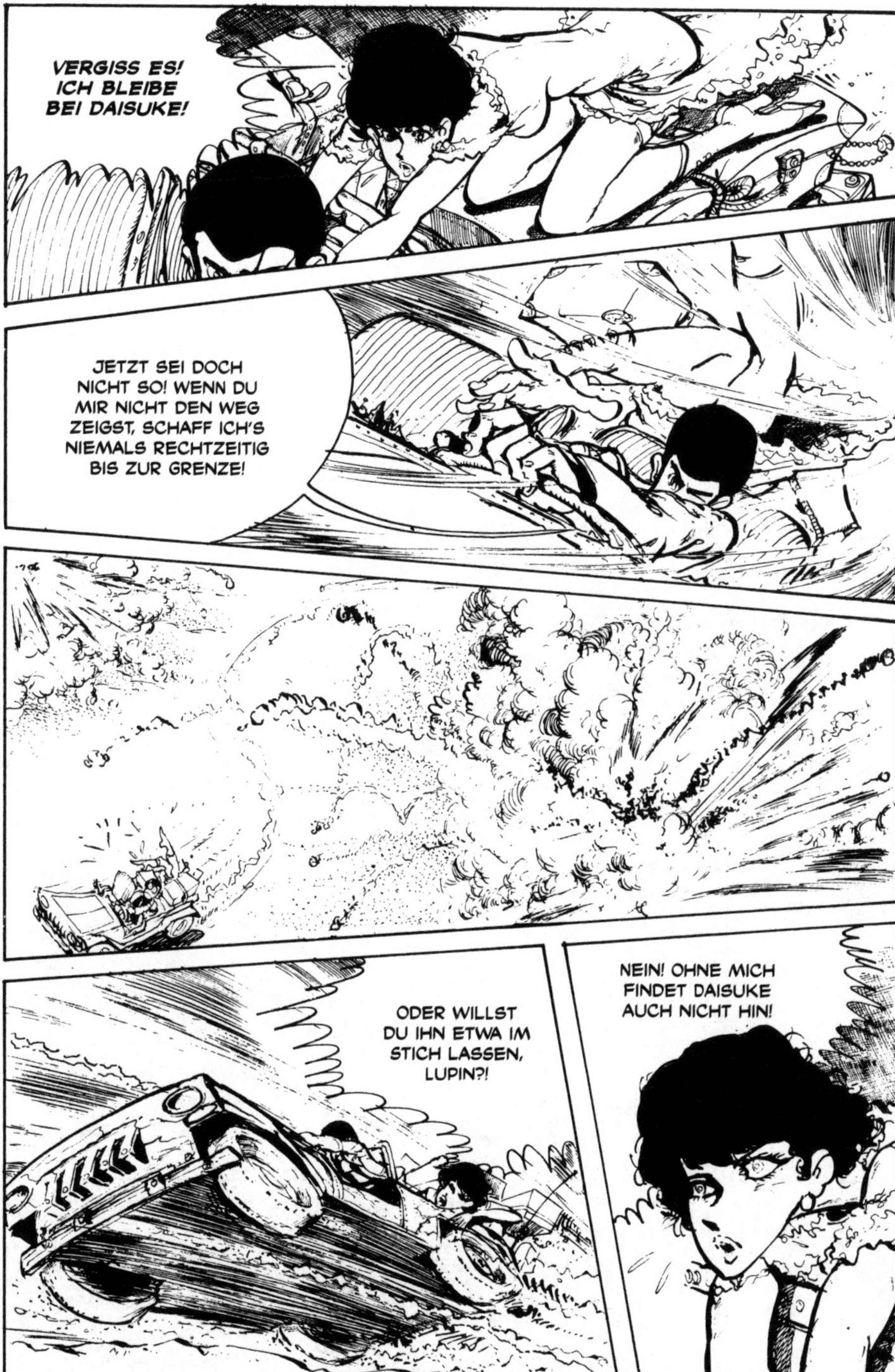
VERGISS ES! ICH BLEIBE BEI DAISUKE!
JETZT SEI DOCH NICHT SO! WENN DU MIR NICHT DEN WEG ZEIGST, SCHAFF ICH'S NIEMALS RECHTZEITIG BIS ZUR GRENZE!
NEIN! OHNE MICH FINDET DAISUKE AUCH NICHT HIN!
ODER WILLST DU IHN ETWA IM STICH LASSEN, LUPIN?!

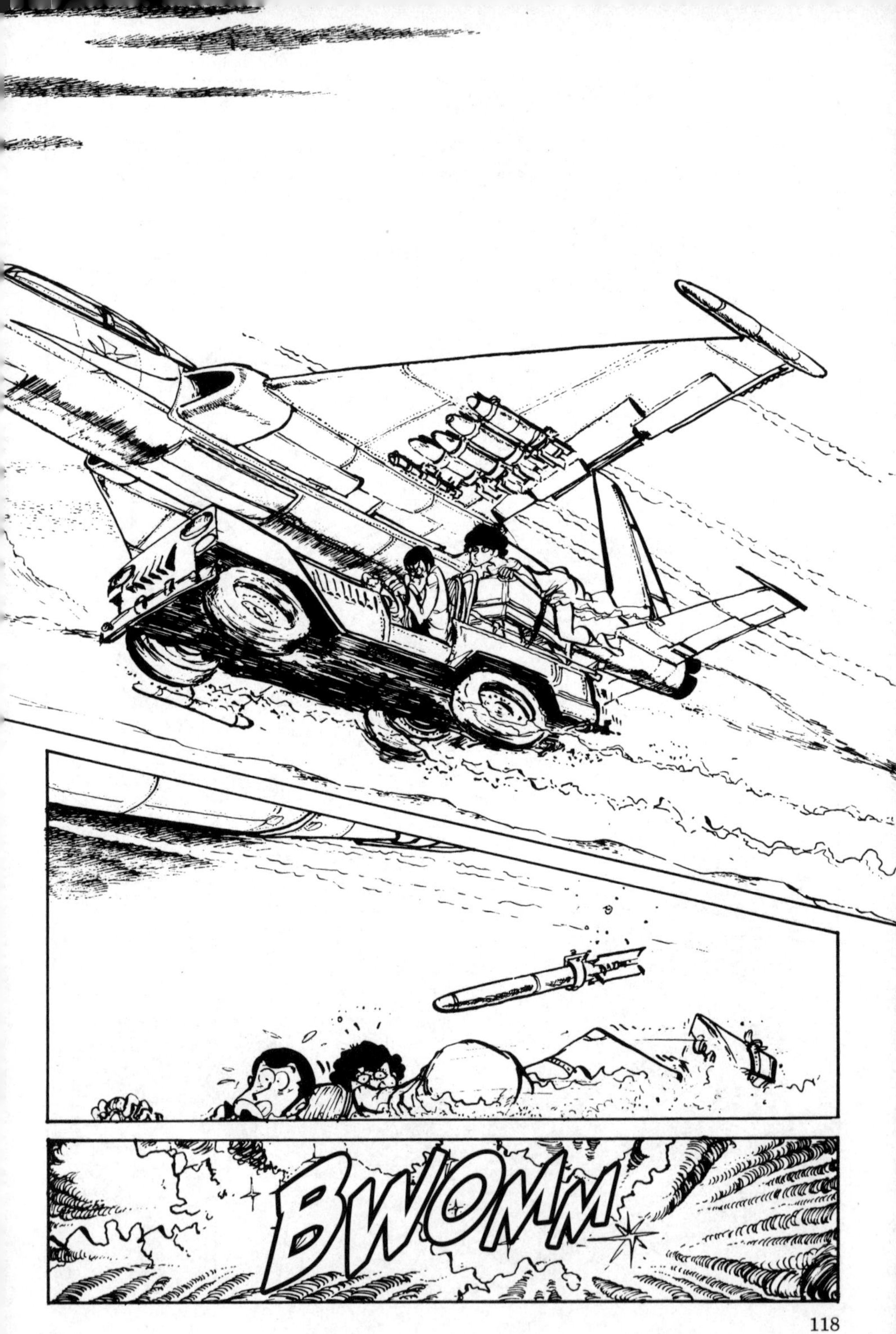
BWOMM

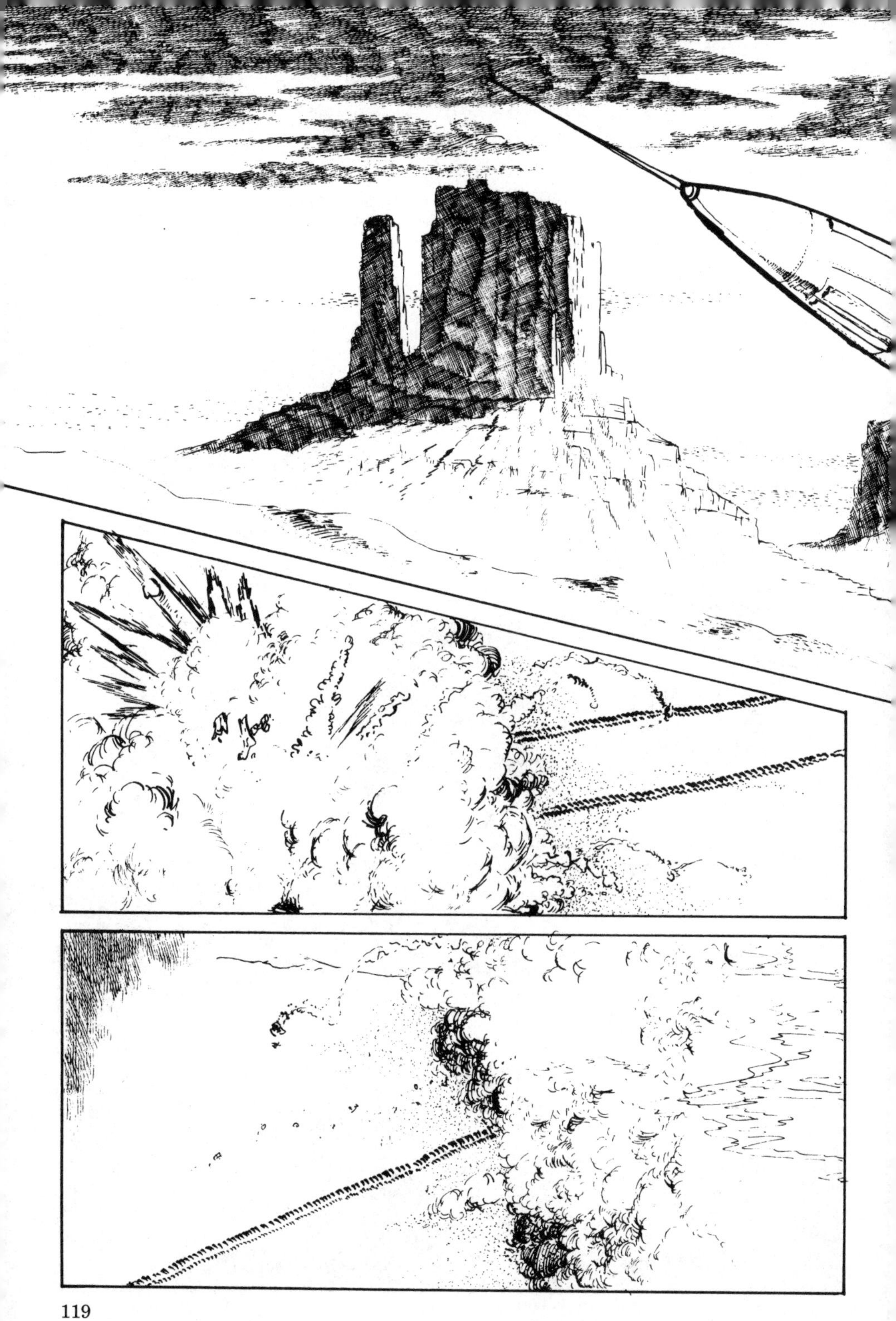

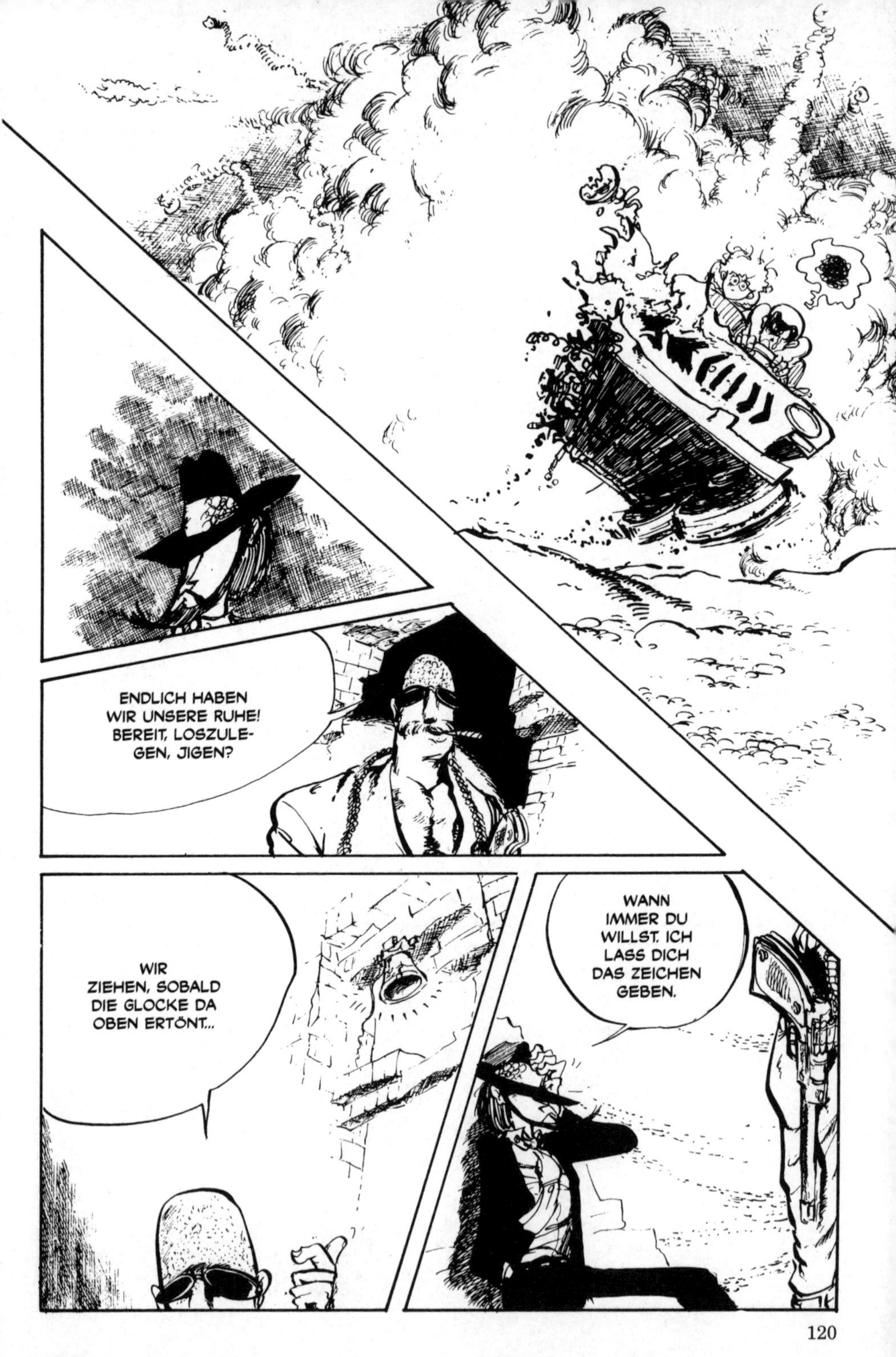

ENDLICH HABEN WIR UNSERE RUHE! BEREIT, LOSZULEGEN, JIGEN?
WANN IMMER DU WILLST. ICH LASS DICH DAS ZEICHEN GEBEN.
WIR ZIEHEN, SOBALD DIE GLOCKE DA OBEN ERTÖNT...

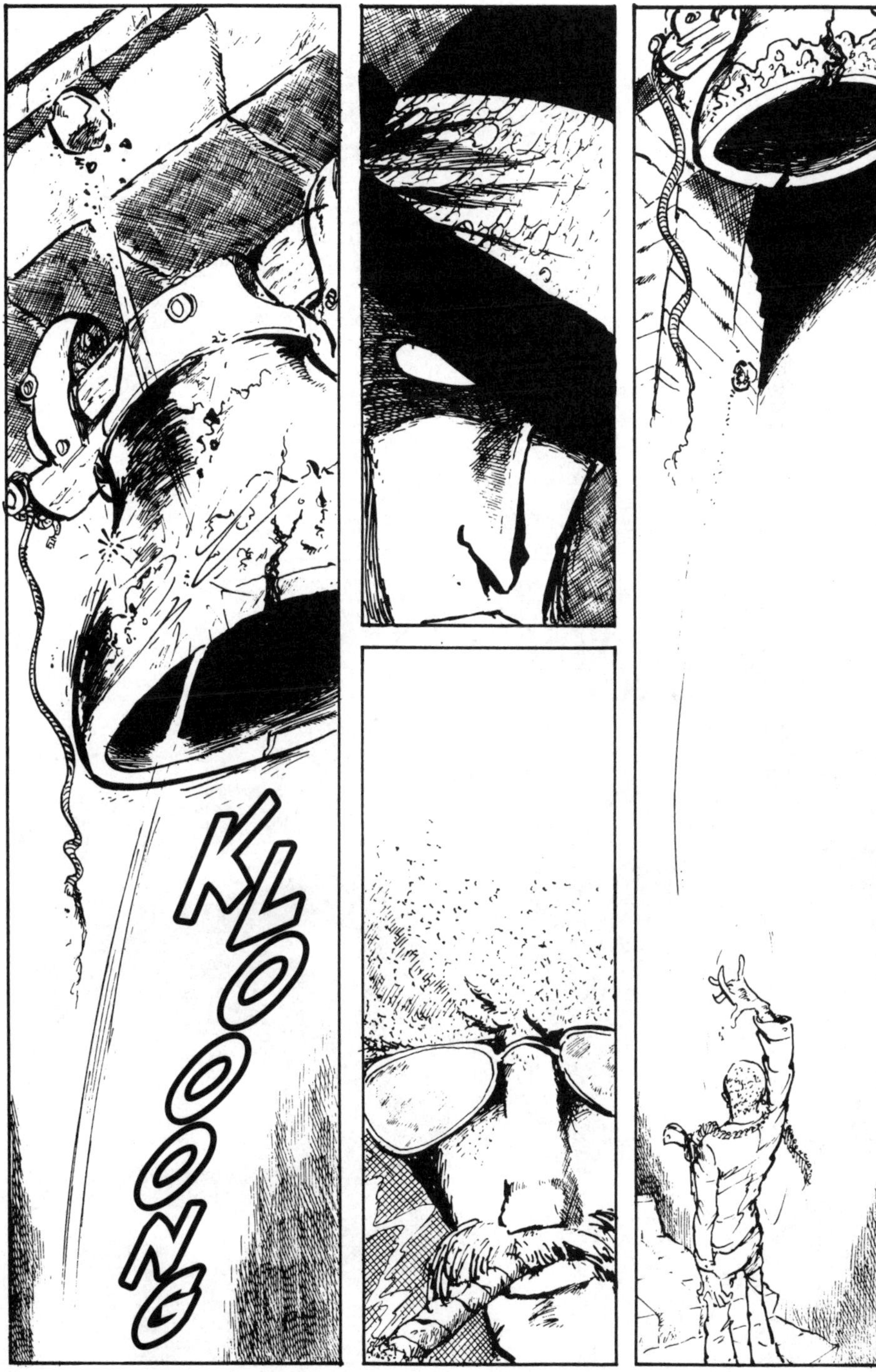
KLOOOONG

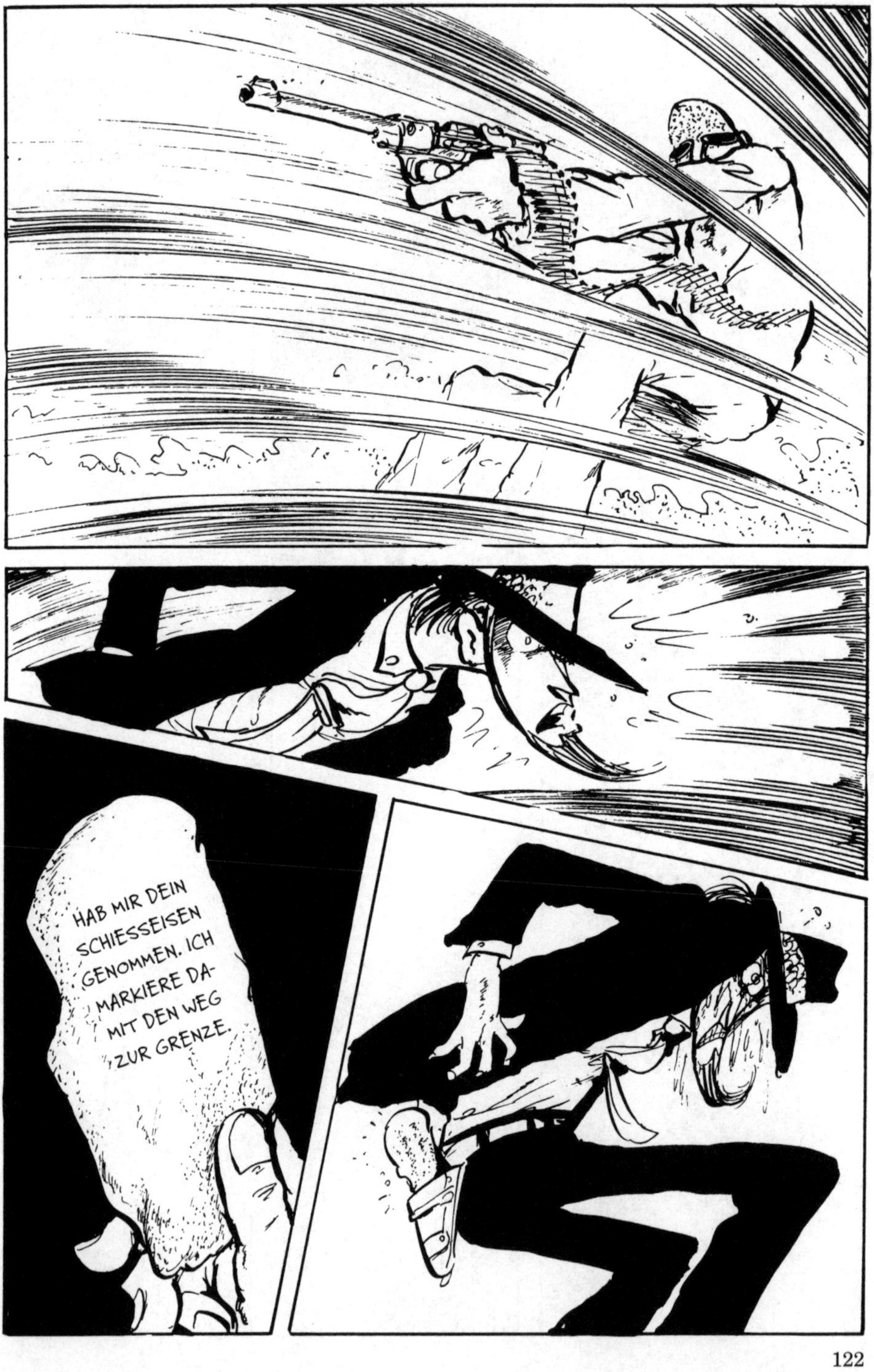
HAB MIR DEIN SCHIESSEISEN GENOMMEN. ICH MARKIERE DAMIT DEN WEG ZUR GRENZE.

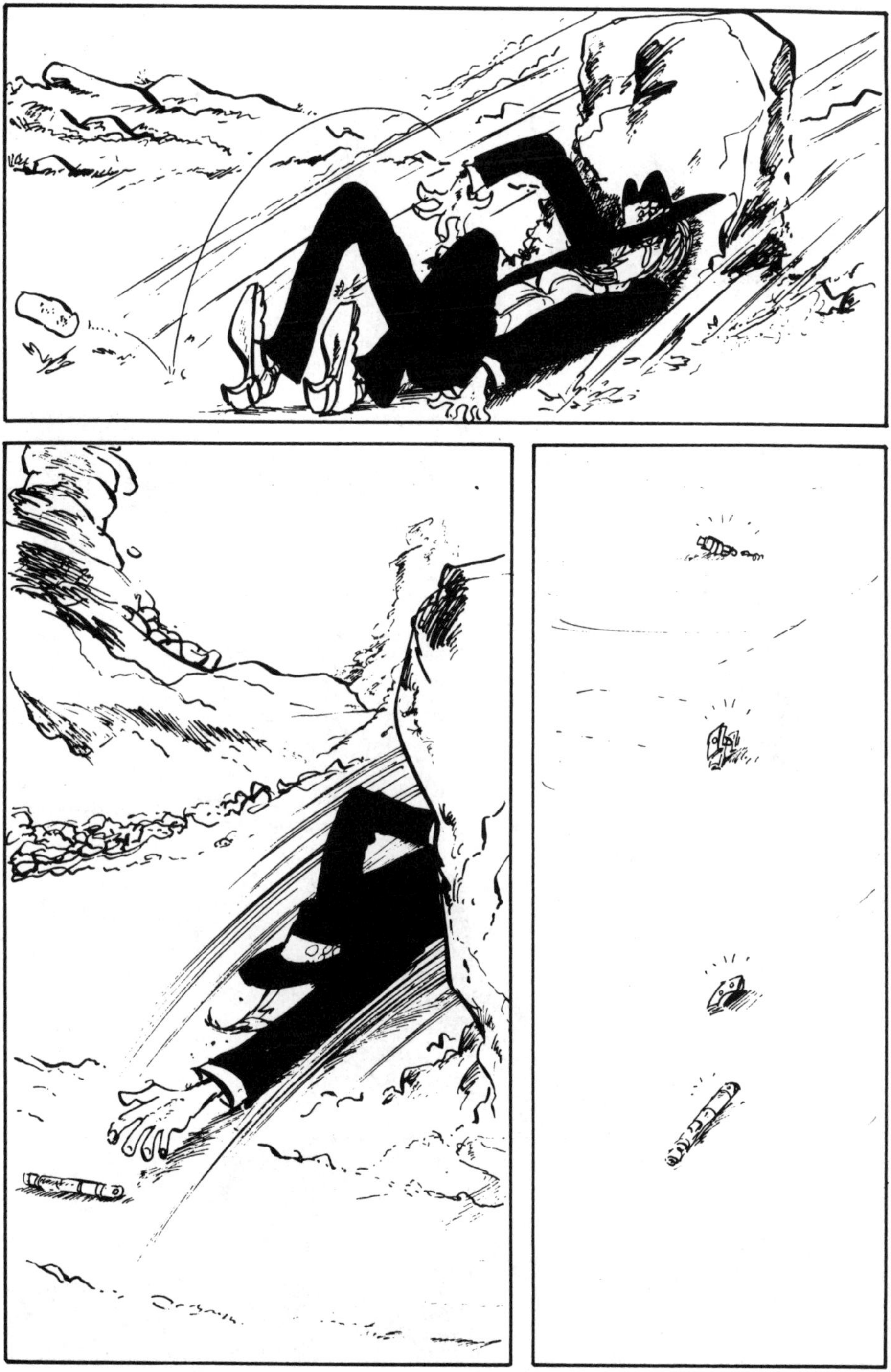

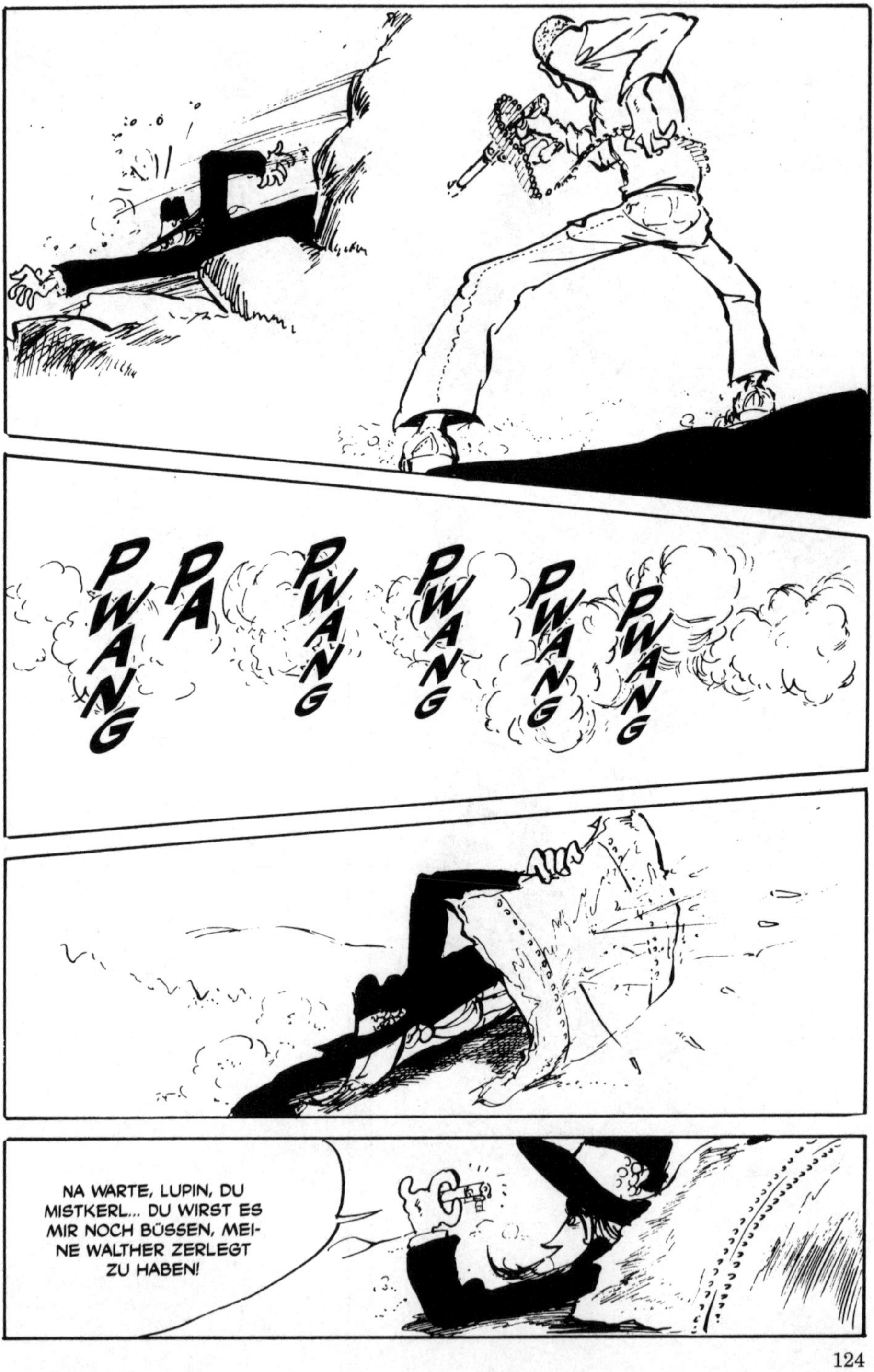
PWANG
PA
PWANG
PWANG
PWANG
PWANG
NA WARTE, LUPIN, DU MISTKERL... DU WIRST ES MIR NOCH BÜSSEN, MEINE WALTHER ZERLEGT ZU HABEN!

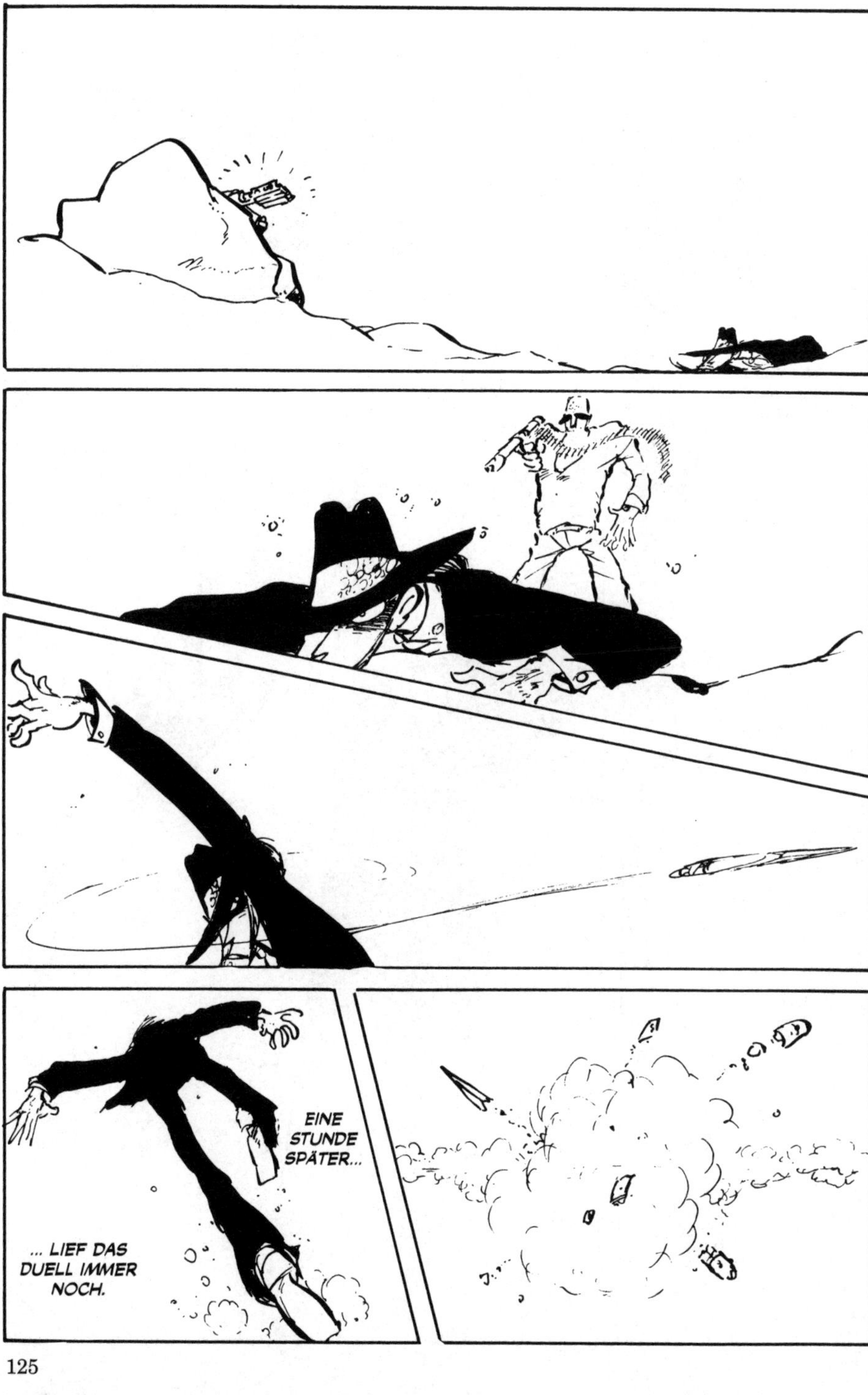
EINE STUNDE SPÄTER...
... LIEF DAS DUELL IMMER NOCH.

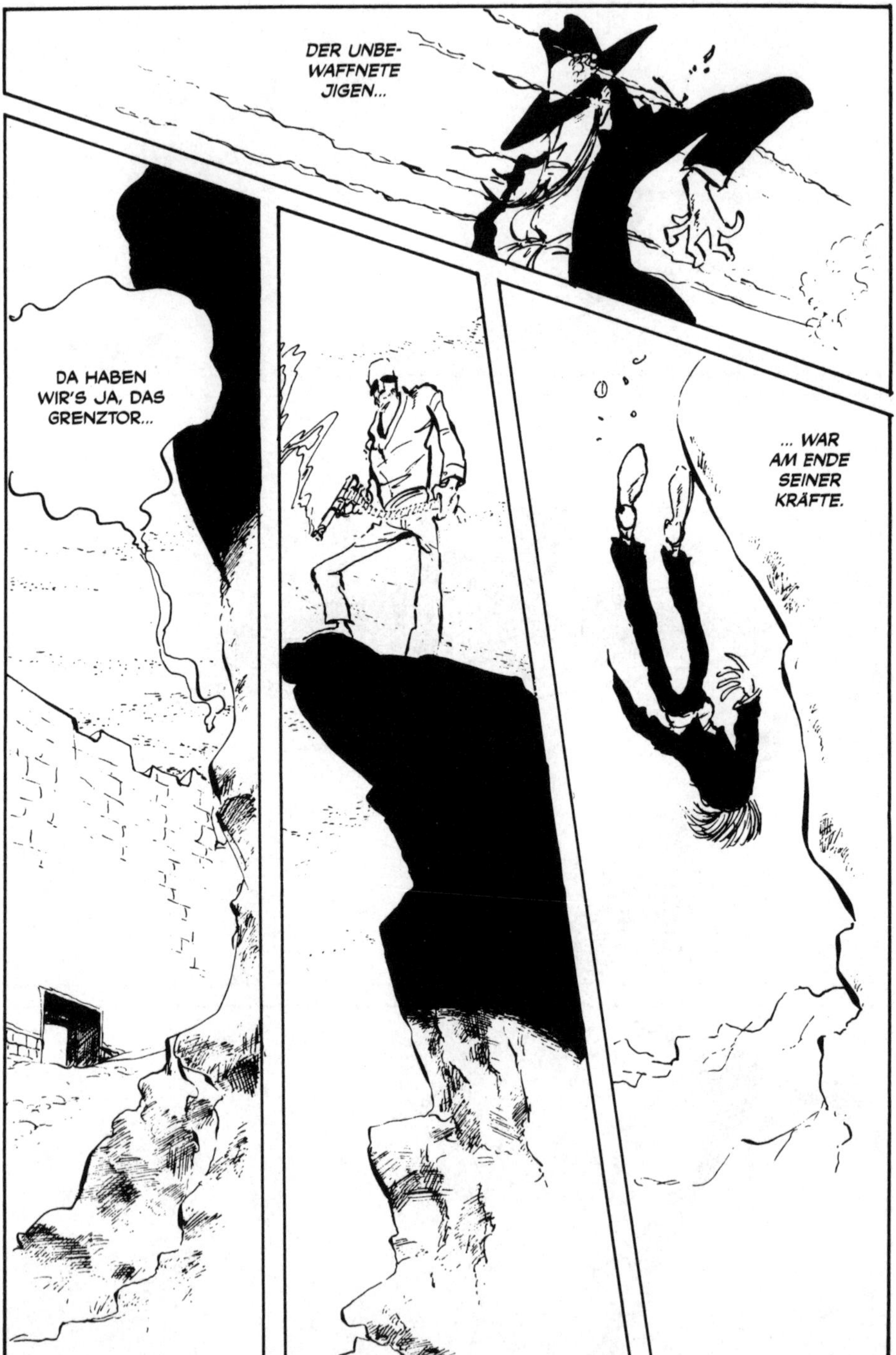
DER UNBE-
WAFFNETE
JIGEN...
DA HABEN
WIR'S JA, DAS
GRENZTOR...
... WAR
AM ENDE
SEINER
KRÄFTE.

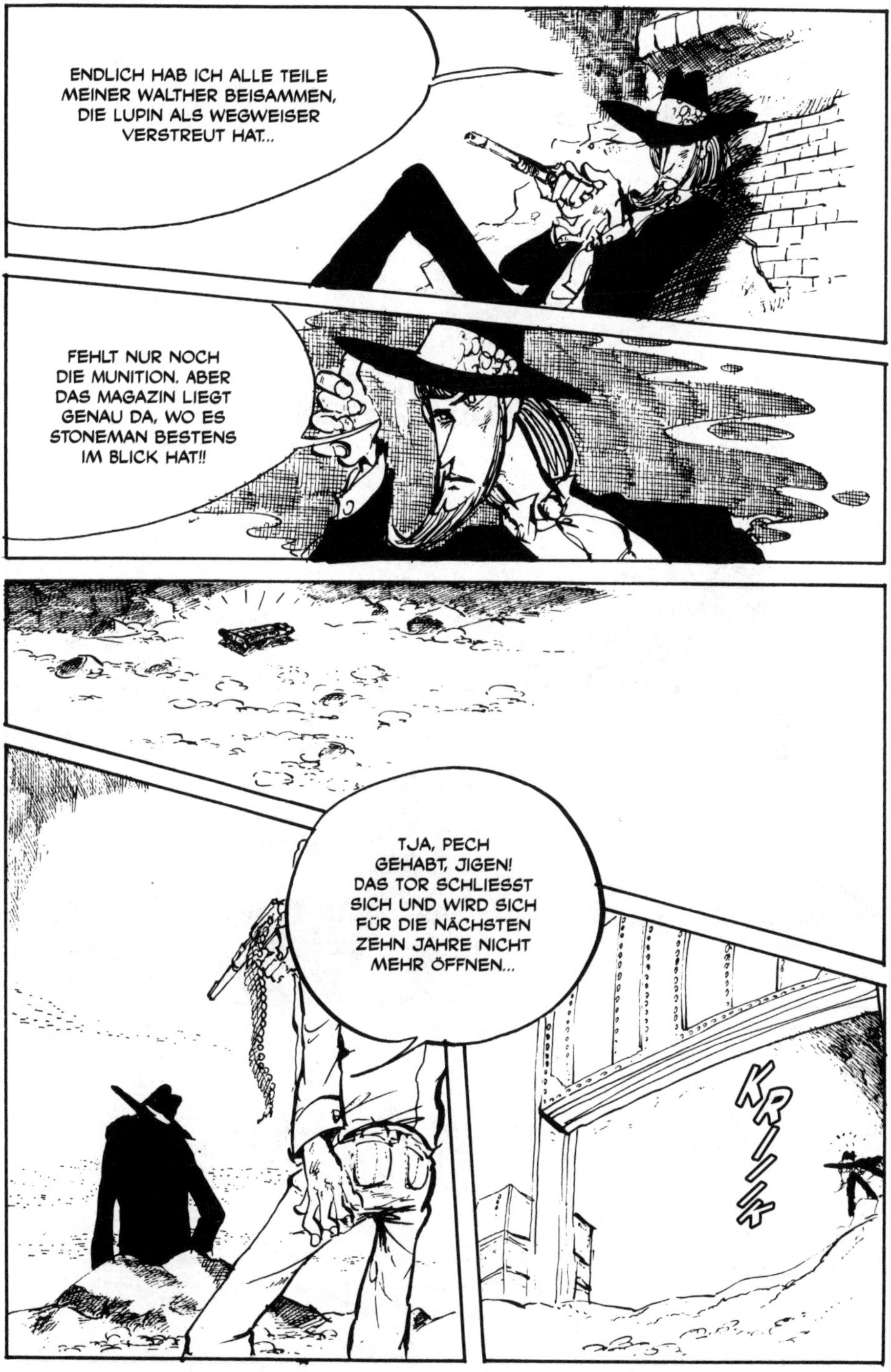
ENDLICH HAB ICH ALLE TEILE MEINER WALTHER BEISAMMEN, DIE LUPIN ALS WEGWEISER VERSTREUT HAT...
FEHLT NUR NOCH DIE MUNITION. ABER DAS MAGAZIN LIEGT GENAU DA, WO ES STONEMAN BESTENS IM BLICK HAT!!
TJA, PECH GEHABT, JIGEN! DAS TOR SCHLIESST SICH UND WIRD SICH FÜR DIE NÄCHSTEN ZEHN JAHRE NICHT MEHR ÖFFNEN...
KRIIK

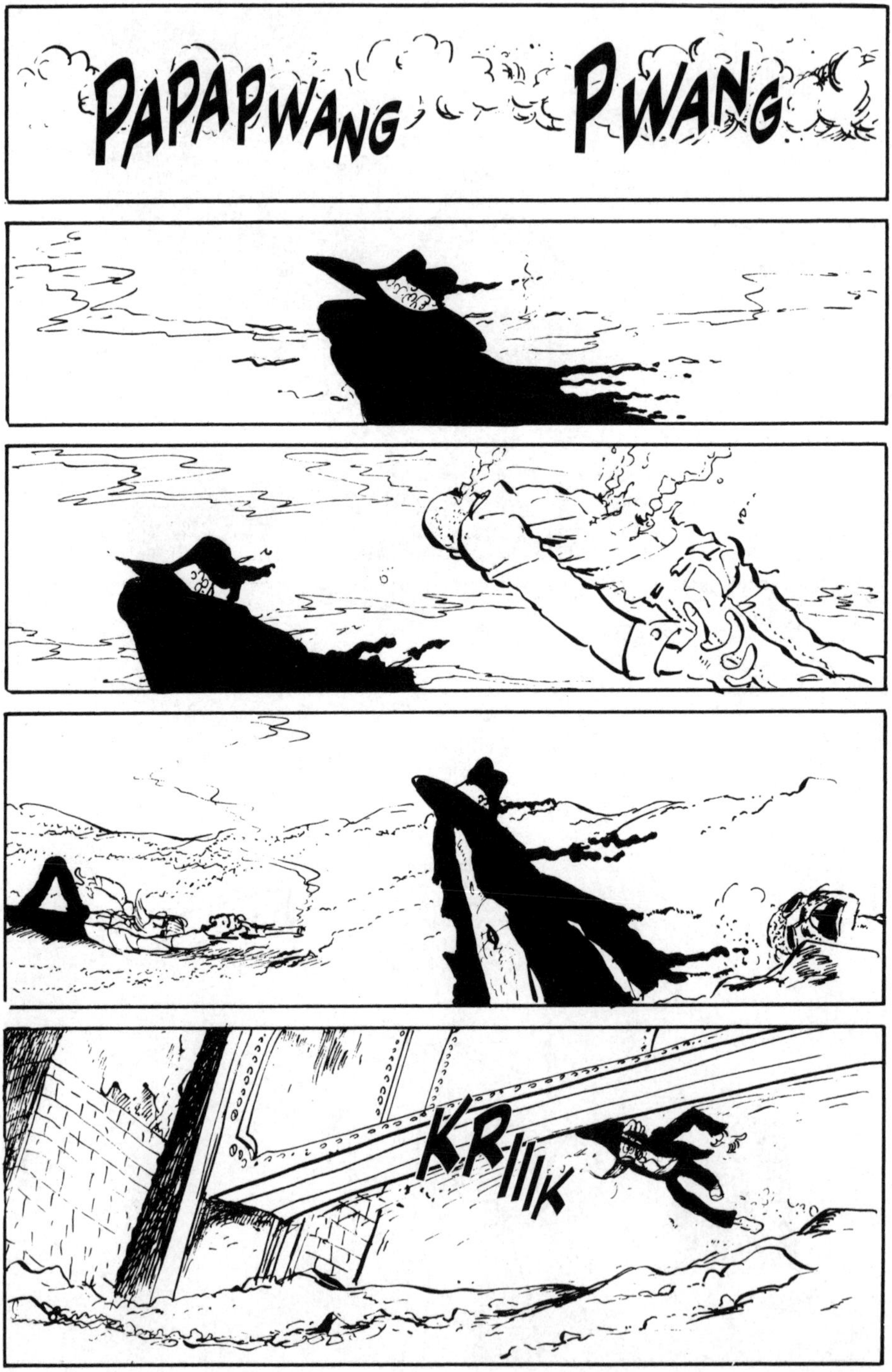
PAPAPWANG
PWANG
KRIIIK

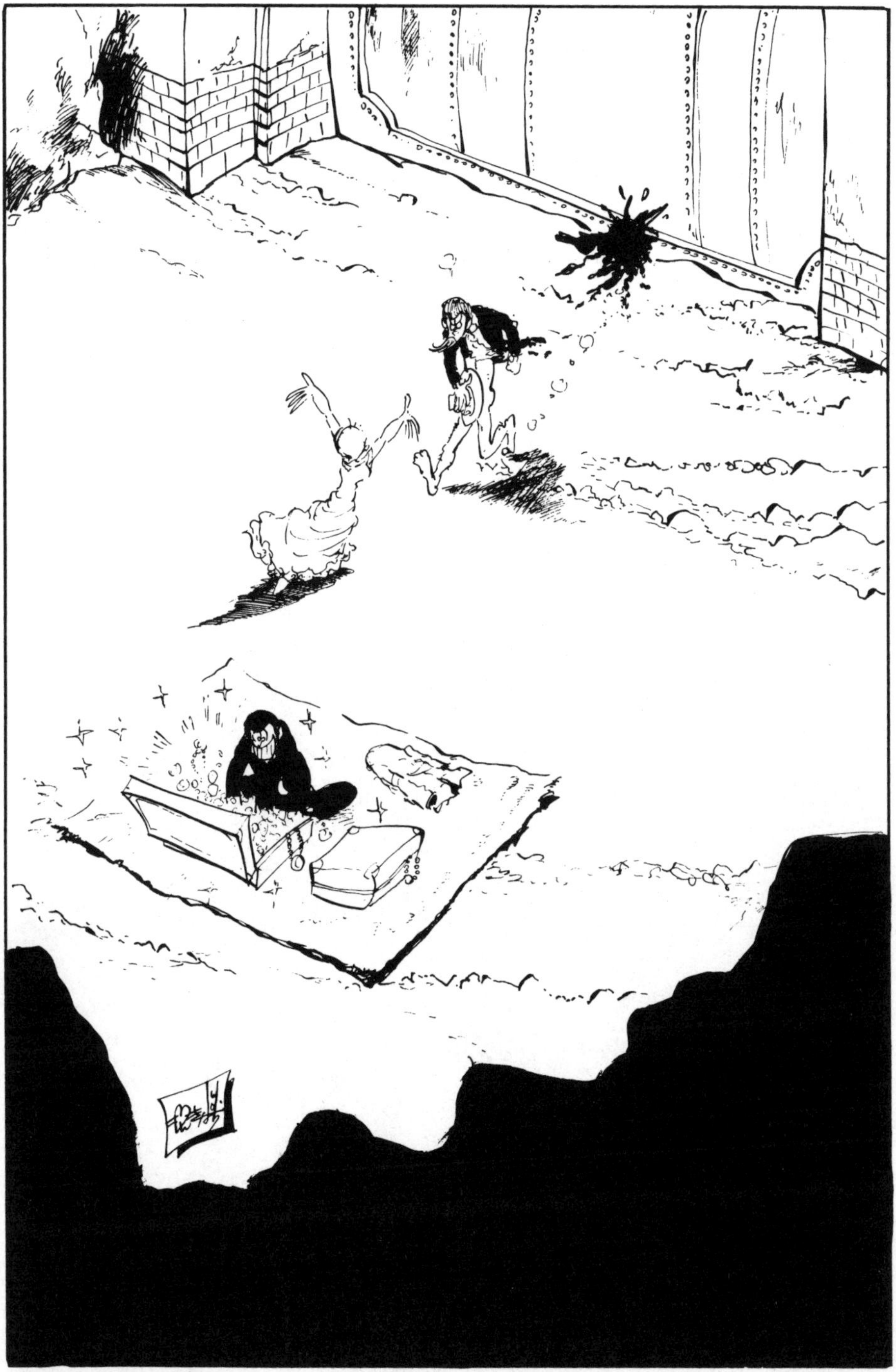

WESTERN JIGEN – ENDE

LUPIN III

GOEMON BETRITT DIE SZENE

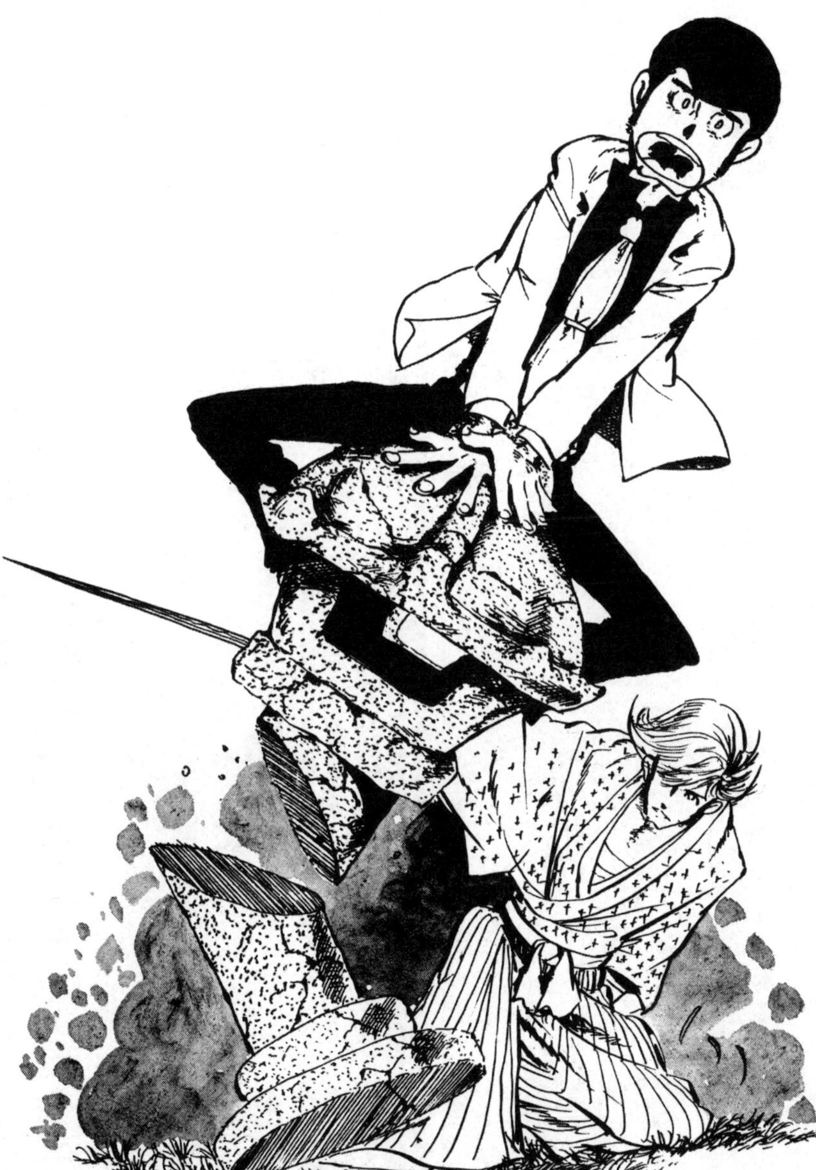

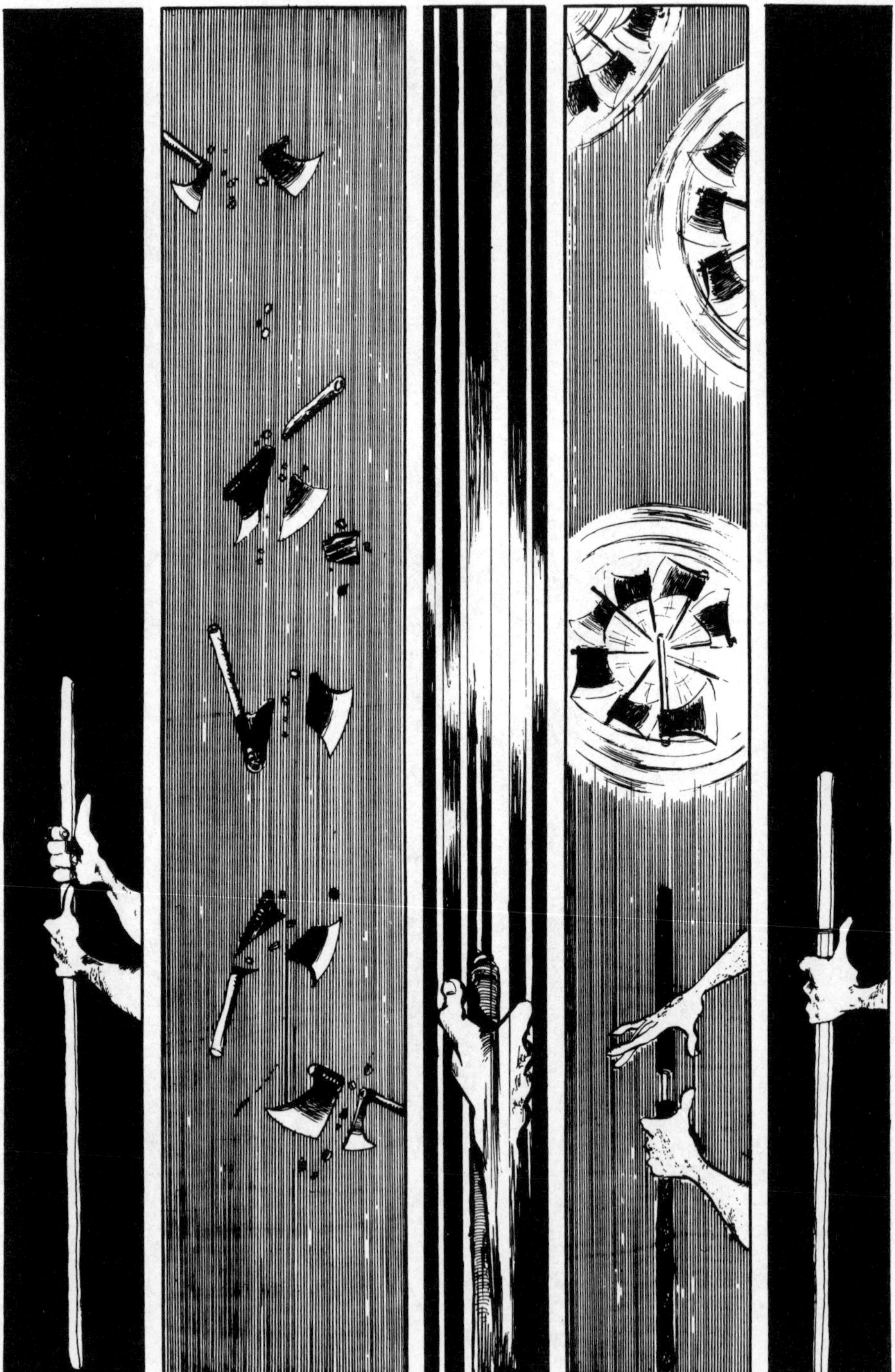

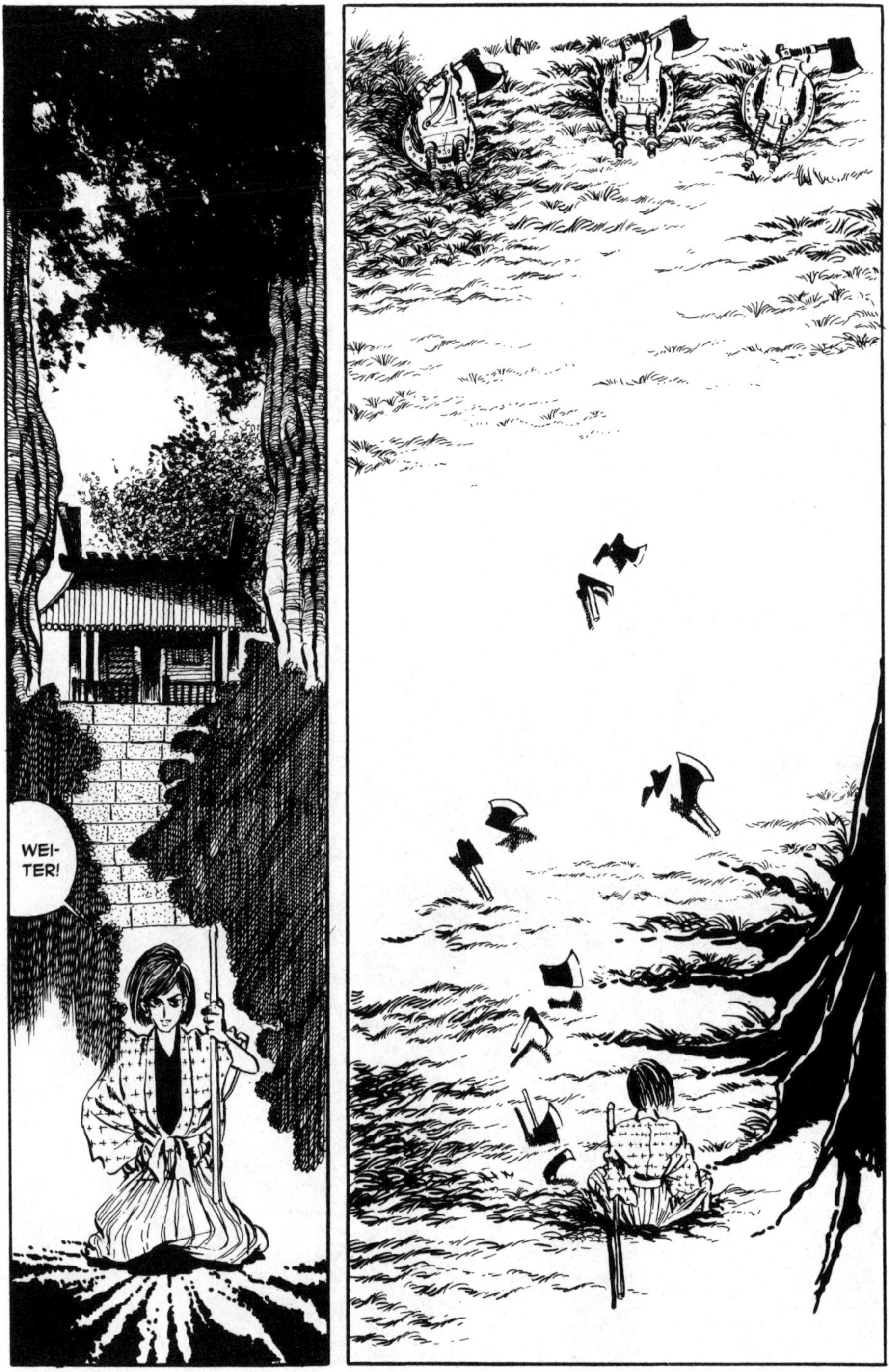
WEI-
TER!

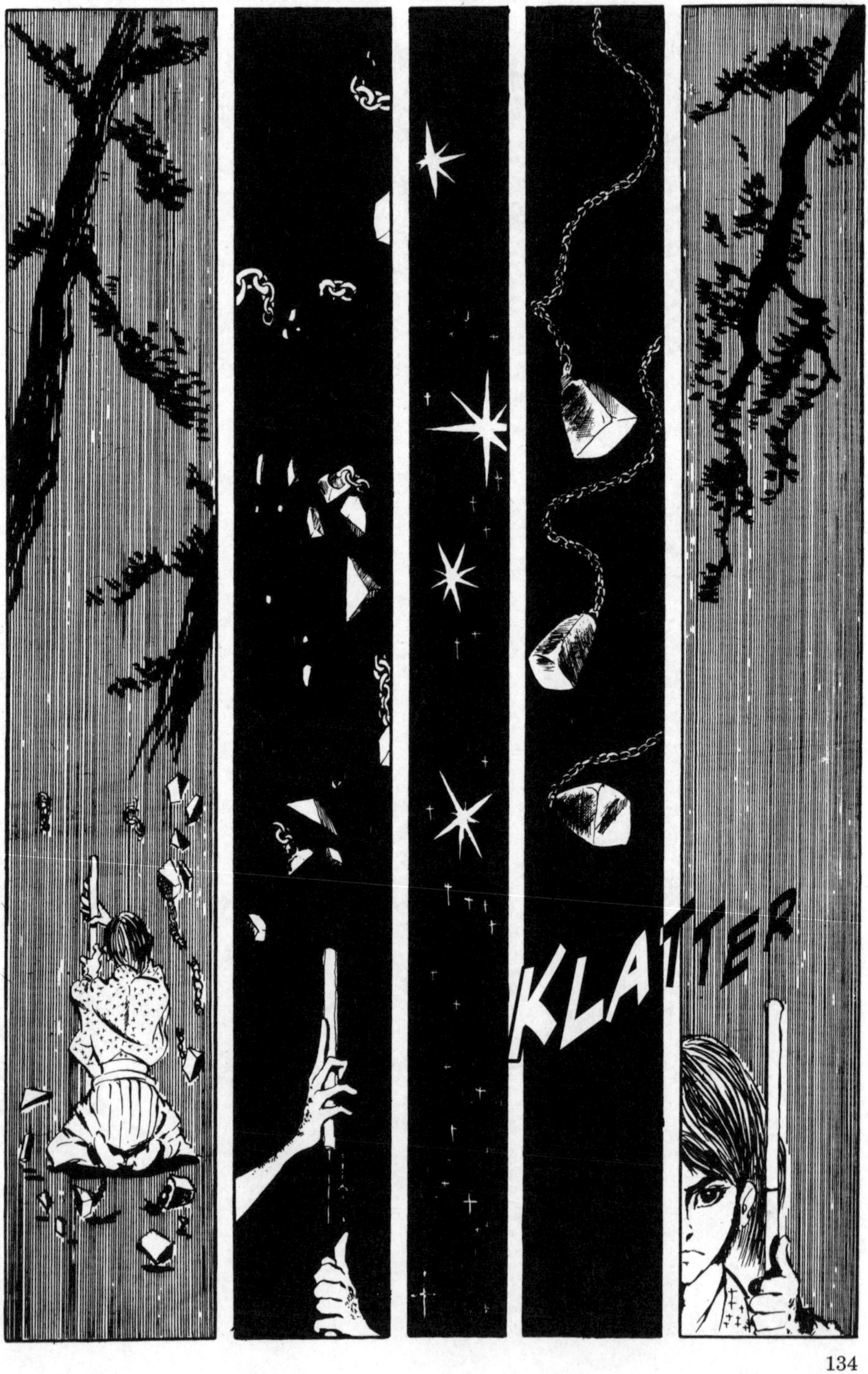
KLATTER

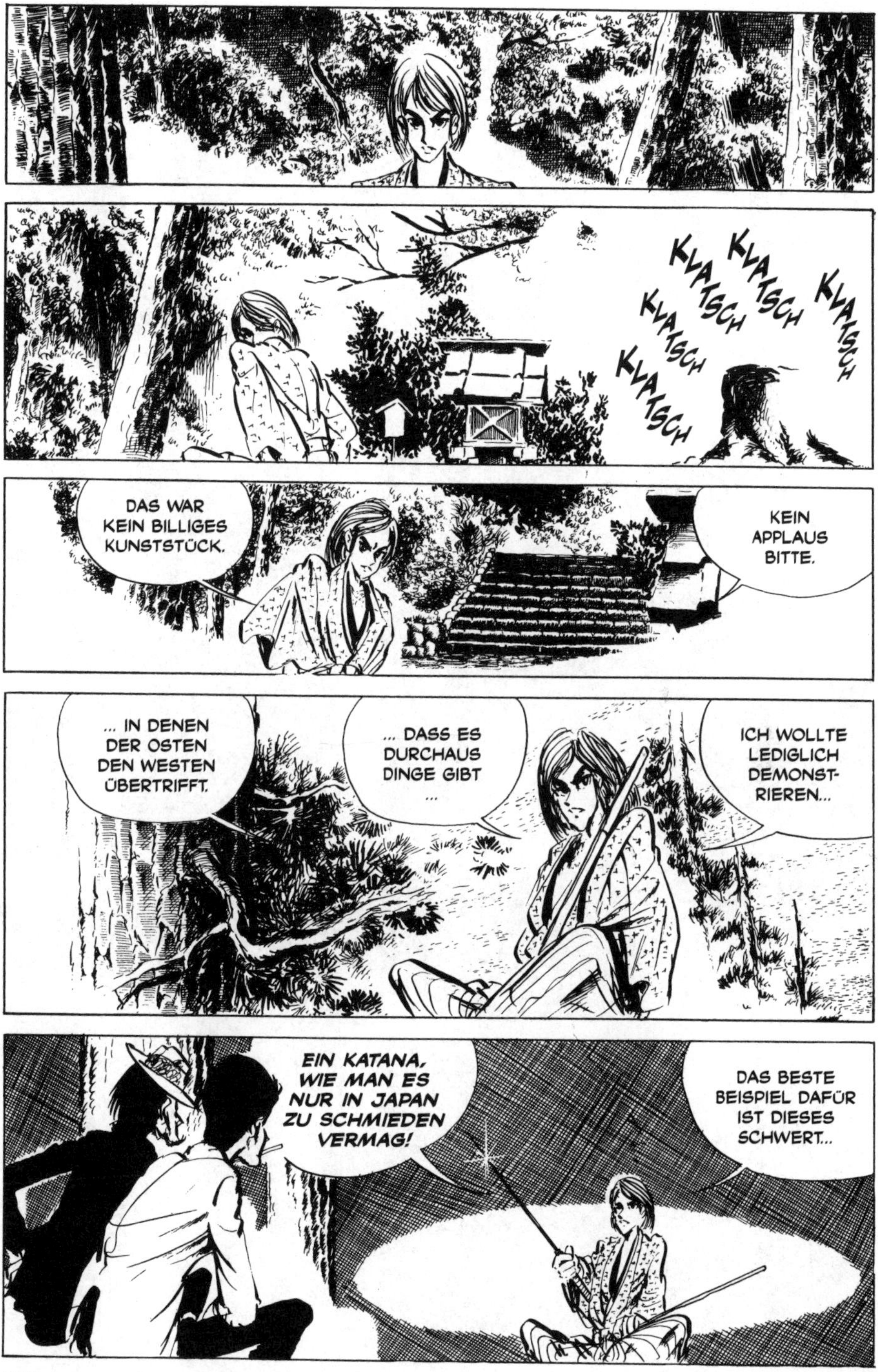
KLATSCH KLATSCH KLATSCH KLATSCH KLATSCH
KEIN APPLAUS BITTE.
DAS WAR KEIN BILLIGES KUNSTSTÜCK.
ICH WOLLTE LEDIGLICH DEMONST-RIEREN...
... DASS ES DURCHAUS DINGE GIBT ...
... IN DENEN DER OSTEN DEN WESTEN ÜBERTRIFFT.
DAS BESTE BEISPIEL DAFÜR IST DIESES SCHWERT...
EIN KATANA, WIE MAN ES NUR IN JAPAN ZU SCHMIEDEN VERMAG!

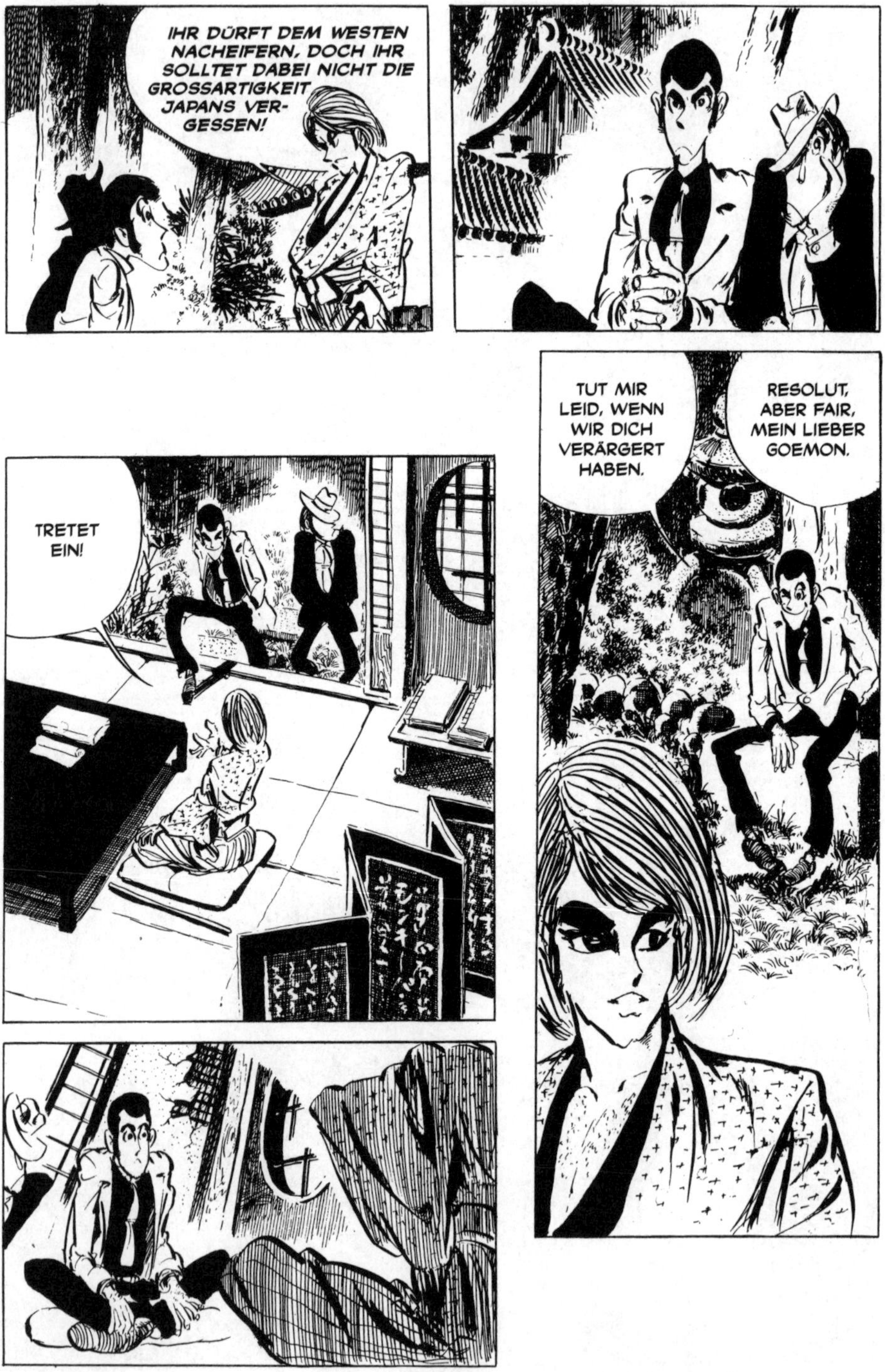
IHR DÜRFT DEM WESTEN NACHEIFERN, DOCH IHR SOLLTET DABEI NICHT DIE GROSSARTIGKEIT JAPANS VERGESSEN!
RESOLUT, ABER FAIR, MEIN LIEBER GOEMON.
TUT MIR LEID, WENN WIR DICH VERÄRGERT HABEN.
TRETET EIN!

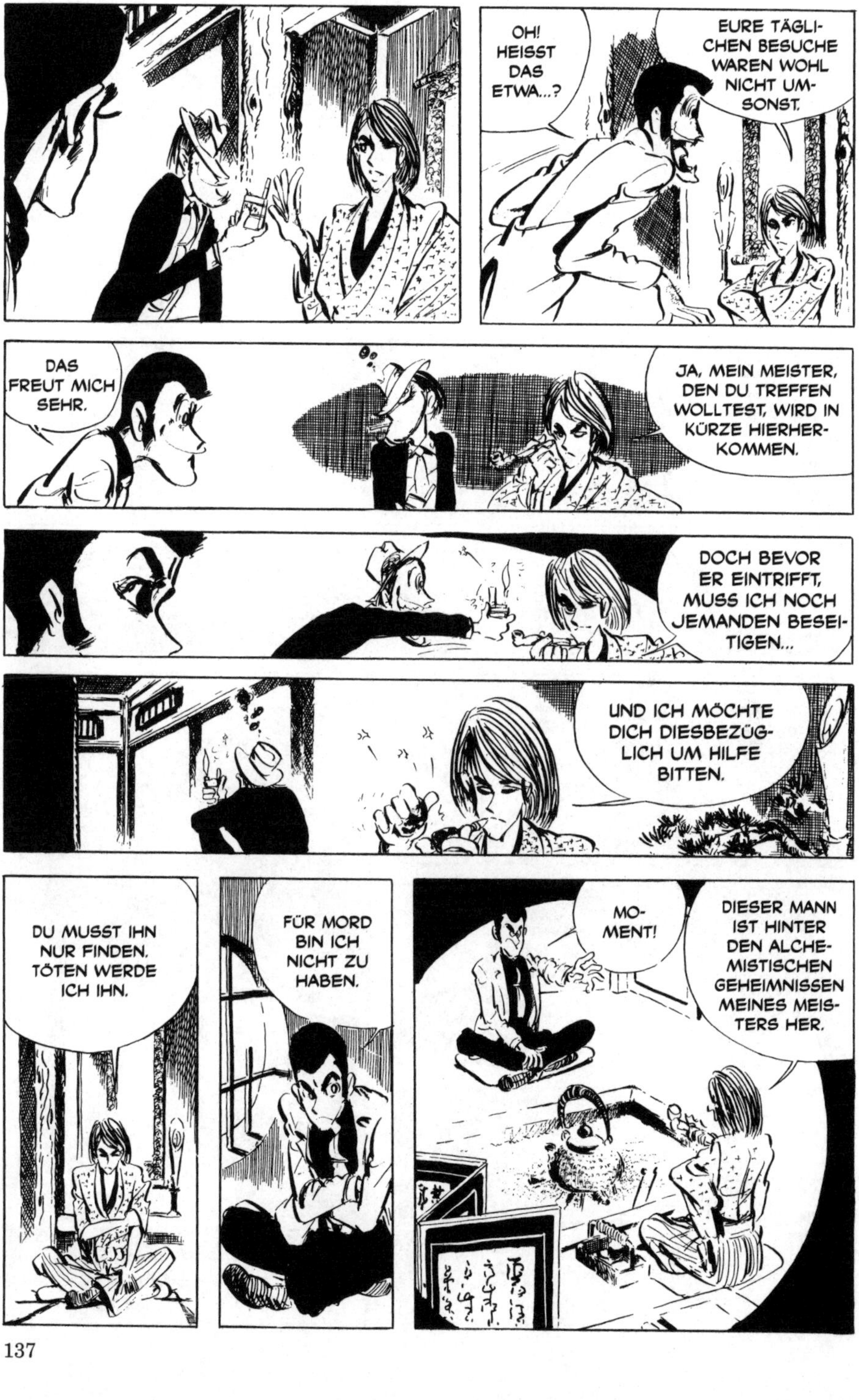
OH! HEISST DAS ETWA...?
EURE TÄGLICHEN BESUCHE WAREN WOHL NICHT UMSONST.
DAS FREUT MICH SEHR.
JA, MEIN MEISTER, DEN DU TREFFEN WOLLTEST, WIRD IN KÜRZE HIERHERKOMMEN.
DOCH BEVOR ER EINTRIFFT, MUSS ICH NOCH JEMANDEN BESEITIGEN...
UND ICH MÖCHTE DICH DIESBEZÜGLICH UM HILFE BITTEN.
DU MUSST IHN NUR FINDEN. TÖTEN WERDE ICH IHN.
FÜR MORD BIN ICH NICHT ZU HABEN.
MOMENT!
DIESER MANN IST HINTER DEN ALCHEMISTISCHEN GEHEIMNISSEN MEINES MEISTERS HER.

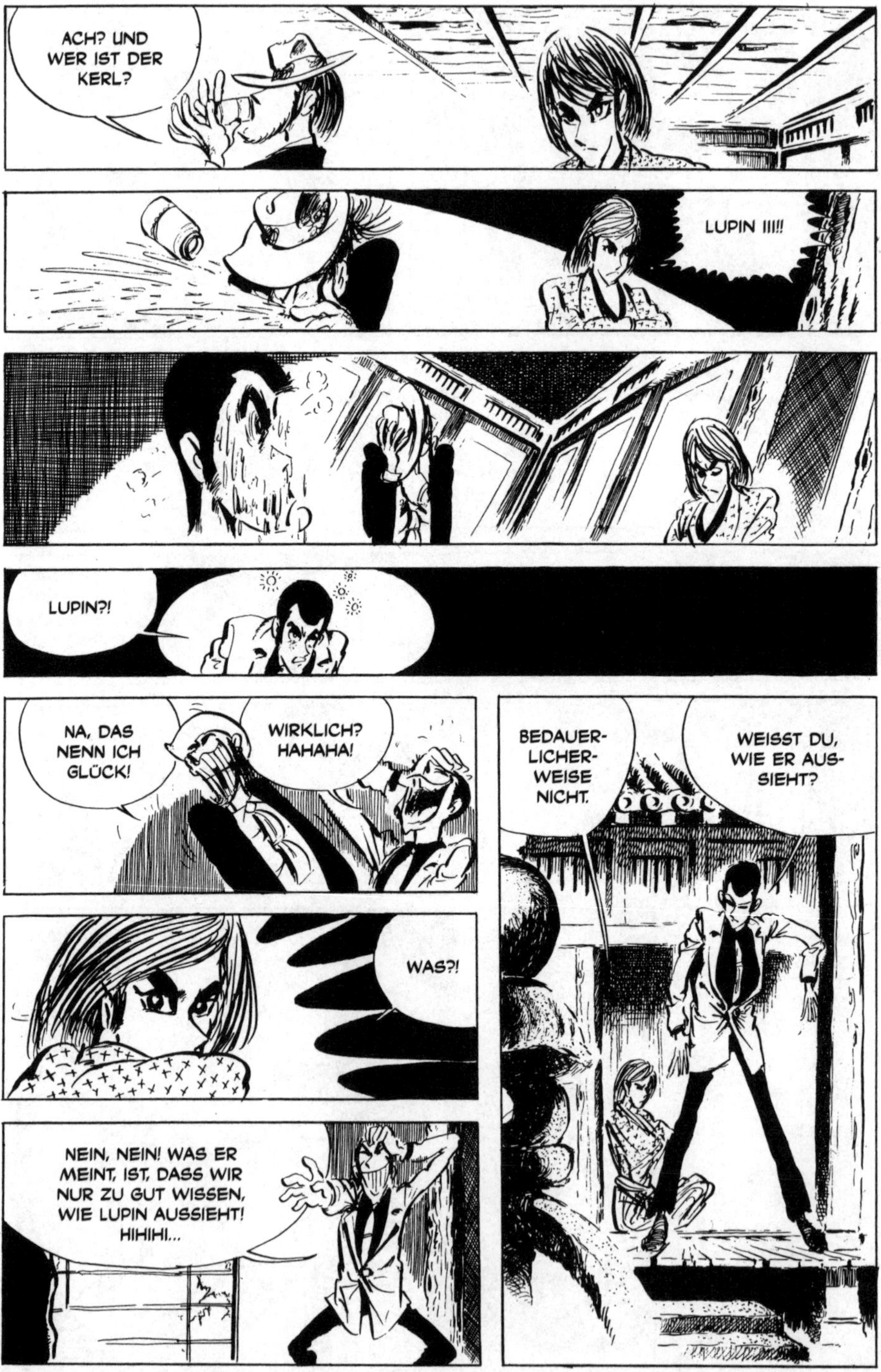
ACH? UND WER IST DER KERL?
LUPIN III!!
LUPIN?!
NA, DAS NENN ICH GLÜCK!
WIRKLICH? HAHAHA!
WEISST DU, WIE ER AUSSIEHT?
BEDAUERLICHERWEISE NICHT.
WAS?!
NEIN, NEIN! WAS ER MEINT, IST, DASS WIR NUR ZU GUT WISSEN, WIE LUPIN AUSSIEHT! HIHIHI...

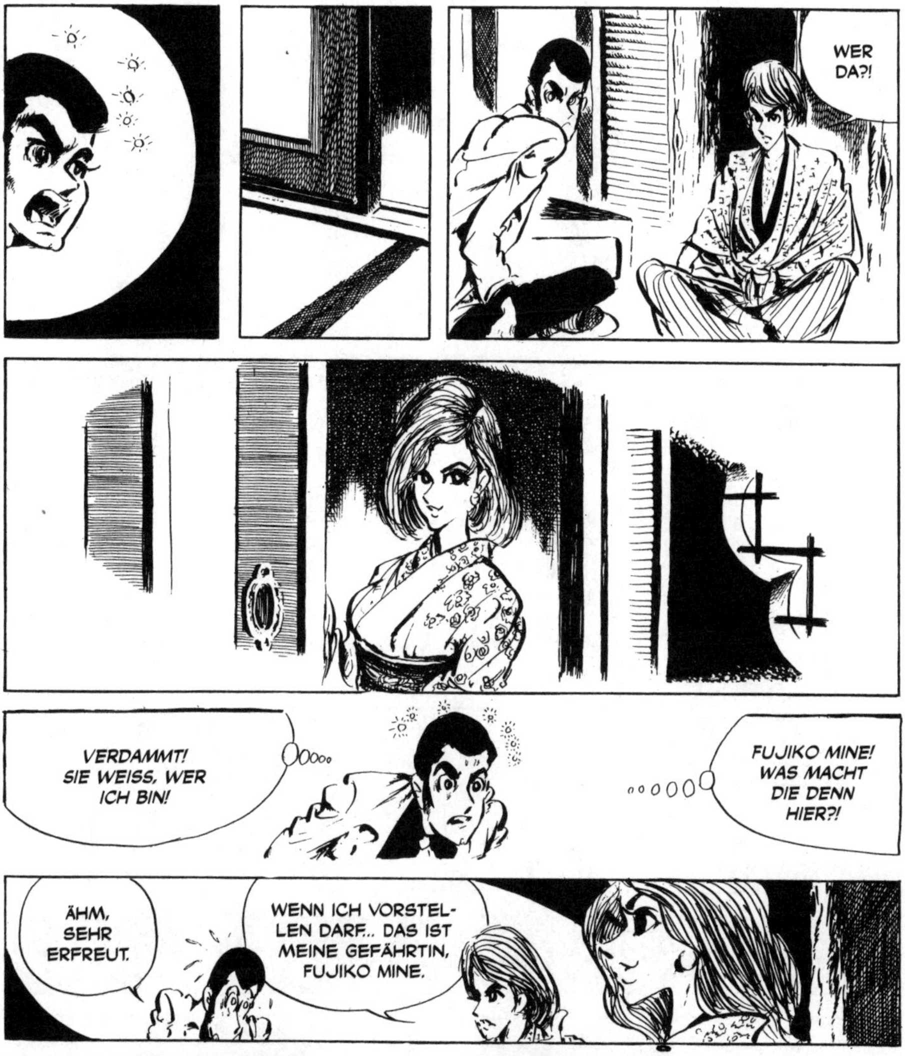
WER DA?!
VERDAMMT! SIE WEISS, WER ICH BIN!
FUJIKO MINE! WAS MACHT DIE DENN HIER?!
ÄHM, SEHR ERFREUT.
WENN ICH VORSTEL-LEN DARF... DAS IST MEINE GEFÄHRTIN, FUJIKO MINE.
IHNEN IST GERADE EINE SPIN-NE IN DEN ÄRMEL GE-KRABBELT!
?
AAH! PASSEN SIE AUF!
OH, WENN DAS MAL NICHT LU...

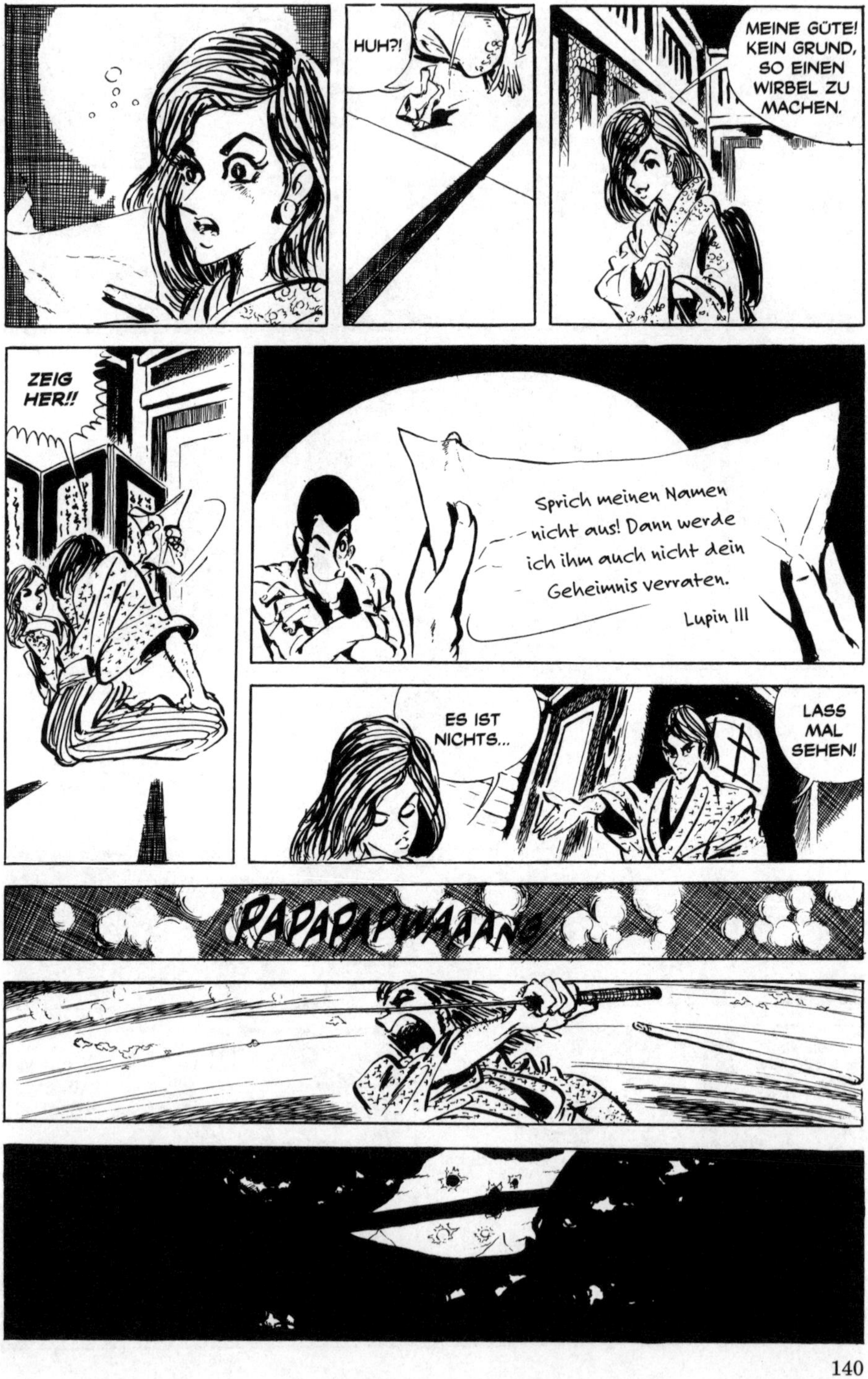
HUH?!
MEINE GÜTE! KEIN GRUND, SO EINEN WIRBEL ZU MACHEN.
ZEIG HER!!
Sprich meinen Namen nicht aus! Dann werde ich ihm auch nicht dein Geheimnis verraten.
Lupin III
ES IST NICHTS...
LASS MAL SEHEN!
PAPAPAPWAAANG

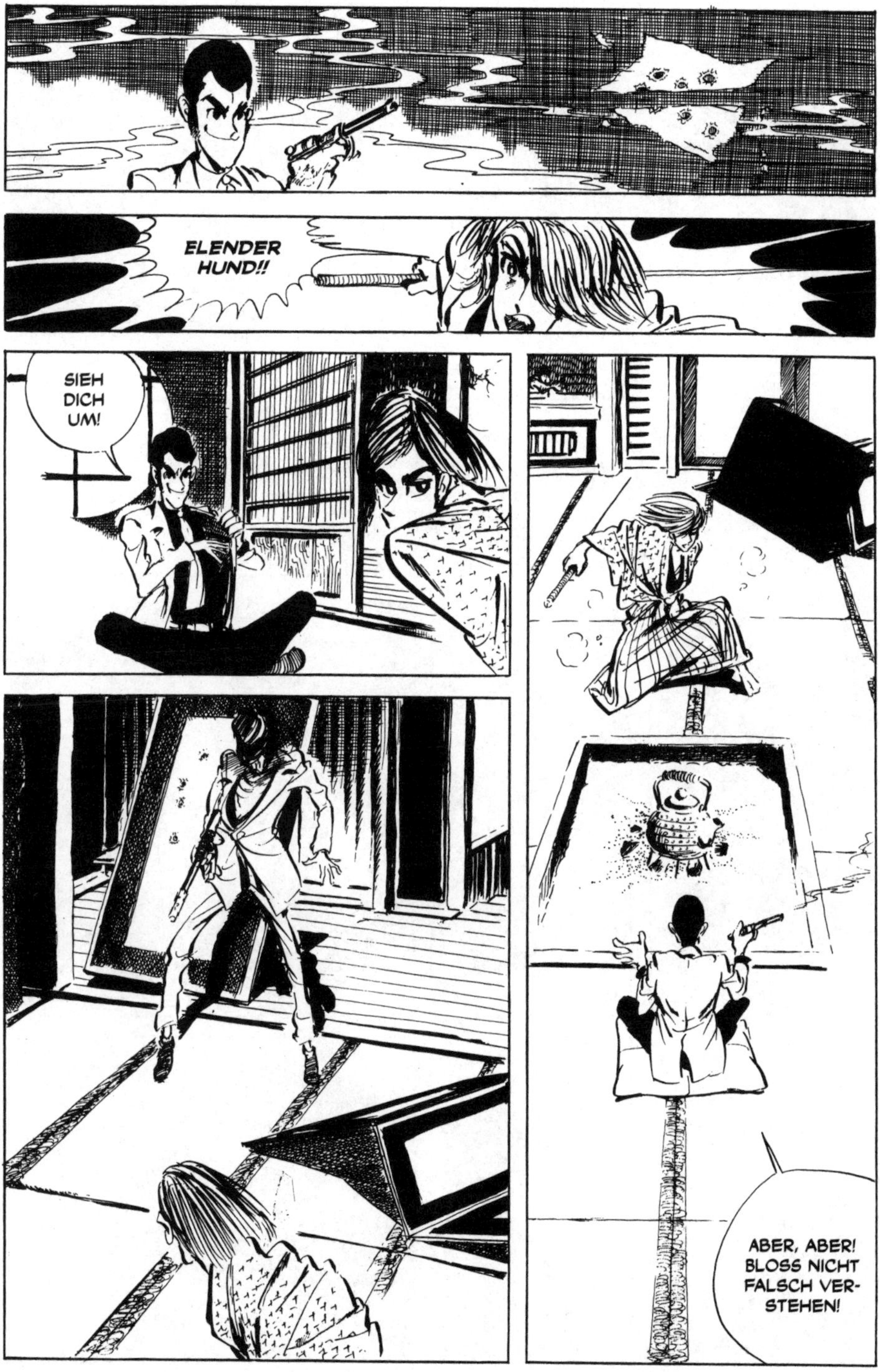
ELENDER HUND!!
SIEH DICH UM!
ABER, ABER! BLOSS NICHT FALSCH VERSTEHEN!

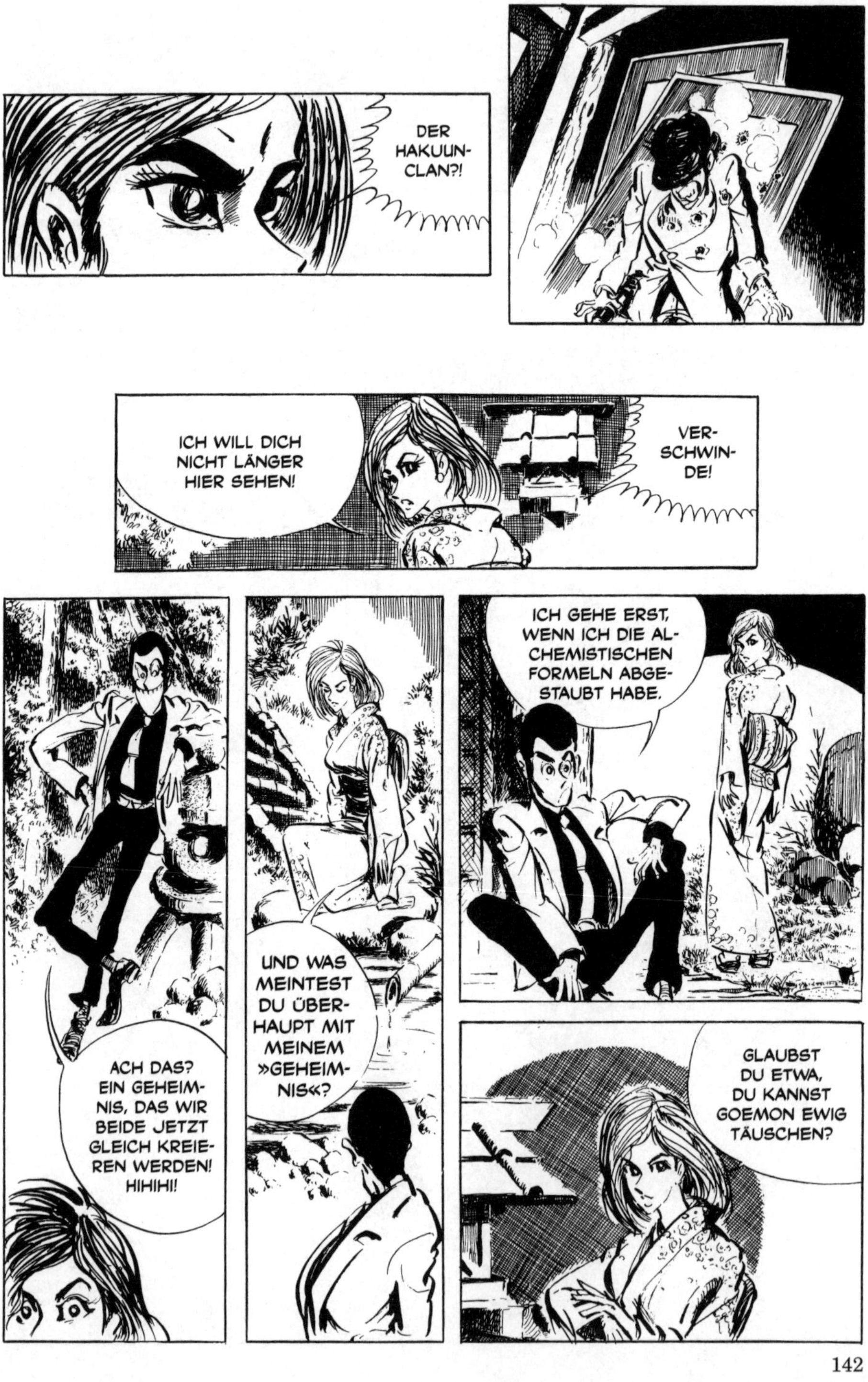
DER HAKUUN-CLAN?!
ICH WILL DICH NICHT LÄNGER HIER SEHEN!
VER-SCHWIN-DE!
ICH GEHE ERST, WENN ICH DIE AL-CHEMISTISCHEN FORMELN ABGE-STAUBT HABE.
UND WAS MEINTEST DU ÜBER-HAUPT MIT MEINEM »GEHEIM-NIS«?
ACH DAS? EIN GEHEIM-NIS, DAS WIR BEIDE JETZT GLEICH KREIE-REN WERDEN! HIHIHI!
GLAUBST DU ETWA, DU KANNST GOEMON EWIG TÄUSCHEN?

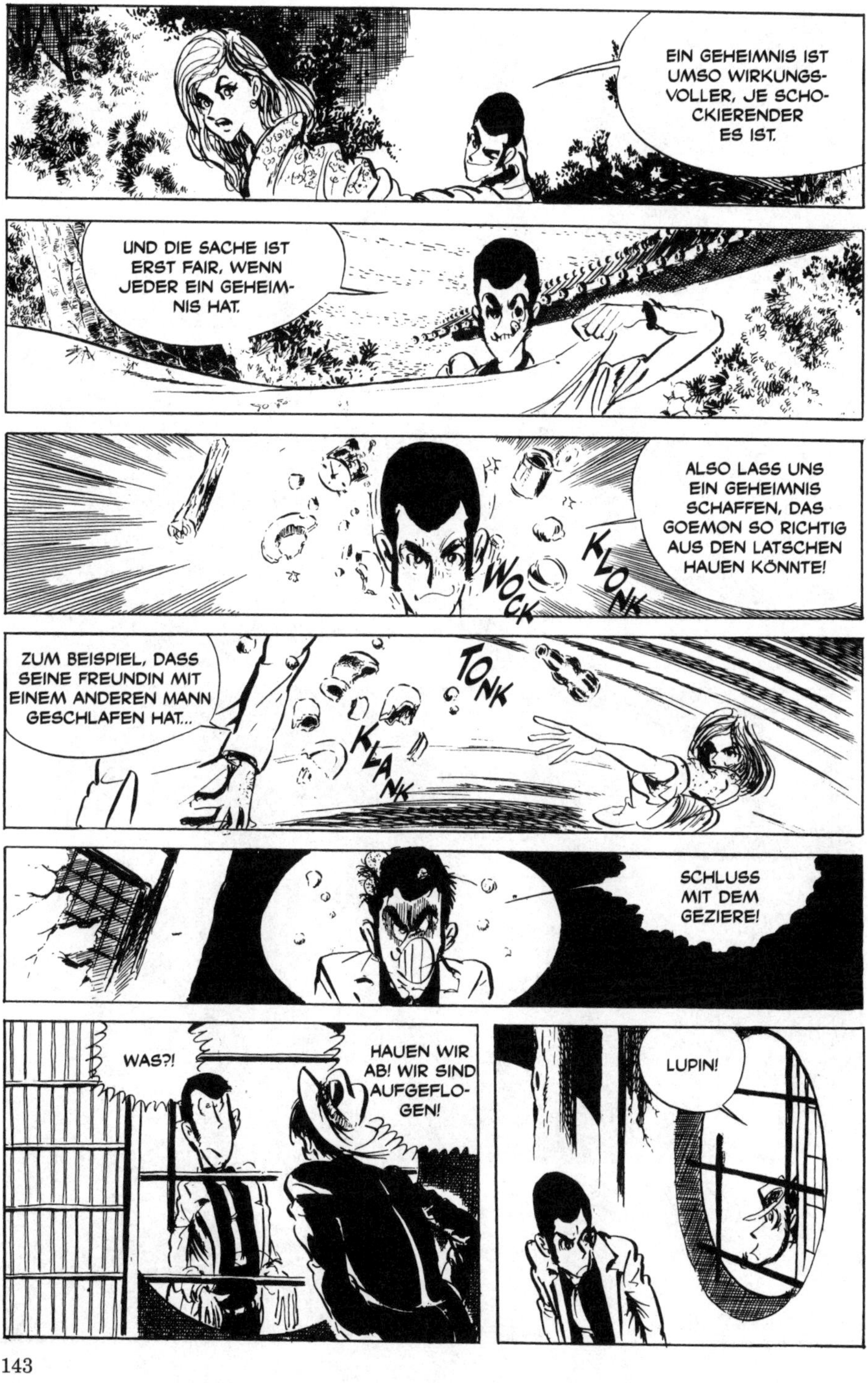

EIN GEHEIMNIS IST UMSO WIRKUNGSVOLLER, JE SCHOCKIERENDER ES IST.
UND DIE SACHE IST ERST FAIR, WENN JEDER EIN GEHEIMNIS HAT.
ALSO LASS UNS EIN GEHEIMNIS SCHAFFEN, DAS GOEMON SO RICHTIG AUS DEN LATSCHEN HAUEN KÖNNTE!
KLONK
WOCK
TONK
ZUM BEISPIEL, DASS SEINE FREUNDIN MIT EINEM ANDEREN MANN GESCHLAFEN HAT...
KLANK
SCHLUSS MIT DEM GEZIERE!
LUPIN!
HAUEN WIR AB! WIR SIND AUFGEFLOGEN!
WAS?!

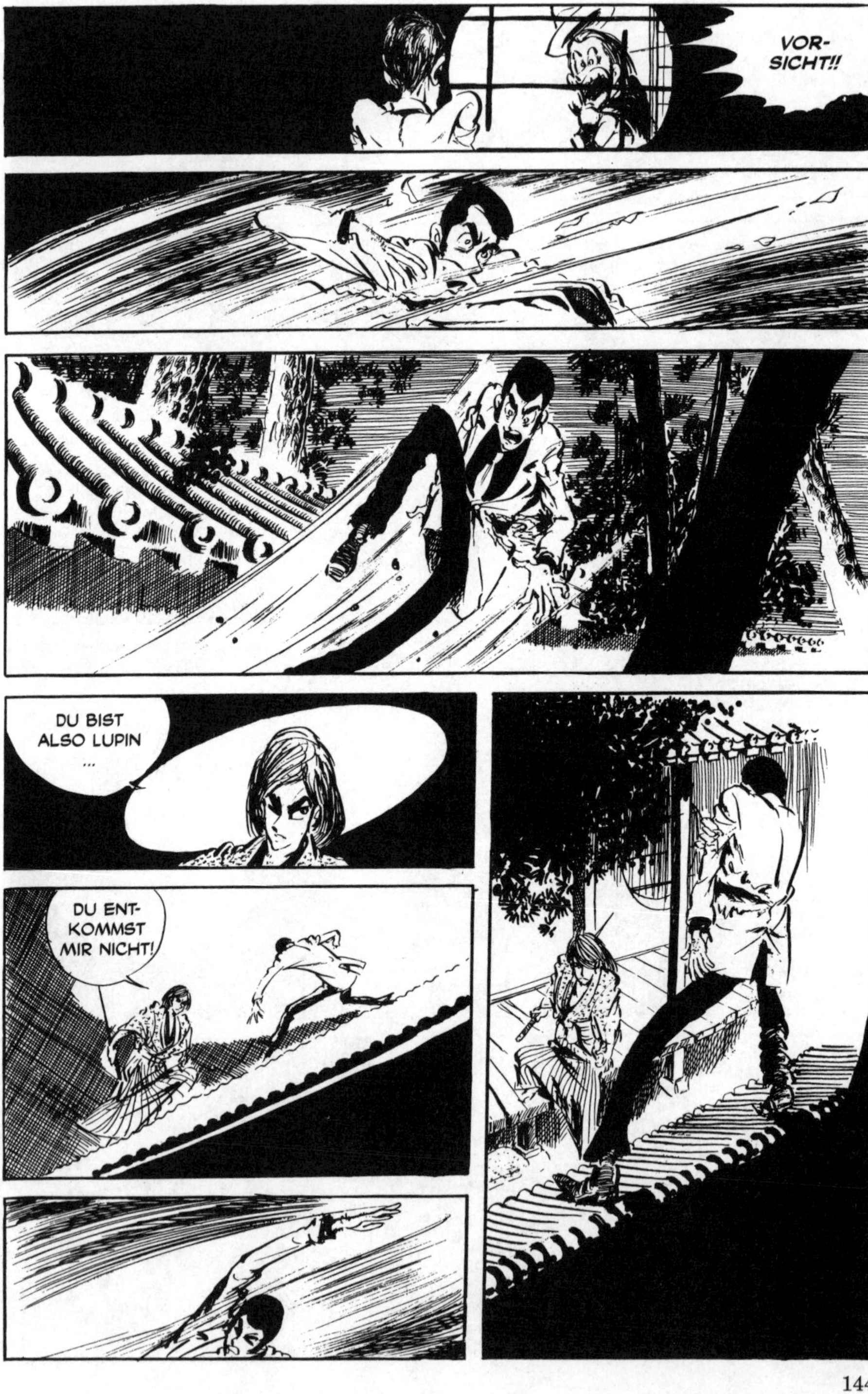
VOR-
SICHT!!
DU BIST
ALSO LUPIN
...
DU ENT-
KOMMST
MIR NICHT!

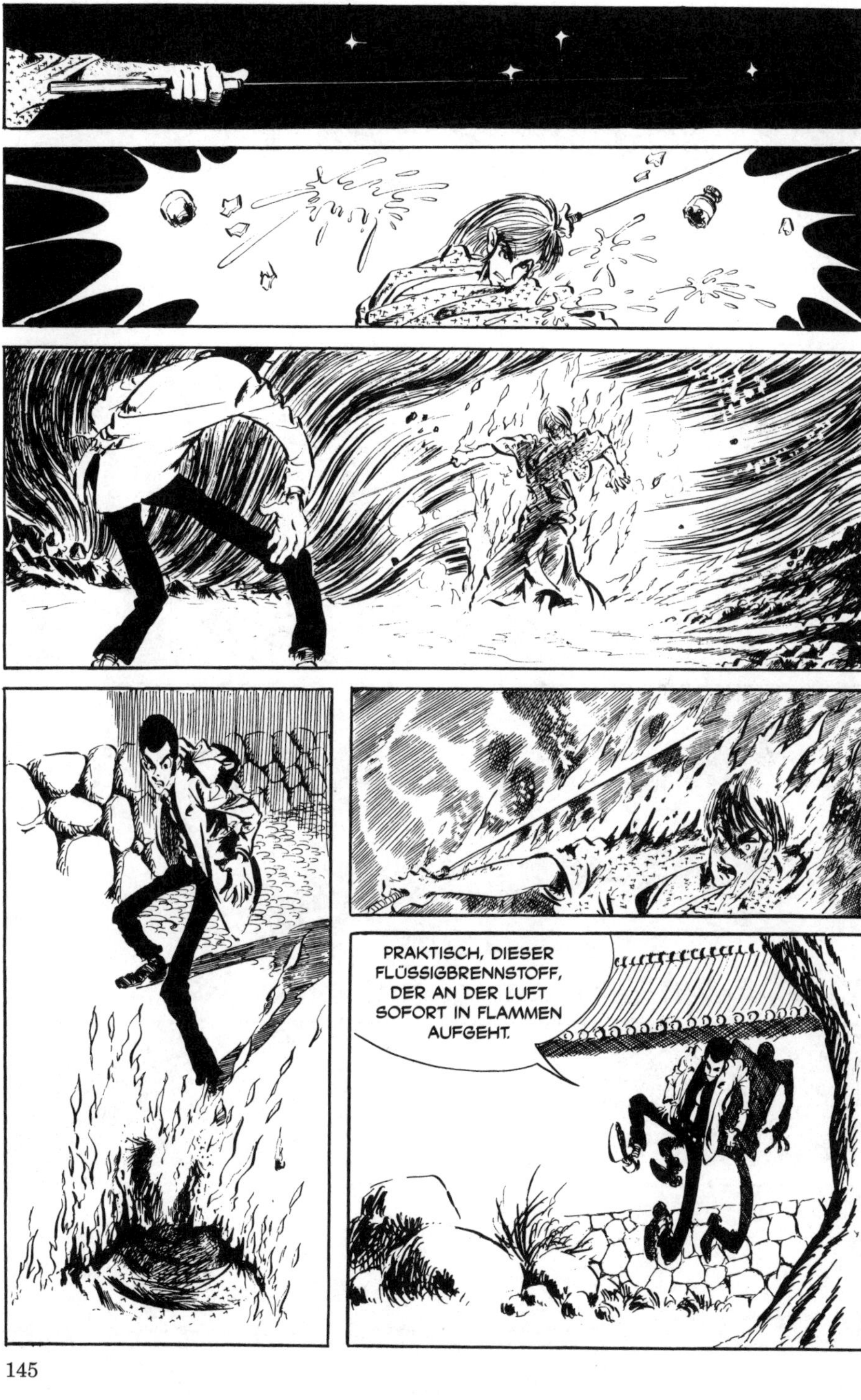
PRAKTISCH, DIESER FLÜSSIGBRENNSTOFF, DER AN DER LUFT SOFORT IN FLAMMEN AUFGEHT.

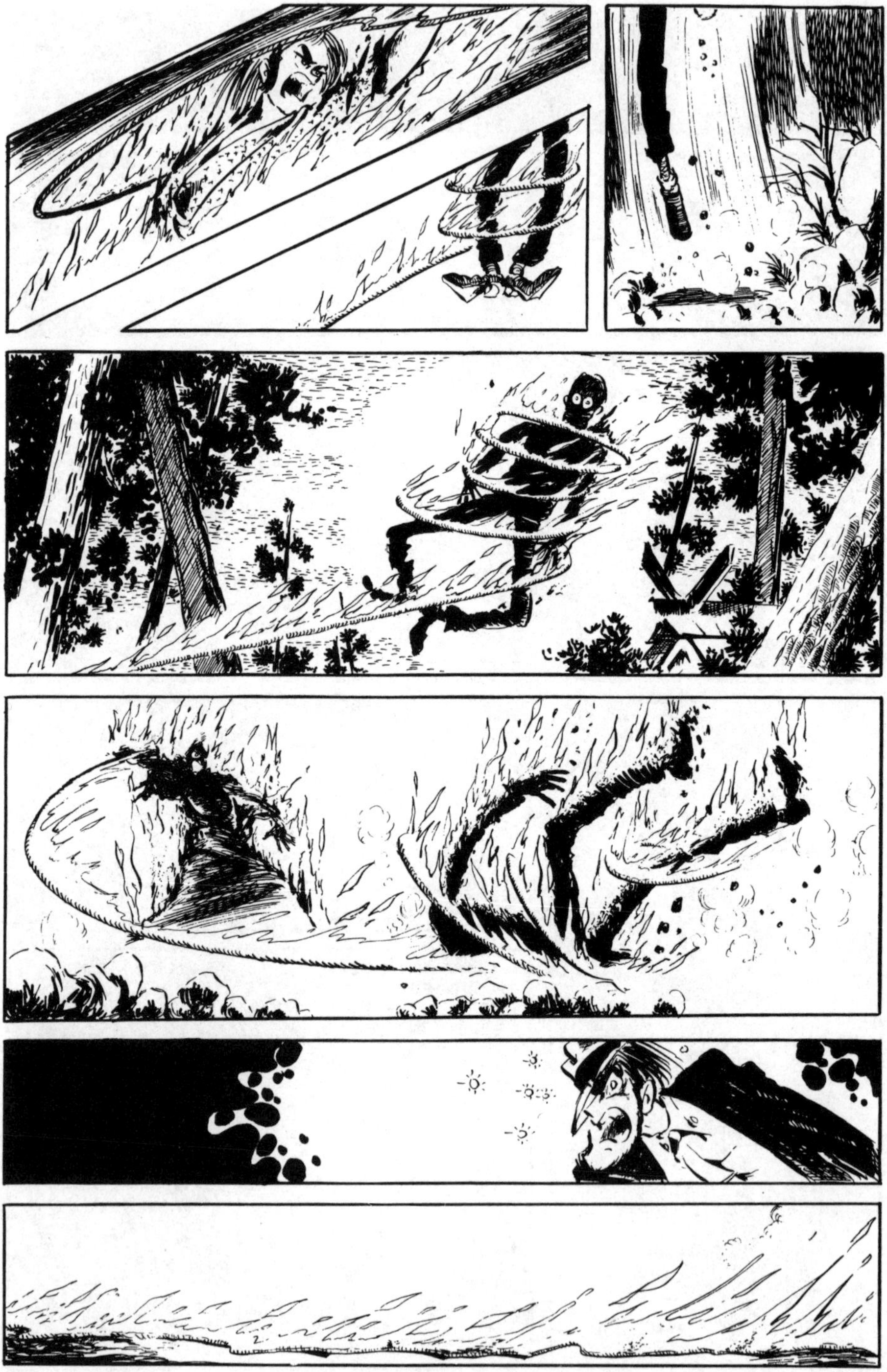

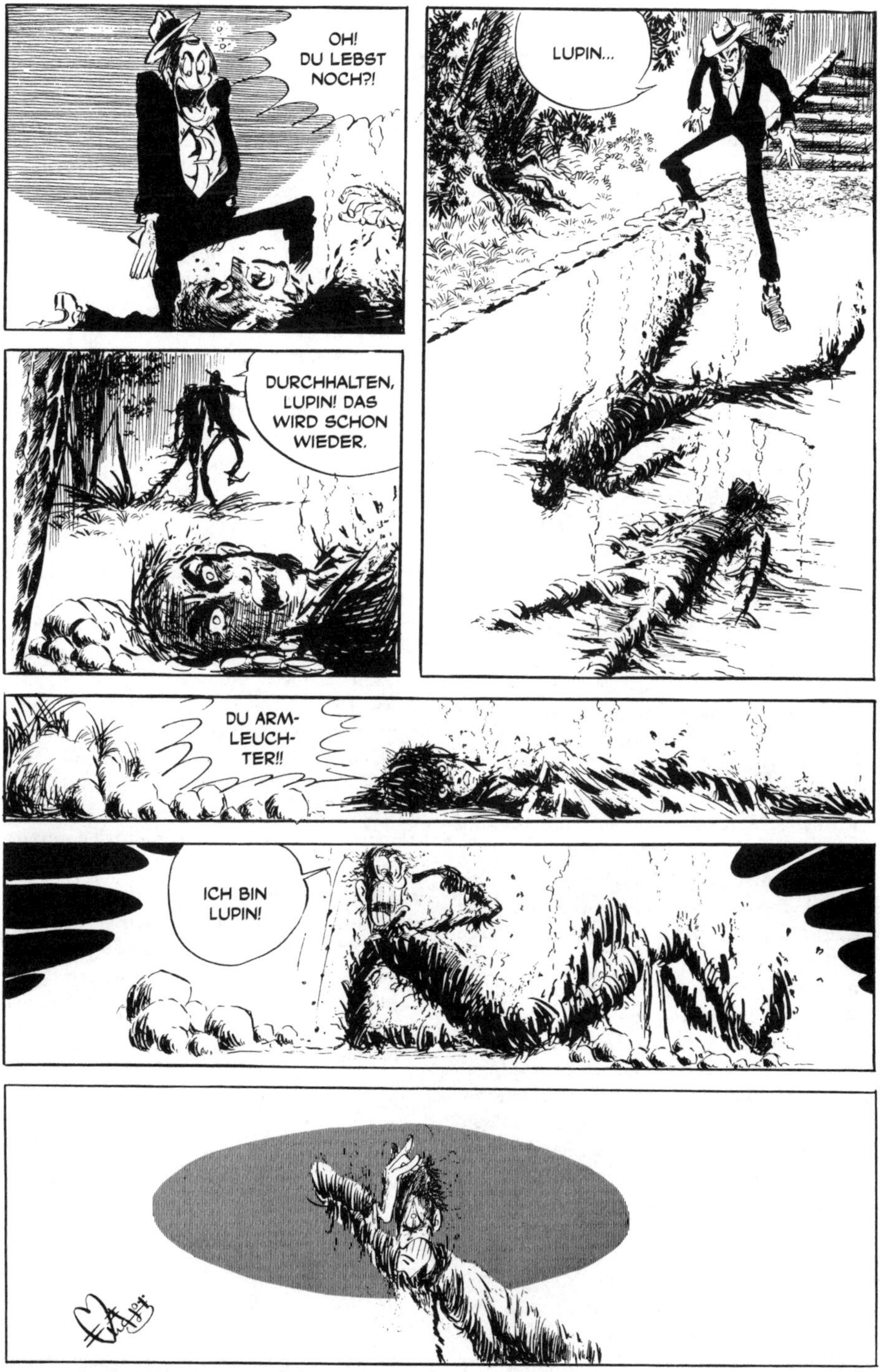

GOEMON BETRITT DIE SZENE – ENDE

AN MEISTER MONKEY PUNCH

Sehr geehrter Monkey-sensei,

bitte entschuldigen Sie, dass ich mich so lange nicht mehr bei Ihnen gemeldet habe. Ich bin es, Endo vom Verlagshaus Futabasha.

Mir wurde die große Ehre zuteil, Geschichten aus Ihren Werken *Rupan Sansei* (»Lupin III«, 1967-1969) und *Shin Rupan Sansei* (»Neues von Lupin III«, 1977-1981) für den vorliegenden Band mit dem Titel »Lupin III - Anthology« auswählen zu dürfen. Dies war eine Aufgabe, an die ich als Manga-Redakteur hoch motiviert, aber auch sehr nervös herangegangen bin.

Da ich aber weiß, was für ein gütiger und freundlicher Mensch Sie waren, bin ich mir sicher, dass Sie meine dilettantische Arbeit mit Ihrem üblichen Lächeln betrachtet und mir dafür vergeb en hätten. Ich habe zumindest mein Bestes versucht, Ihren Werken gerecht zu werden.

Nachdem ich Ihre beiden Meisterwerke und Sammlungen wahrer Juwelen, *Rupan Sansei* und *Shin Rupan Sansei*, erneut gelesen hatte, sah ich mich mit einem schrecklichen Dilemma konfrontiert.

Wie in aller Welt sollte ich bloß eine Auswahl aus all diesen Geschichten treffen?

Am Ende entschloss ich mich dazu, mehrere Themen festzulegen und jene Geschichten auszuwählen, die diesen Themen am meisten entsprechen würden.

Mein erster Gedanke war, dass auch all jene, denen Lupin III noch unbekannt ist, ihren Spaß haben sollten. Lupin III ist eine Figur mit Kultstatus und auch über Japans Grenzen hinaus auf der ganzen Welt bekannt. Doch besonders unter jungen Leuten dürfte es viele geben, die noch nie eines Ihrer Manga-Werke gelesen haben. Dieser Band soll ihnen daher die Möglichkeit bieten, einen Lupin zu erleben, wie sie ihn bisher noch nicht kannten. Dieser Gedanke war auch der Grund, weshalb ich mir erlaubt habe, das erste Kapitel aus *Shin Rupan Sansei* mit dem Titel »Das große Wiedersehen der Lupin-Bande«, in dem sich alle Hauptfiguren zum ersten Mal nach längerer Zeit wiedersehen, an den Beginn dieser Anthologie zu stellen.

Als nächstes wollte ich all die umwerfenden Figuren vorstellen, die Sie erschaffen haben, darunter selbstverständlich Daisuke Jigen, Goemon Ishikawa, Fujiko Mine, Kommissar Zenigata, aber auch Baijiu, Lupin Junior, Kriminaler Melon… Allesamt starke Figuren mit einzigartigem Charakter. Eigentlich hätte ich noch gerne weitere Figuren wie Sherdock, Jukkan der Tausendsassa, Inspector Starmow oder die Secret Seven mitaufgenommen. Doch leider stand mir nur eine begrenzte Anzahl von Seiten zur Verfügung.

Zum Dritten und Letzten wollte ich einen Einblick in die vielen großartigen Ideen geben, an denen Sie Woche für Woche mit viel Herzblut gearbeitet hatten. Der Reiz von *Rupan Sansei* lag nicht nur in seinen Figuren, sondern vor allem in den Tricks, unerwarteten Wendungen und pfiffigen Pointen, die sich über alle Kapitel hinweg verstreut finden. Dementsprechend war es mein Ziel, Geschichten auszuwählen, in denen all diese Dinge am besten zur Geltung kommen. Doch zu meinem Leidwesen musste ich auch hier Abstriche machen.

Ich hege die große Hoffnung, dass dieser Auswahlband all jene, denen er gefällt, dazu anregt, auch *Rupan Sansei* und *Shin Rupan Sansei* in ihrer Gesamtheit zu lesen. Unglücklicherweise werden wir von Ihnen keine neuen Geschichten mehr zu lesen bekommen, doch die Werke, die Sie uns hinterlassen haben, werden uns für immer begleiten und uns auch in Zukunft noch Vergnügen bereiten.

Zum Abschluss, lieber Monkey-sensei, möchte ich mich noch herzlichst bedanken, dass ich Teil Ihrer Arbeit sein durfte. Es hat mir großen Spaß gemacht.

Ryuichi Endo

Ihr letzter verantwortlicher
Redakteur im Verlagshaus Futabasha
Ryuichi Ende

TODESDUELL! FUJIKO GEGEN LUPIN JUNIOR

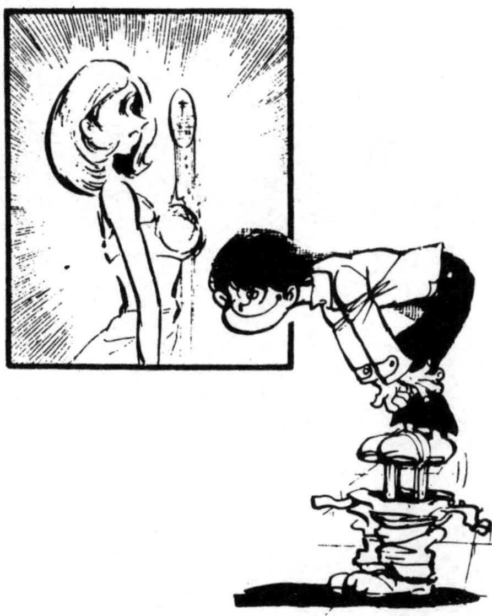

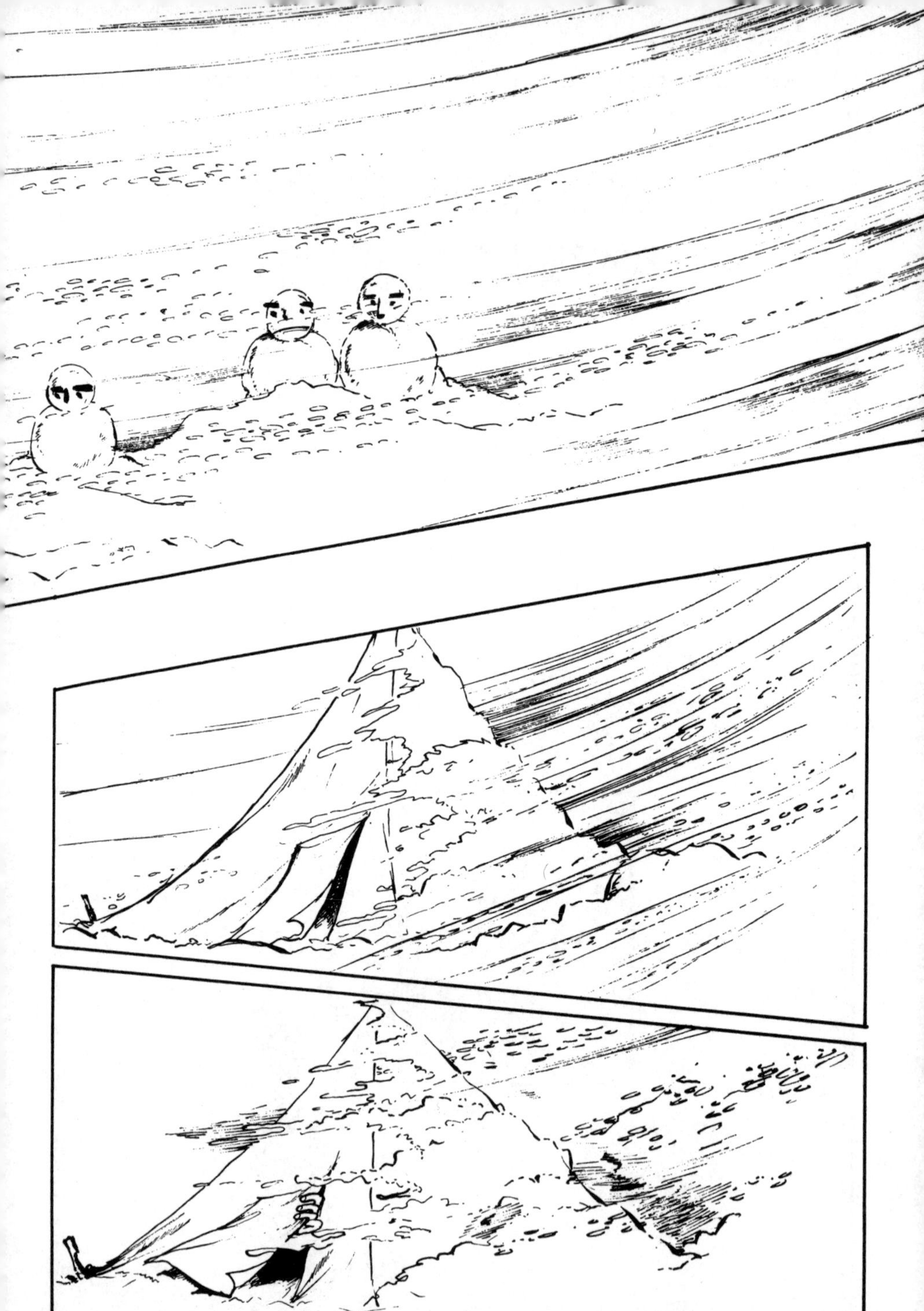

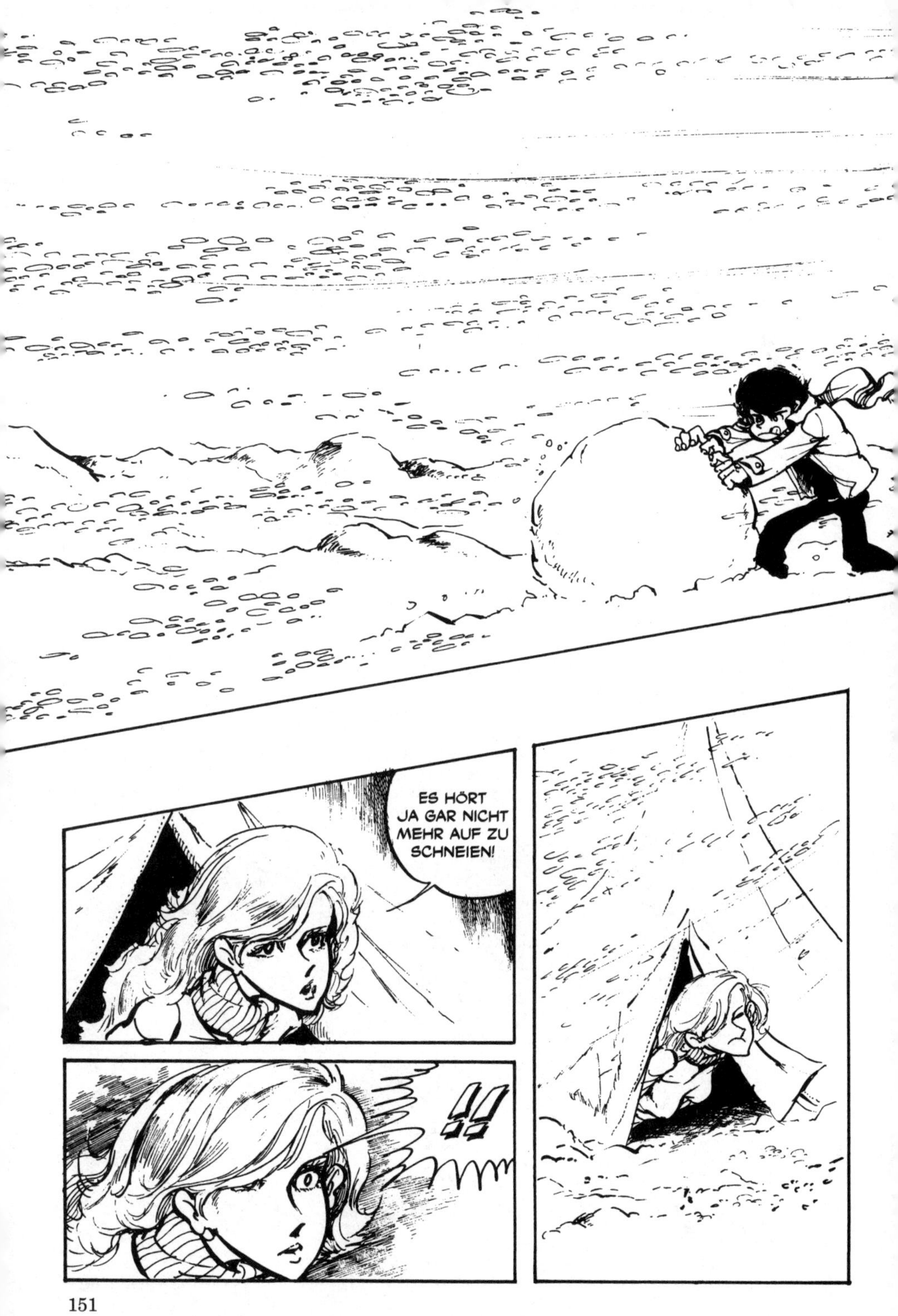
ES HÖRT JA GAR NICHT MEHR AUF ZU SCHNEIEN!
!!

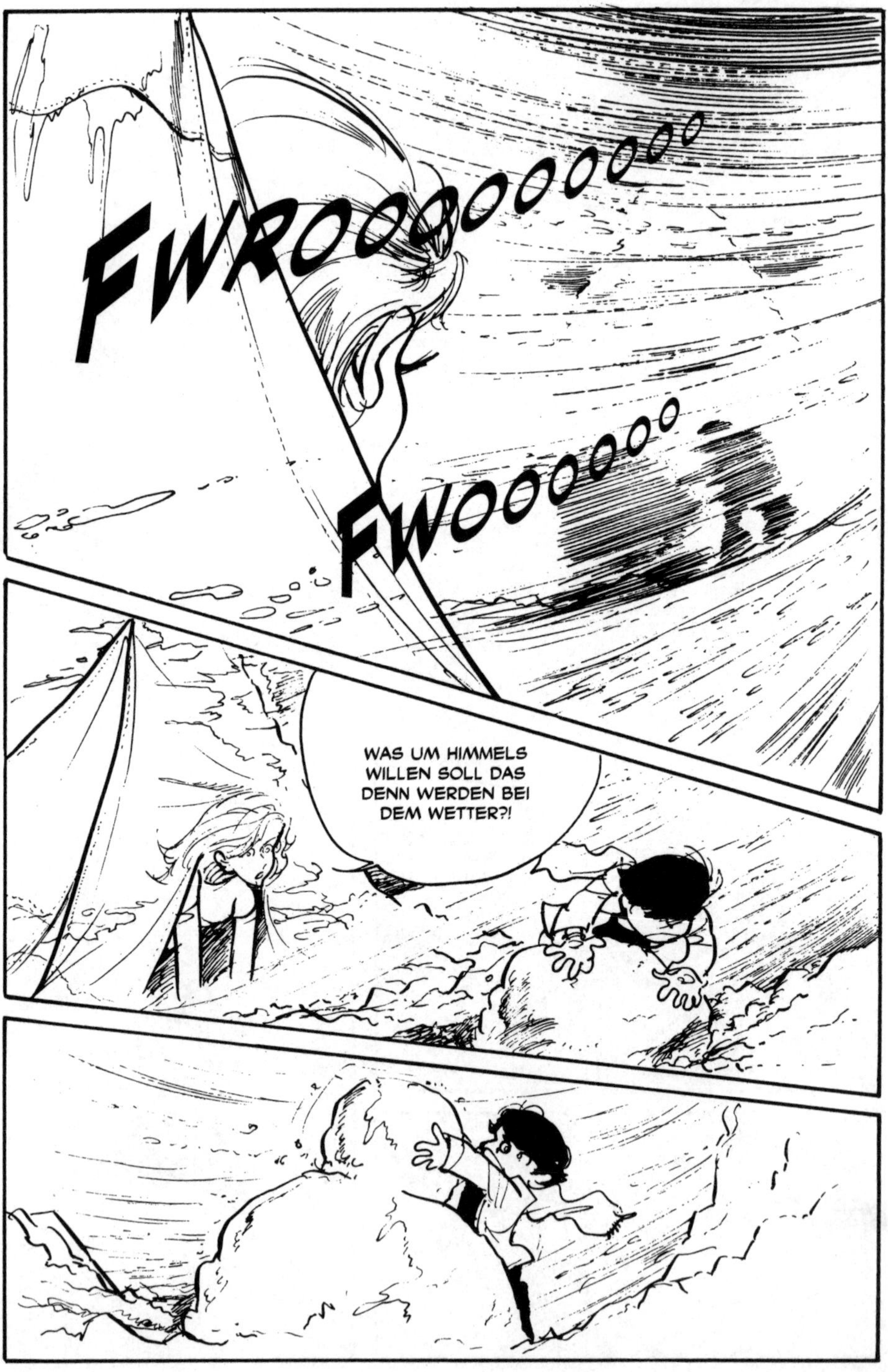
FWROOOOOOOOO
FWOOOOOO
WAS UM HIMMELS WILLEN SOLL DAS DENN WERDEN BEI DEM WETTER?!

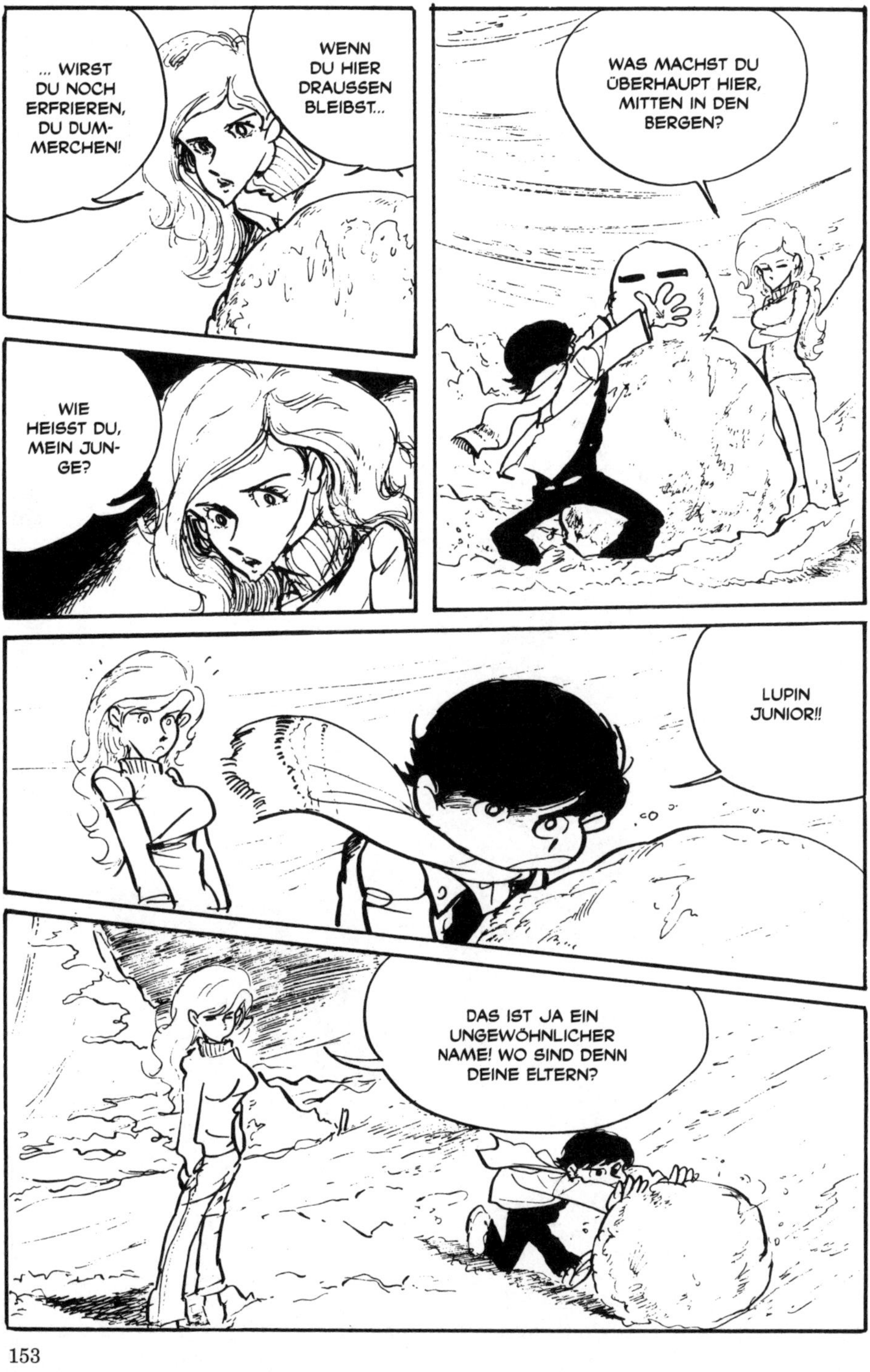
WAS MACHST DU ÜBERHAUPT HIER, MITTEN IN DEN BERGEN?
WENN DU HIER DRAUSSEN BLEIBST...
... WIRST DU NOCH ERFRIEREN, DU DUM-MERCHEN!
WIE HEISST DU, MEIN JUN-GE?
LUPIN JUNIOR!!
DAS IST JA EIN UNGEWÖHNLICHER NAME! WO SIND DENN DEINE ELTERN?

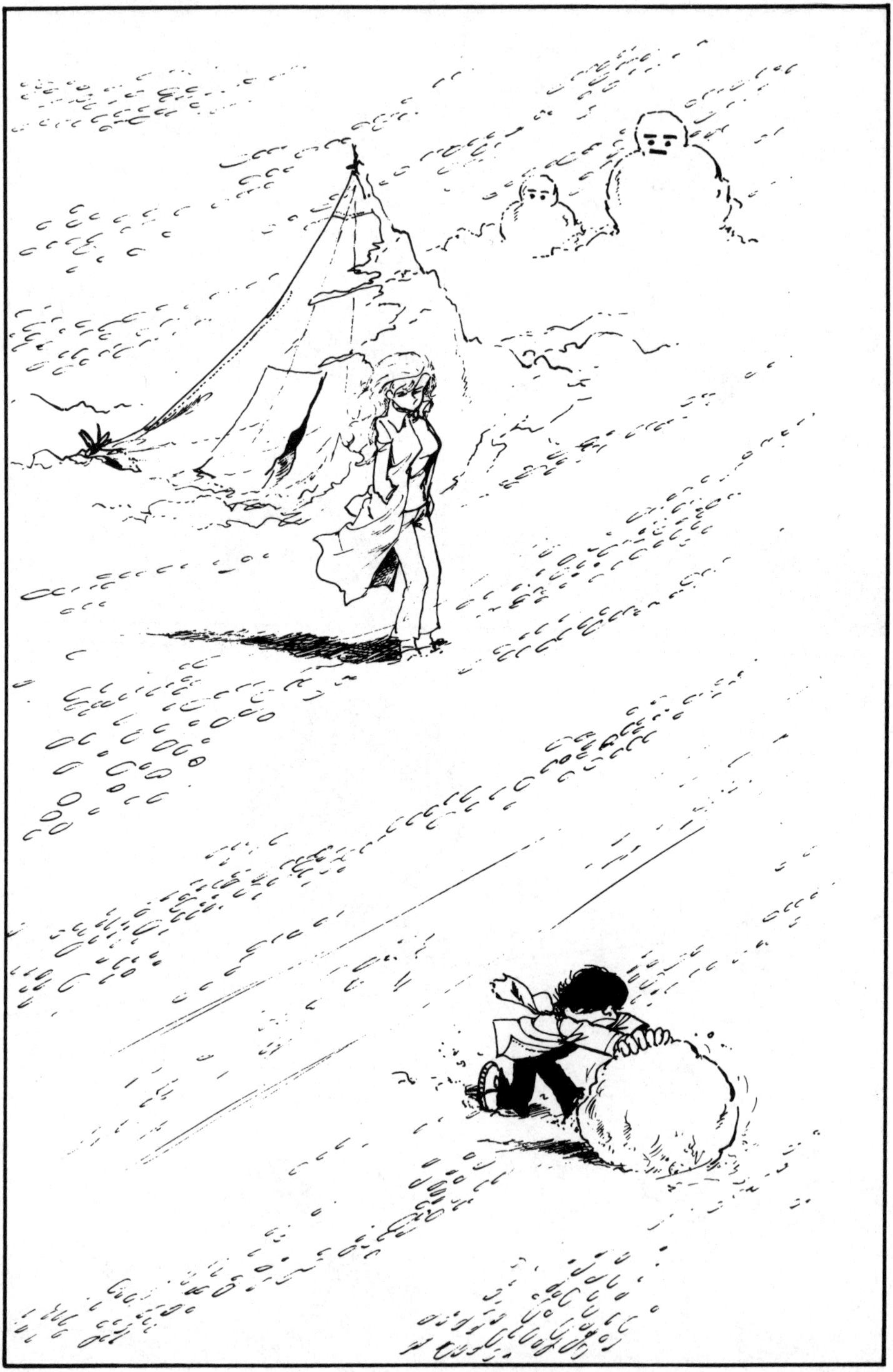

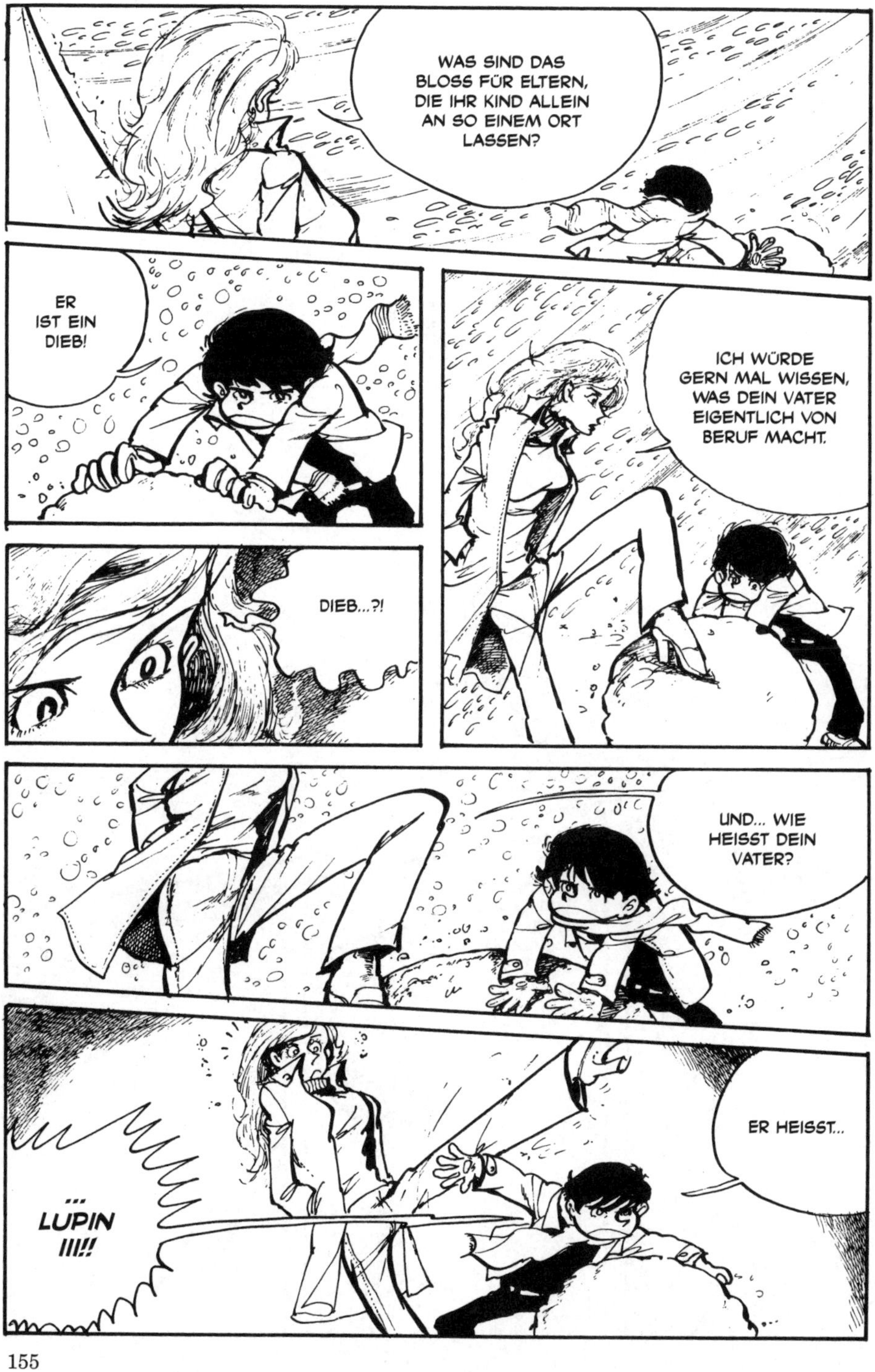
WAS SIND DAS BLOSS FÜR ELTERN, DIE IHR KIND ALLEIN AN SO EINEM ORT LASSEN?
ICH WÜRDE GERN MAL WISSEN, WAS DEIN VATER EIGENTLICH VON BERUF MACHT.
ER IST EIN DIEB!
DIEB...?!
UND... WIE HEISST DEIN VATER?
ER HEISST...
... LUPIN III!!

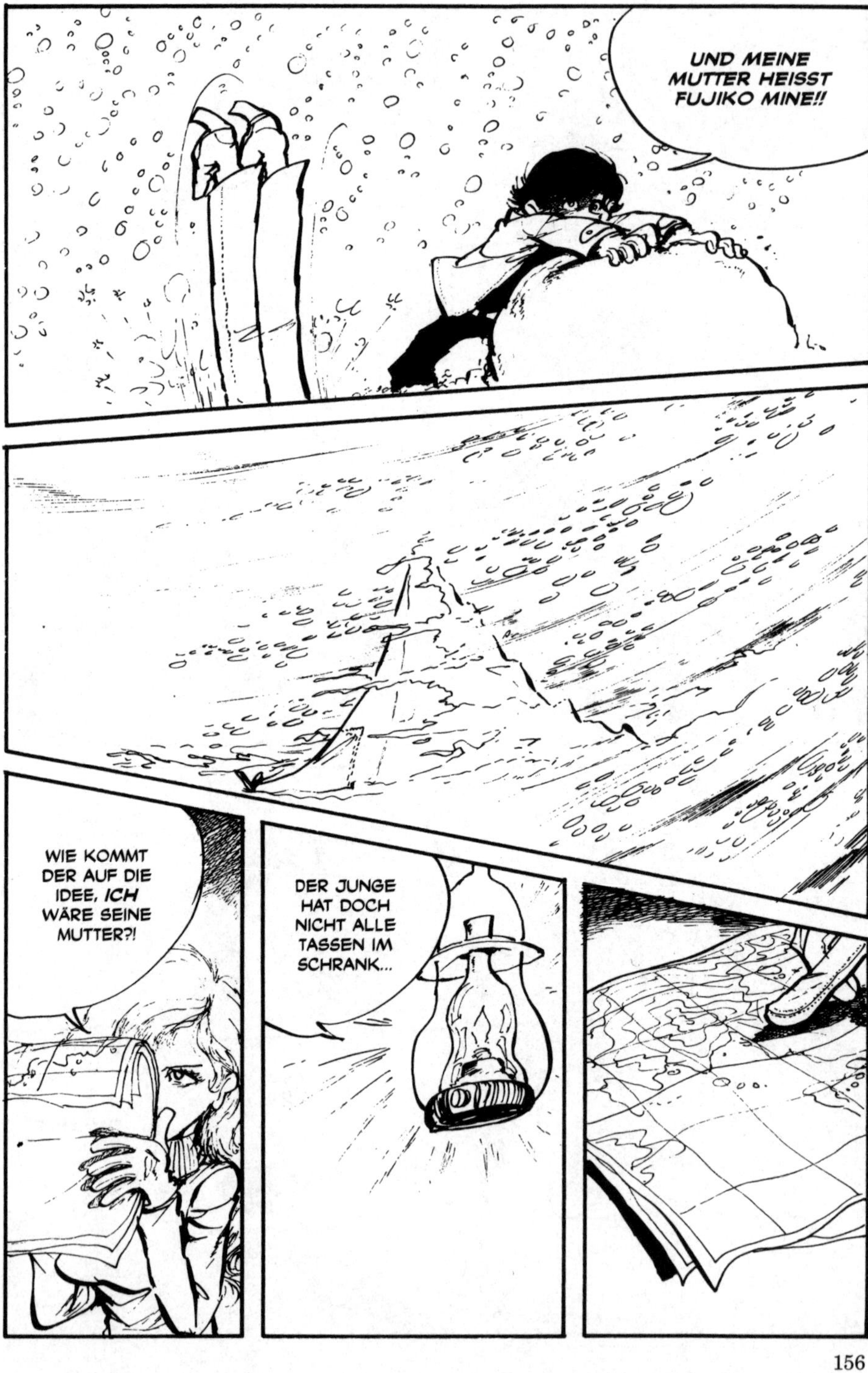
UND MEINE MUTTER HEISST FUJIKO MINE!!
WIE KOMMT DER AUF DIE IDEE, *ICH* WÄRE SEINE MUTTER?!
DER JUNGE HAT DOCH NICHT ALLE TASSEN IM SCHRANK...

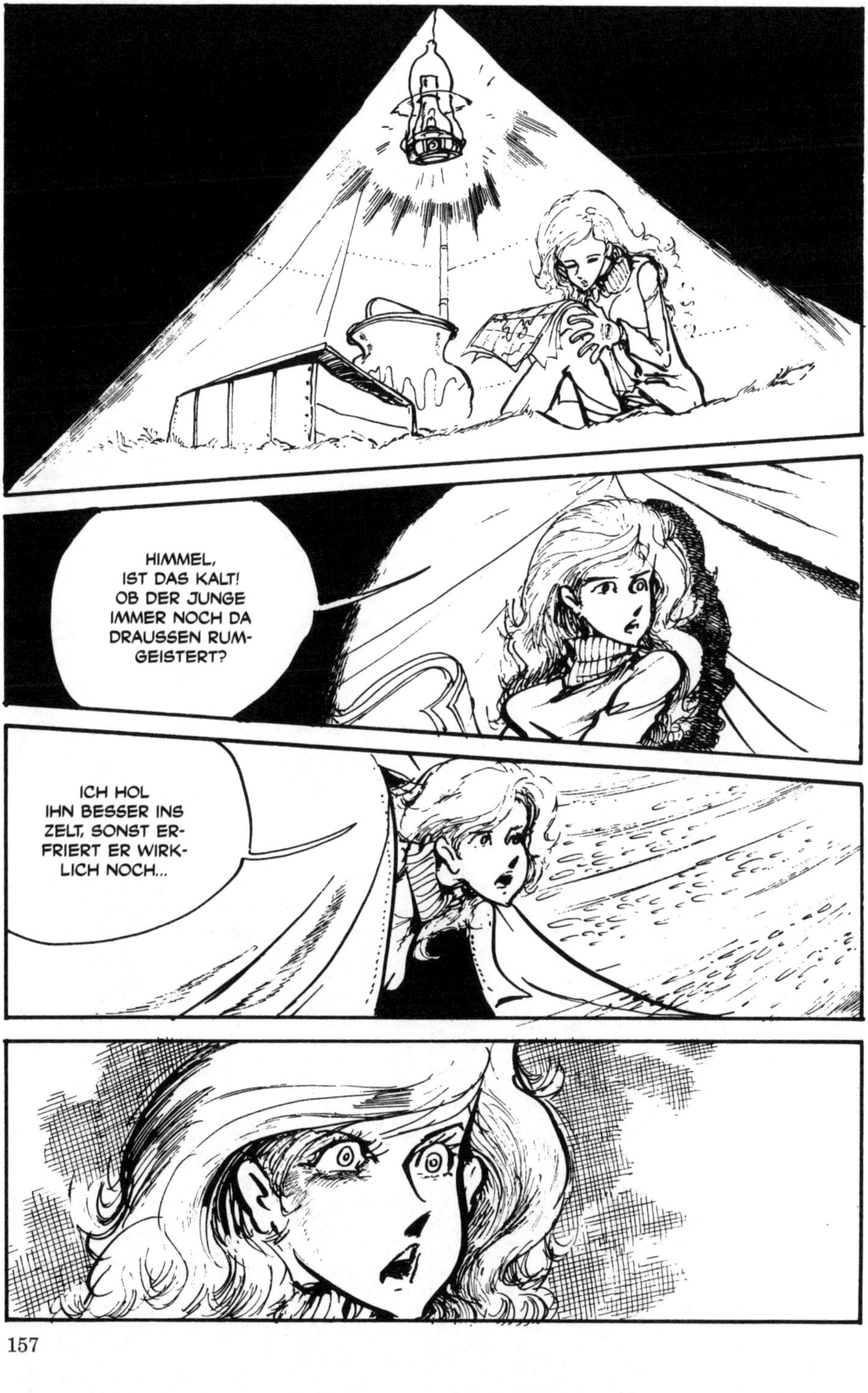
HIMMEL, IST DAS KALT! OB DER JUNGE IMMER NOCH DA DRAUSSEN RUM-GEISTERT?
ICH HOL IHN BESSER INS ZELT, SONST ER-FRIERT ER WIRK-LICH NOCH...

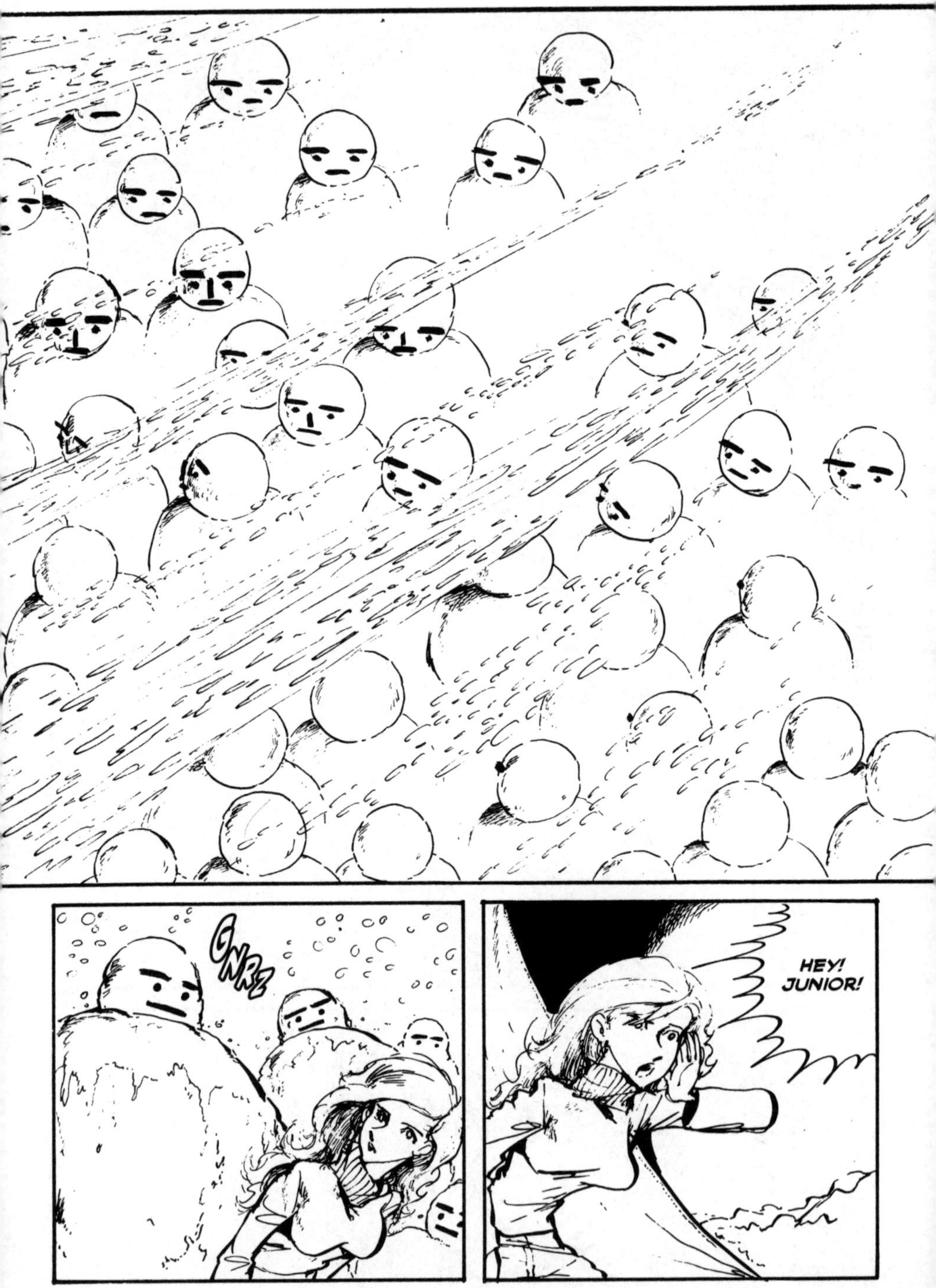
GNRZ
HEY! JUNIOR!

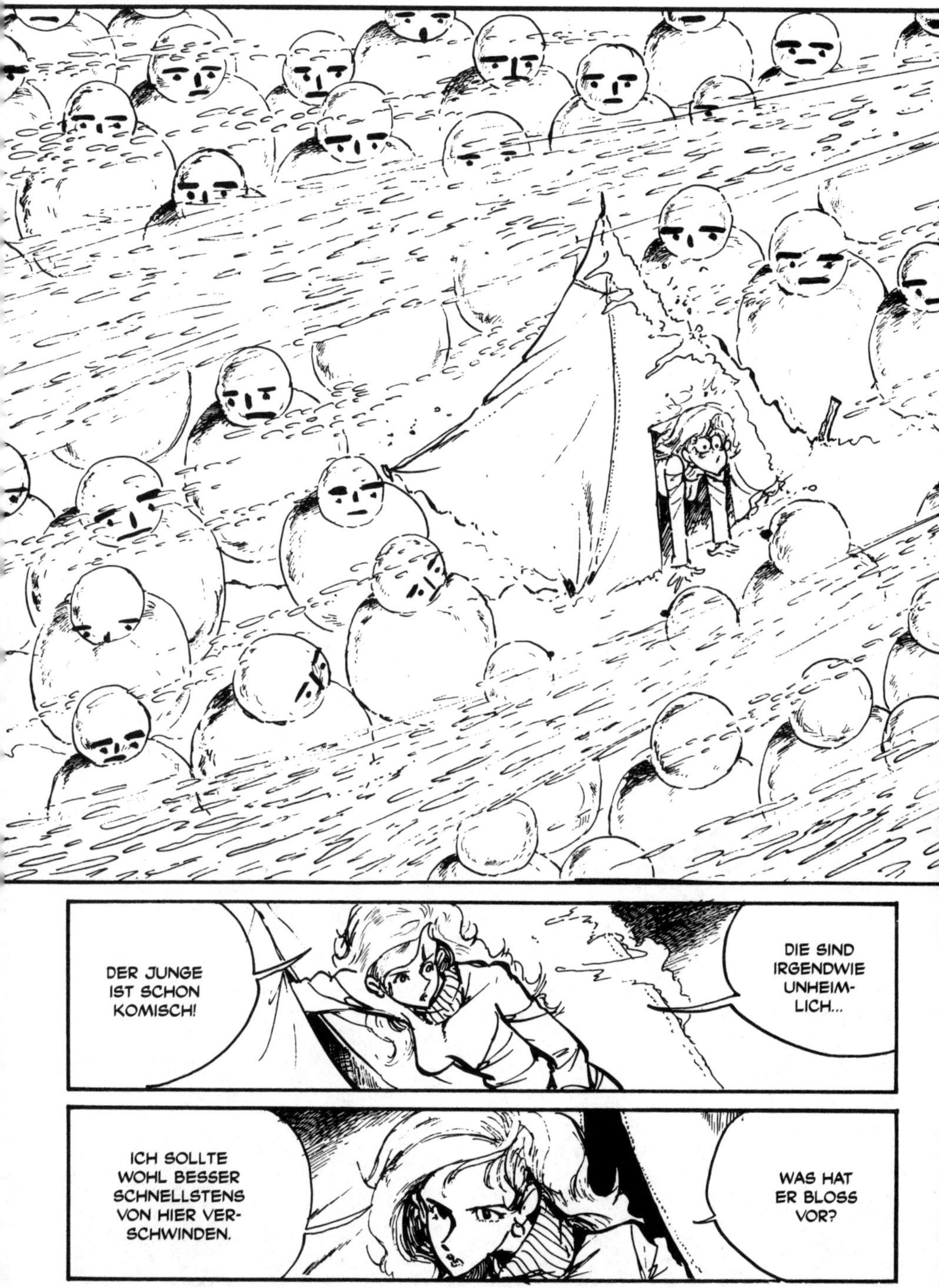

DIE SIND IRGENDWIE UNHEIM-LICH...
DER JUNGE IST SCHON KOMISCH!
WAS HAT ER BLOSS VOR?
ICH SOLLTE WOHL BESSER SCHNELLSTENS VON HIER VER-SCHWINDEN.

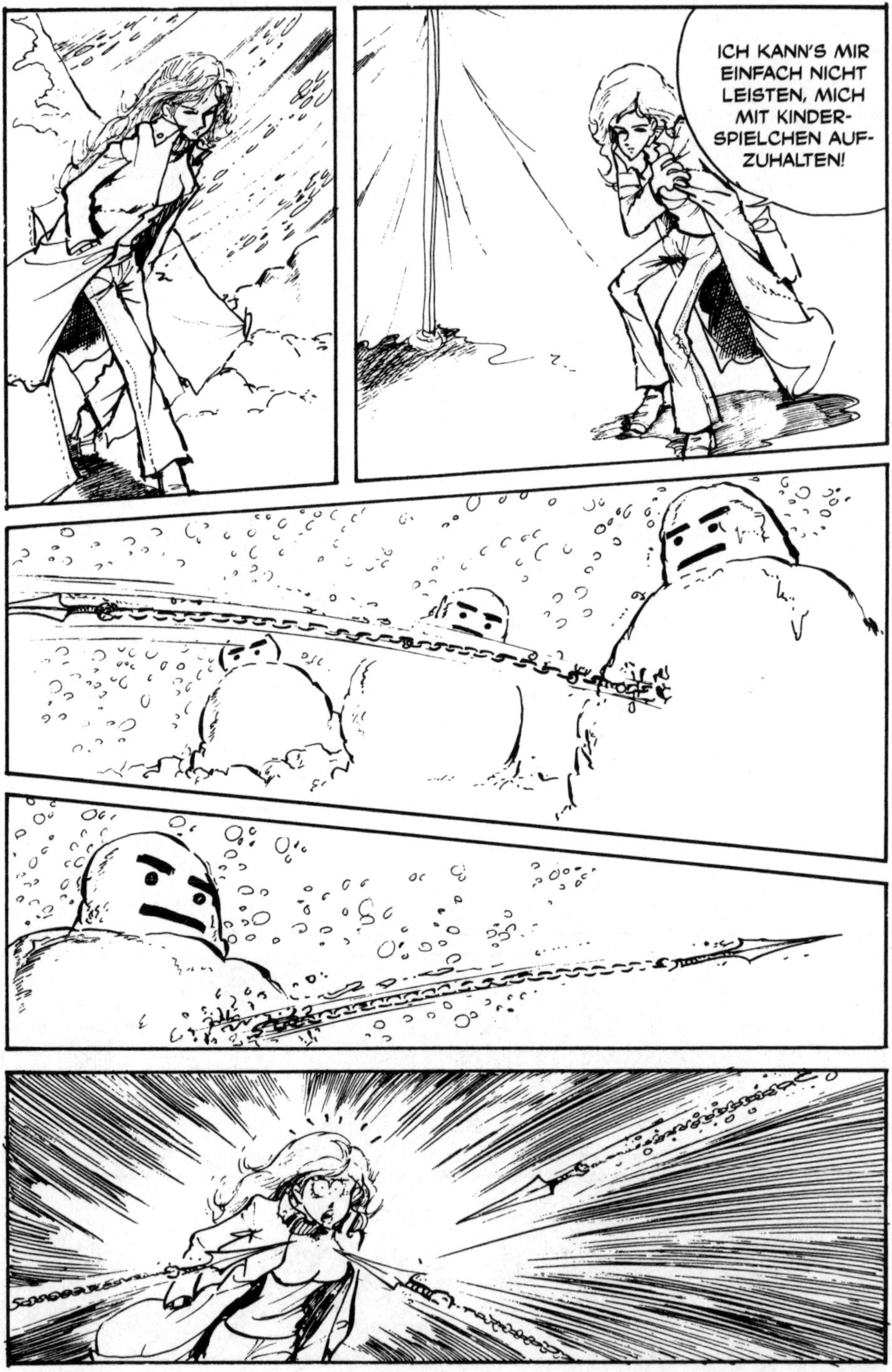
ICH KANN'S MIR EINFACH NICHT LEISTEN, MICH MIT KINDER-SPIELCHEN AUF-ZUHALTEN!

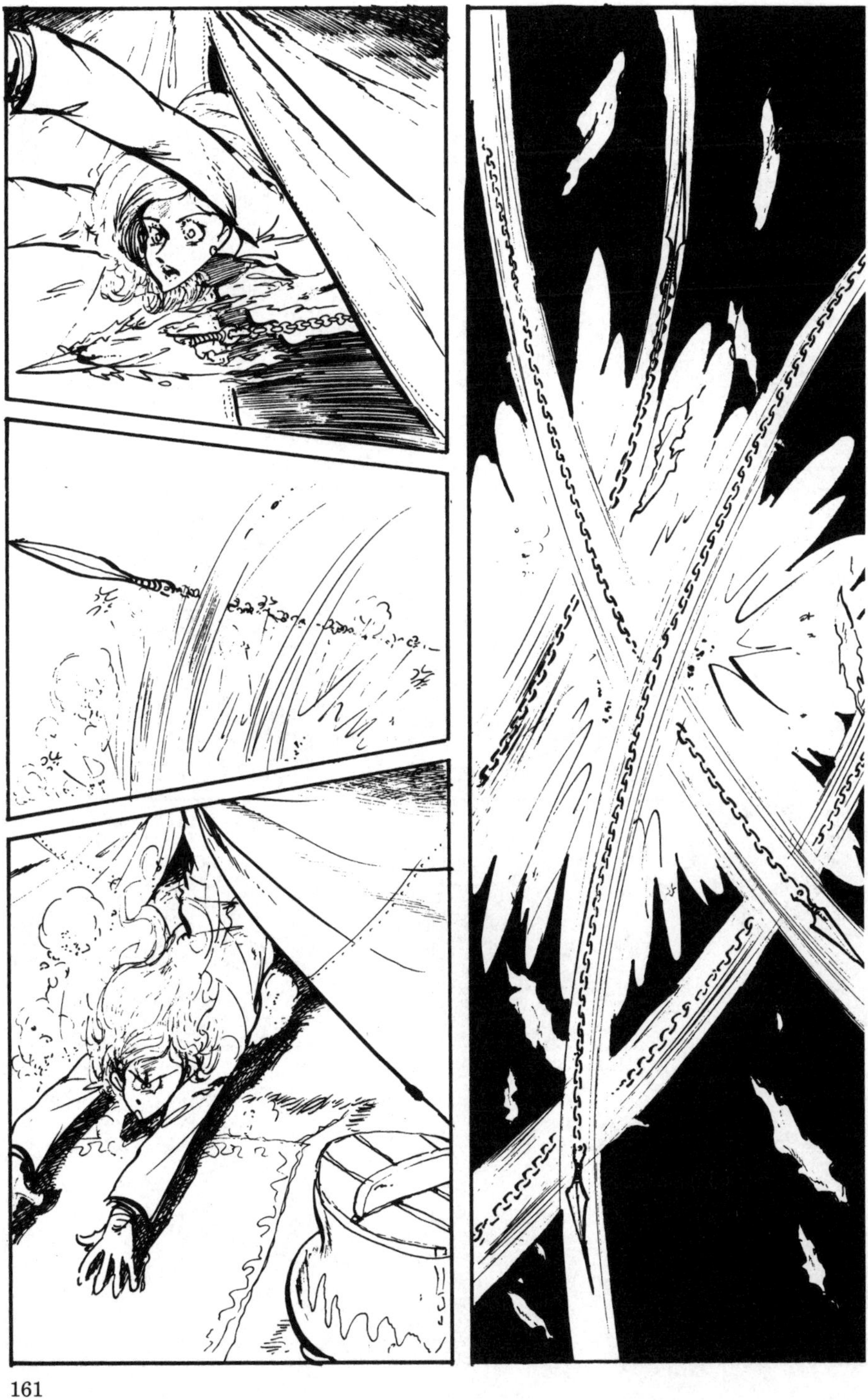

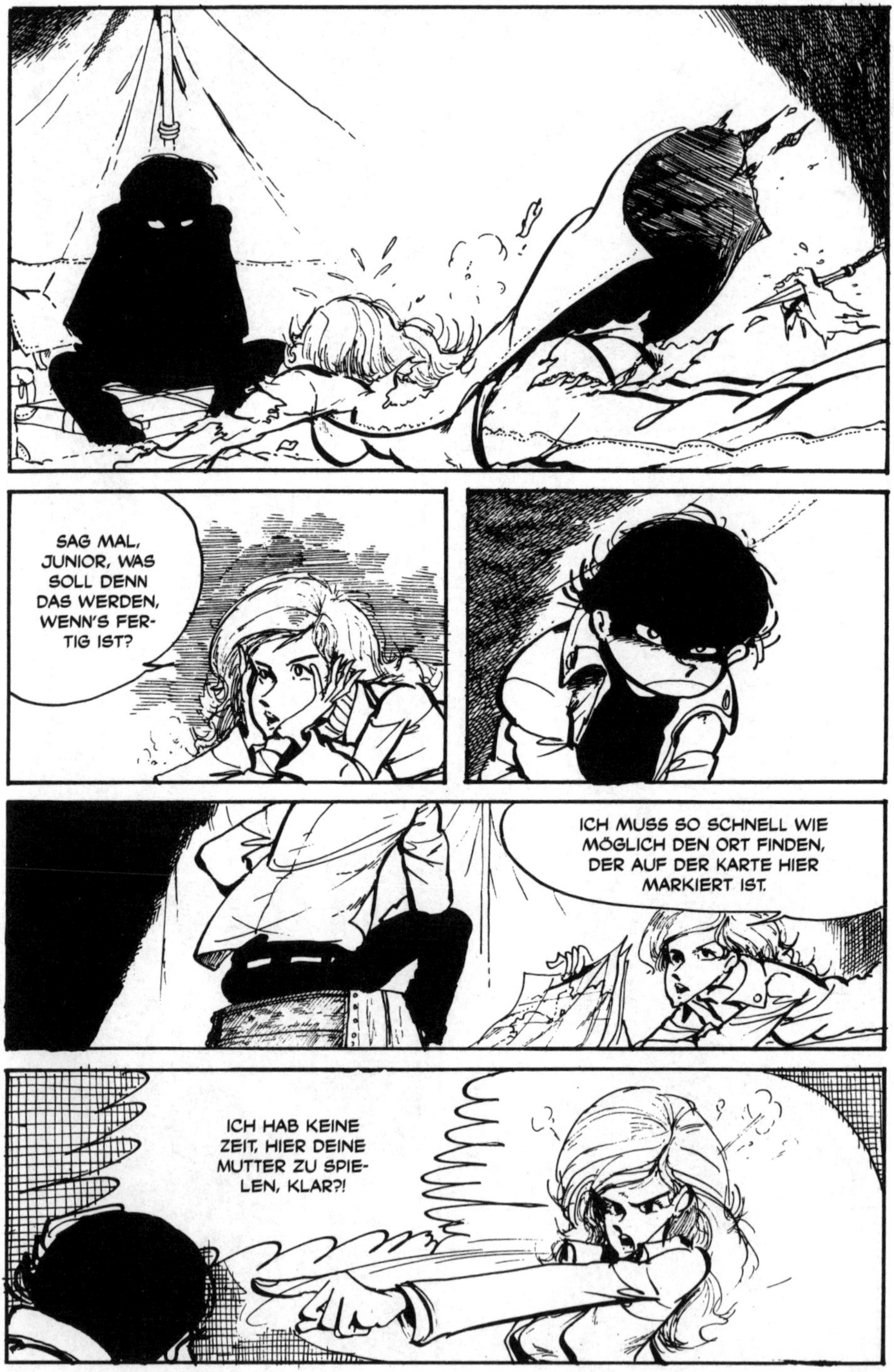
SAG MAL, JUNIOR, WAS SOLL DENN DAS WERDEN, WENN'S FERTIG IST?
ICH MUSS SO SCHNELL WIE MÖGLICH DEN ORT FINDEN, DER AUF DER KARTE HIER MARKIERT IST.
ICH HAB KEINE ZEIT, HIER DEINE MUTTER ZU SPIELEN, KLAR?!

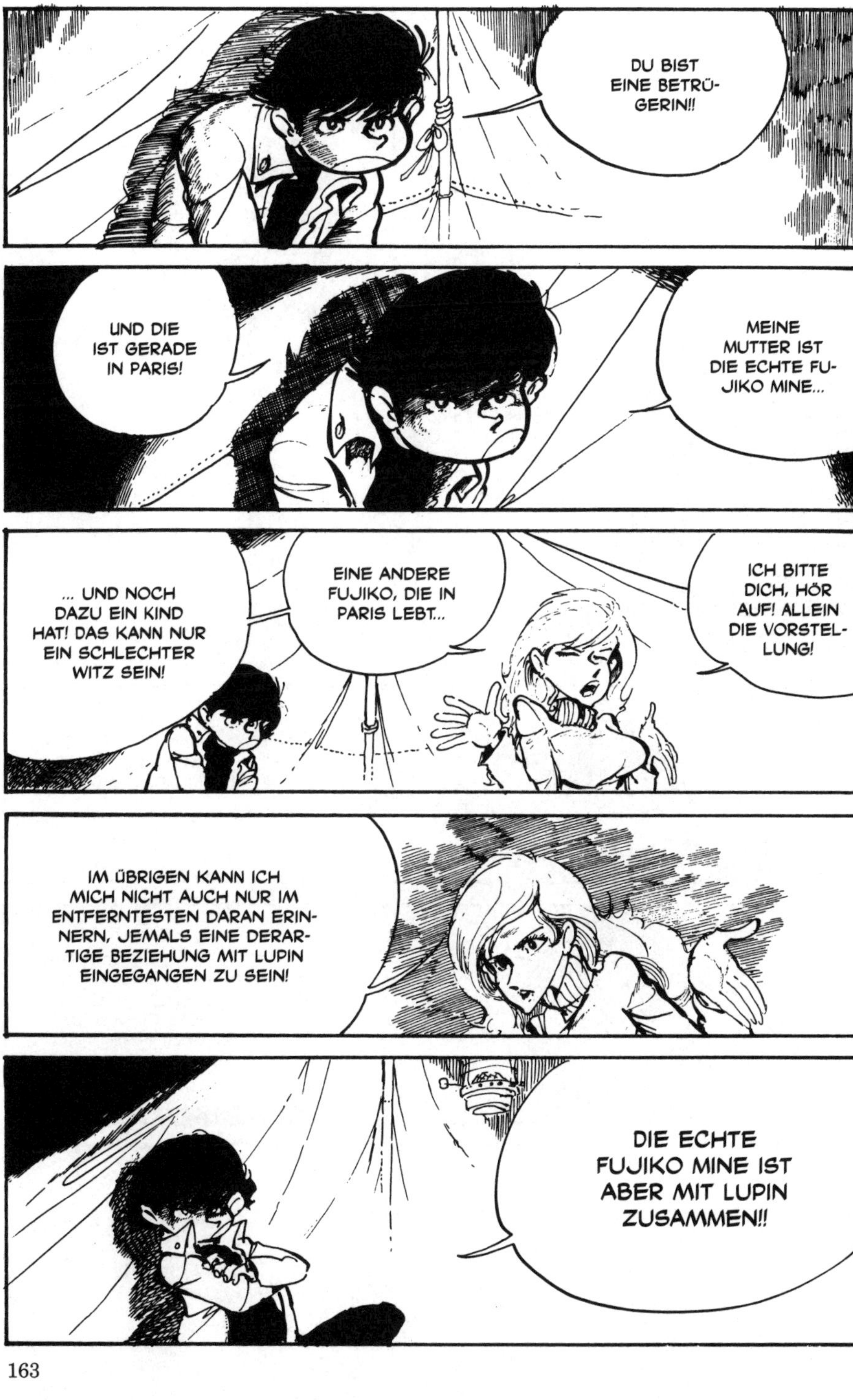
DU BIST EINE BETRÜGERIN!!
MEINE MUTTER IST DIE ECHTE FUJIKO MINE...
UND DIE IST GERADE IN PARIS!
ICH BITTE DICH, HÖR AUF! ALLEIN DIE VORSTELLUNG!
EINE ANDERE FUJIKO, DIE IN PARIS LEBT...
... UND NOCH DAZU EIN KIND HAT! DAS KANN NUR EIN SCHLECHTER WITZ SEIN!
IM ÜBRIGEN KANN ICH MICH NICHT AUCH NUR IM ENTFERNTESTEN DARAN ERINNERN, JEMALS EINE DERARTIGE BEZIEHUNG MIT LUPIN EINGEGANGEN ZU SEIN!
DIE ECHTE FUJIKO MINE IST ABER MIT LUPIN ZUSAMMEN!!

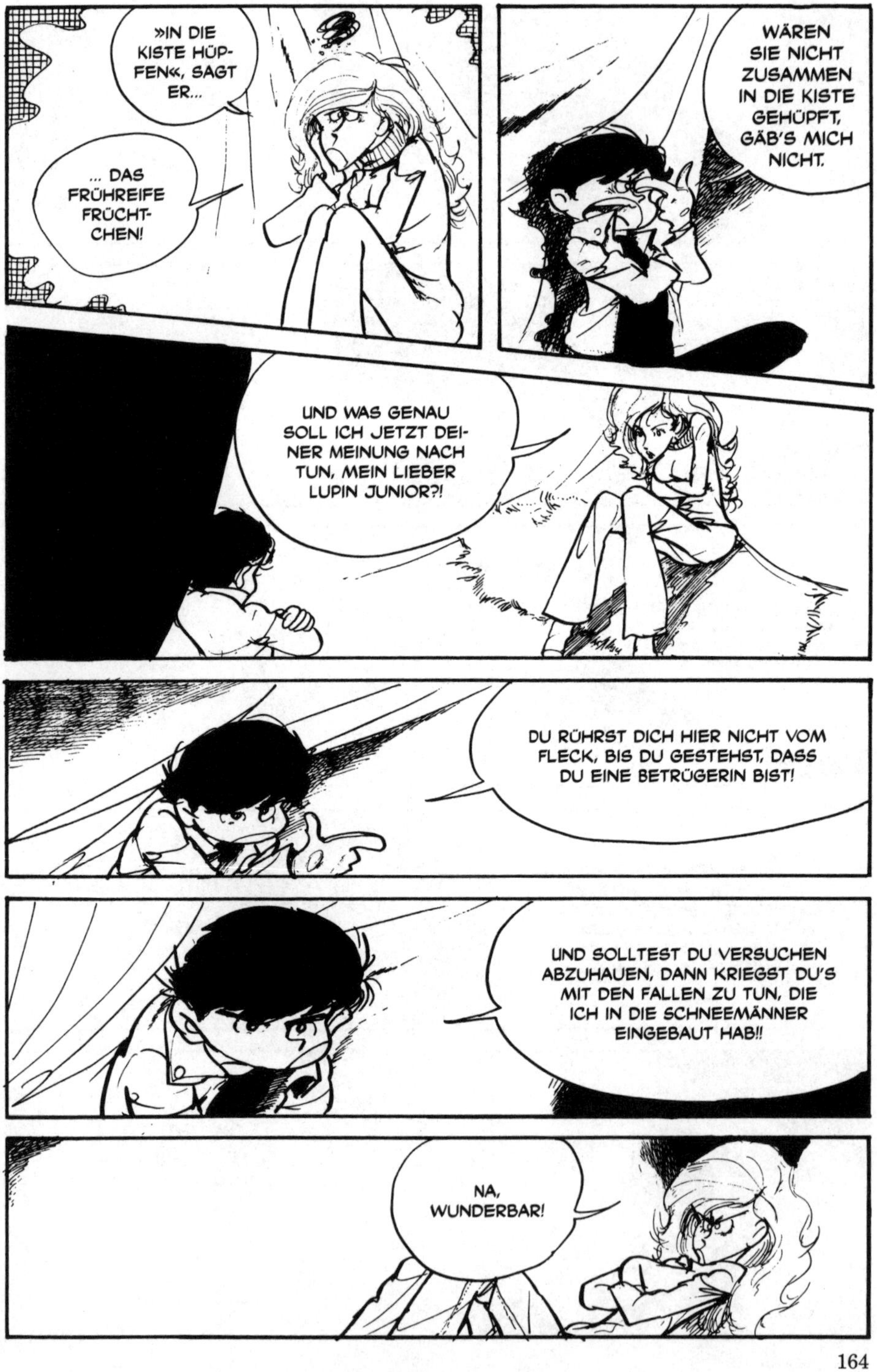
»IN DIE KISTE HÜPFEN«, SAGT ER...
... DAS FRÜHREIFE FRÜCHTCHEN!
WÄREN SIE NICHT ZUSAMMEN IN DIE KISTE GEHÜPFT, GÄB'S MICH NICHT.
UND WAS GENAU SOLL ICH JETZT DEINER MEINUNG NACH TUN, MEIN LIEBER LUPIN JUNIOR?!
DU RÜHRST DICH HIER NICHT VOM FLECK, BIS DU GESTEHST, DASS DU EINE BETRÜGERIN BIST!
UND SOLLTEST DU VERSUCHEN ABZUHAUEN, DANN KRIEGST DU'S MIT DEN FALLEN ZU TUN, DIE ICH IN DIE SCHNEEMÄNNER EINGEBAUT HAB!!
NA, WUNDERBAR!

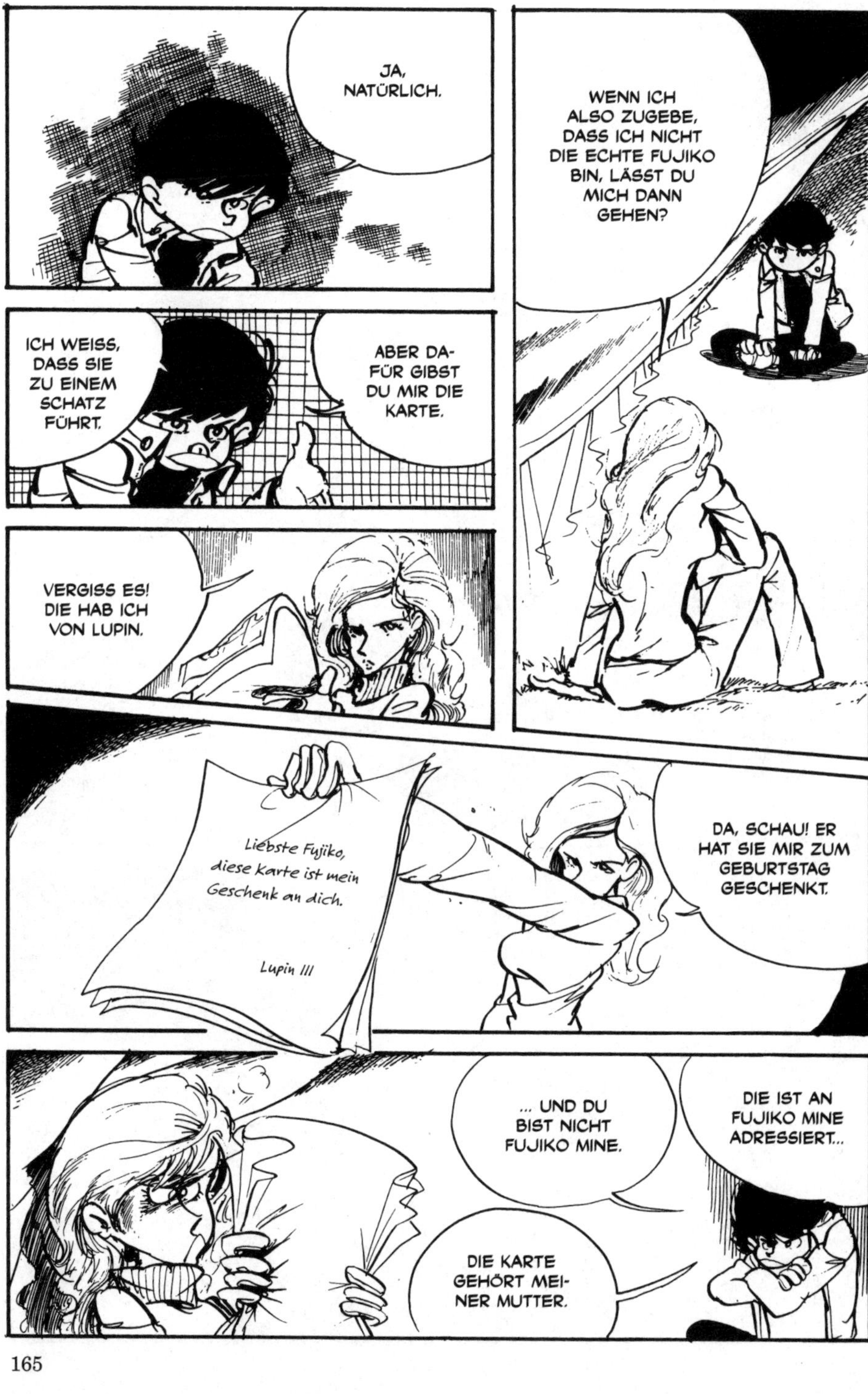
WENN ICH ALSO ZUGEBE, DASS ICH NICHT DIE ECHTE FUJIKO BIN, LÄSST DU MICH DANN GEHEN?
JA, NATÜRLICH.
ABER DAFÜR GIBST DU MIR DIE KARTE.
ICH WEISS, DASS SIE ZU EINEM SCHATZ FÜHRT.
VERGISS ES! DIE HAB ICH VON LUPIN.
DA, SCHAU! ER HAT SIE MIR ZUM GEBURTSTAG GESCHENKT.
Liebste Fujiko, diese Karte ist mein Geschenk an dich.
Lupin III
DIE IST AN FUJIKO MINE ADRESSIERT...
... UND DU BIST NICHT FUJIKO MINE.
DIE KARTE GEHÖRT MEINER MUTTER.

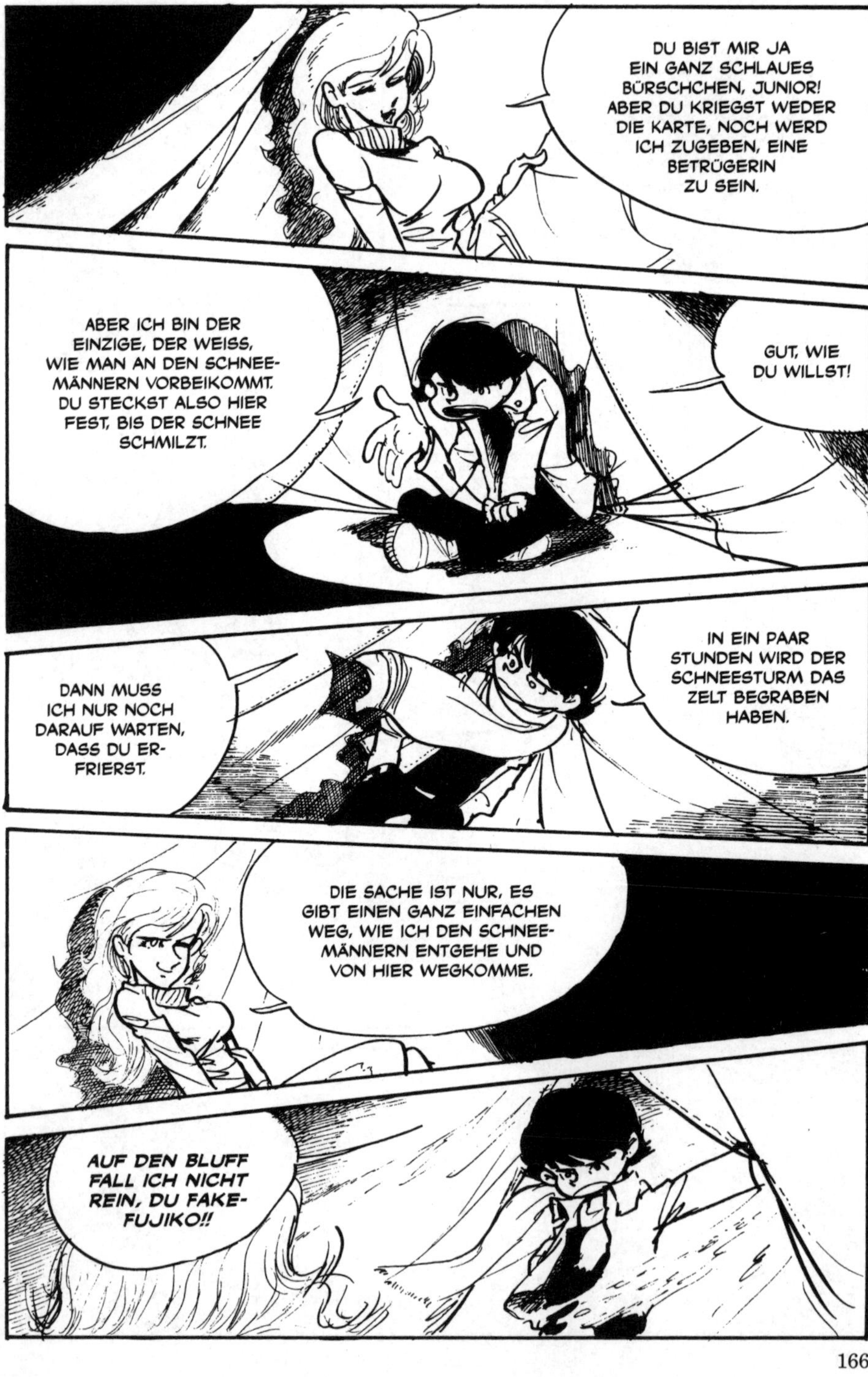
DU BIST MIR JA EIN GANZ SCHLAUES BÜRSCHCHEN, JUNIOR! ABER DU KRIEGST WEDER DIE KARTE, NOCH WERD ICH ZUGEBEN, EINE BETRÜGERIN ZU SEIN.
GUT, WIE DU WILLST!
ABER ICH BIN DER EINZIGE, DER WEISS, WIE MAN AN DEN SCHNEE-MÄNNERN VORBEIKOMMT. DU STECKST ALSO HIER FEST, BIS DER SCHNEE SCHMILZT.
IN EIN PAAR STUNDEN WIRD DER SCHNEESTURM DAS ZELT BEGRABEN HABEN.
DANN MUSS ICH NUR NOCH DARAUF WARTEN, DASS DU ER-FRIERST.
DIE SACHE IST NUR, ES GIBT EINEN GANZ EINFACHEN WEG, WIE ICH DEN SCHNEE-MÄNNERN ENTGEHE UND VON HIER WEGKOMME.
AUF DEN BLUFF FALL ICH NICHT REIN, DU FAKE-FUJIKO!!

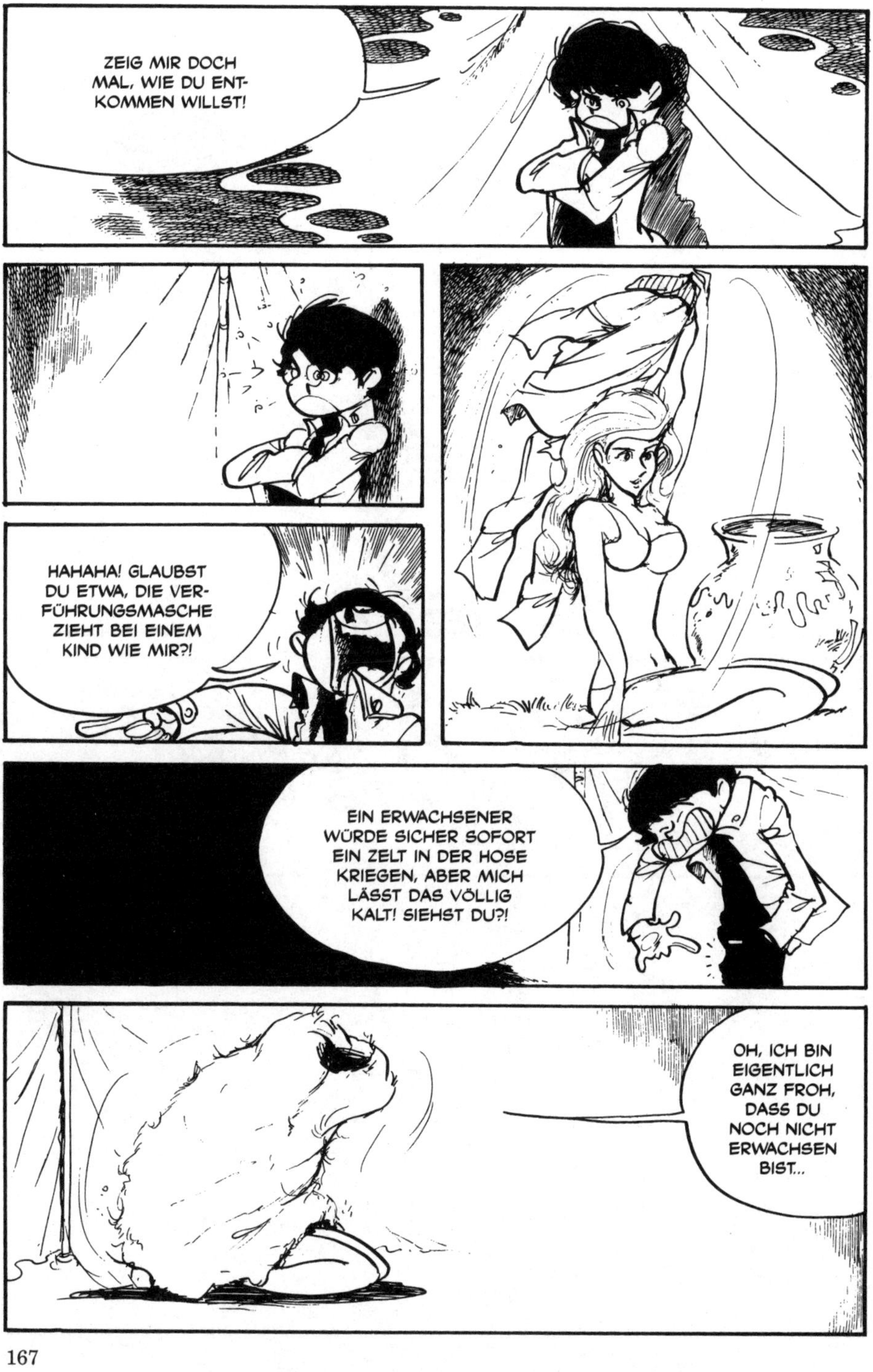
ZEIG MIR DOCH MAL, WIE DU ENT-KOMMEN WILLST!
HAHAHA! GLAUBST DU ETWA, DIE VER-FÜHRUNGSMASCHE ZIEHT BEI EINEM KIND WIE MIR?!
EIN ERWACHSENER WÜRDE SICHER SOFORT EIN ZELT IN DER HOSE KRIEGEN, ABER MICH LÄSST DAS VÖLLIG KALT! SIEHST DU?!
OH, ICH BIN EIGENTLICH GANZ FROH, DASS DU NOCH NICHT ERWACHSEN BIST...

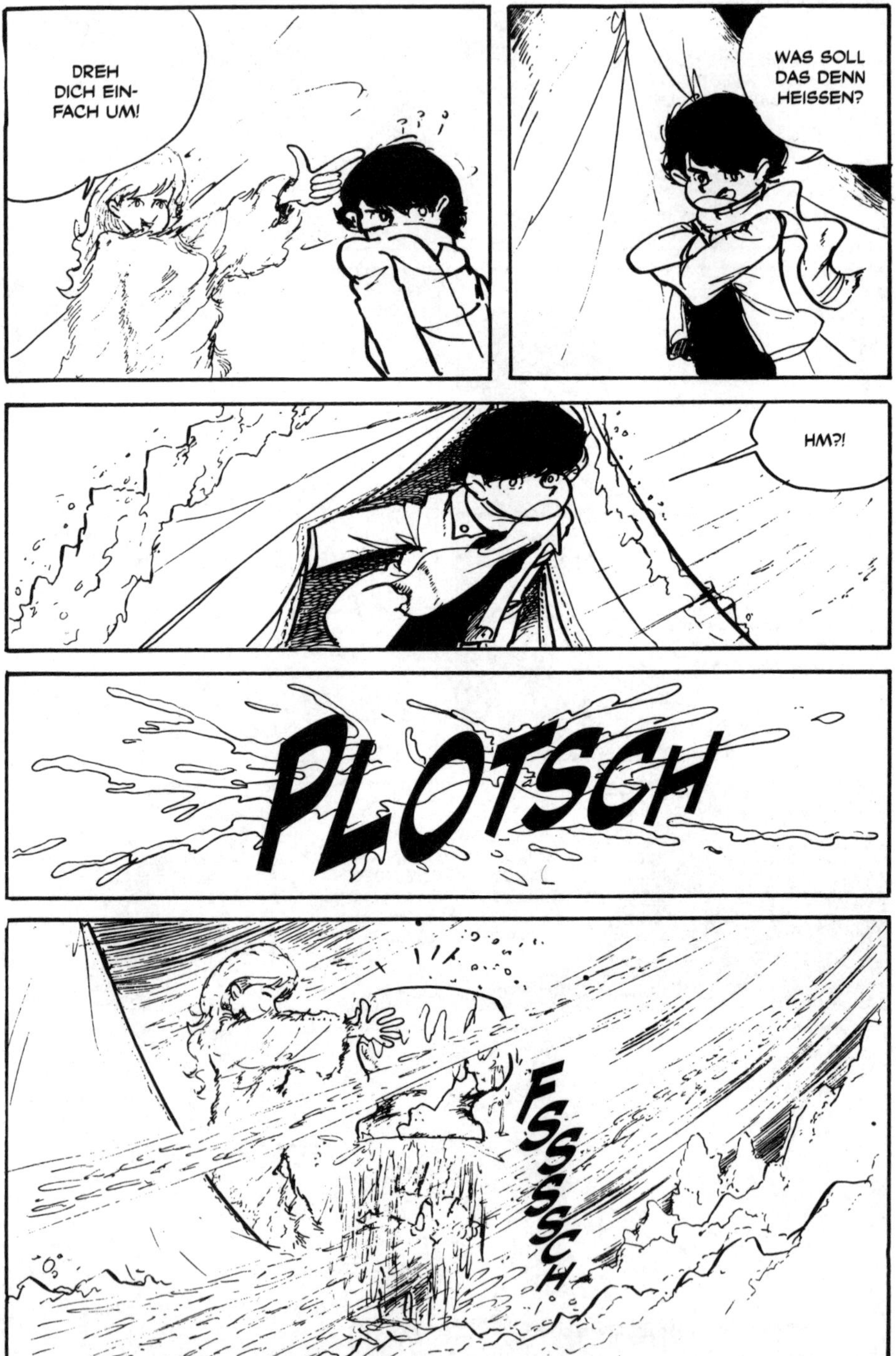
DREH DICH EIN-FACH UM!
WAS SOLL DAS DENN HEISSEN?
HM?!
PLOTSCH
FSSSCH

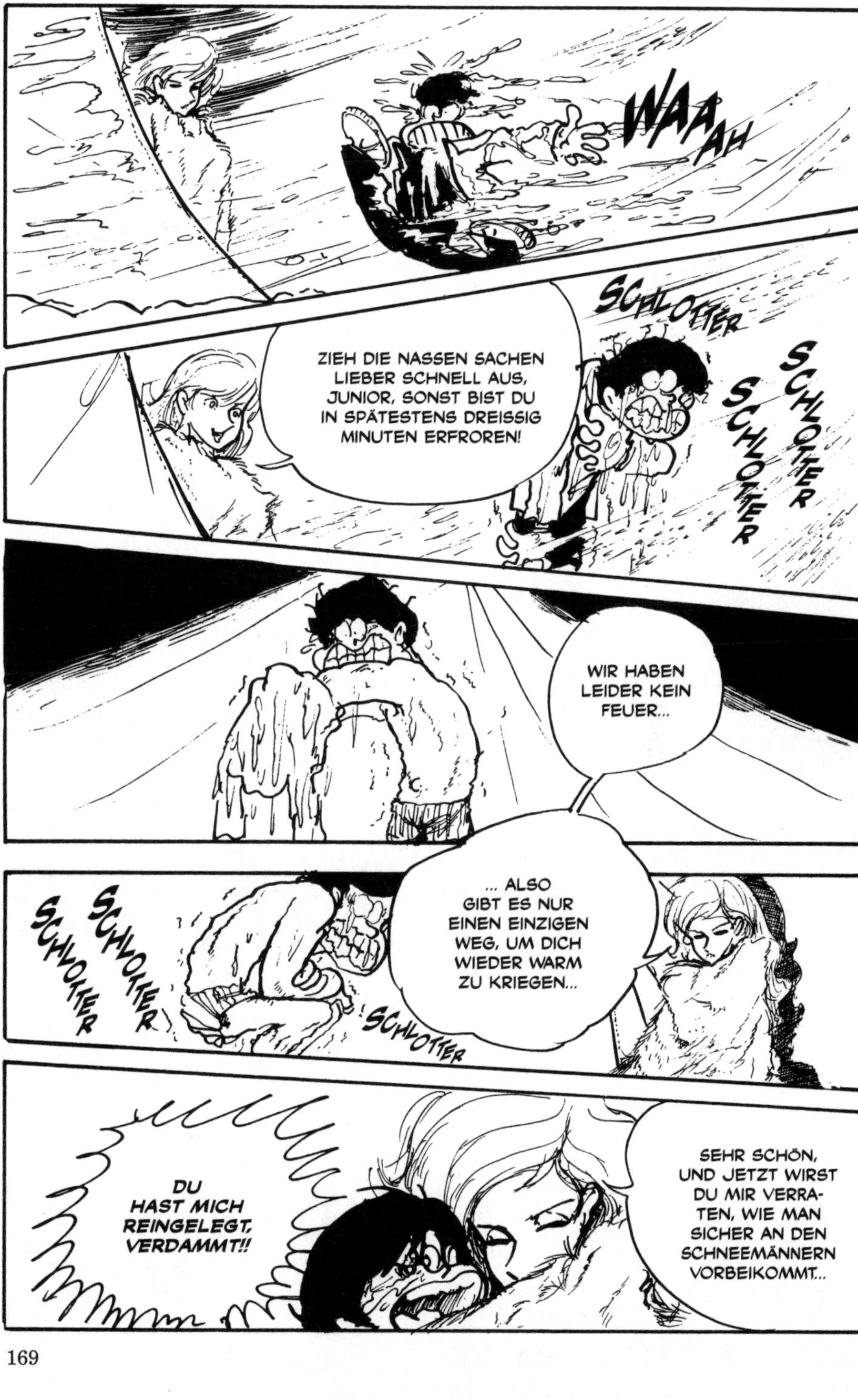
WAAAH
SCHLOTTER
SCHLOTTER
SCHLOTTER
ZIEH DIE NASSEN SACHEN LIEBER SCHNELL AUS, JUNIOR, SONST BIST DU IN SPÄTESTENS DREISSIG MINUTEN ERFROREN!
WIR HABEN LEIDER KEIN FEUER...
... ALSO GIBT ES NUR EINEN EINZIGEN WEG, UM DICH WIEDER WARM ZU KRIEGEN...
SCHLOTTER
SCHLOTTER
SCHLOTTER
SEHR SCHÖN, UND JETZT WIRST DU MIR VERRATEN, WIE MAN SICHER AN DEN SCHNEEMÄNNERN VORBEIKOMMT...
DU HAST MICH REINGELEGT, VERDAMMT!!

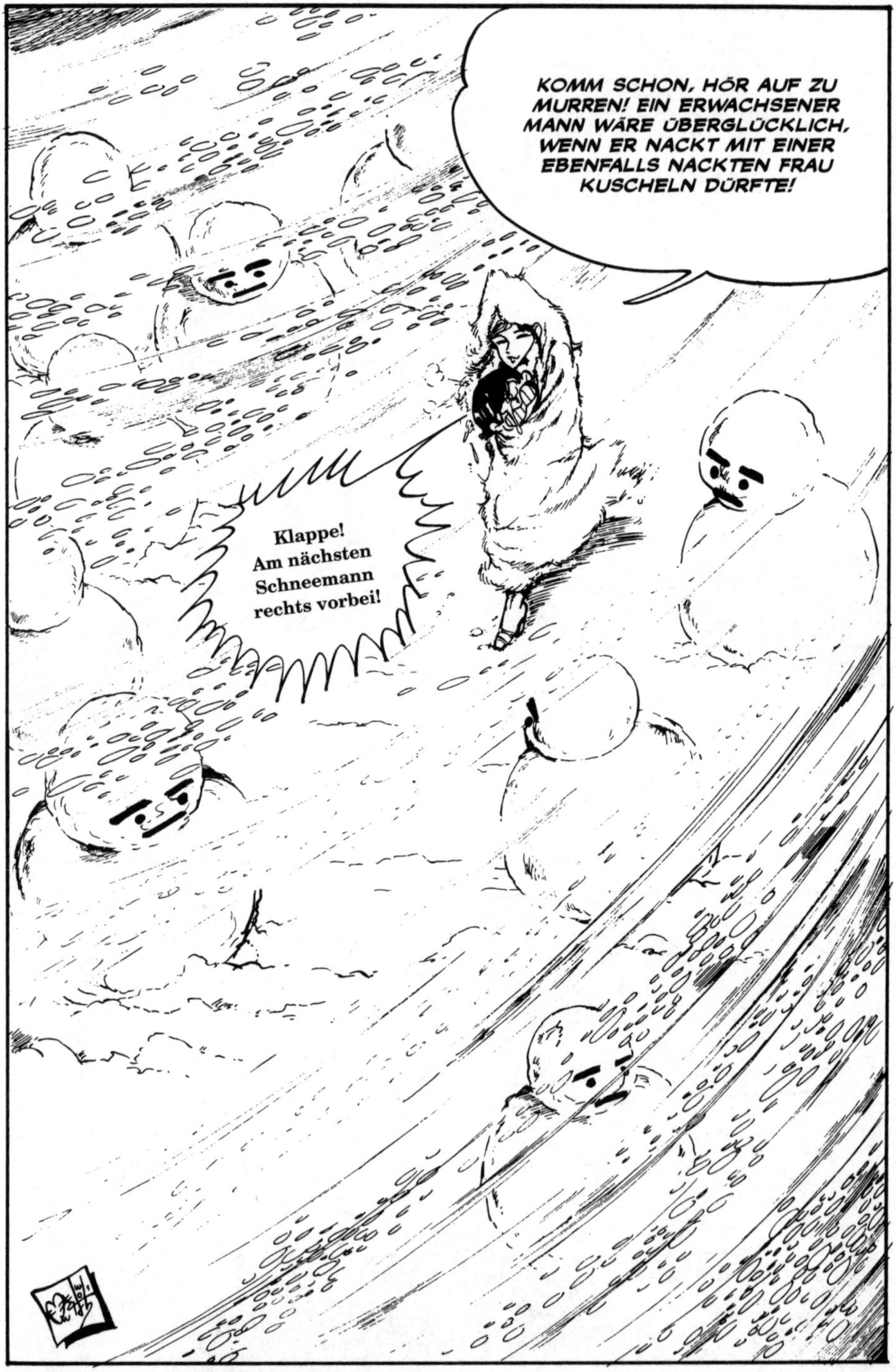

TODESDUELL! FUJIKO GEGEN LUPIN JUNIOR – ENDE

DEAD HEAT

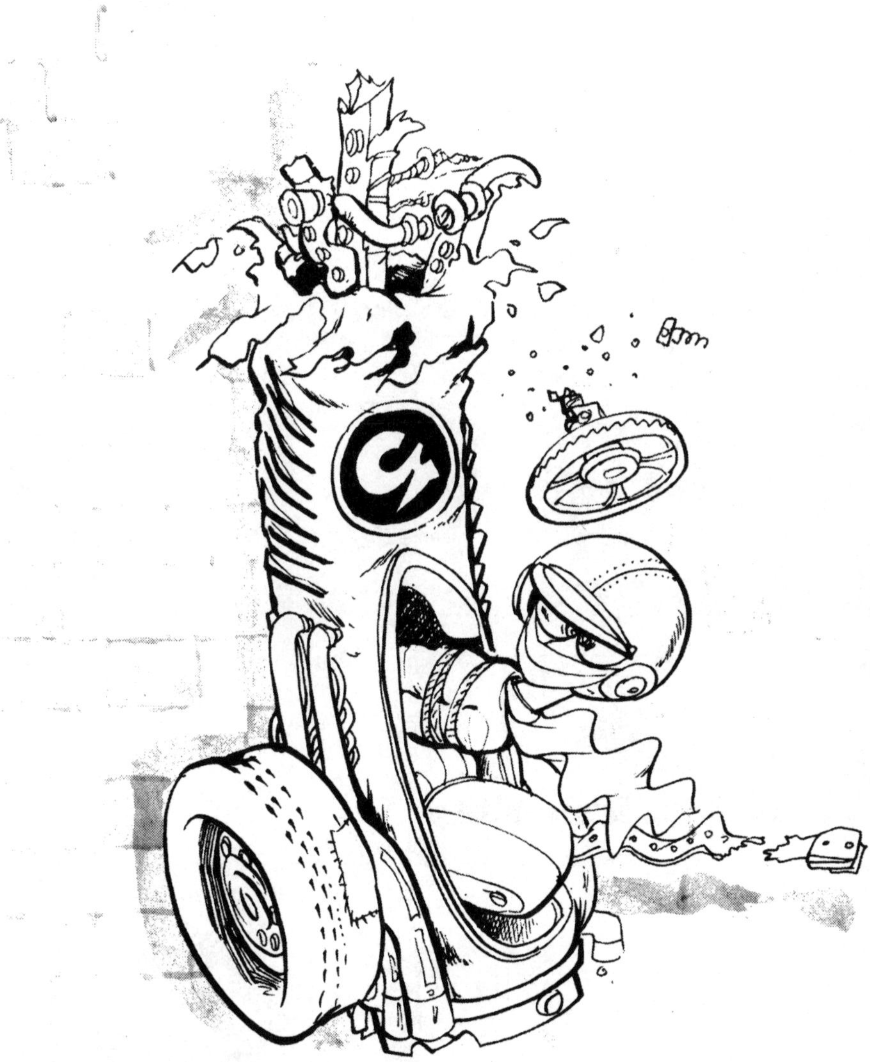

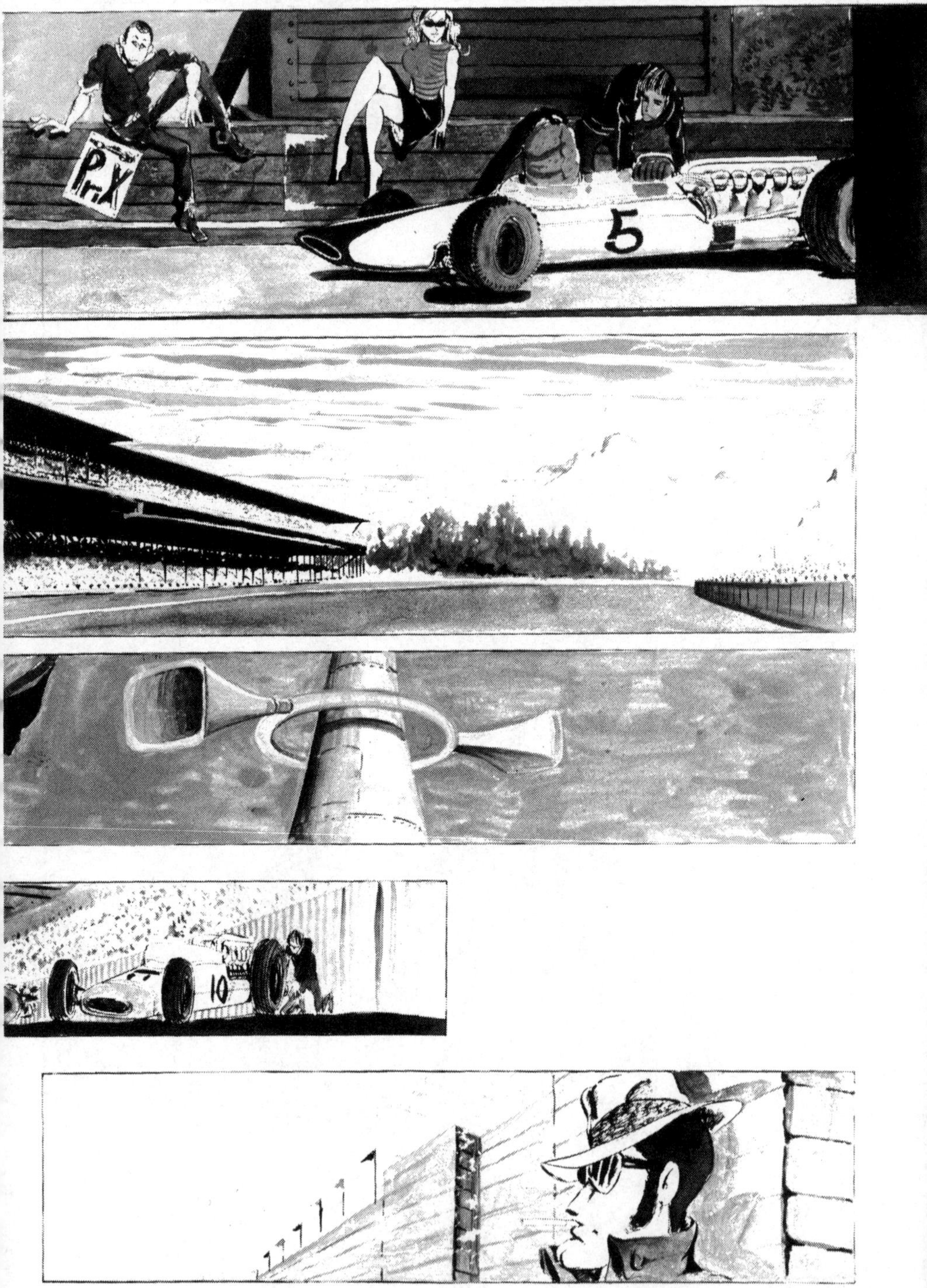

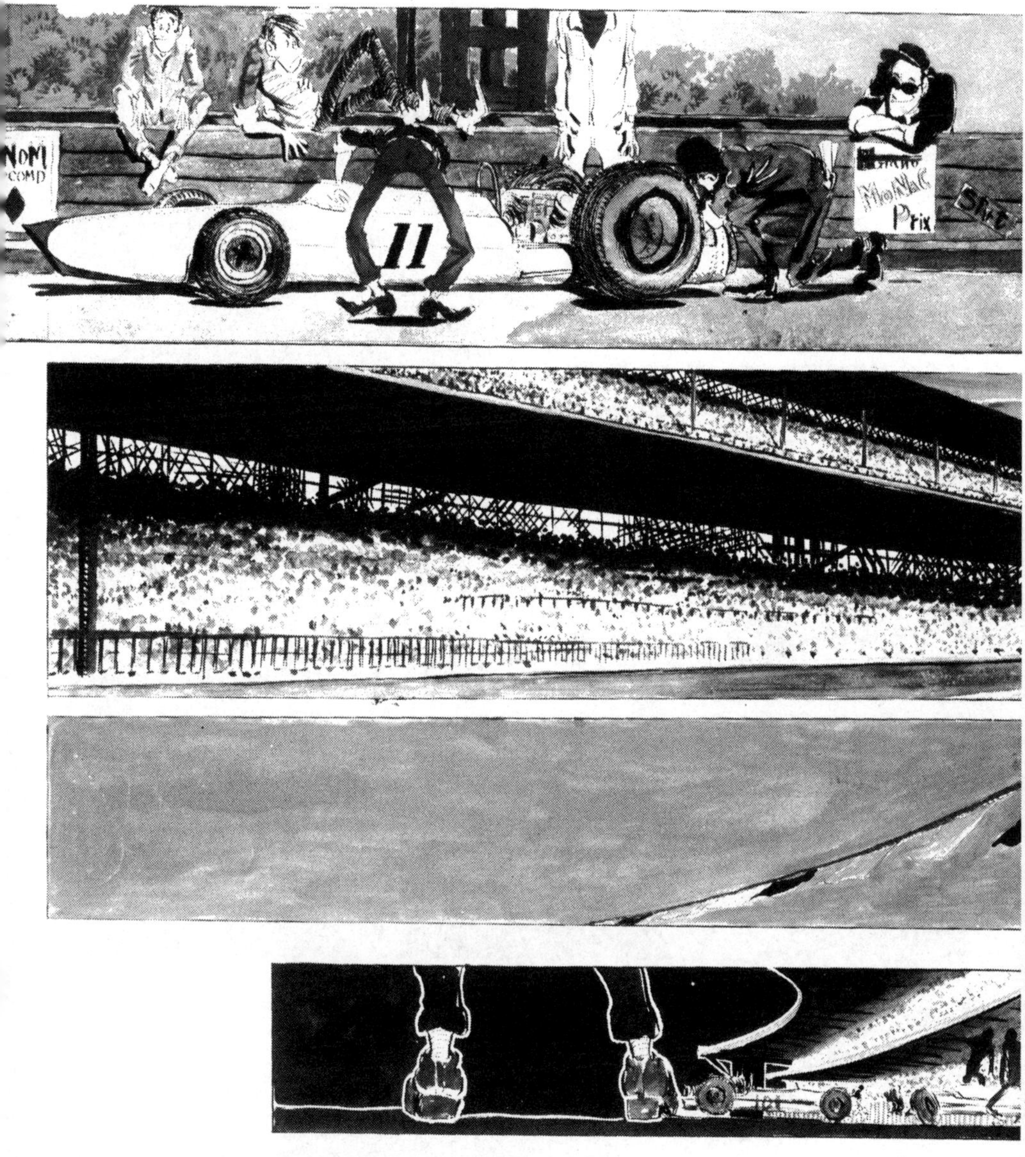
NoM
COMP
Prix
Start
Prix
MONACO
GranD
PriX
PriX
start

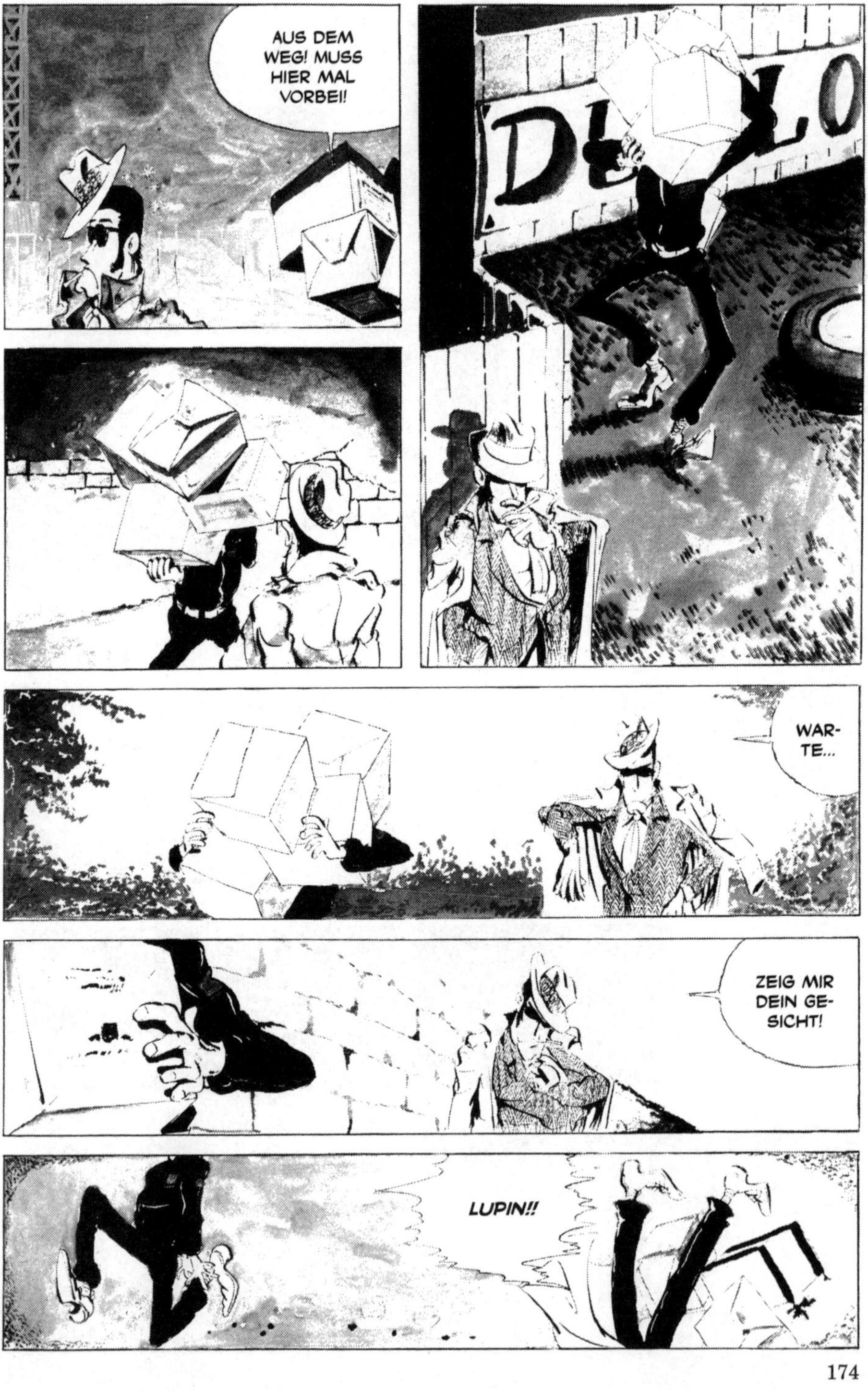
AUS DEM WEG! MUSS HIER MAL VORBEI!
WARTE...
ZEIG MIR DEIN GESICHT!
LUPIN!!

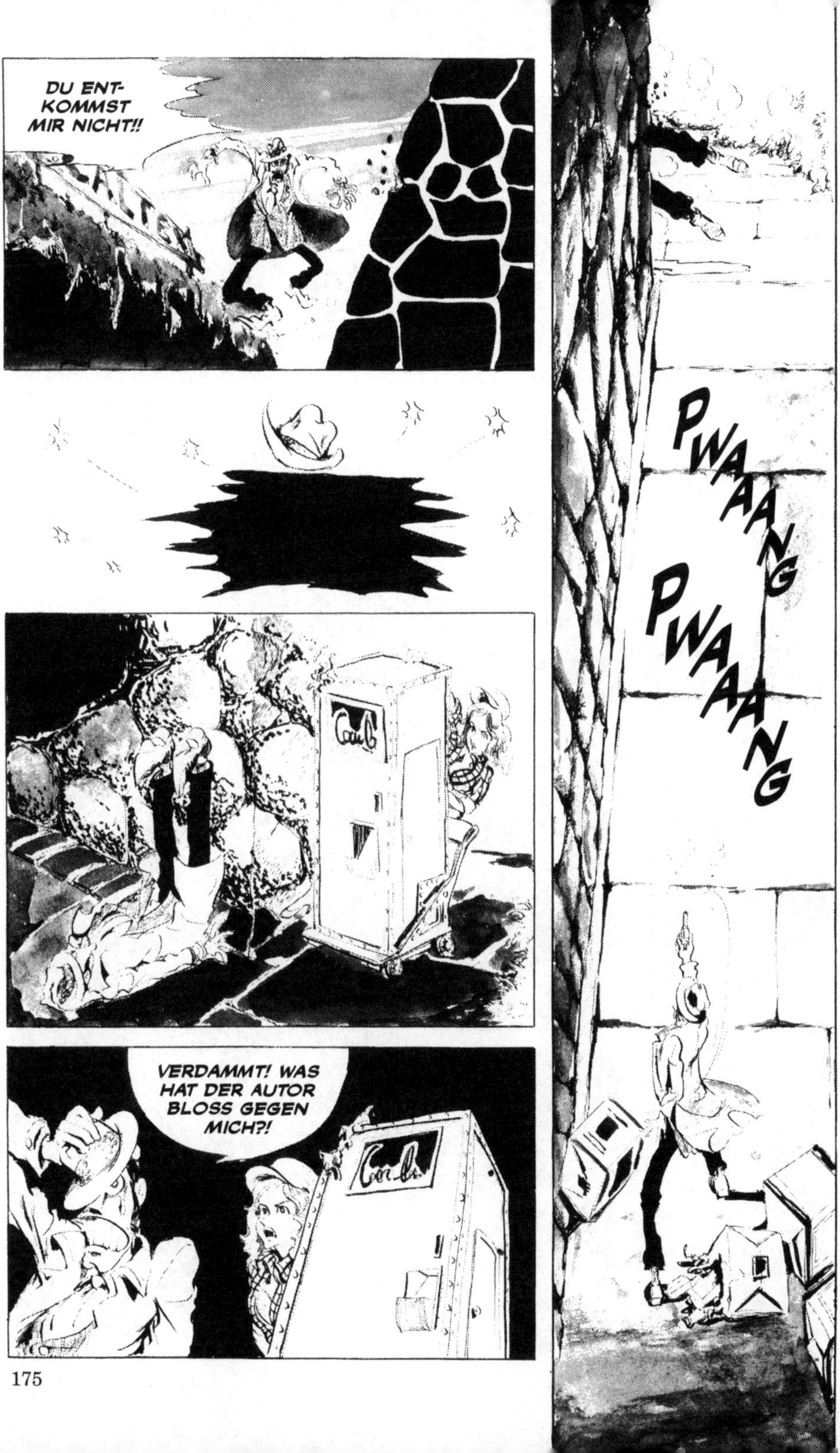
DU ENT-KOMMST MIR NICHT!!
VERDAMMT! WAS HAT DER AUTOR BLOSS GEGEN MICH?!
PWAAANG
PWAAANG

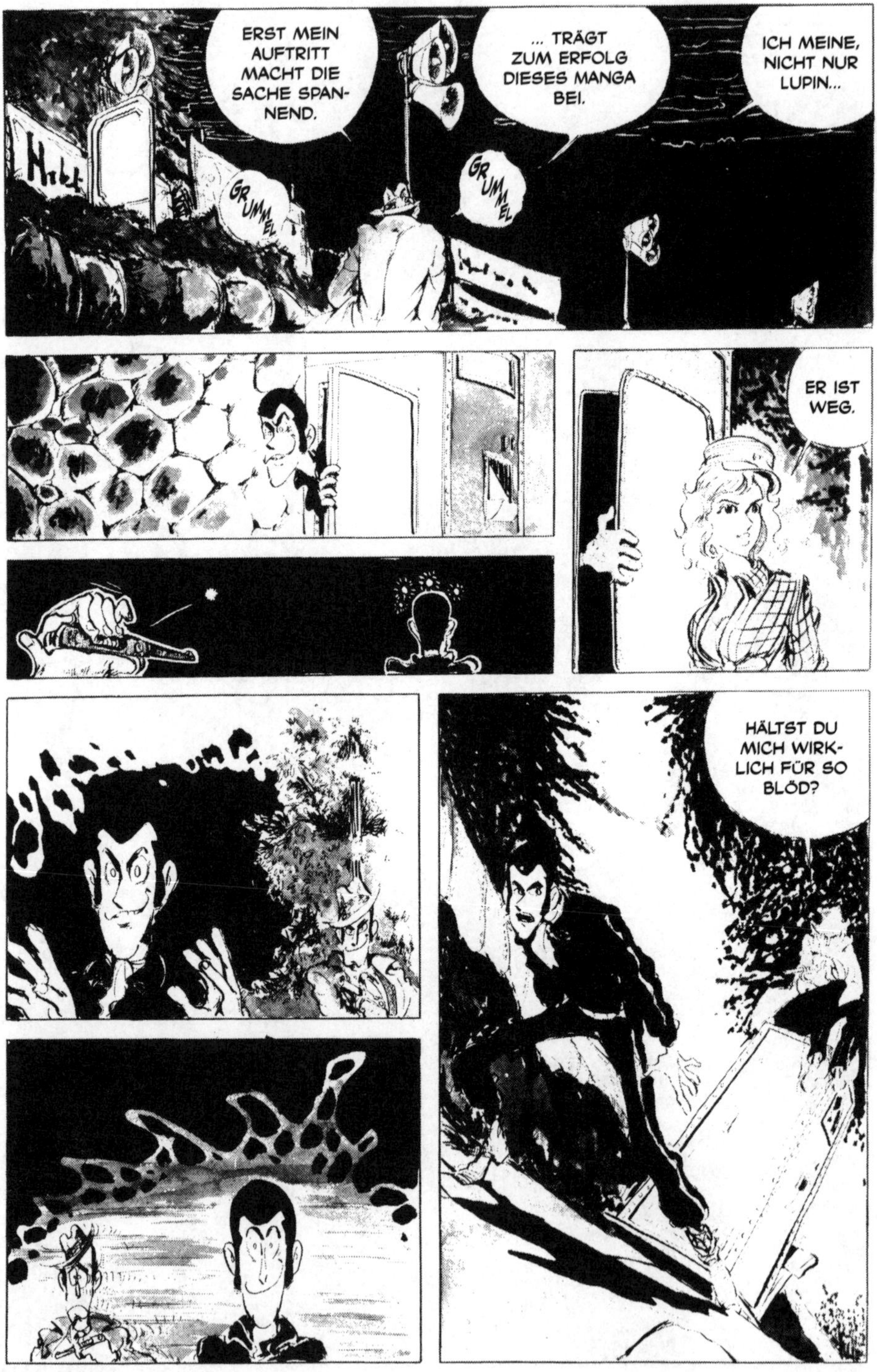
ICH MEINE, NICHT NUR LUPIN...
... TRÄGT ZUM ERFOLG DIESES MANGA BEI.
ERST MEIN AUFTRITT MACHT DIE SACHE SPANNEND.
GRUMMEL
GRUMMEL
ER IST WEG.
HÄLTST DU MICH WIRKLICH FÜR SO BLÖD?

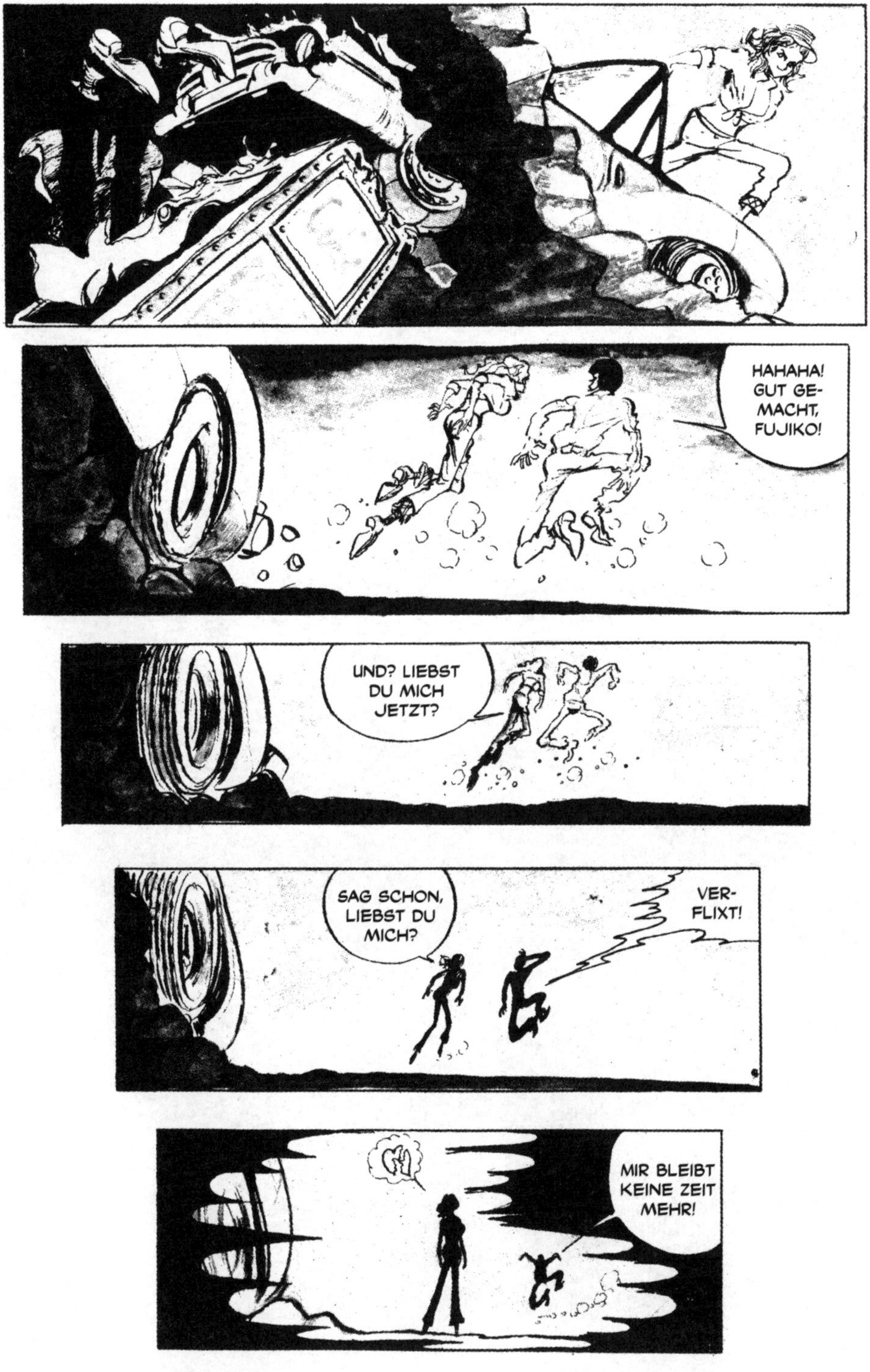
HAHAHA! GUT GE-MACHT, FUJIKO!
UND? LIEBST DU MICH JETZT?
SAG SCHON, LIEBST DU MICH?
VER-FLIXT!
MIR BLEIBT KEINE ZEIT MEHR!

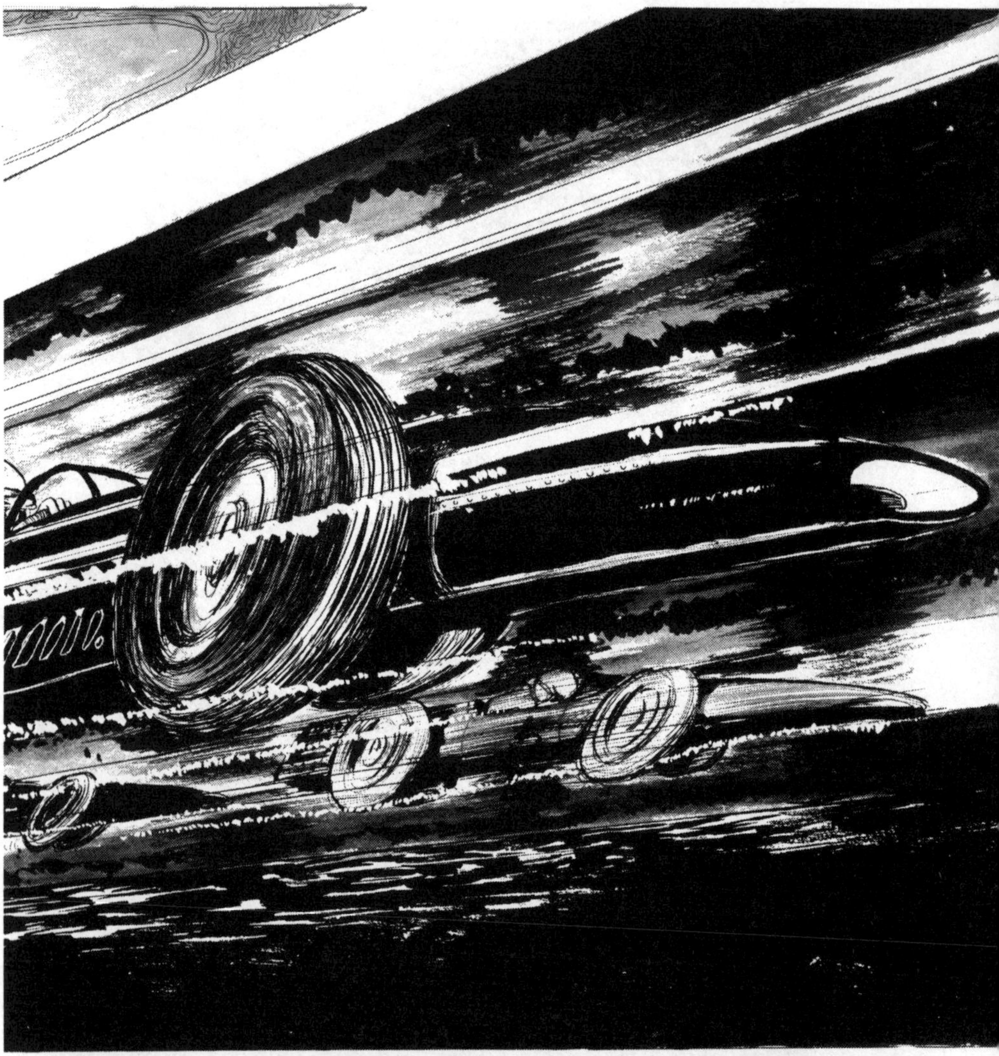

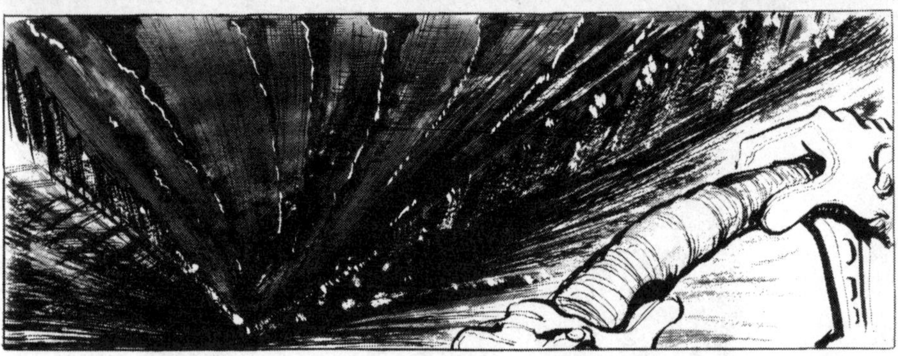

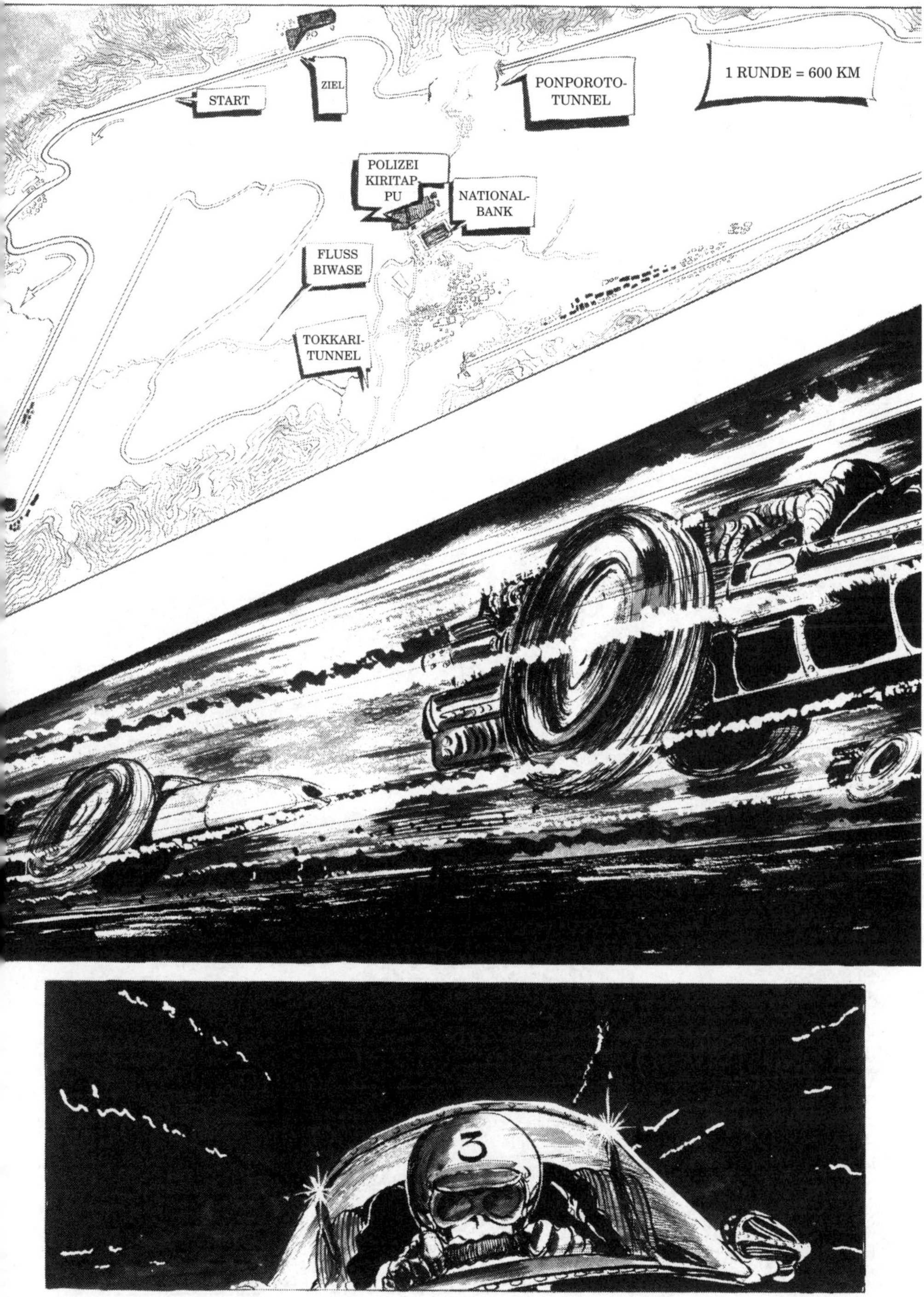
1 RUNDE = 600 KM
PONPOROTO-TUNNEL
ZIEL
START
POLIZEI KIRITAP-PU
NATIONAL-BANK
FLUSS BIWASE
TOKKARI-TUNNEL

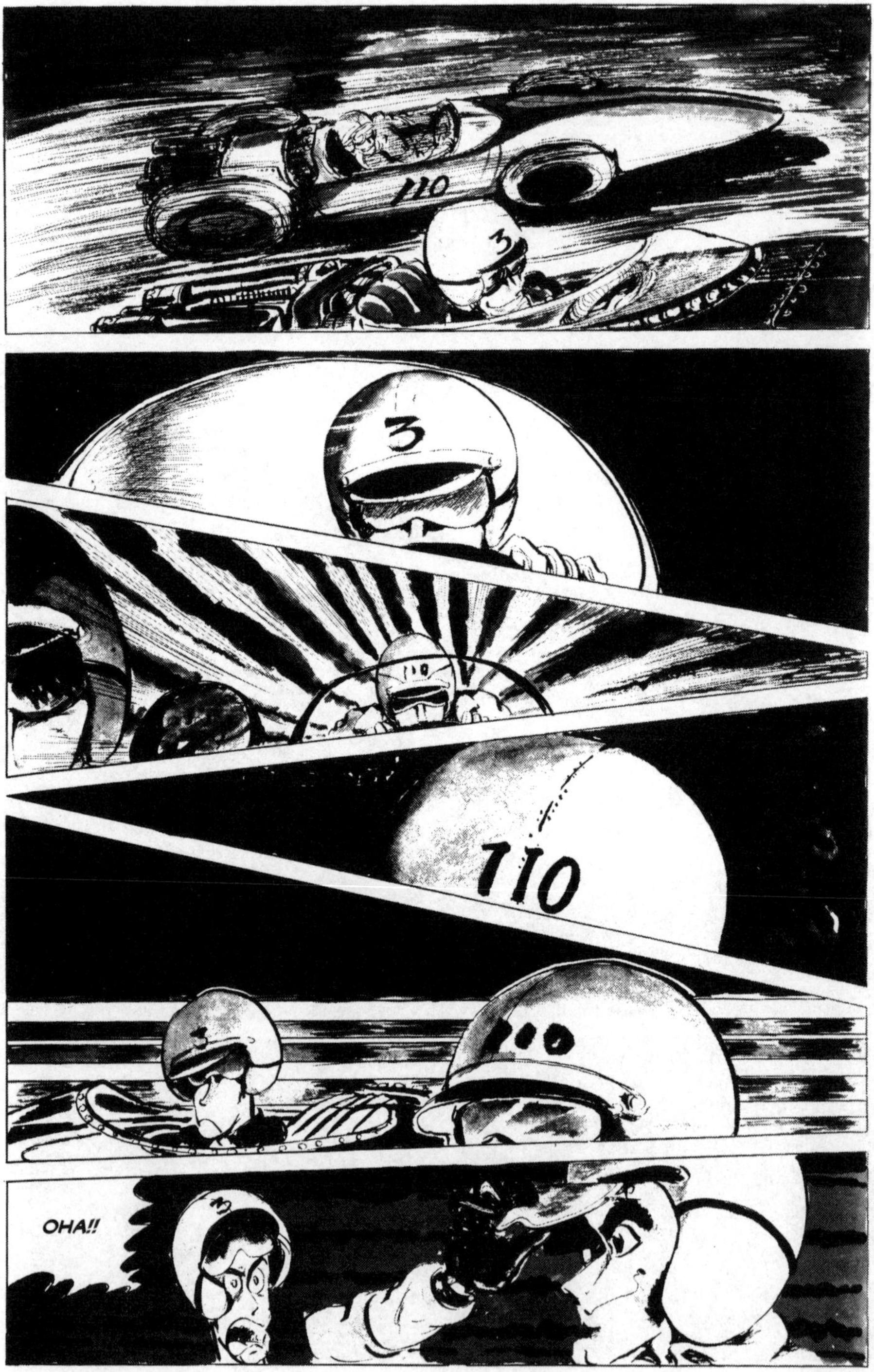
OHA!!

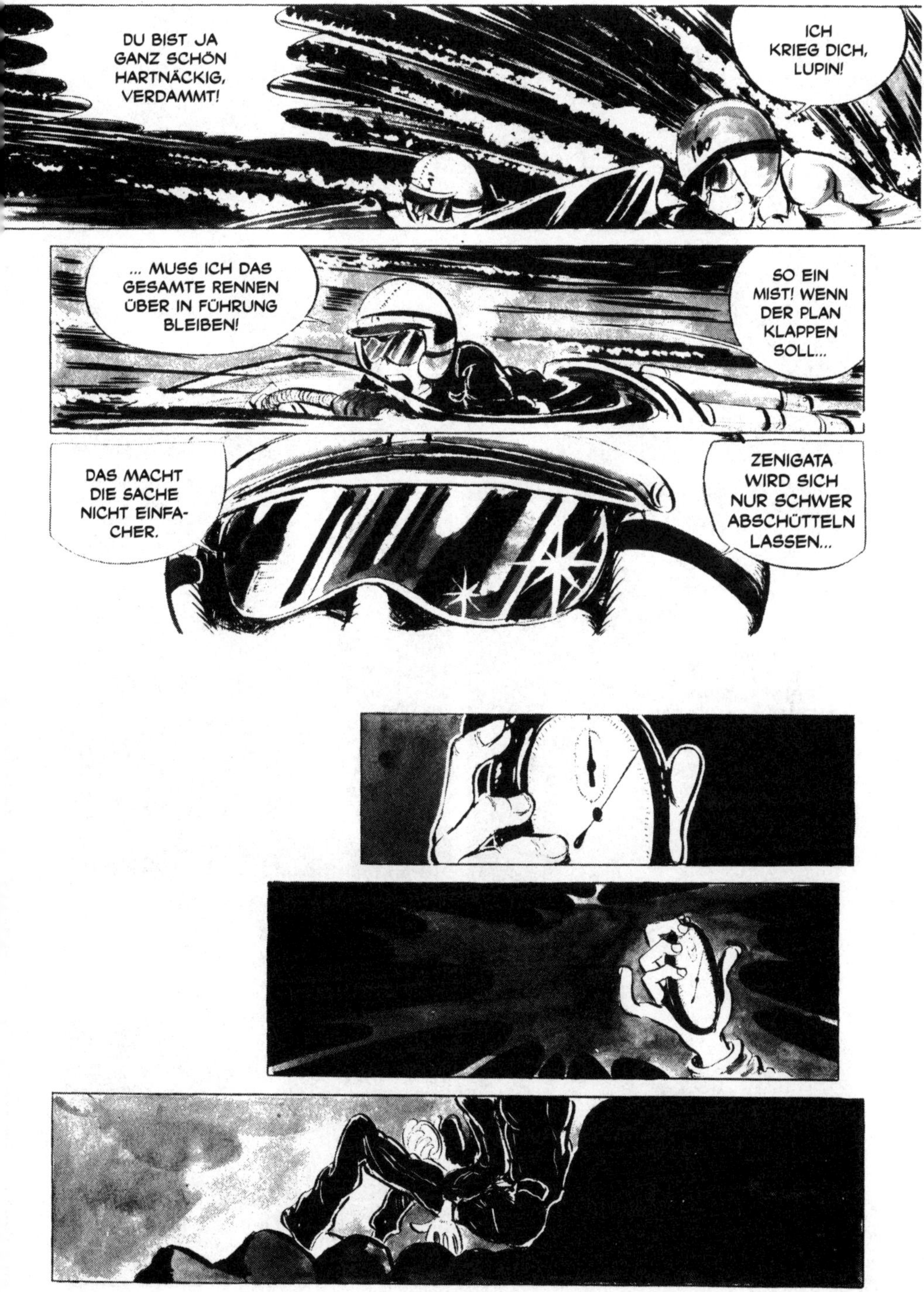
ICH KRIEG DICH, LUPIN!
DU BIST JA GANZ SCHÖN HARTNÄCKIG, VERDAMMT!
SO EIN MIST! WENN DER PLAN KLAPPEN SOLL...
... MUSS ICH DAS GESAMTE RENNEN ÜBER IN FÜHRUNG BLEIBEN!
ZENIGATA WIRD SICH NUR SCHWER ABSCHÜTTELN LASSEN...
DAS MACHT DIE SACHE NICHT EINFA-CHER.

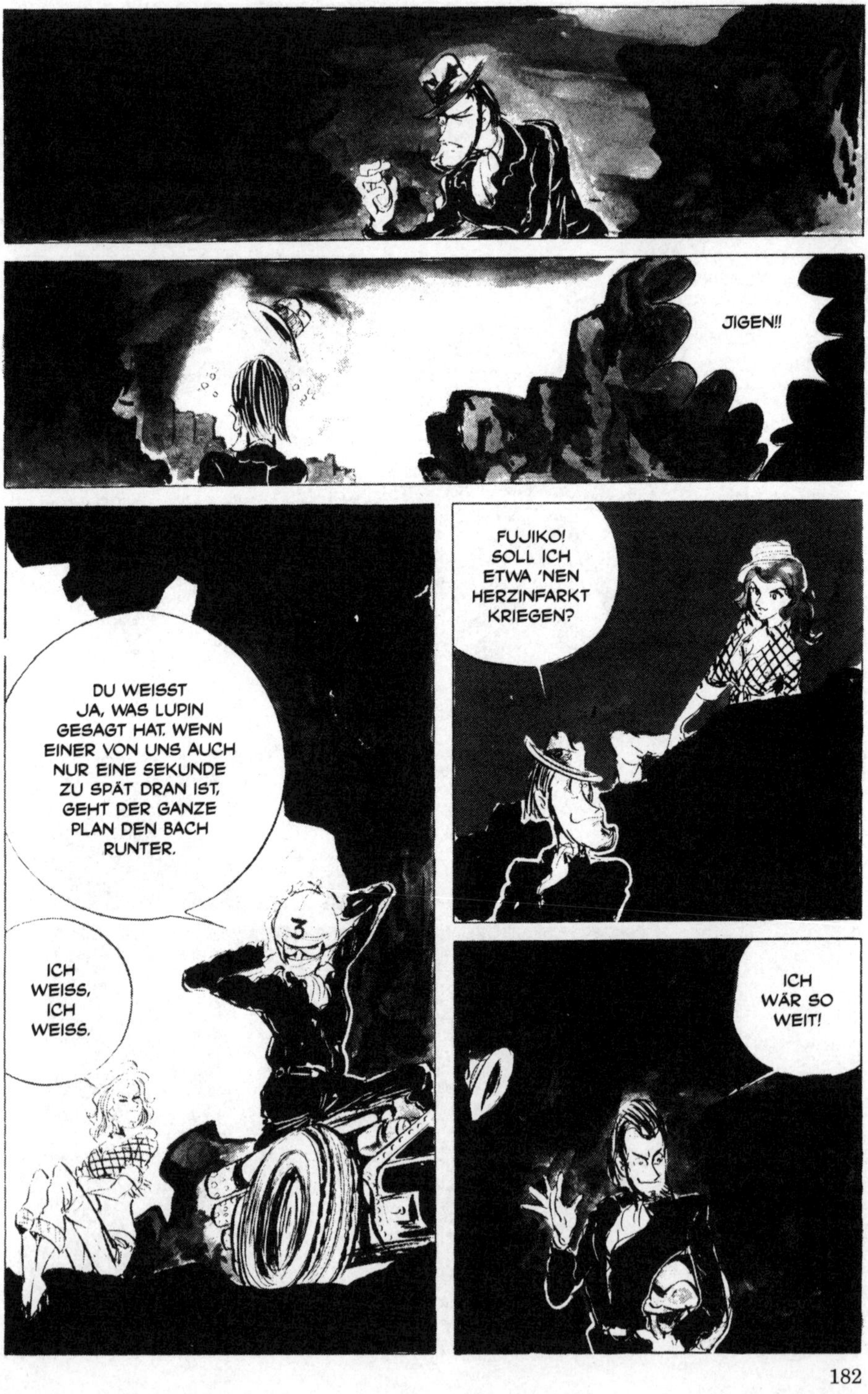
JIGEN!!
FUJIKO! SOLL ICH ETWA 'NEN HERZINFARKT KRIEGEN?
DU WEISST JA, WAS LUPIN GESAGT HAT. WENN EINER VON UNS AUCH NUR EINE SEKUNDE ZU SPÄT DRAN IST, GEHT DER GANZE PLAN DEN BACH RUNTER.
ICH WEISS, ICH WEISS.
ICH WÄR SO WEIT!

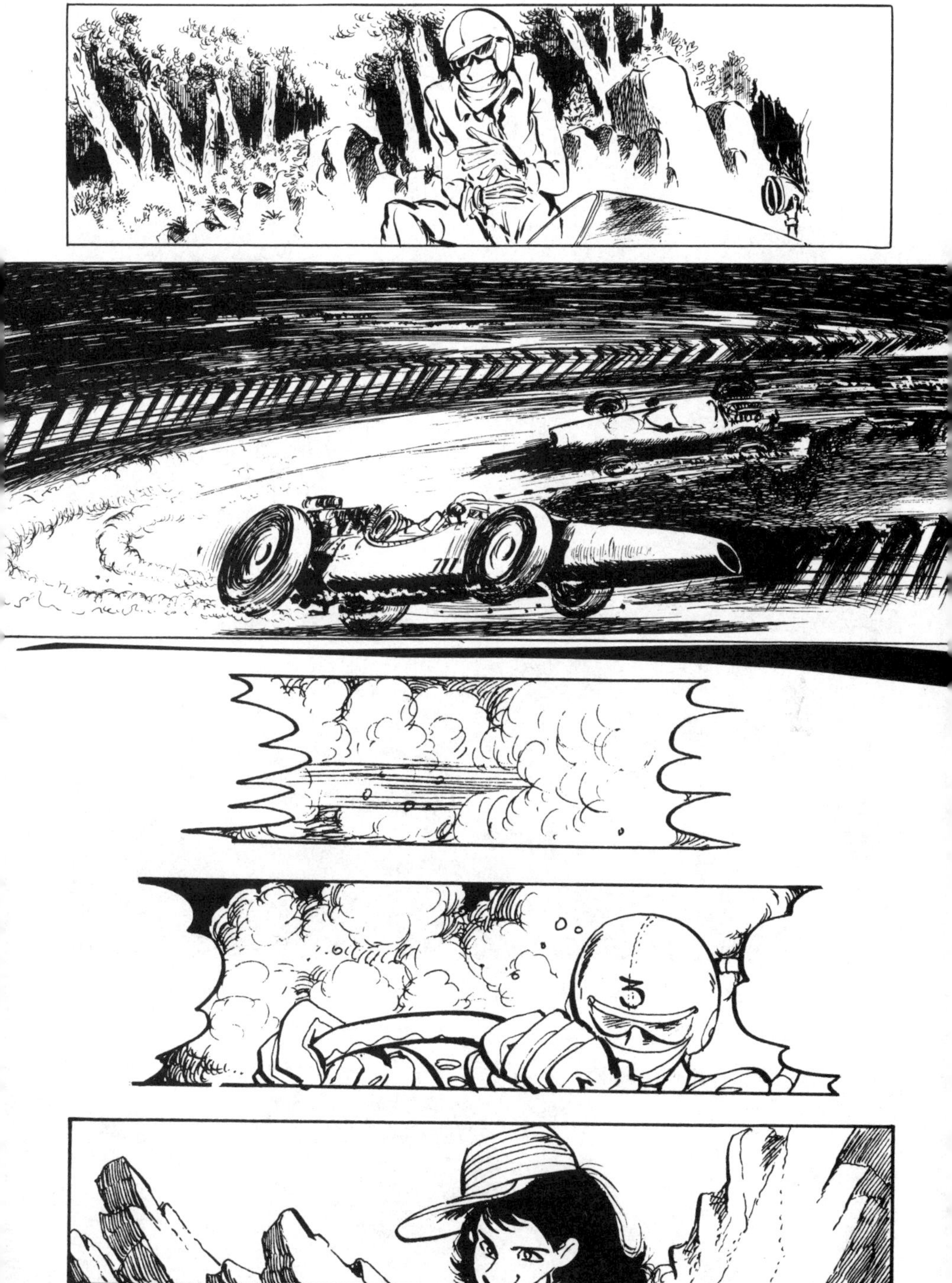

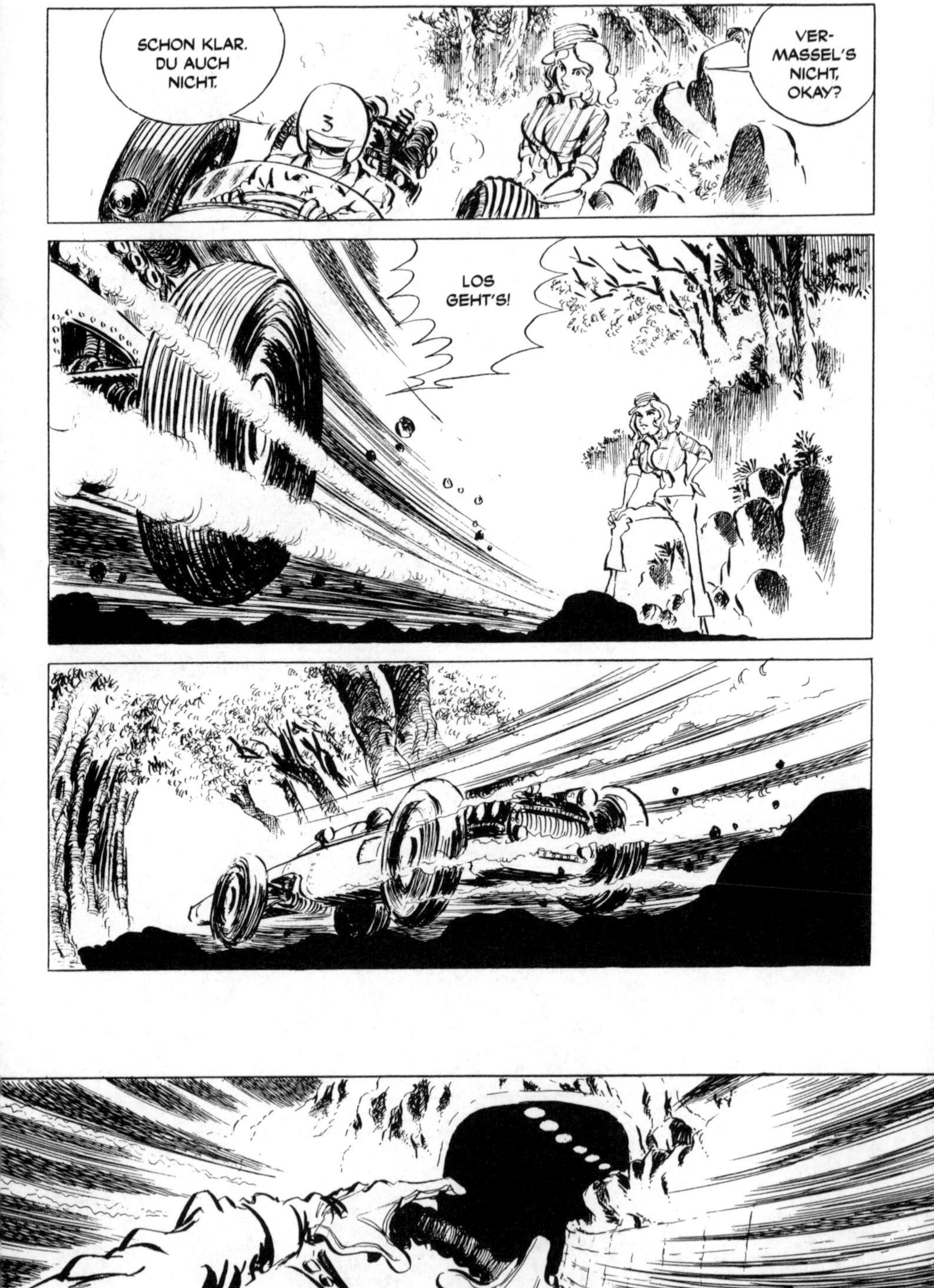
VER-
MASSEL'S
NICHT,
OKAY?
SCHON KLAR.
DU AUCH
NICHT.
LOS
GEHT'S!

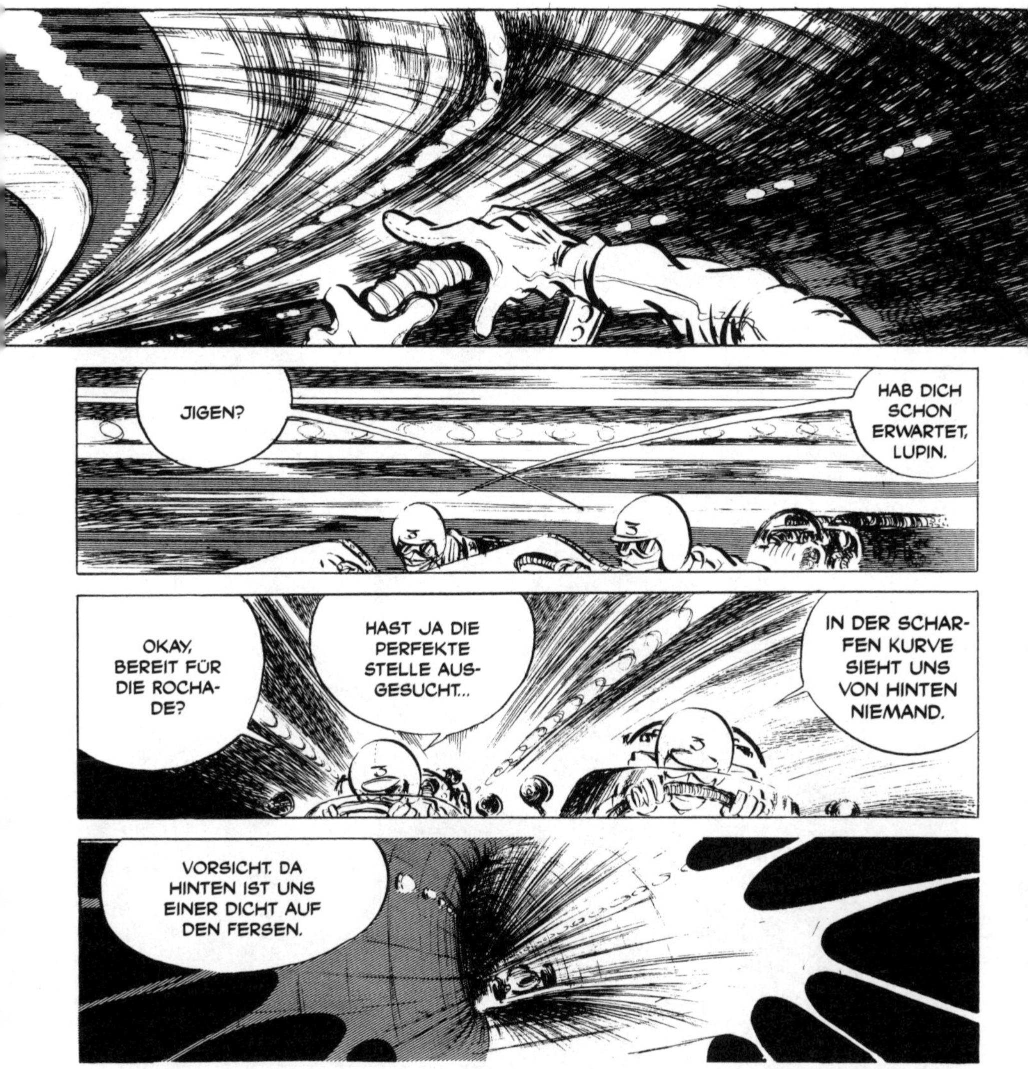
HAB DICH SCHON ERWARTET, LUPIN.
JIGEN?
IN DER SCHARFEN KURVE SIEHT UNS VON HINTEN NIEMAND.
HAST JA DIE PERFEKTE STELLE AUSGESUCHT...
OKAY, BEREIT FÜR DIE ROCHADE?
VORSICHT. DA HINTEN IST UNS EINER DICHT AUF DEN FERSEN.
NA, RATE MAL, WER DAS IST...
KEINE AHNUNG, ABER WENN ER'S MIT 'NEM ERSTLIGAFAHRER WIE DIR AUFNEHMEN KANN...
ES IST KOMMISSAR ZENIGATA!

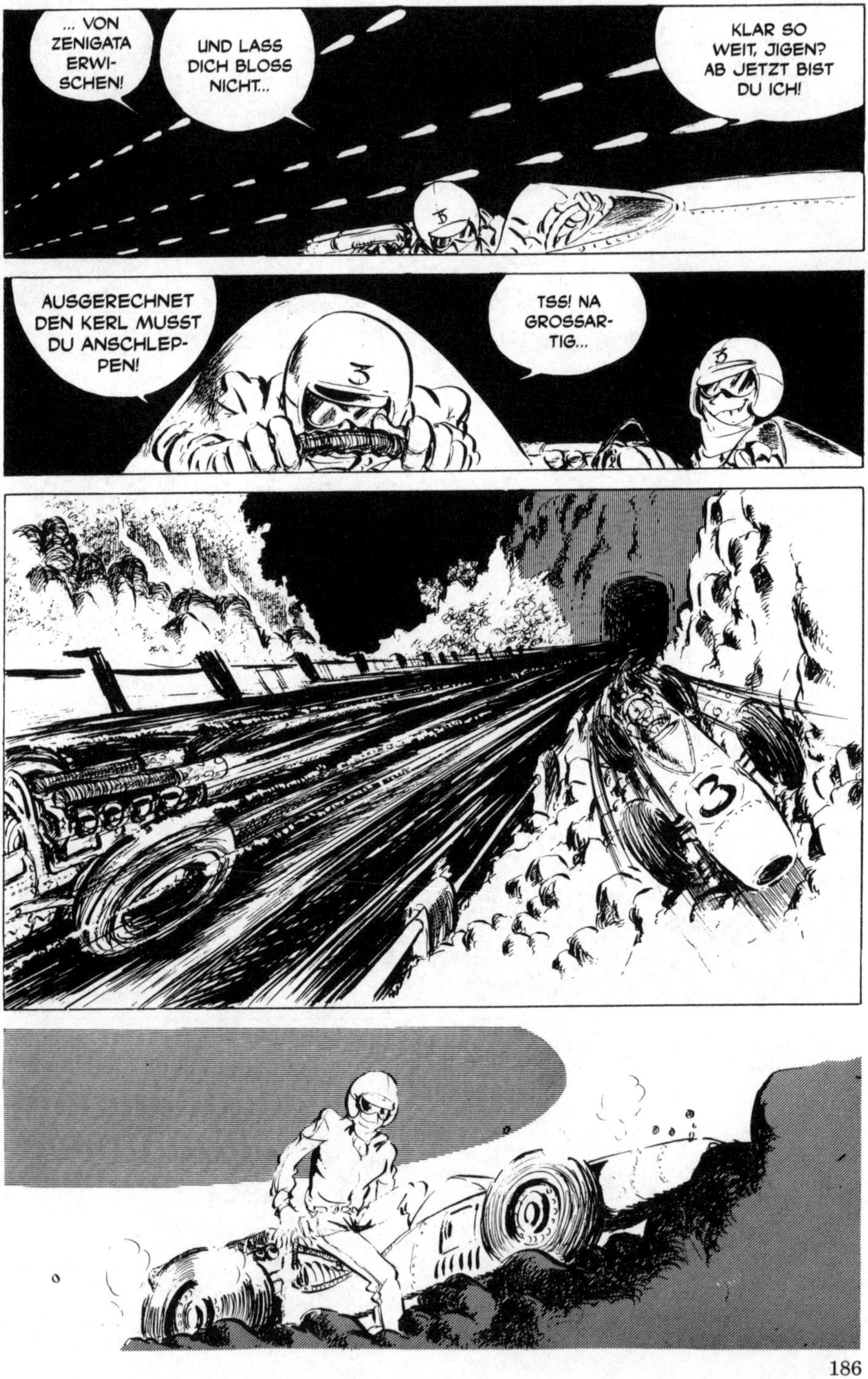
KLAR SO WEIT, JIGEN? AB JETZT BIST DU ICH!
UND LASS DICH BLOSS NICHT...
... VON ZENIGATA ERWI-SCHEN!
TSS! NA GROSSAR-TIG...
AUSGERECHNET DEN KERL MUSST DU ANSCHLEP-PEN!

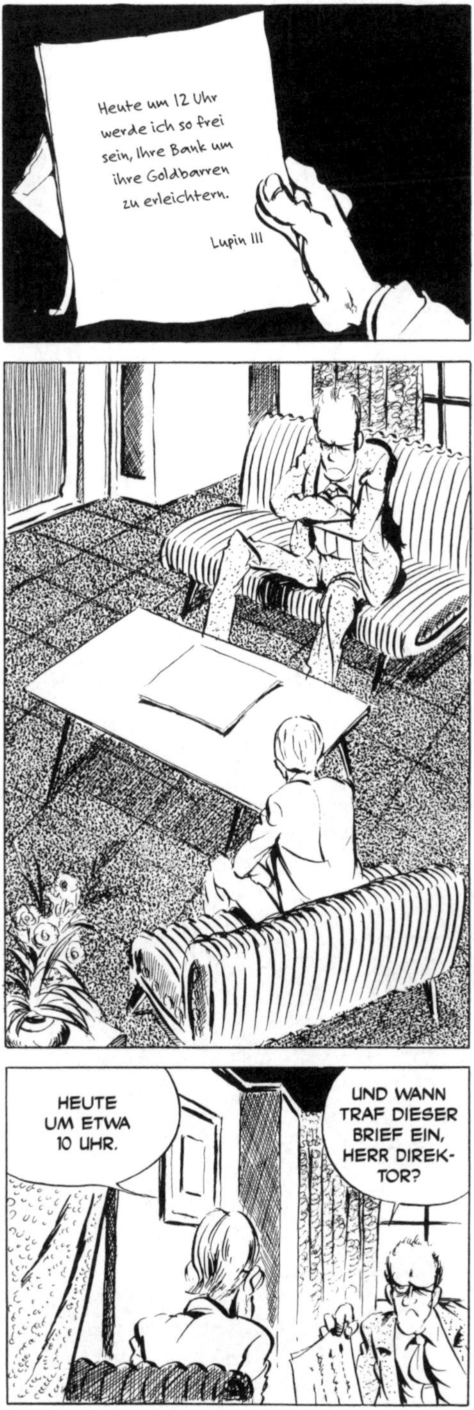
Heute um 12 Uhr werde ich so frei sein, Ihre Bank um ihre Goldbarren zu erleichtern.
Lupin III
UND WANN TRAF DIESER BRIEF EIN, HERR DIREKTOR?
HEUTE UM ETWA 10 UHR.

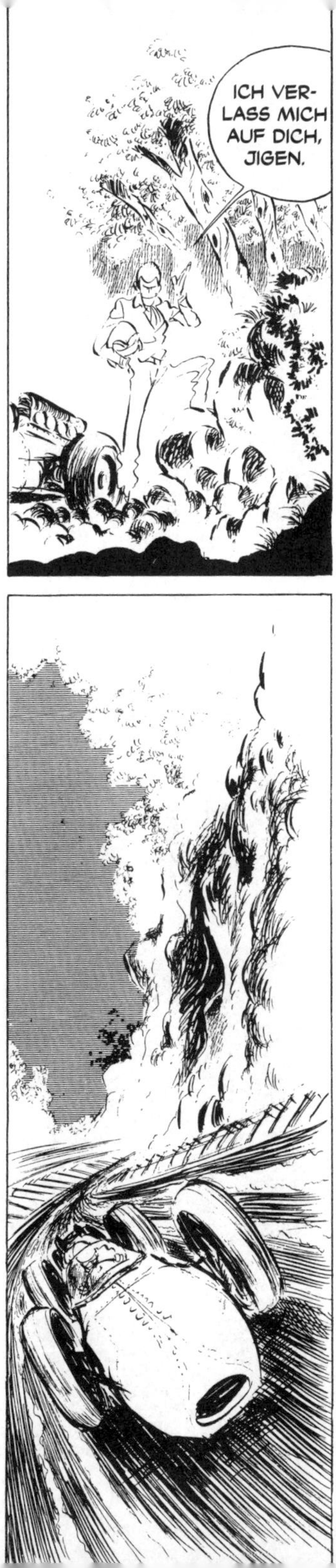
ICH VERLASS MICH AUF DICH, JIGEN.

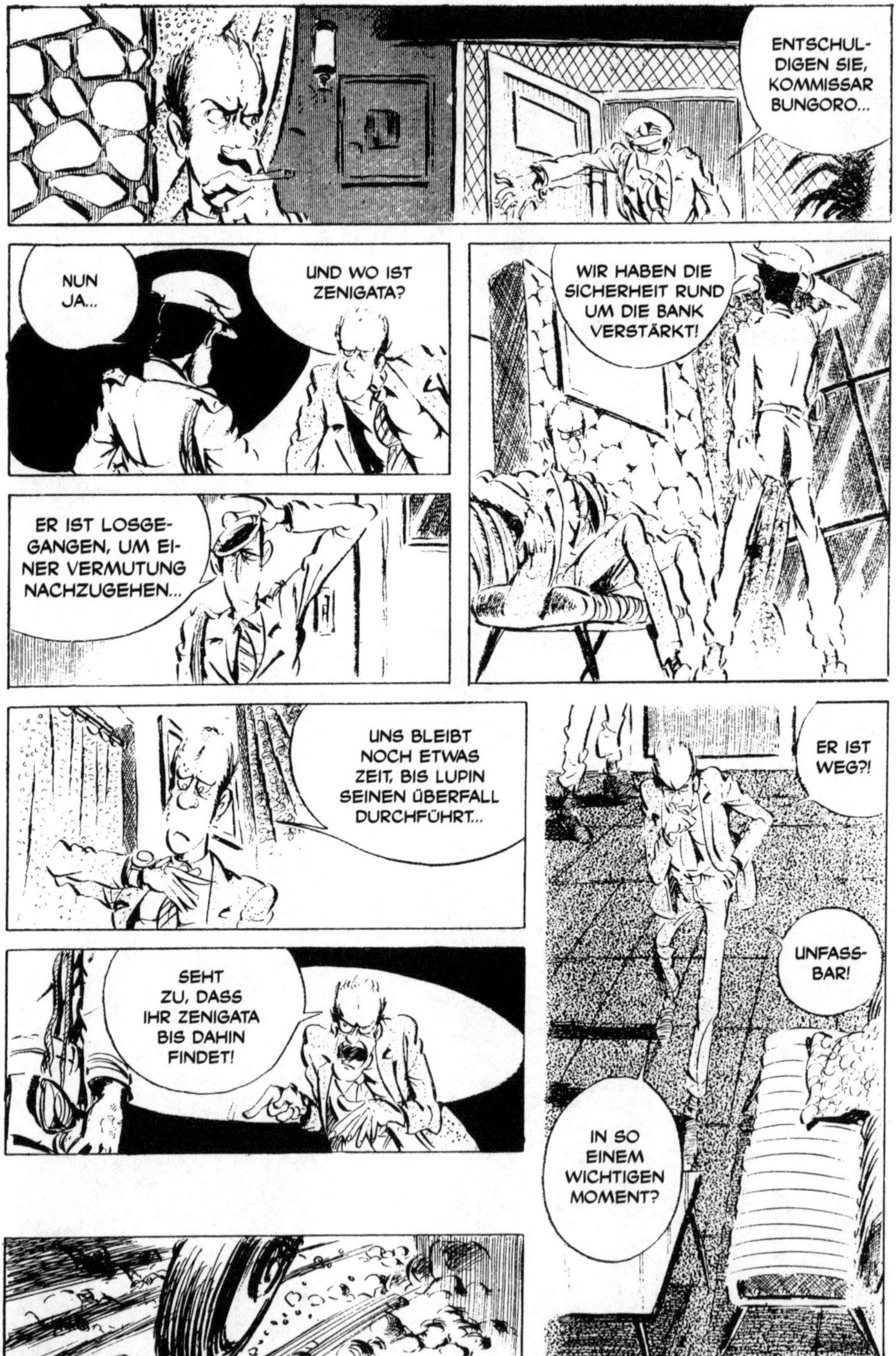
ENTSCHULDIGEN SIE, KOMMISSAR BUNGORO...
UND WO IST ZENIGATA?
NUN JA...
ER IST LOSGEGANGEN, UM EINER VERMUTUNG NACHZUGEHEN...
WIR HABEN DIE SICHERHEIT RUND UM DIE BANK VERSTÄRKT!
UNS BLEIBT NOCH ETWAS ZEIT, BIS LUPIN SEINEN ÜBERFALL DURCHFÜHRT...
SEHT ZU, DASS IHR ZENIGATA BIS DAHIN FINDET!
ER IST WEG?!
UNFASSBAR!
IN SO EINEM WICHTIGEN MOMENT?

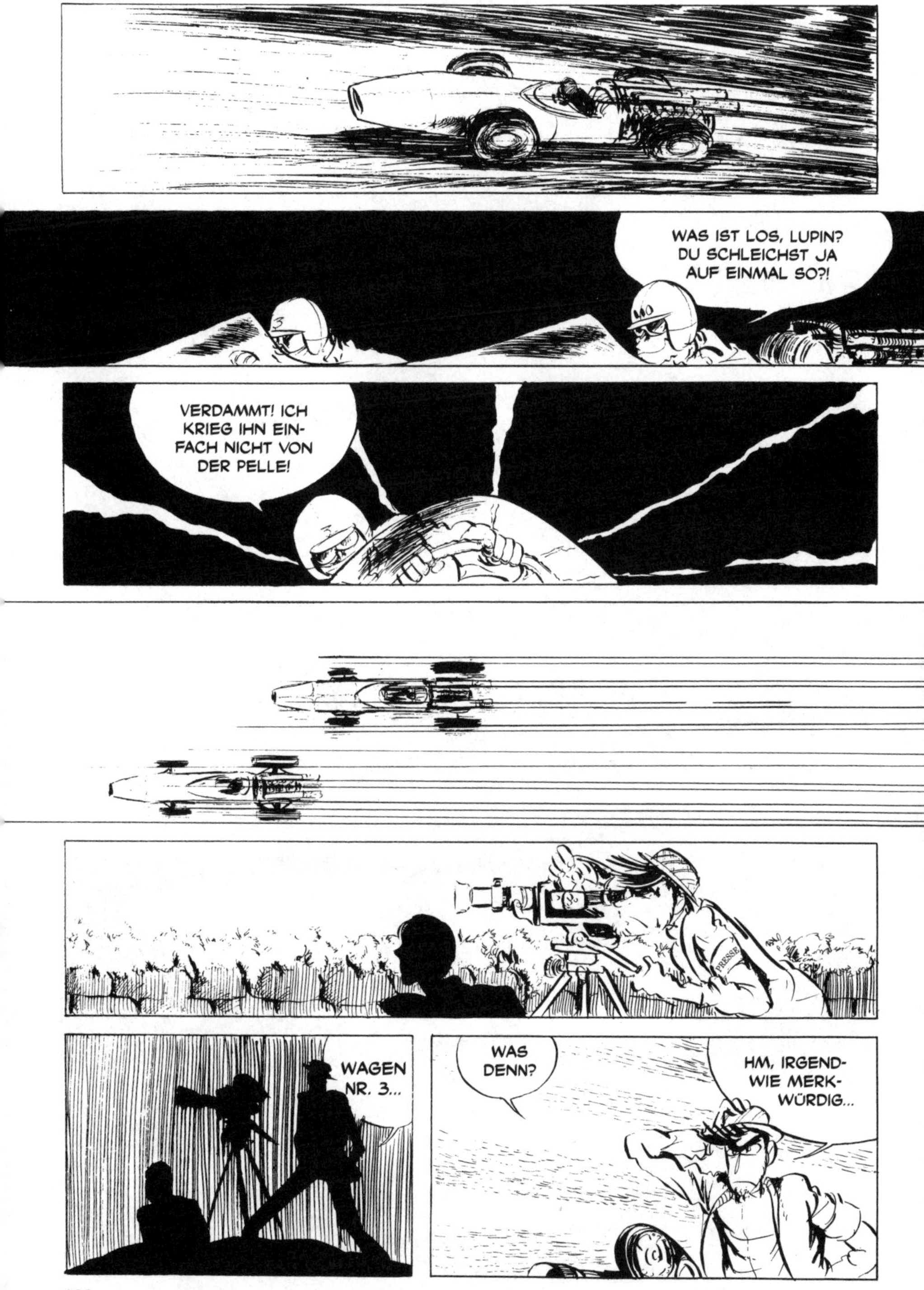

WAS IST LOS, LUPIN? DU SCHLEICHST JA AUF EINMAL SO?!
VERDAMMT! ICH KRIEG IHN EIN-FACH NICHT VON DER PELLE!
PRESSE
WAGEN NR. 3...
WAS DENN?
HM, IRGEND-WIE MERK-WÜRDIG...

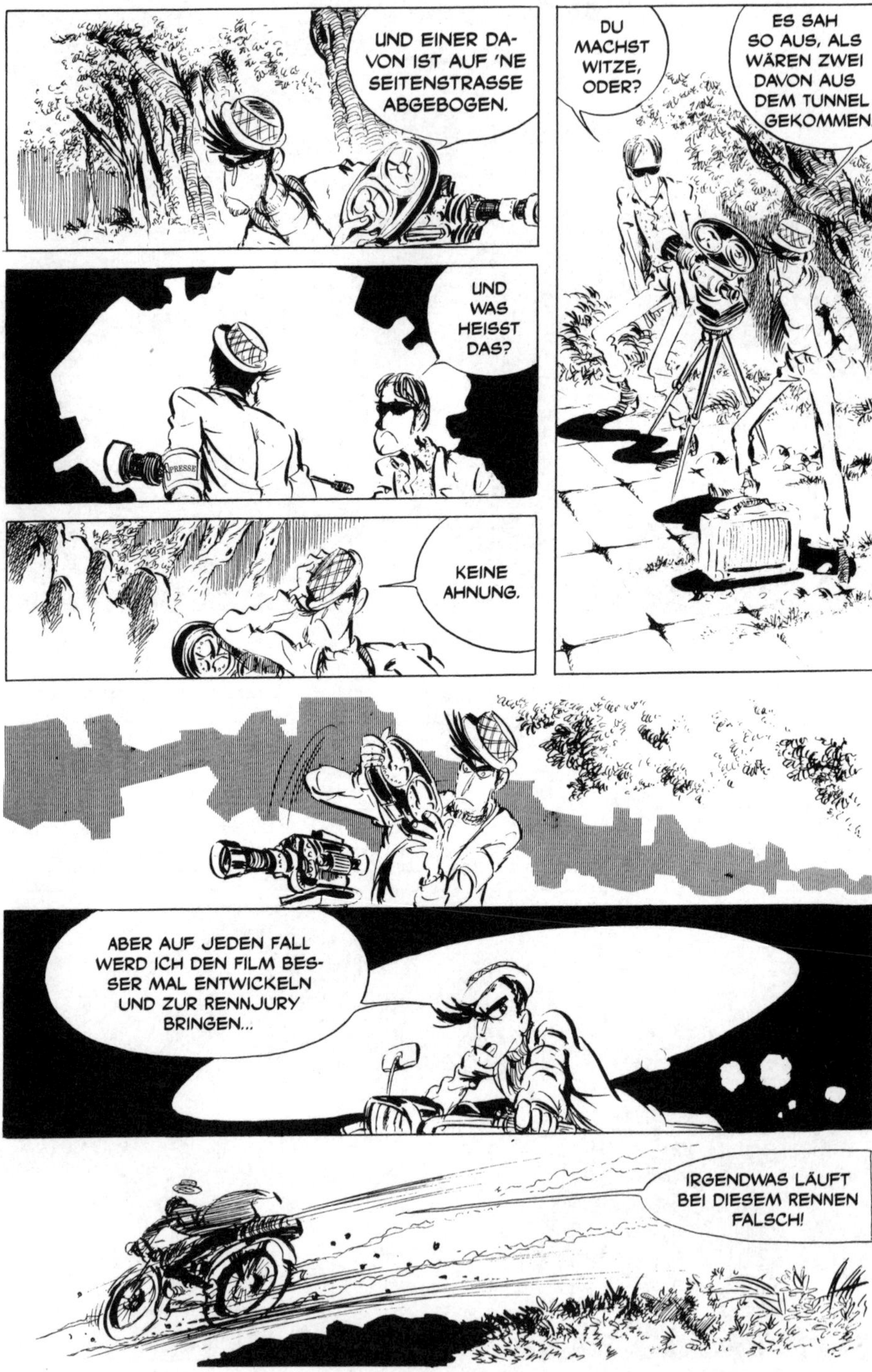
UND EINER DAVON IST AUF 'NE SEITENSTRASSE ABGEBOGEN.
UND WAS HEISST DAS?
KEINE AHNUNG.
DU MACHST WITZE, ODER?
ES SAH SO AUS, ALS WÄREN ZWEI DAVON AUS DEM TUNNEL GEKOMMEN.
PRESSE
ABER AUF JEDEN FALL WERD ICH DEN FILM BESSER MAL ENTWICKELN UND ZUR RENNJURY BRINGEN...
IRGENDWAS LÄUFT BEI DIESEM RENNEN FALSCH!

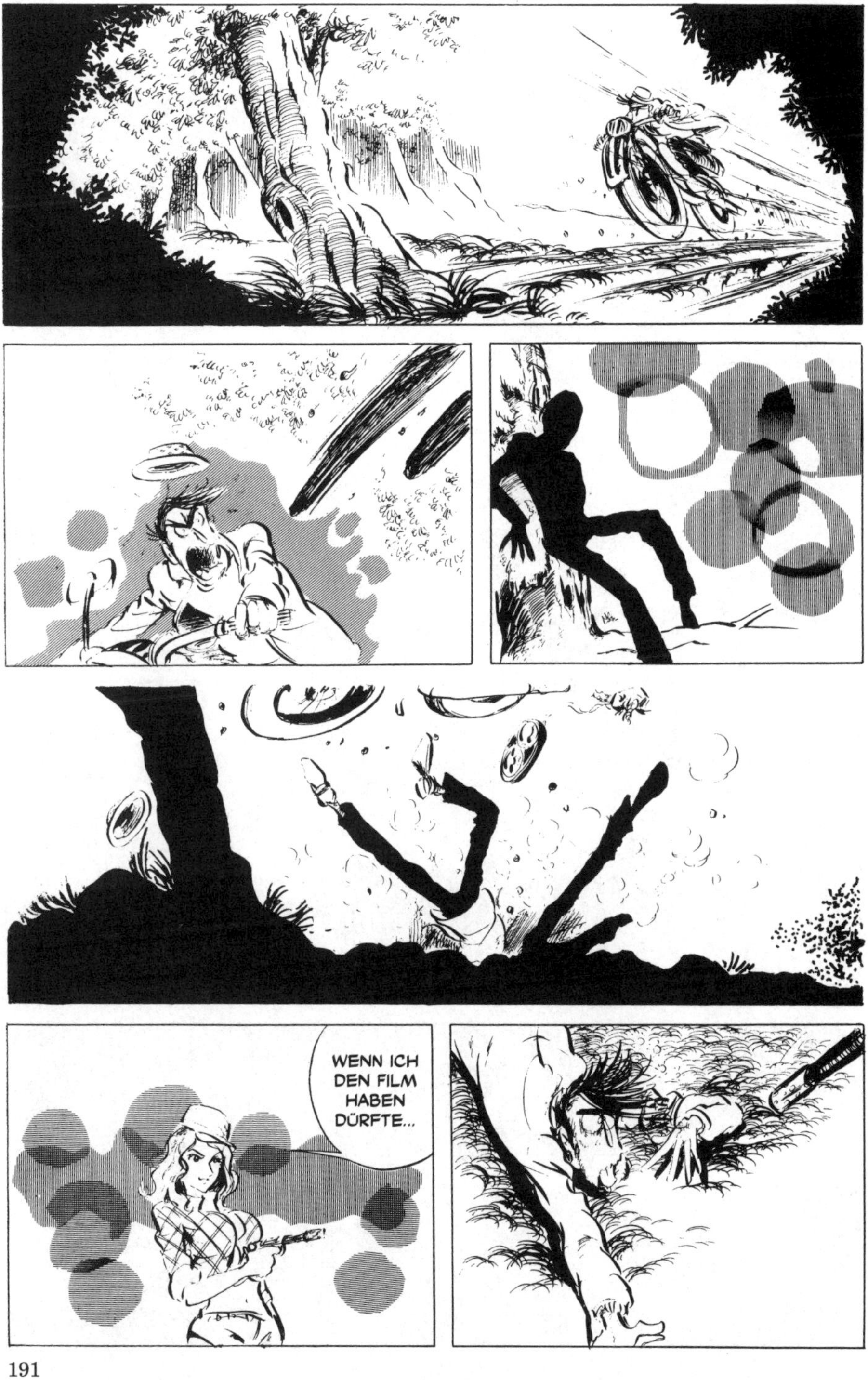
WENN ICH DEN FILM HABEN DÜRFTE...

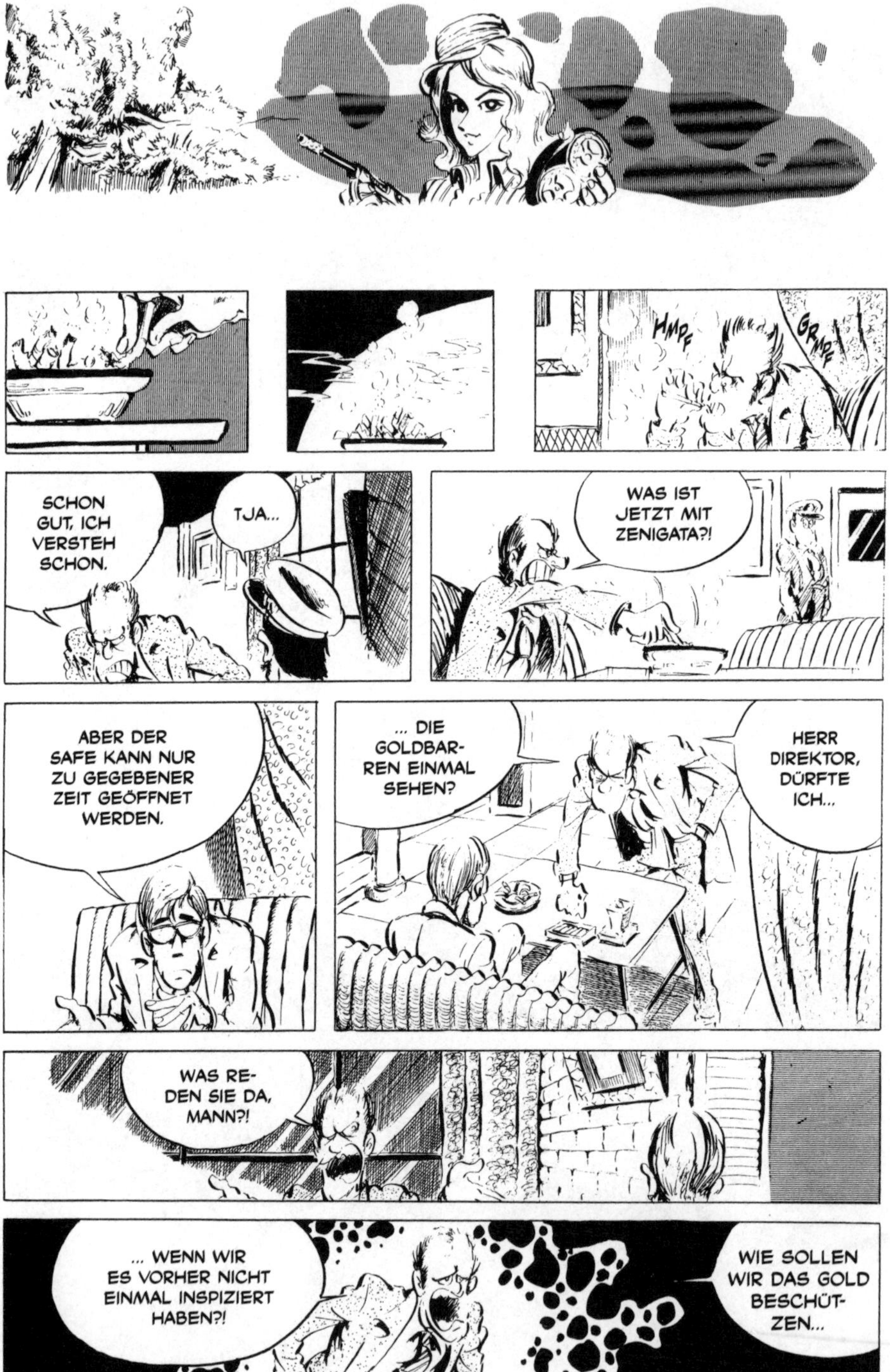
GRMPF
HMPF
WAS IST JETZT MIT ZENIGATA?!
TJA...
SCHON GUT, ICH VERSTEH SCHON.
HERR DIREKTOR, DÜRFTE ICH...
... DIE GOLDBAR-REN EINMAL SEHEN?
ABER DER SAFE KANN NUR ZU GEGEBENER ZEIT GEÖFFNET WERDEN.
WAS RE-DEN SIE DA, MANN?!
WIE SOLLEN WIR DAS GOLD BESCHÜT-ZEN...
... WENN WIR ES VORHER NICHT EINMAL INSPIZIERT HABEN?!

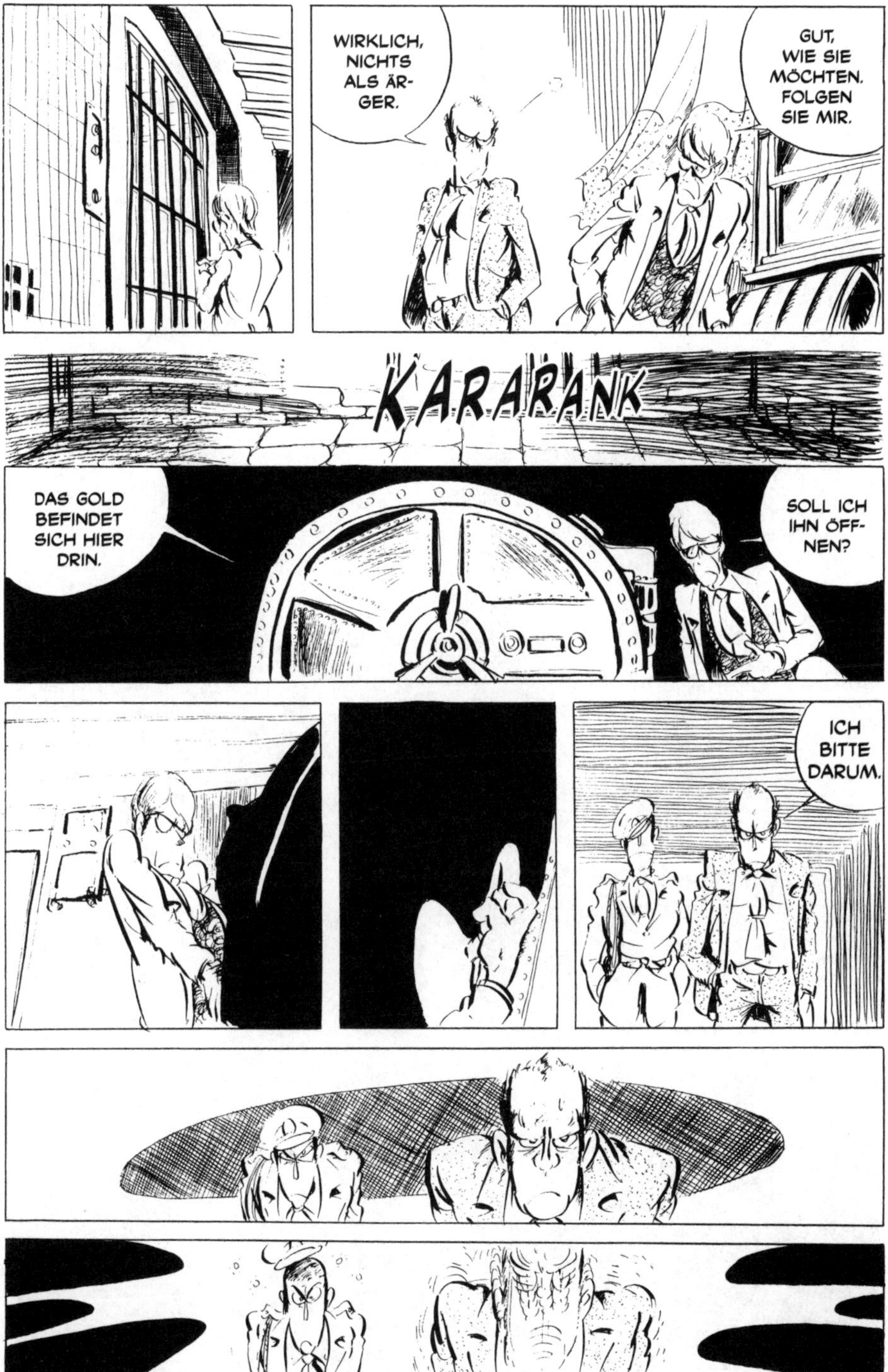

WIRKLICH, NICHTS ALS ÄR-GER.
GUT, WIE SIE MÖCHTEN. FOLGEN SIE MIR.
KARARANK
DAS GOLD BEFINDET SICH HIER DRIN.
SOLL ICH IHN ÖFF-NEN?
ICH BITTE DARUM.

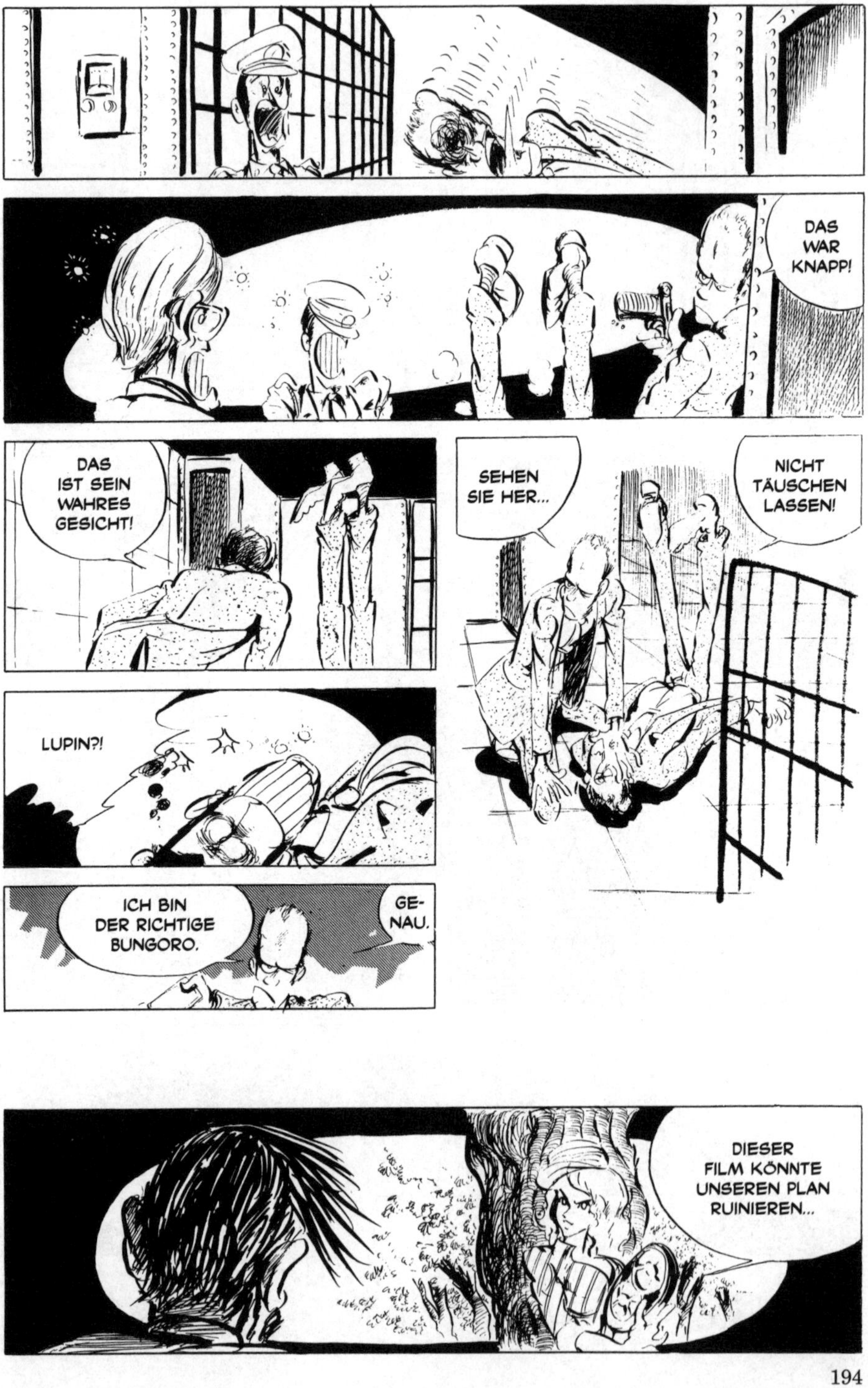
DAS WAR KNAPP!
DAS IST SEIN WAHRES GESICHT!
SEHEN SIE HER...
NICHT TÄUSCHEN LASSEN!
LUPIN?!
ICH BIN DER RICHTIGE BUNGORO.
GE-NAU.
DIESER FILM KÖNNTE UNSEREN PLAN RUINIEREN...

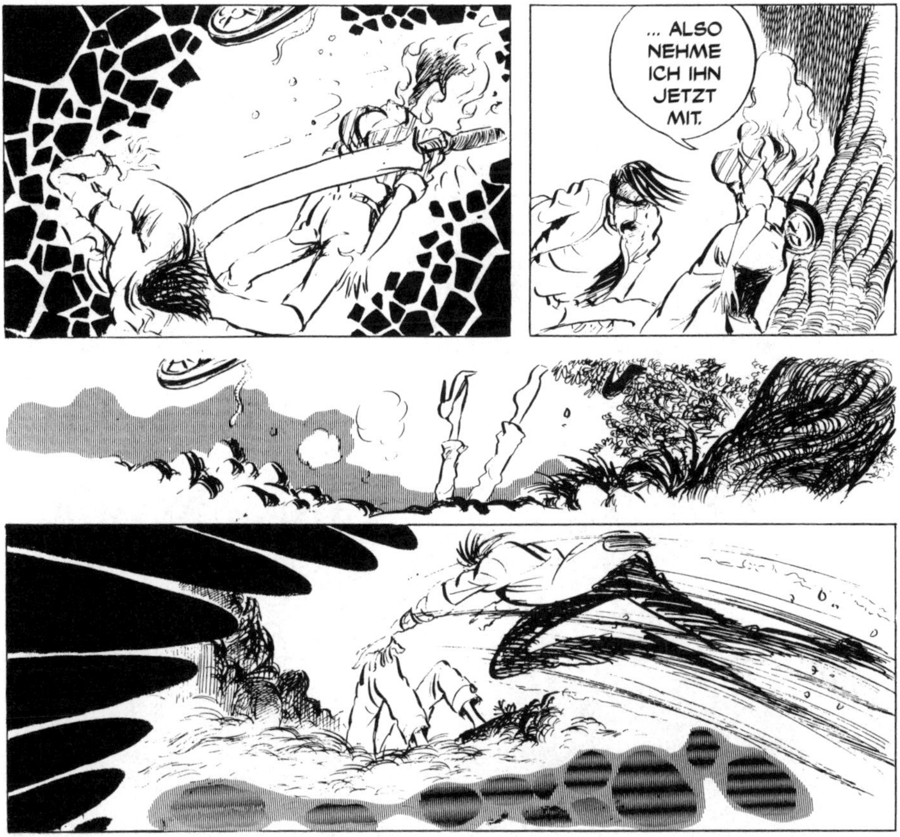
... ALSO NEHME ICH IHN JETZT MIT.

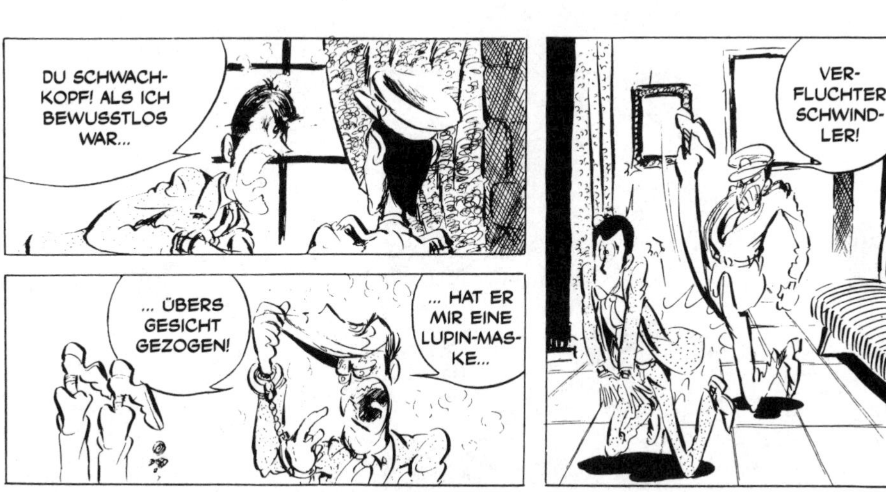
DU SCHWACHKOPF! ALS ICH BEWUSSTLOS WAR...
... HAT ER MIR EINE LUPIN-MASKE...
... ÜBERS GESICHT GEZOGEN!
VERFLUCHTER SCHWINDLER!

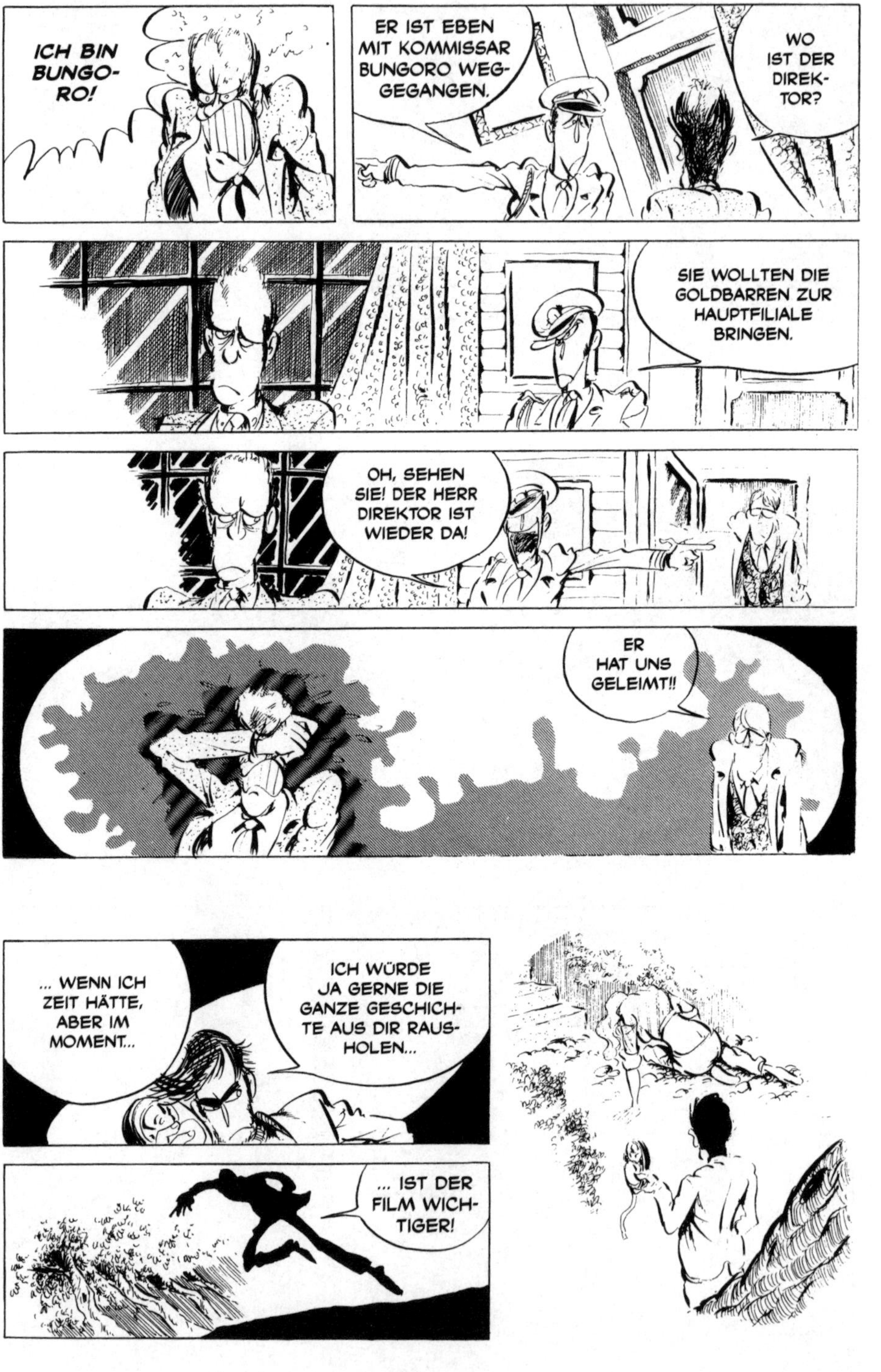
ICH BIN BUNGORO!
ER IST EBEN MIT KOMMISSAR BUNGORO WEGGEGANGEN.
WO IST DER DIREKTOR?
SIE WOLLTEN DIE GOLDBARREN ZUR HAUPTFILIALE BRINGEN.
OH, SEHEN SIE! DER HERR DIREKTOR IST WIEDER DA!
ER HAT UNS GELEIMT!!
ICH WÜRDE JA GERNE DIE GANZE GESCHICHTE AUS DIR RAUSHOLEN...
... WENN ICH ZEIT HÄTTE, ABER IM MOMENT...
... IST DER FILM WICHTIGER!

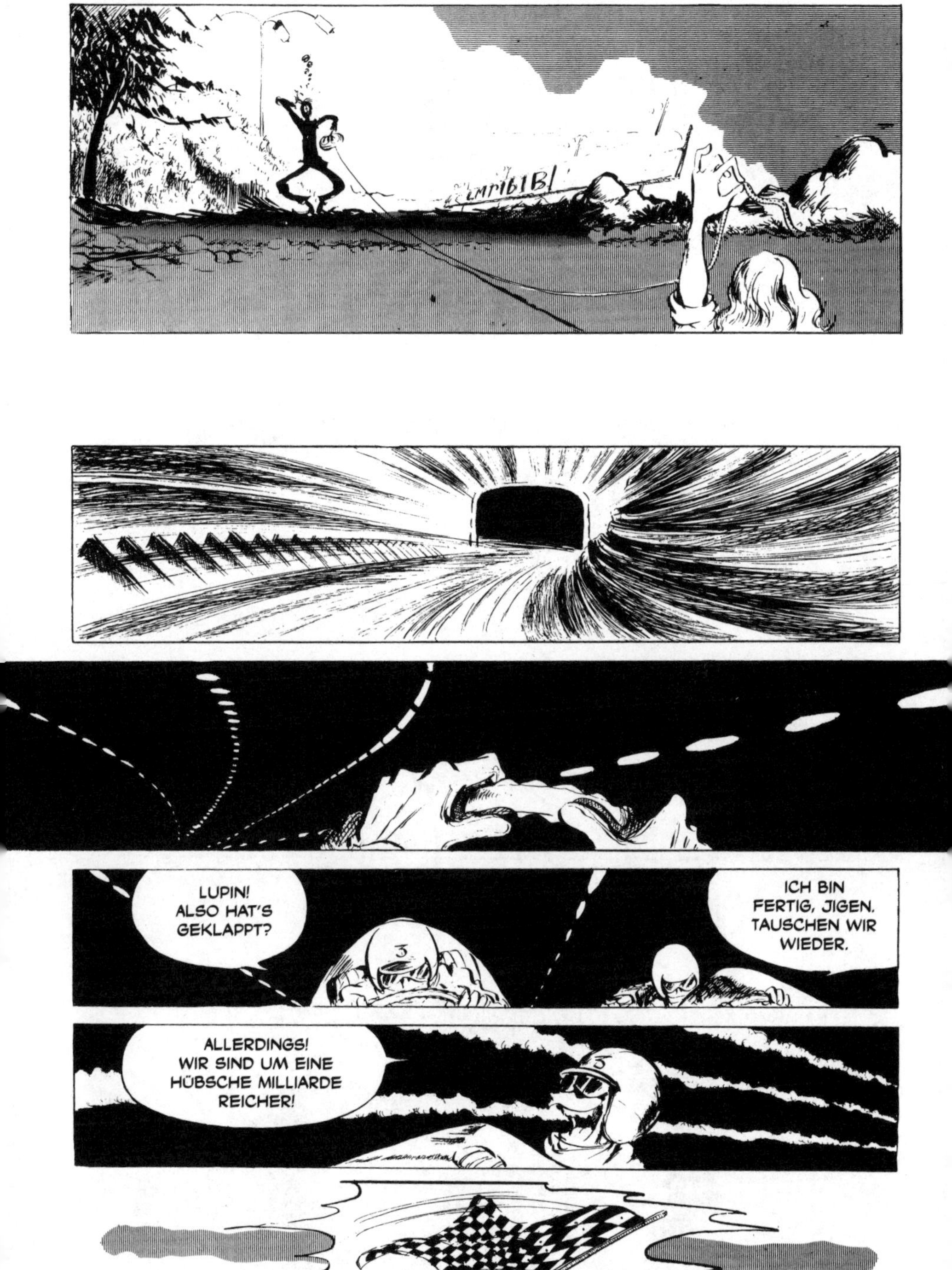
LUPIN! ALSO HAT'S GEKLAPPT?
ICH BIN FERTIG, JIGEN. TAUSCHEN WIR WIEDER.
ALLERDINGS! WIR SIND UM EINE HÜBSCHE MILLIARDE REICHER!

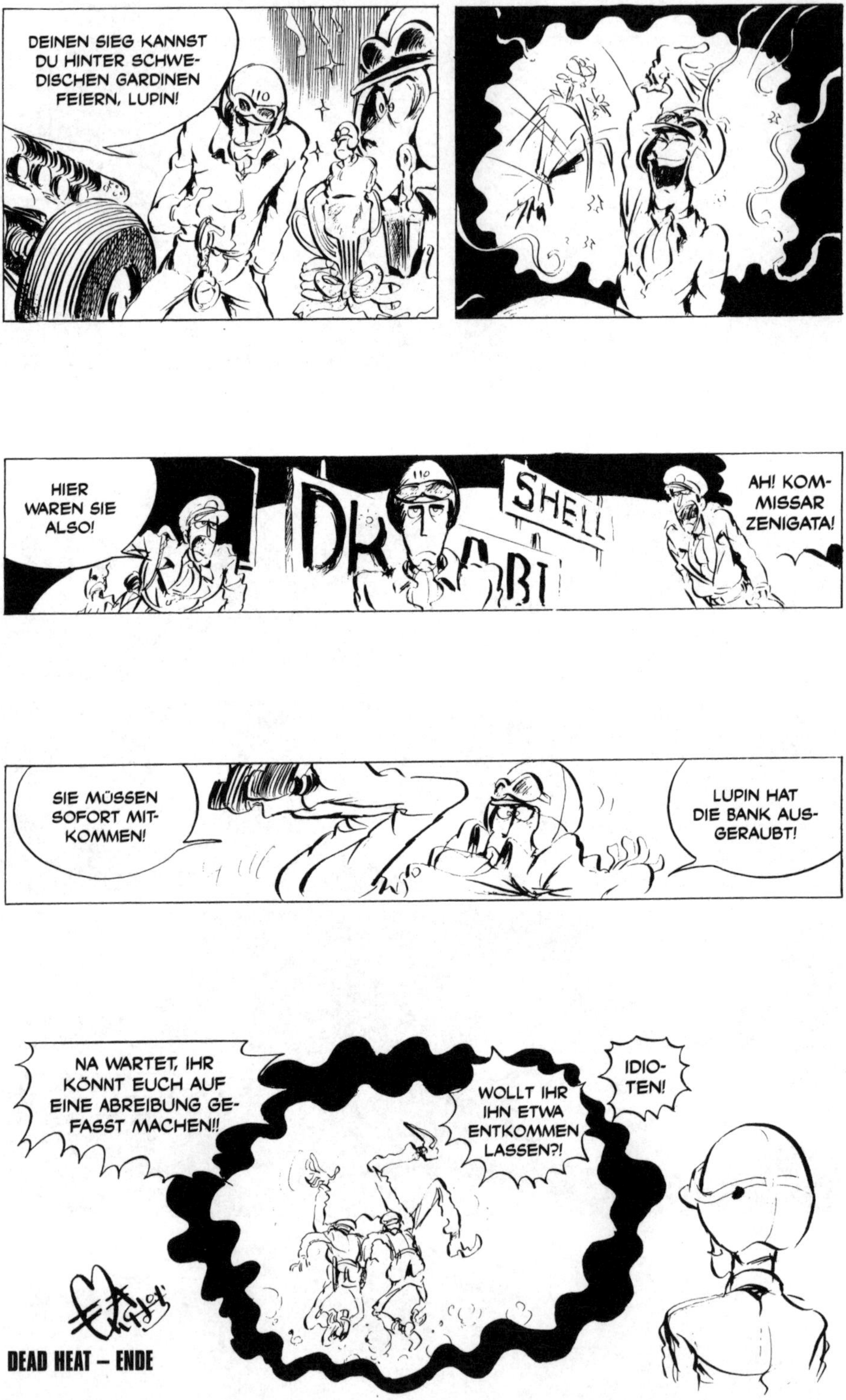
DEINEN SIEG KANNST DU HINTER SCHWEDISCHEN GARDINEN FEIERN, LUPIN!
HIER WAREN SIE ALSO!
SHELL
AH! KOMMISSAR ZENIGATA!
SIE MÜSSEN SOFORT MITKOMMEN!
LUPIN HAT DIE BANK AUSGERAUBT!
NA WARTET, IHR KÖNNT EUCH AUF EINE ABREIBUNG GEFASST MACHEN!!
WOLLT IHR IHN ETWA ENTKOMMEN LASSEN?!
IDIOTEN!
DEAD HEAT – ENDE

LUPINS WIEGENLIED

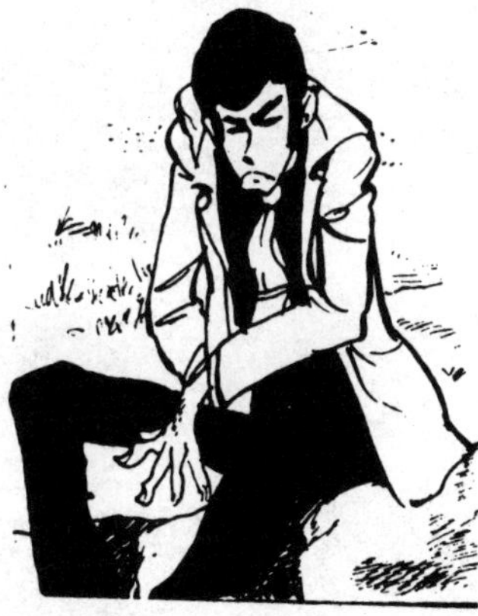

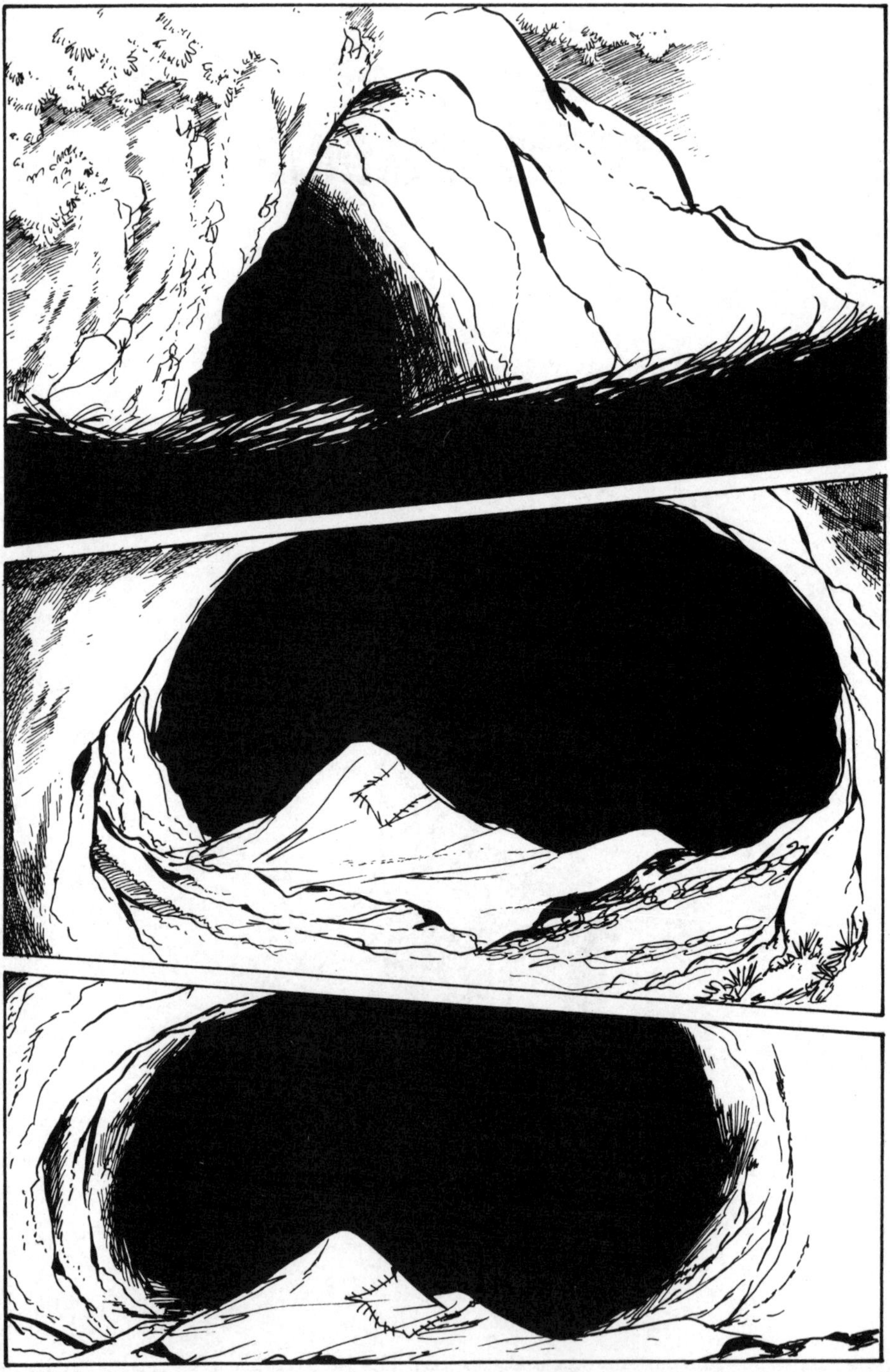

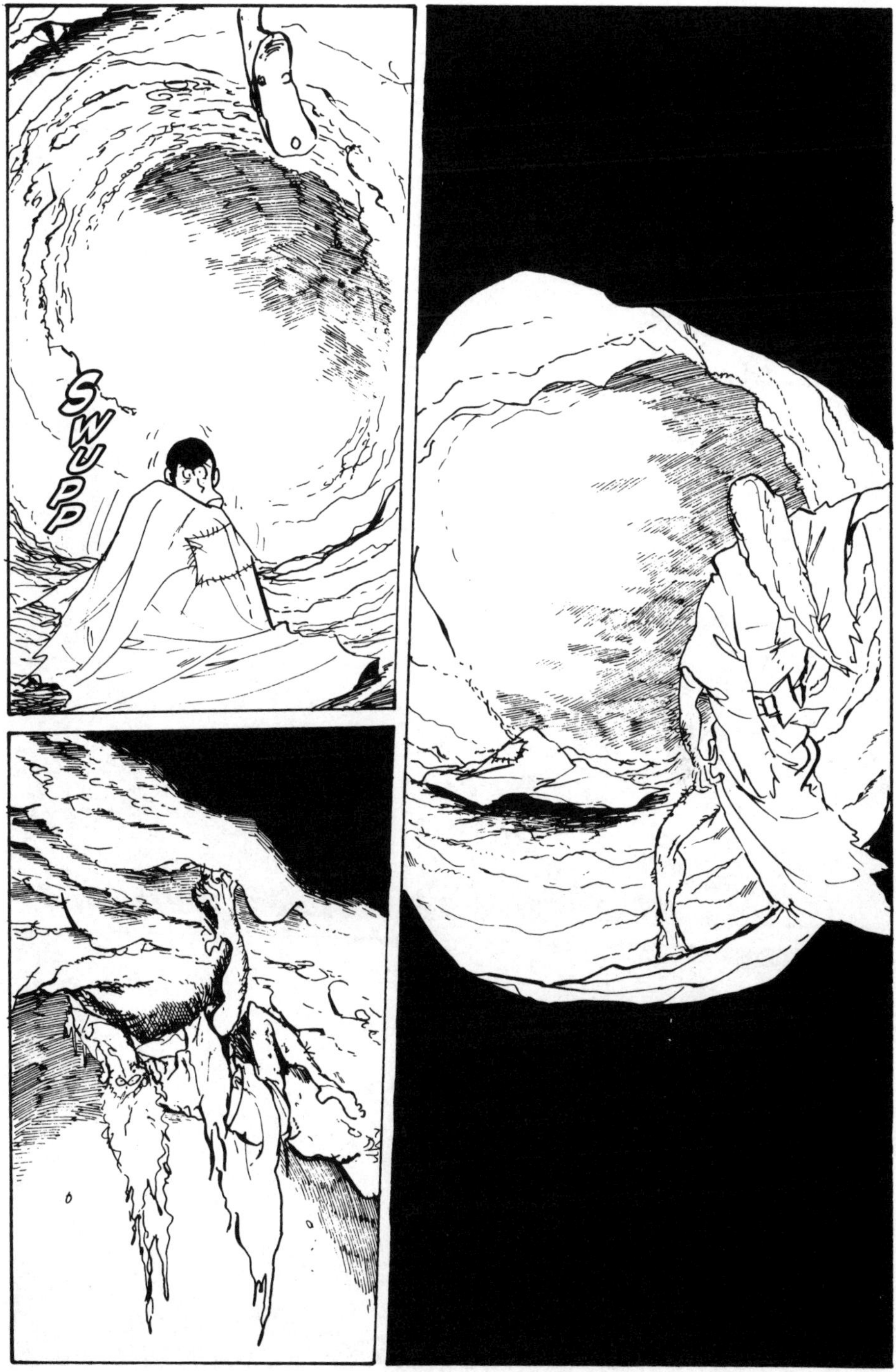
SWUPP

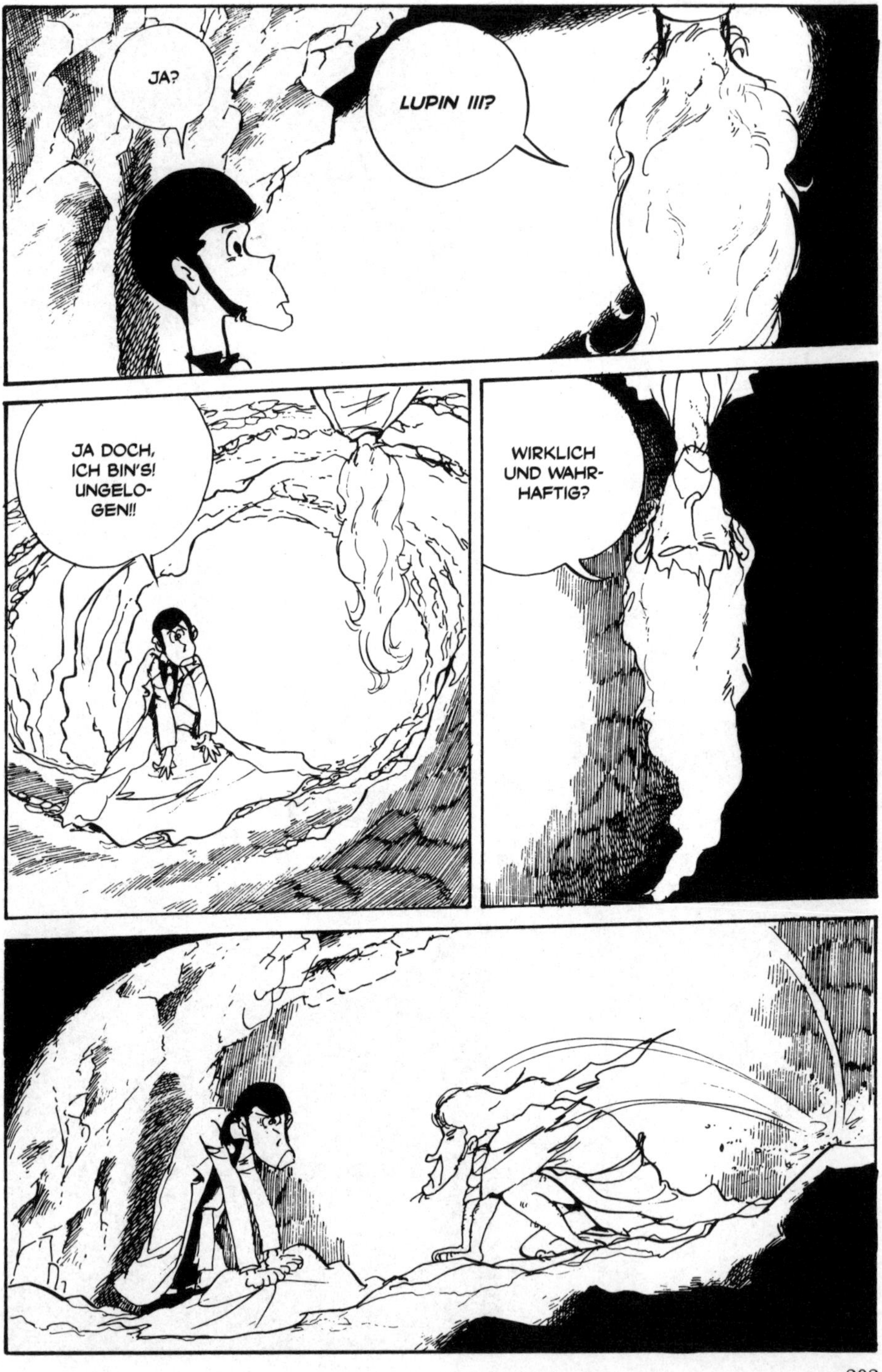

LUPIN III?
JA?
WIRKLICH UND WAHR-HAFTIG?
JA DOCH, ICH BIN'S! UNGELO-GEN!!

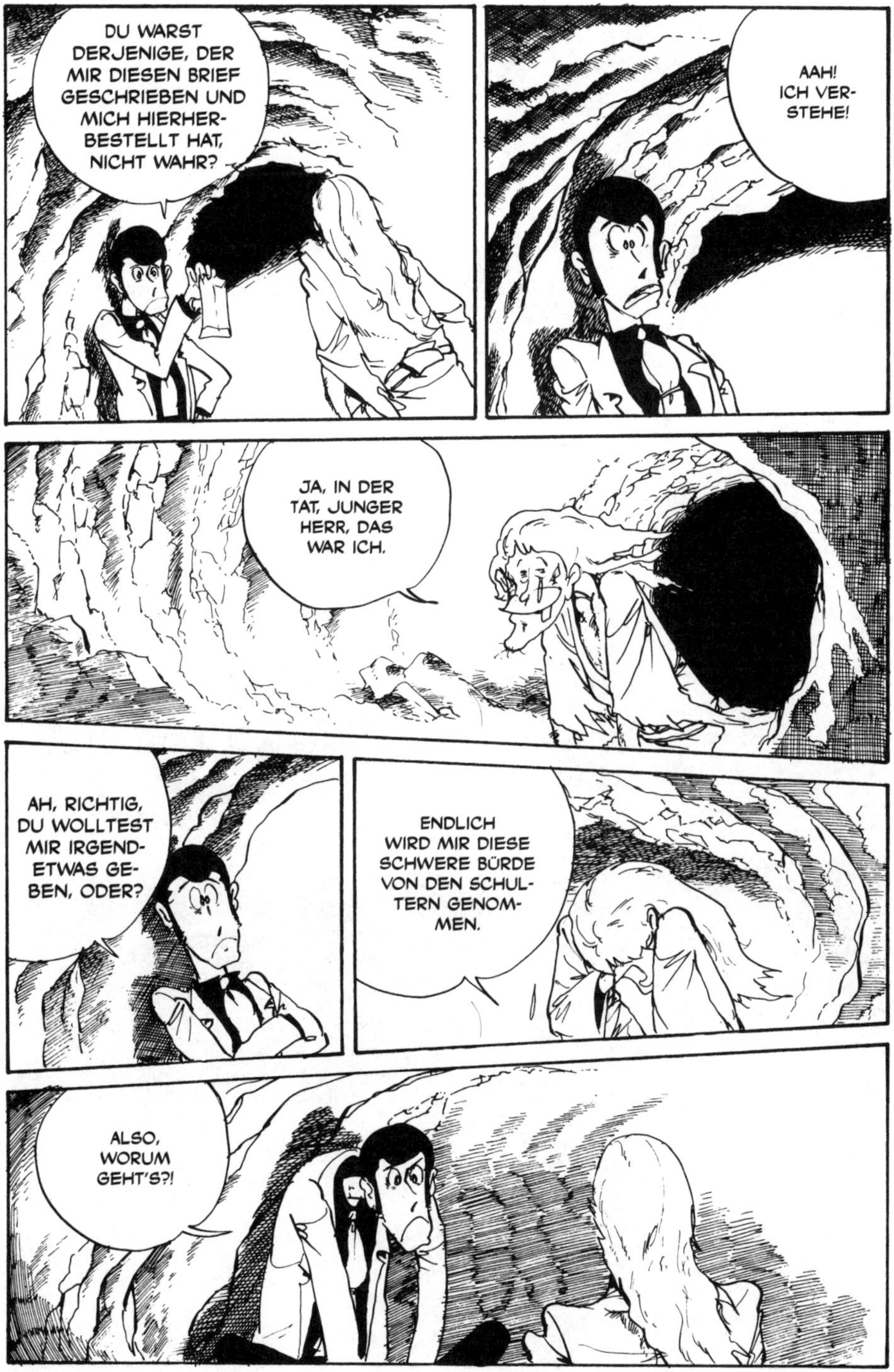
DU WARST DERJENIGE, DER MIR DIESEN BRIEF GESCHRIEBEN UND MICH HIERHERBESTELLT HAT, NICHT WAHR?
AAH! ICH VERSTEHE!
JA, IN DER TAT, JUNGER HERR, DAS WAR ICH.
AH, RICHTIG, DU WOLLTEST MIR IRGENDETWAS GEBEN, ODER?
ENDLICH WIRD MIR DIESE SCHWERE BÜRDE VON DEN SCHULTERN GENOMMEN.
ALSO, WORUM GEHT'S?!

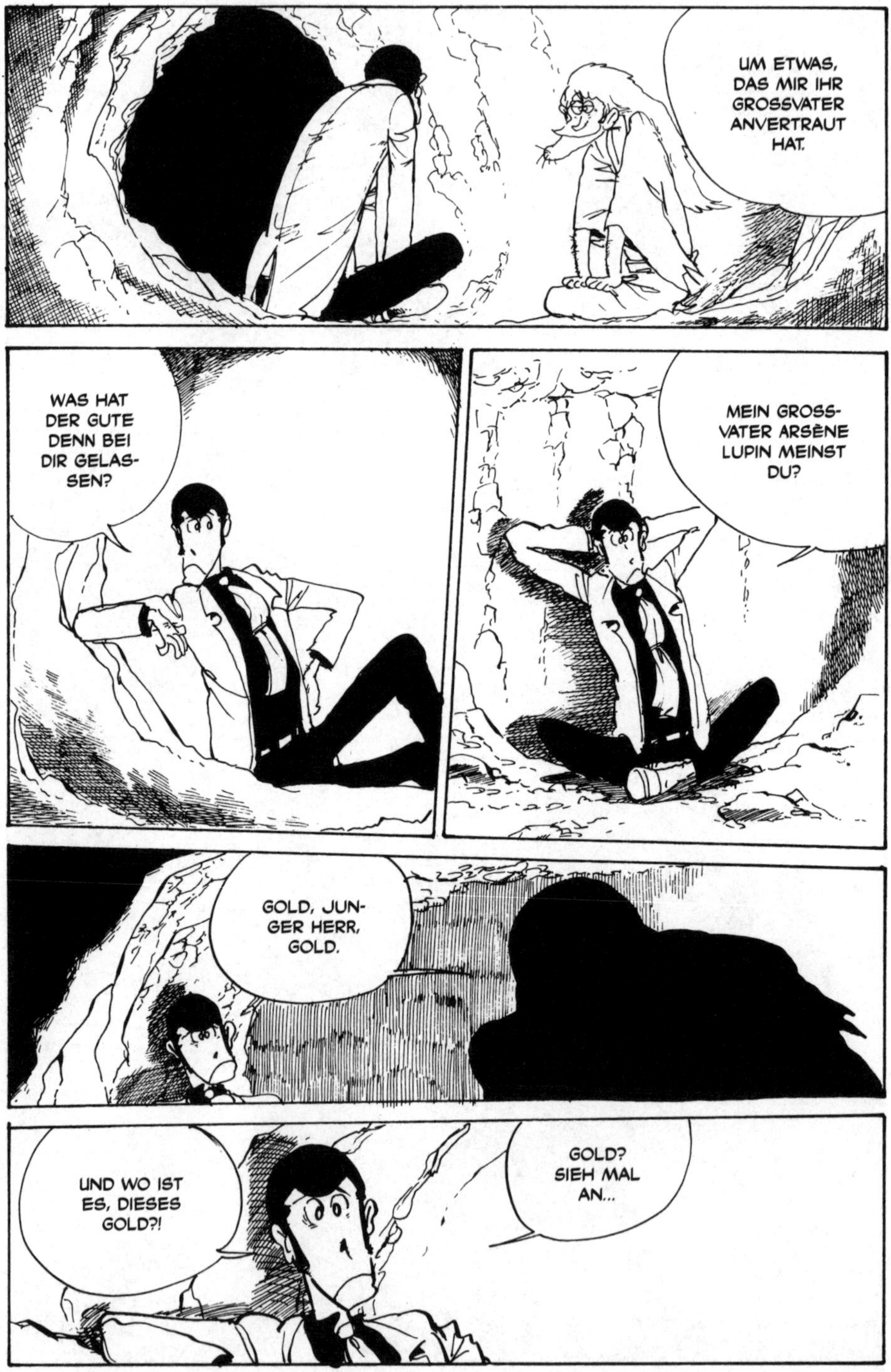
UM ETWAS, DAS MIR IHR GROSSVATER ANVERTRAUT HAT.
WAS HAT DER GUTE DENN BEI DIR GELAS-SEN?
MEIN GROSS-VATER ARSÈNE LUPIN MEINST DU?
GOLD, JUN-GER HERR, GOLD.
GOLD? SIEH MAL AN...
UND WO IST ES, DIESES GOLD?!

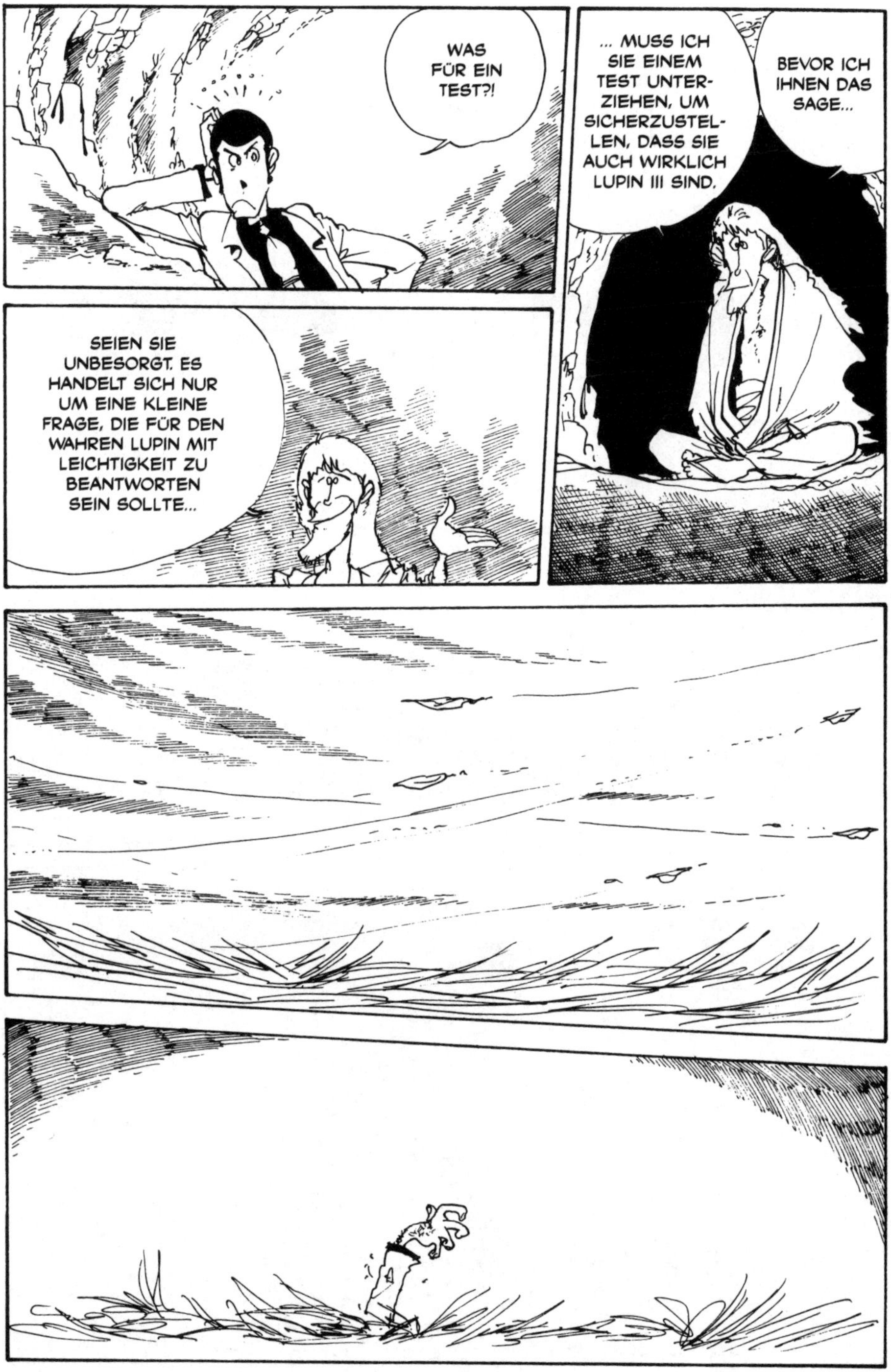
WAS FÜR EIN TEST?!
BEVOR ICH IHNEN DAS SAGE...
... MUSS ICH SIE EINEM TEST UNTERZIEHEN, UM SICHERZUSTELLEN, DASS SIE AUCH WIRKLICH LUPIN III SIND.
SEIEN SIE UNBESORGT. ES HANDELT SICH NUR UM EINE KLEINE FRAGE, DIE FÜR DEN WAHREN LUPIN MIT LEICHTIGKEIT ZU BEANTWORTEN SEIN SOLLTE...

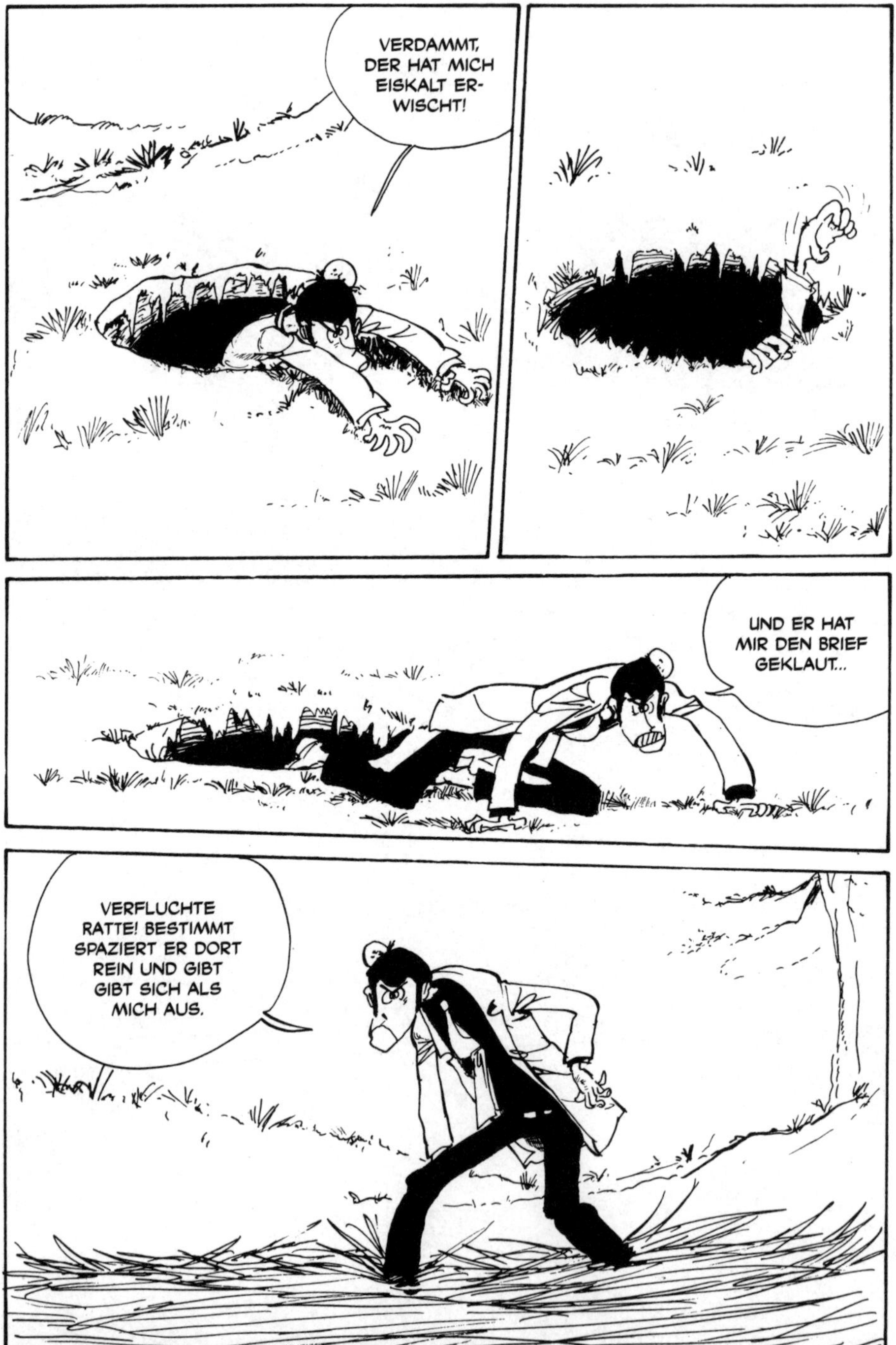
VERDAMMT, DER HAT MICH EISKALT ER-WISCHT!
UND ER HAT MIR DEN BRIEF GEKLAUT...
VERFLUCHTE RATTE! BESTIMMT SPAZIERT ER DORT REIN UND GIBT GIBT SICH ALS MICH AUS.

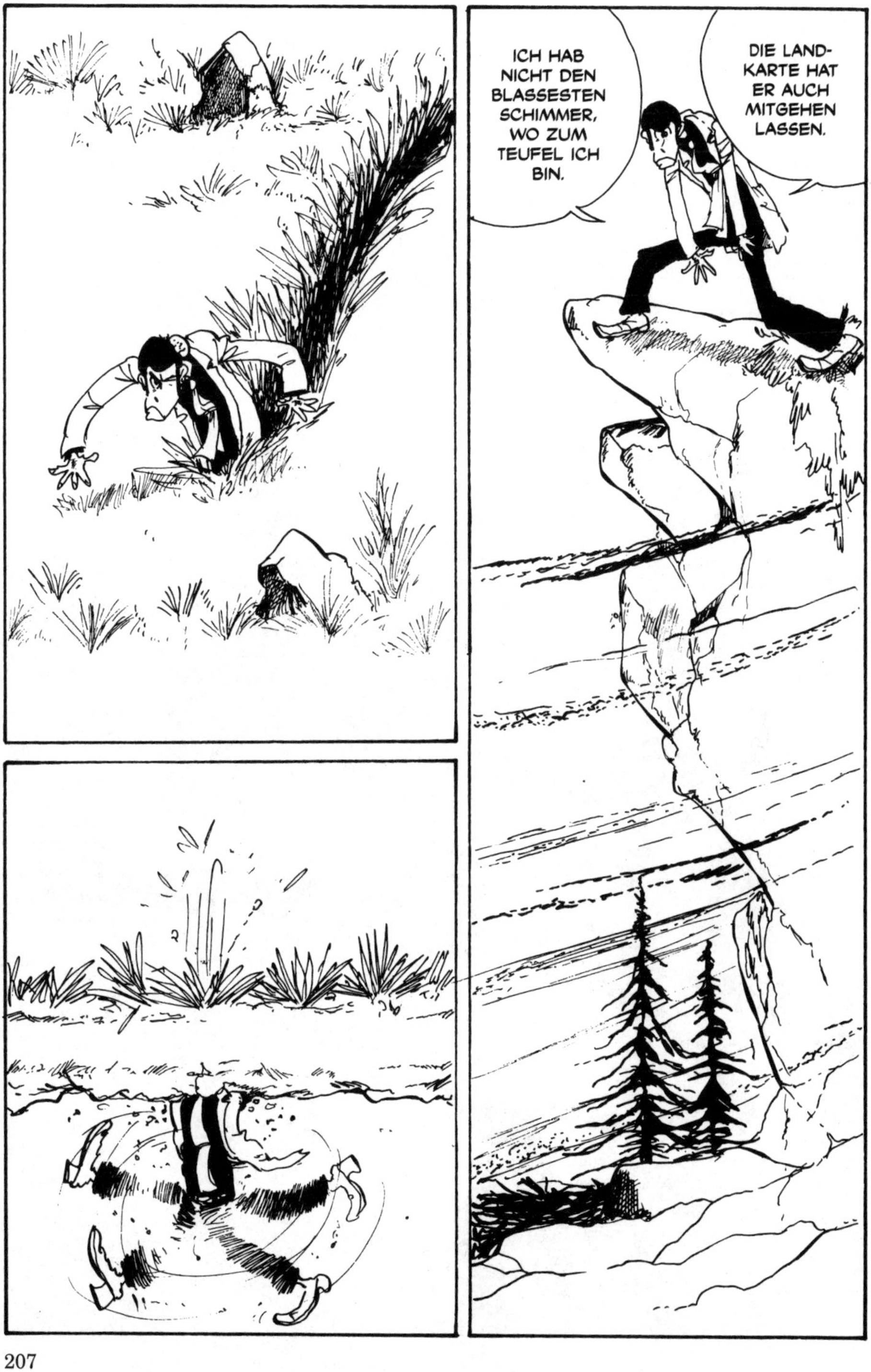
DIE LAND-
KARTE HAT
ER AUCH
MITGEHEN
LASSEN.
ICH HAB
NICHT DEN
BLASSESTEN
SCHIMMER,
WO ZUM
TEUFEL ICH
BIN.

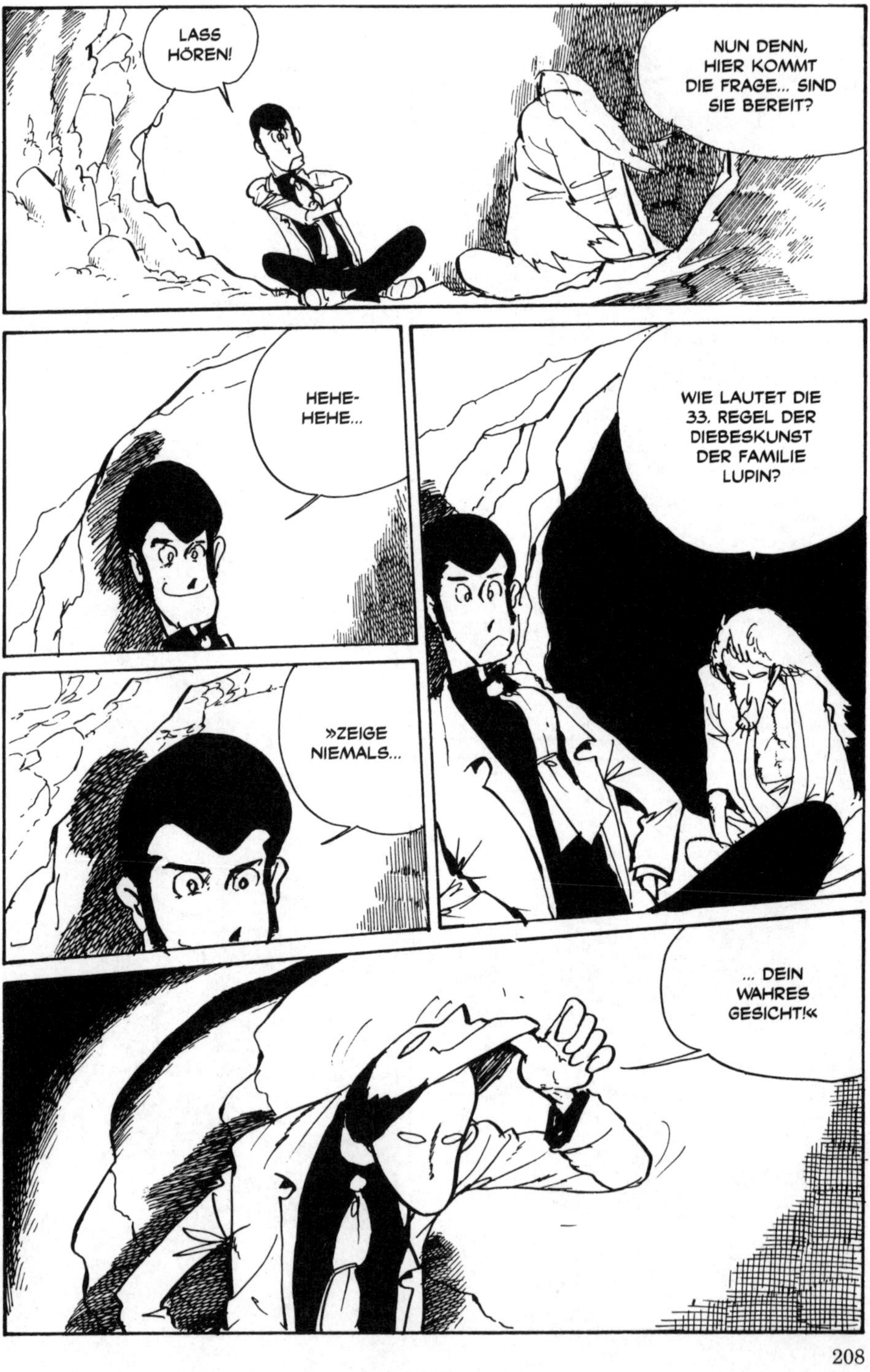
LASS HÖREN!
NUN DENN, HIER KOMMT DIE FRAGE... SIND SIE BEREIT?
HEHE-HEHE...
WIE LAUTET DIE 33. REGEL DER DIEBESKUNST DER FAMILIE LUPIN?
»ZEIGE NIEMALS...
... DEIN WAHRES GESICHT!«

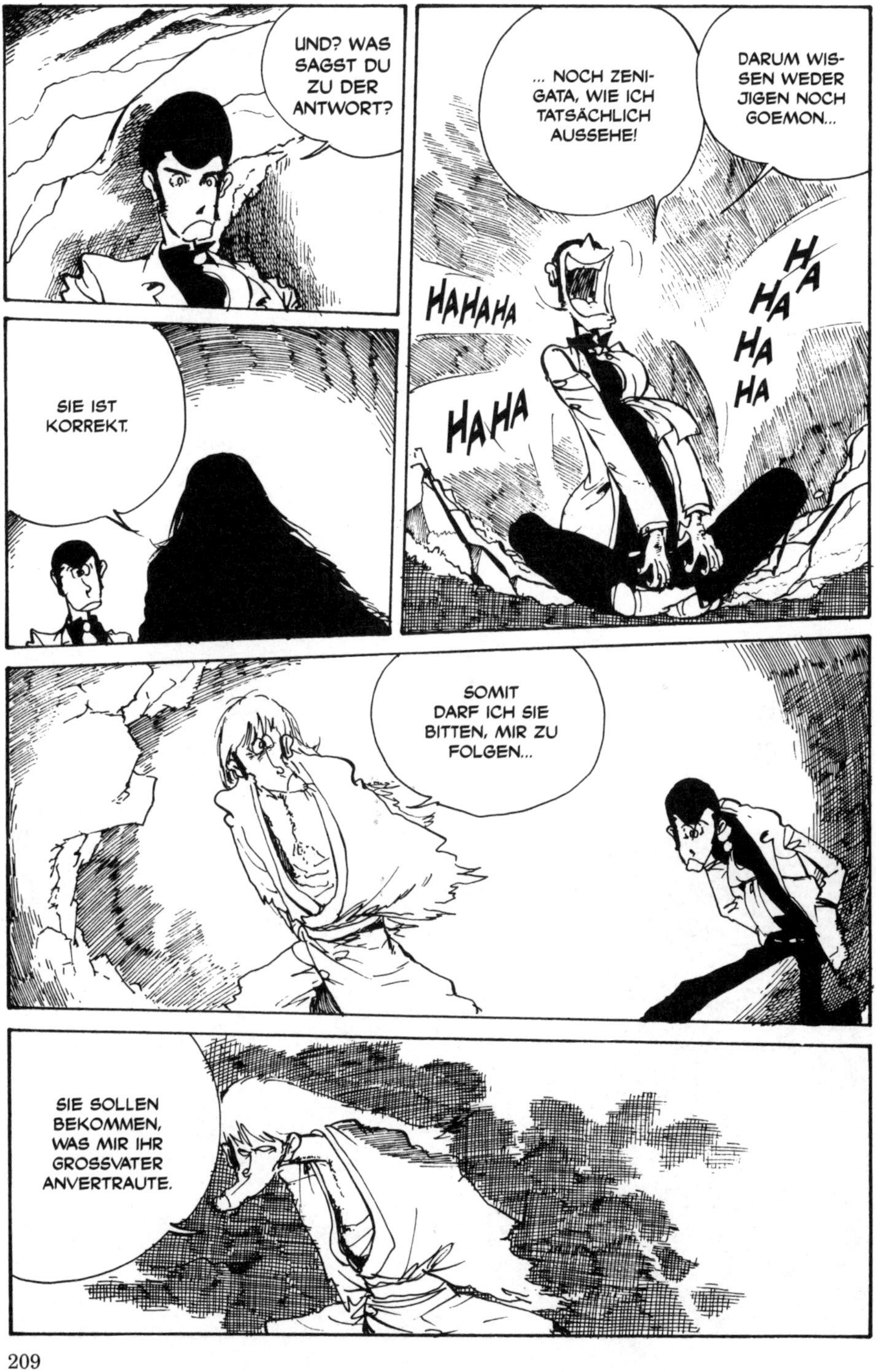
UND? WAS SAGST DU ZU DER ANTWORT?
SIE IST KORREKT.
DARUM WISSEN WEDER JIGEN NOCH GOEMON...
... NOCH ZENIGATA, WIE ICH TATSÄCHLICH AUSSEHE!
HAHAHA
HAHA
HA HA HA HA HA HA
SOMIT DARF ICH SIE BITTEN, MIR ZU FOLGEN...
SIE SOLLEN BEKOMMEN, WAS MIR IHR GROSSVATER ANVERTRAUTE.

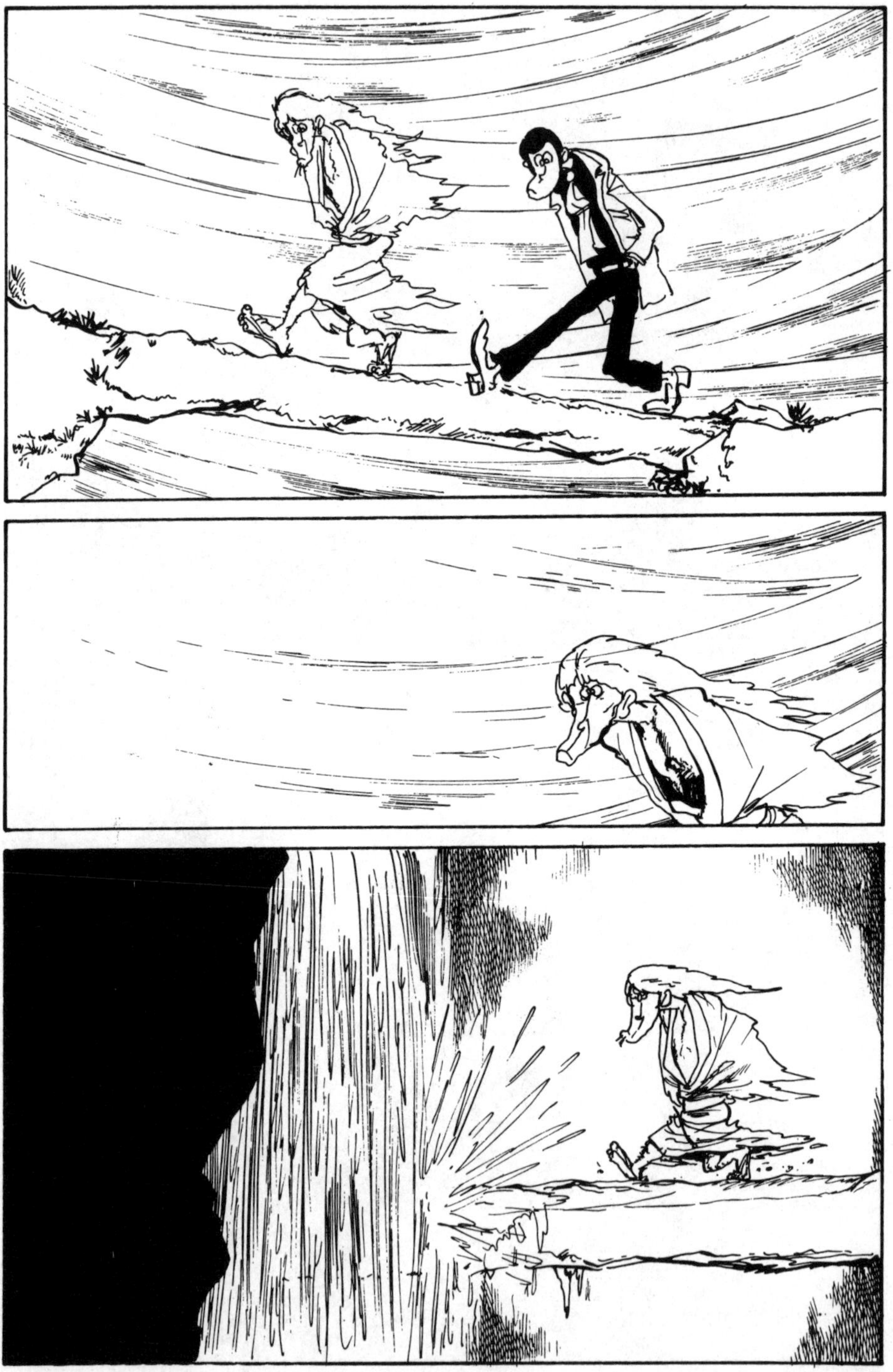

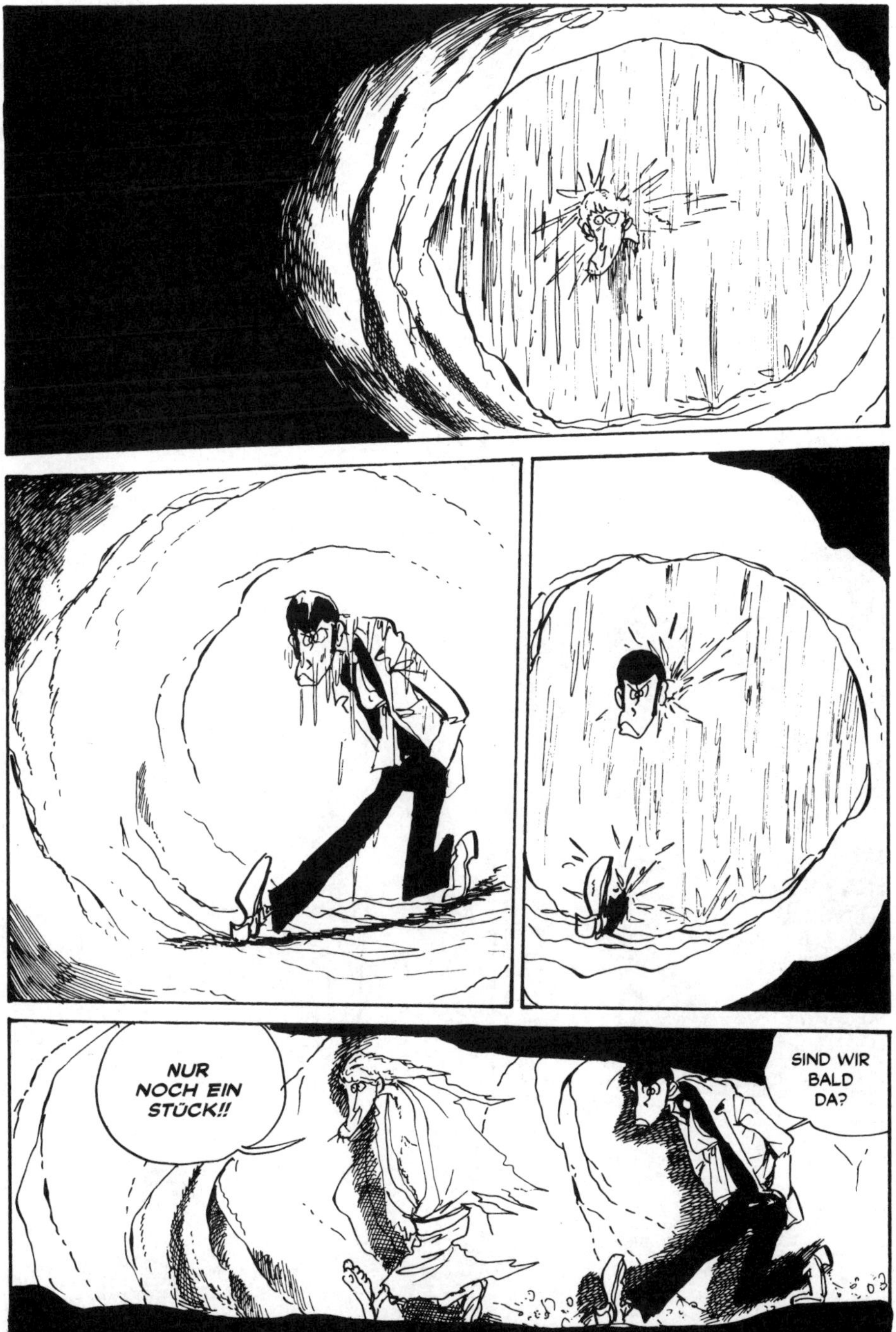
NUR NOCH EIN STÜCK!!
SIND WIR BALD DA?

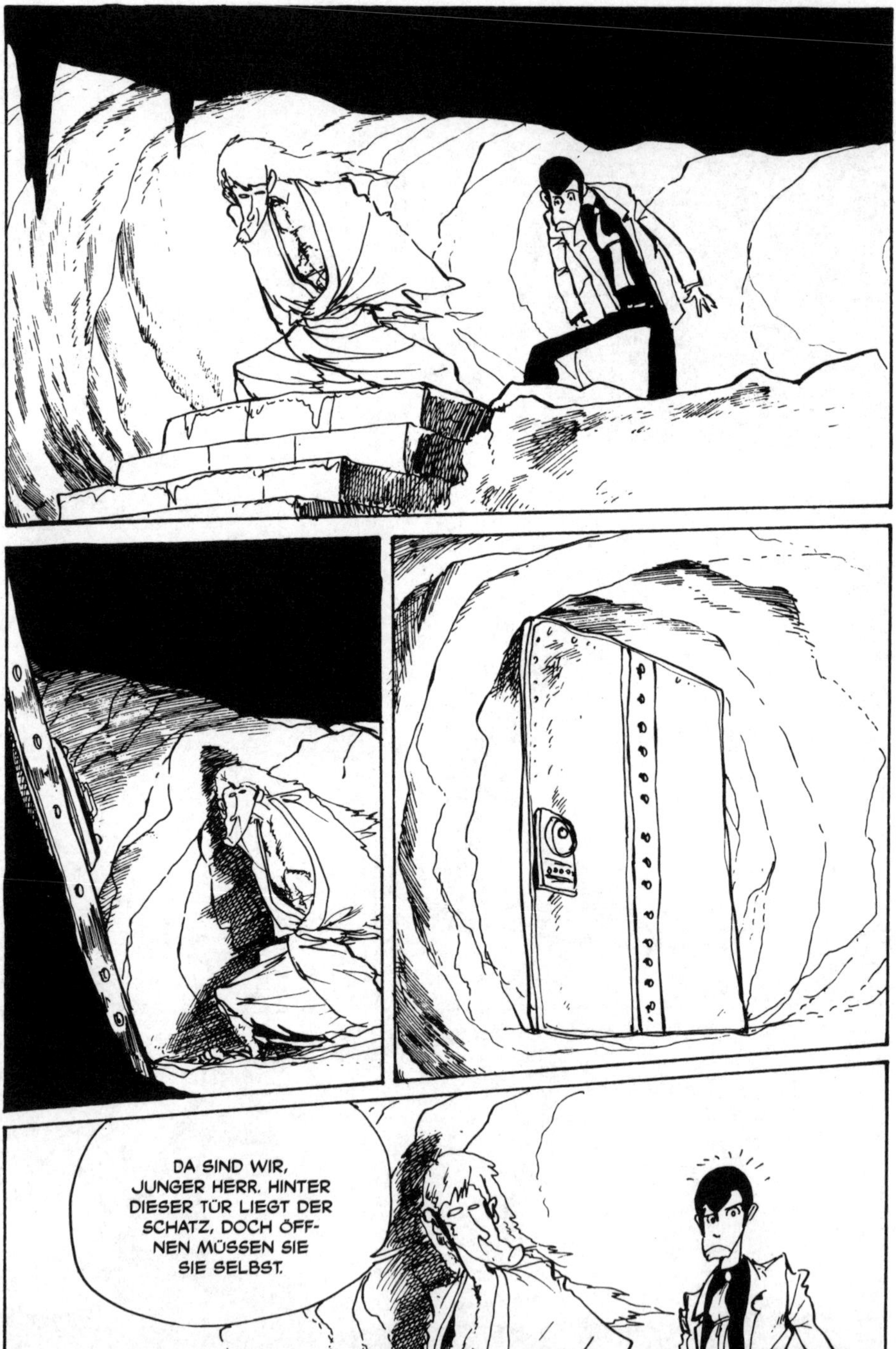
DA SIND WIR, JUNGER HERR. HINTER DIESER TÜR LIEGT DER SCHATZ, DOCH ÖFFNEN MÜSSEN SIE SIE SELBST.

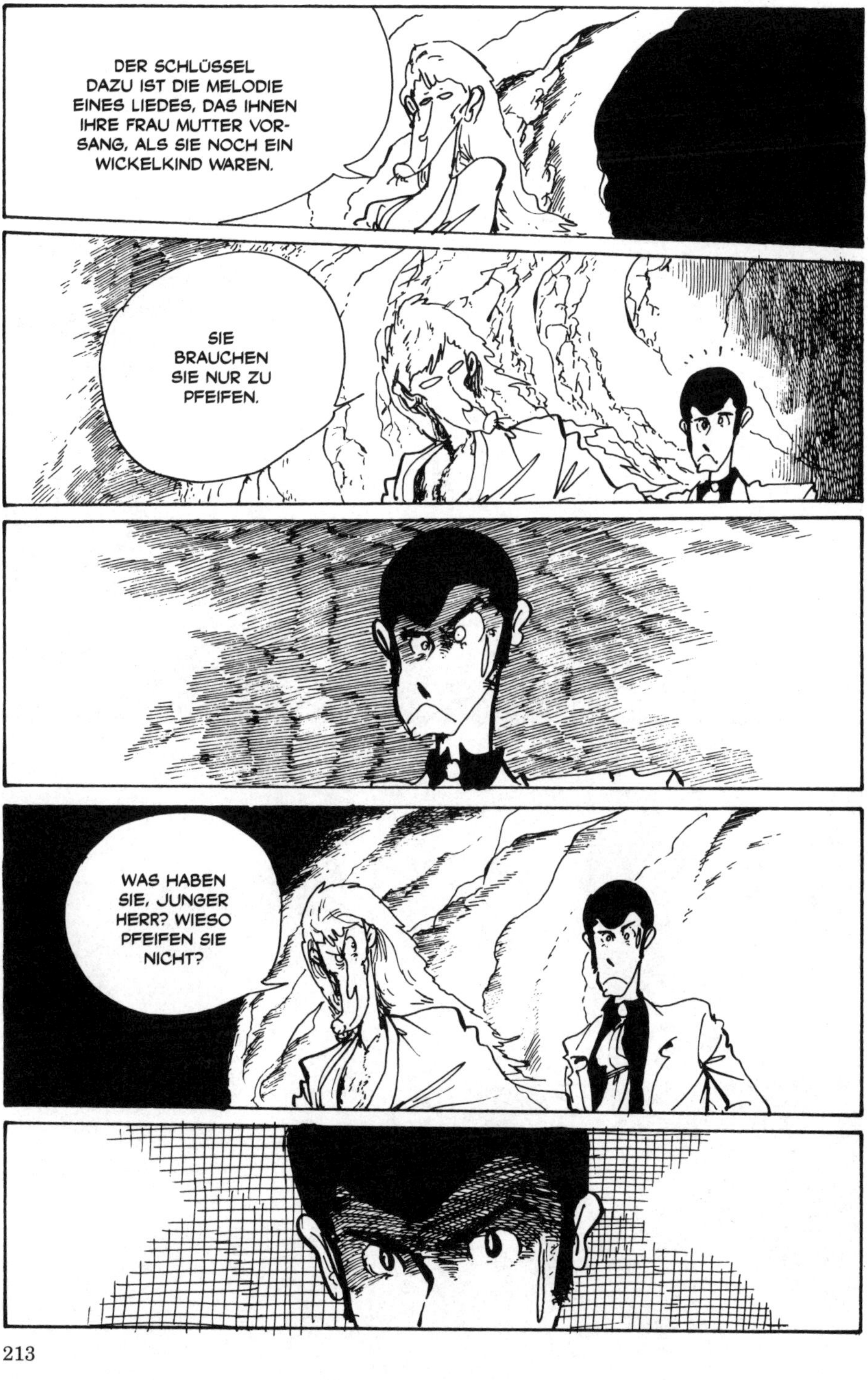
DER SCHLÜSSEL DAZU IST DIE MELODIE EINES LIEDES, DAS IHNEN IHRE FRAU MUTTER VORSANG, ALS SIE NOCH EIN WICKELKIND WAREN.
SIE BRAUCHEN SIE NUR ZU PFEIFEN.
WAS HABEN SIE, JUNGER HERR? WIESO PFEIFEN SIE NICHT?

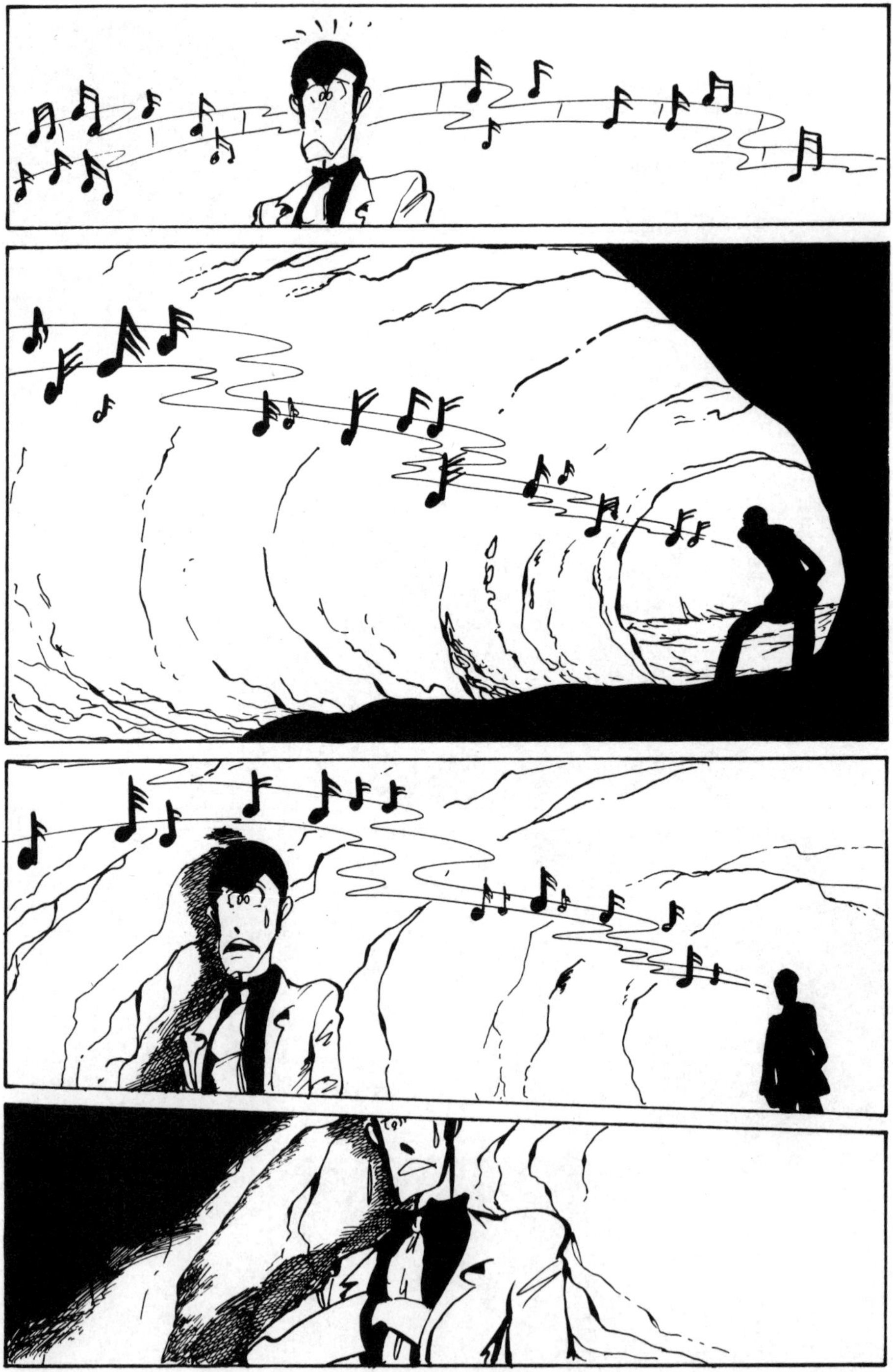

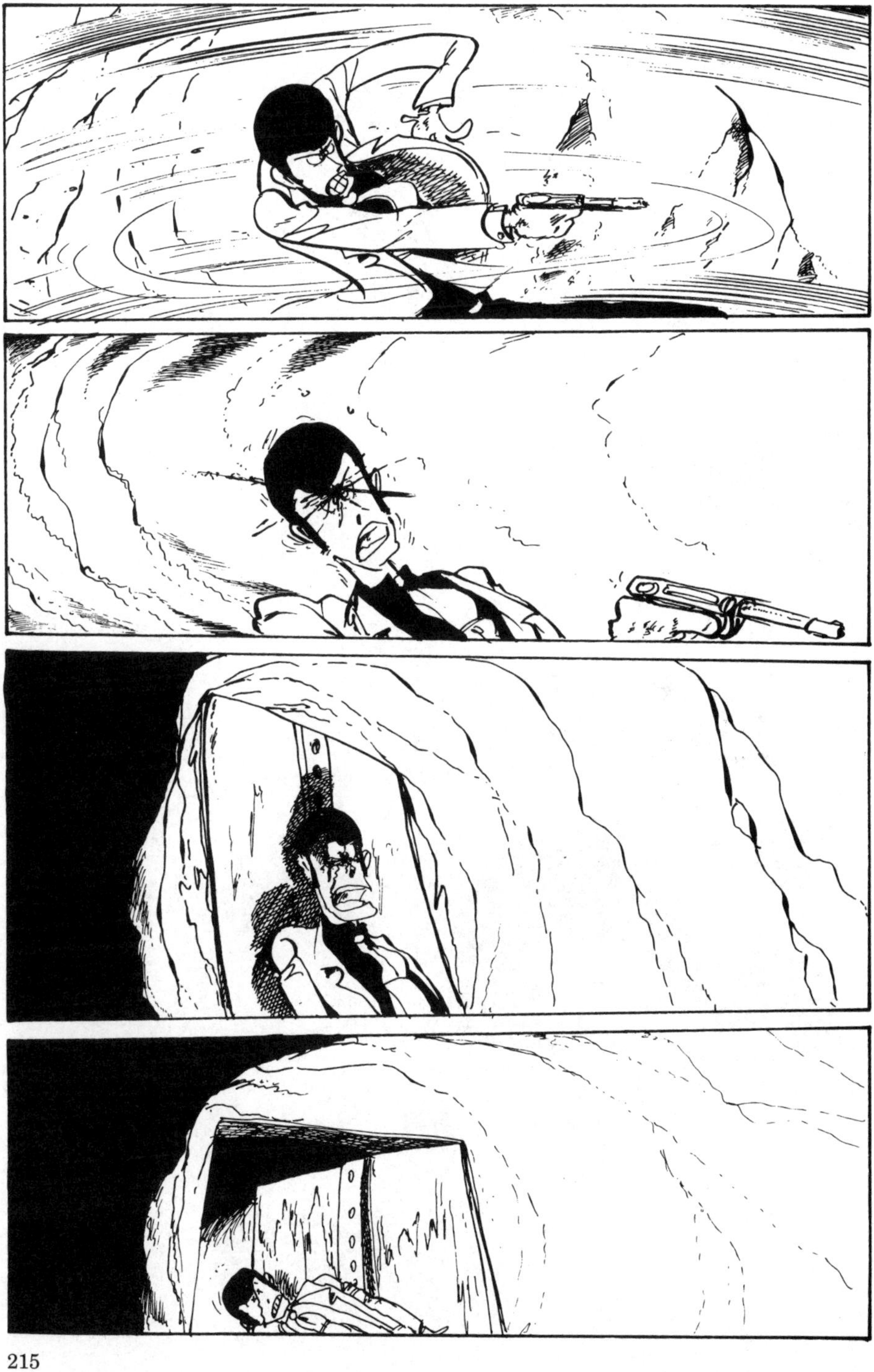

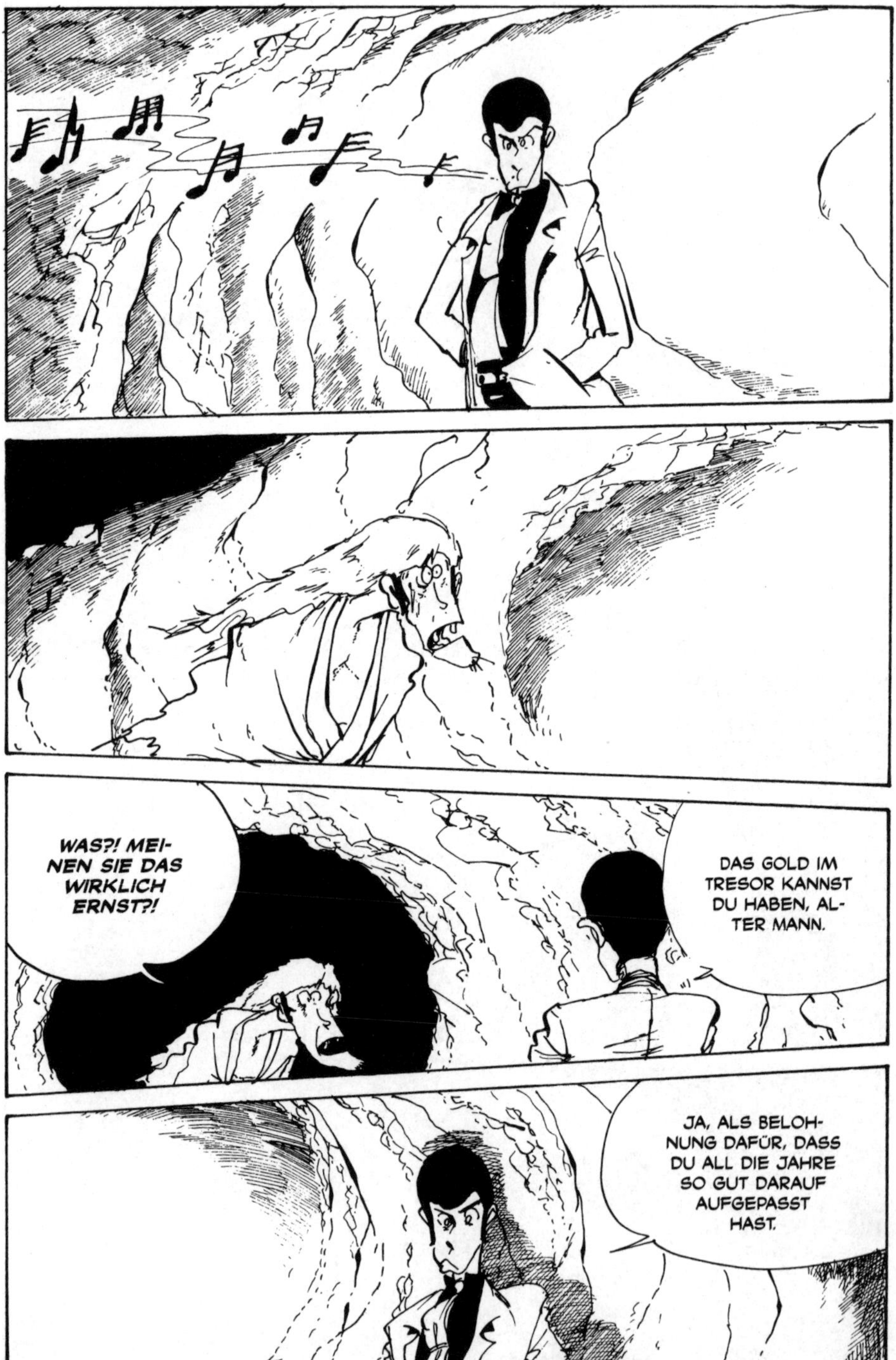
WAS?! MEINEN SIE DAS WIRKLICH ERNST?!
DAS GOLD IM TRESOR KANNST DU HABEN, ALTER MANN.
JA, ALS BELOHNUNG DAFÜR, DASS DU ALL DIE JAHRE SO GUT DARAUF AUFGEPASST HAST.

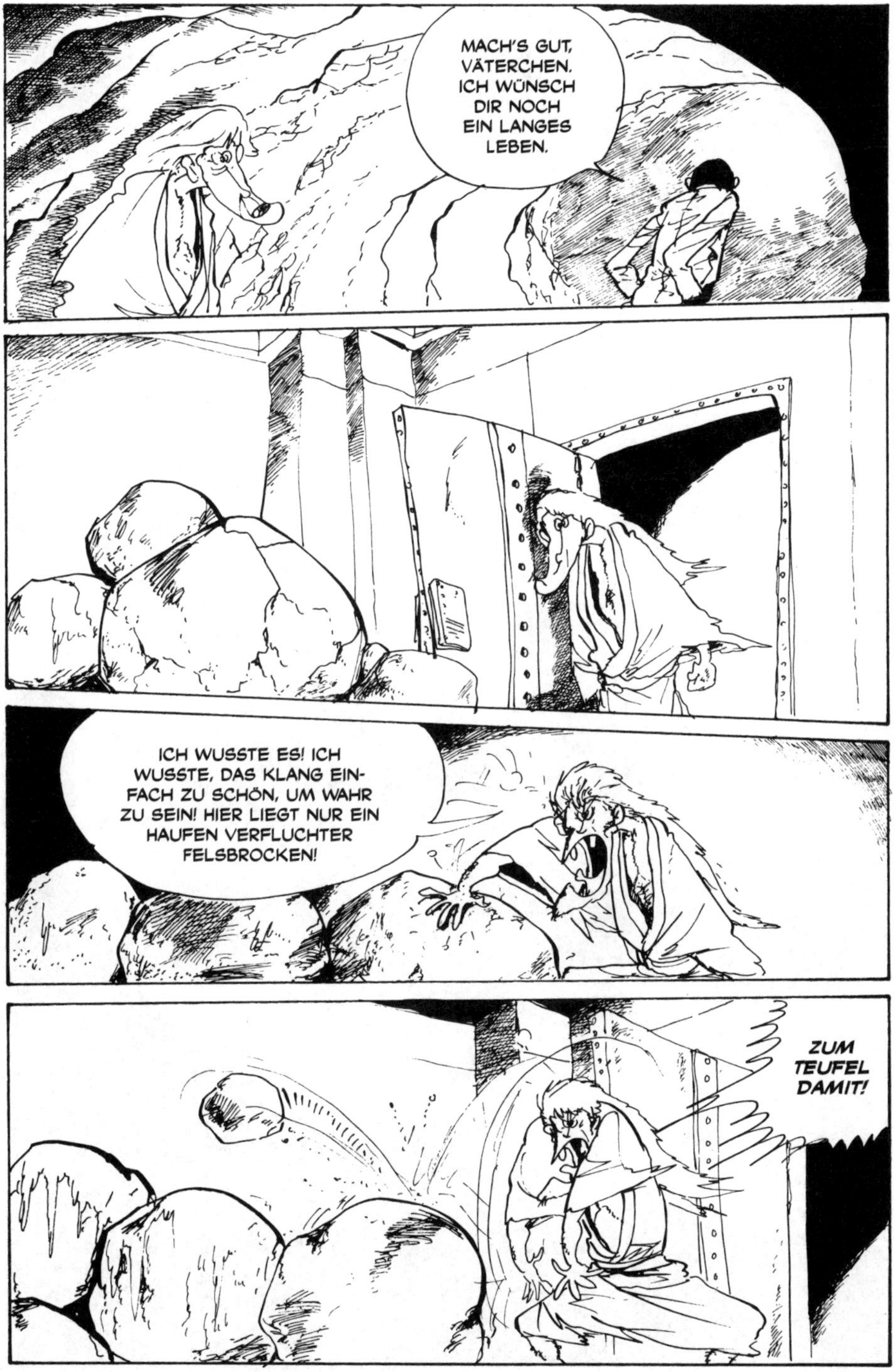
MACH'S GUT, VÄTERCHEN. ICH WÜNSCH DIR NOCH EIN LANGES LEBEN.
ICH WUSSTE ES! ICH WUSSTE, DAS KLANG EIN-FACH ZU SCHÖN, UM WAHR ZU SEIN! HIER LIEGT NUR EIN HAUFEN VERFLUCHTER FELSBROCKEN!
ZUM TEUFEL DAMIT!

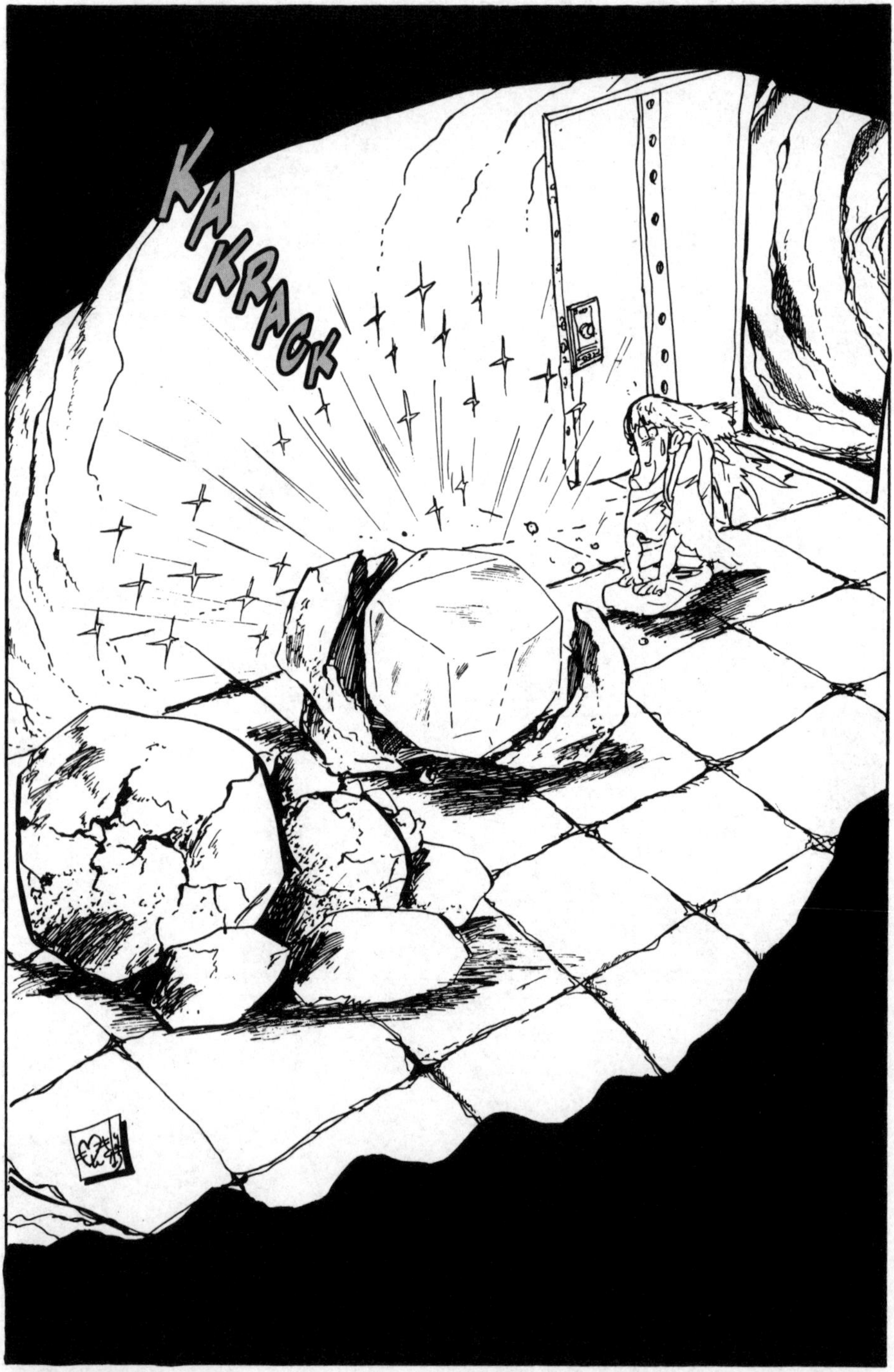

LUPINS WIEGENLIED – ENDE

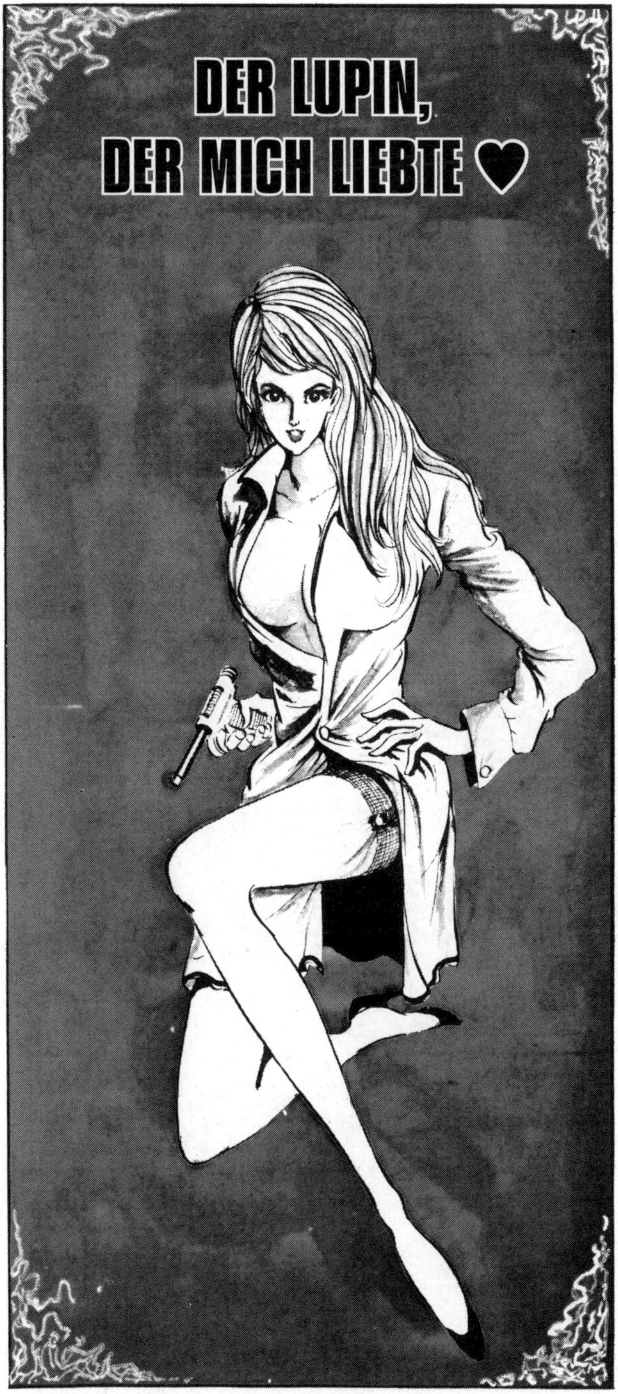
DER LUPIN,
DER MICH LIEBTE ♥

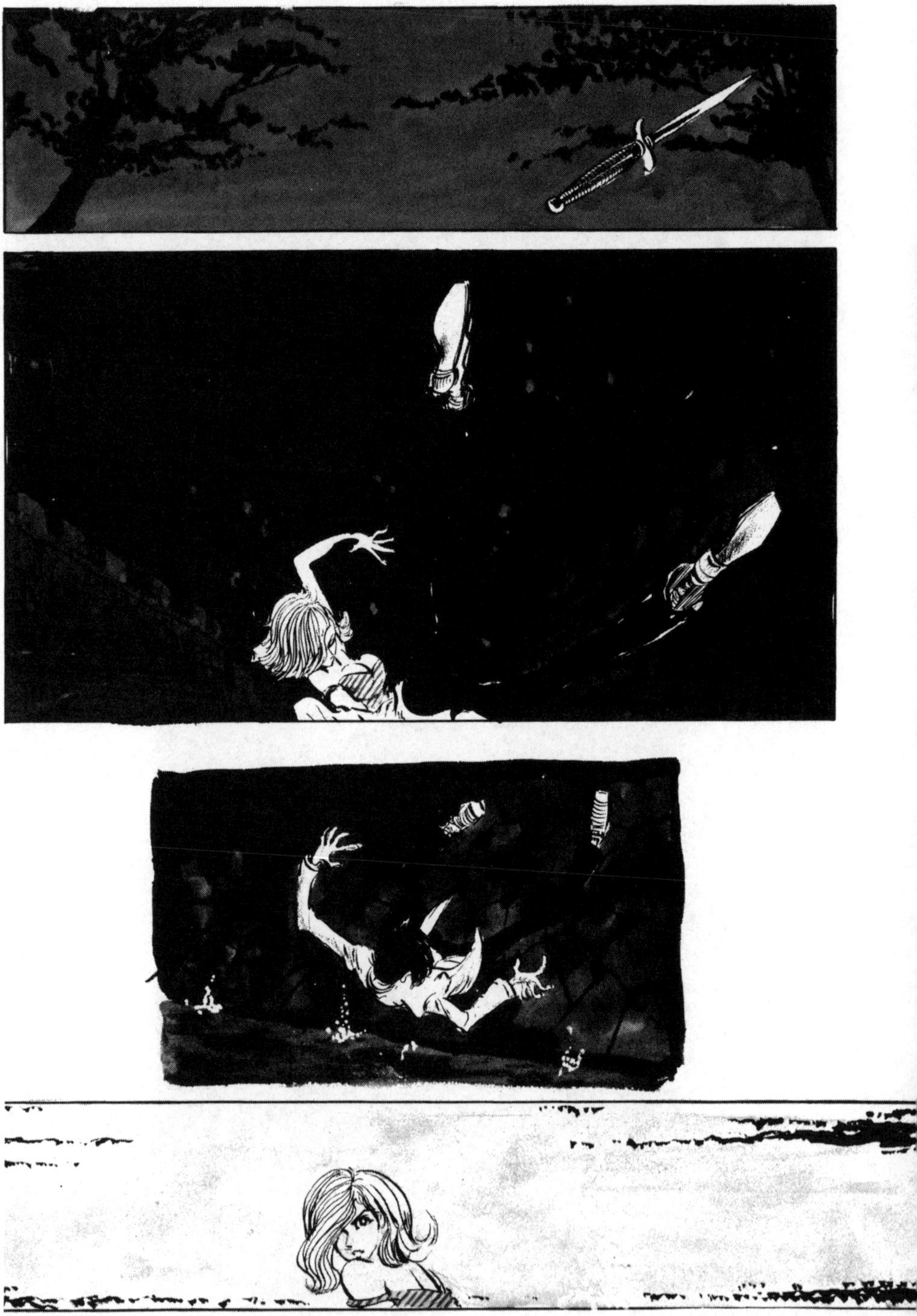

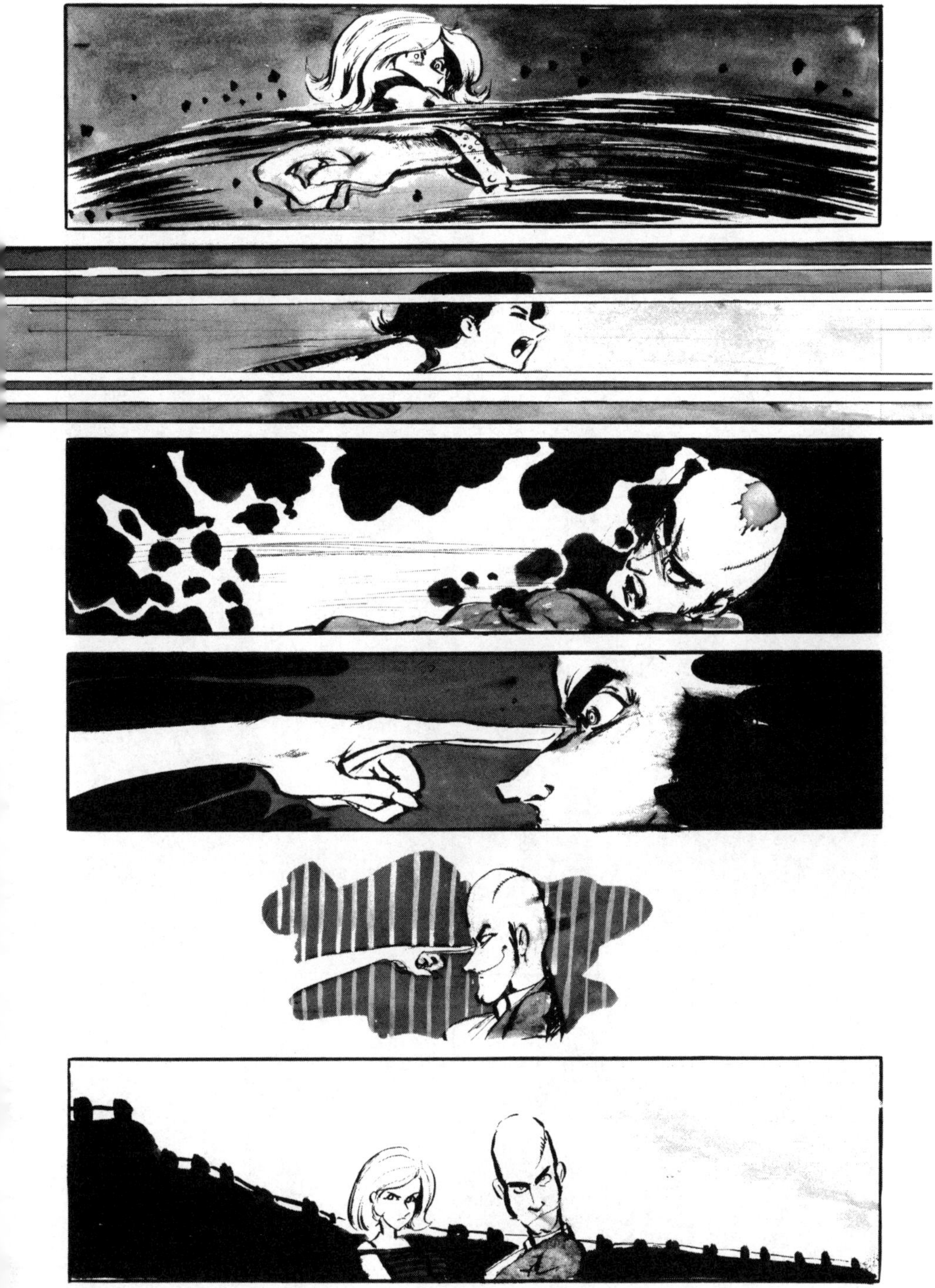

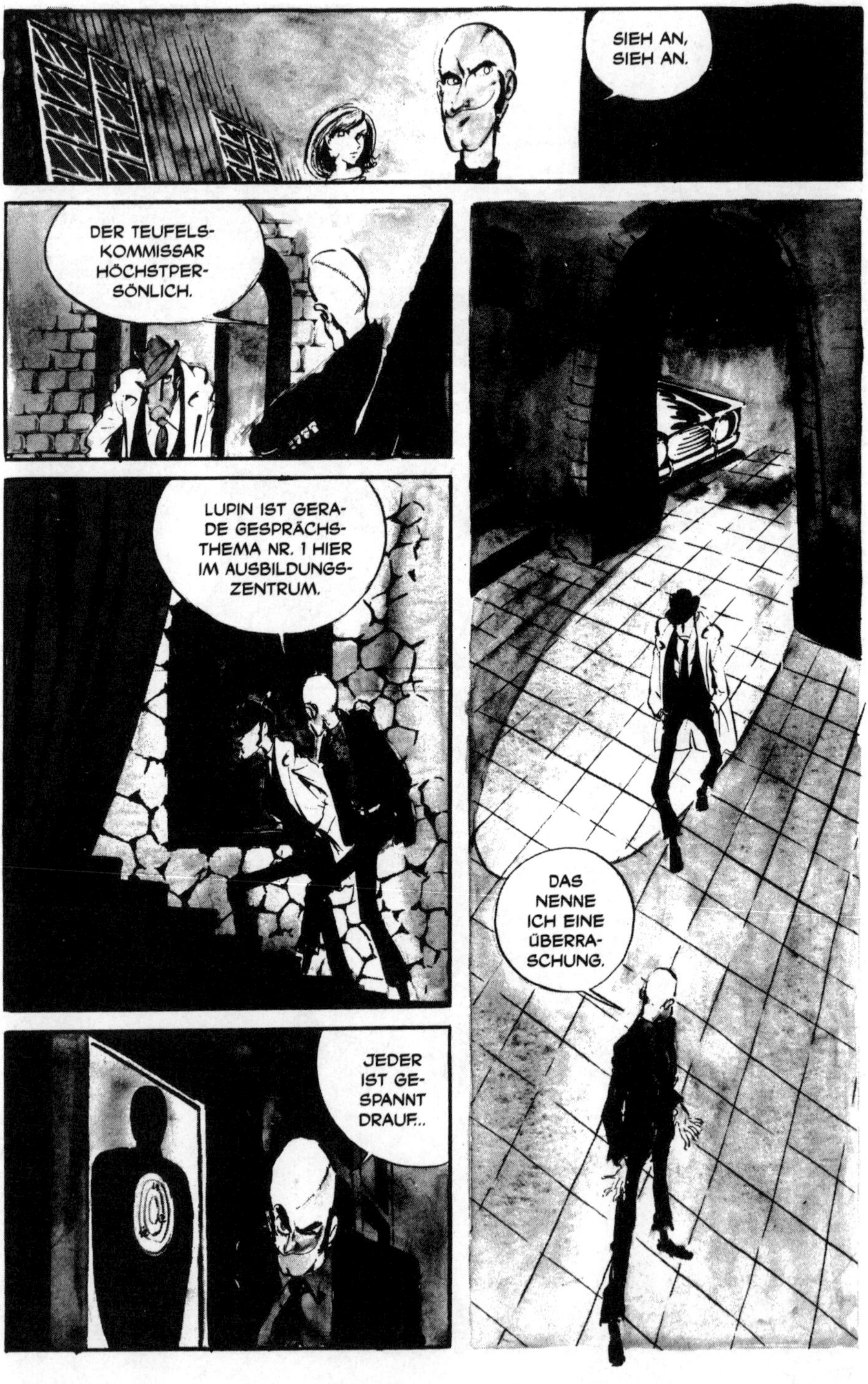
SIEH AN, SIEH AN.
DER TEUFELS-KOMMISSAR HÖCHSTPER-SÖNLICH.
LUPIN IST GERA-DE GESPRÄCHS-THEMA NR. 1 HIER IM AUSBILDUNGS-ZENTRUM.
JEDER IST GE-SPANNT DRAUF...
DAS NENNE ICH EINE ÜBERRA-SCHUNG.

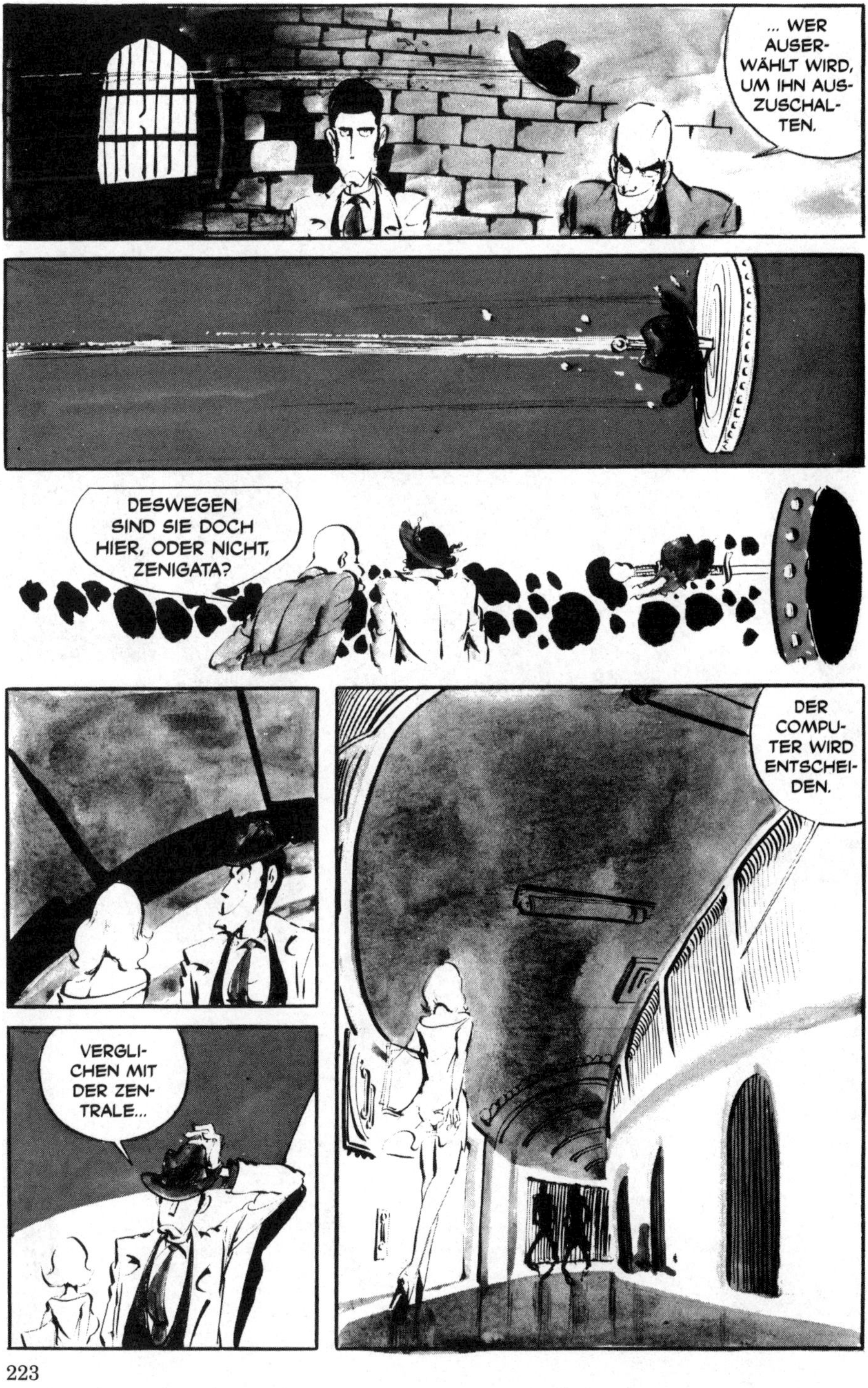

... WER AUSER-WÄHLT WIRD, UM IHN AUS-ZUSCHAL-TEN.
DESWEGEN SIND SIE DOCH HIER, ODER NICHT, ZENIGATA?
VERGLI-CHEN MIT DER ZEN-TRALE...
DER COMPU-TER WIRD ENTSCHEI-DEN.

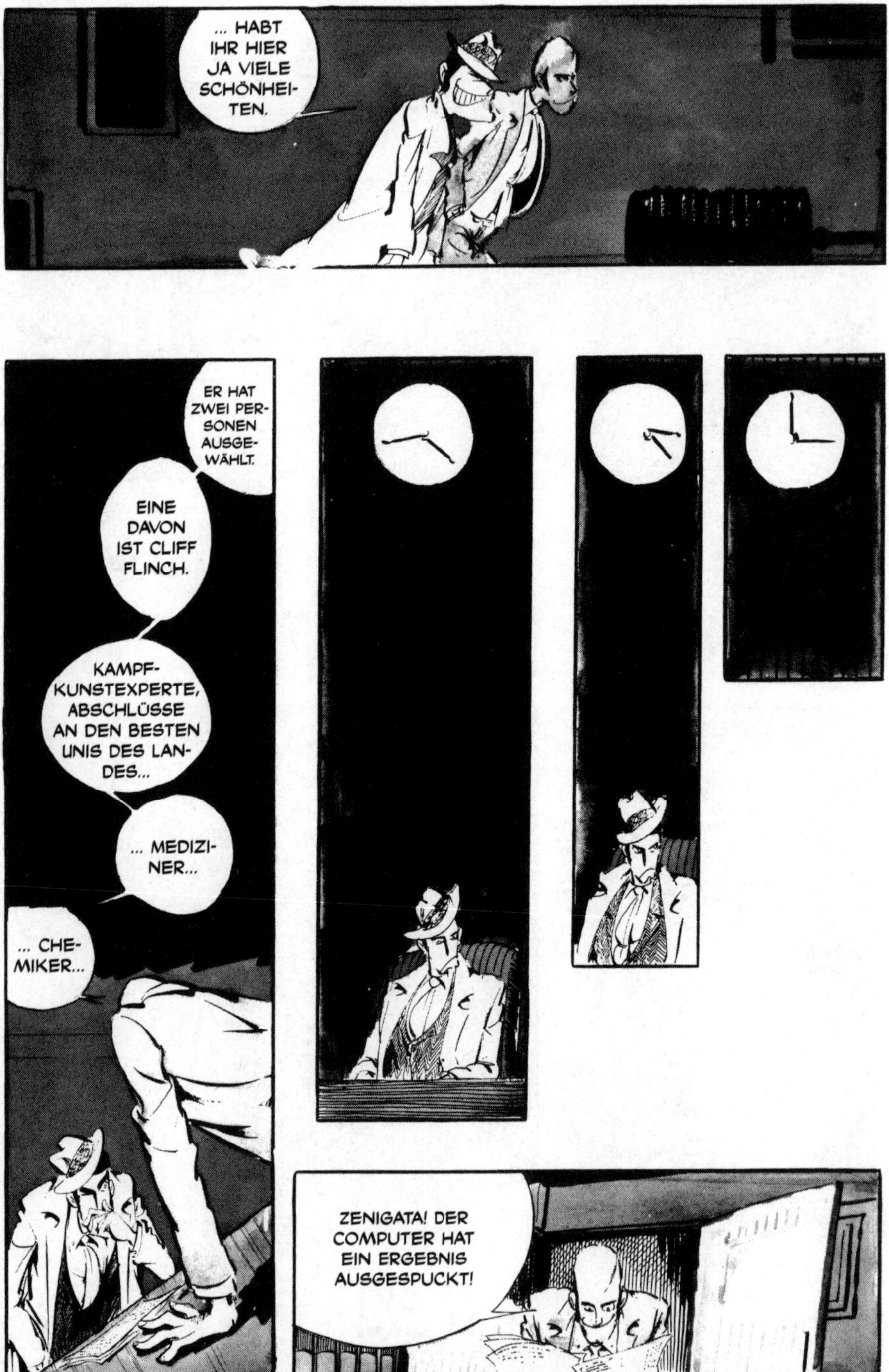
... HABT IHR HIER JA VIELE SCHÖNHEI-TEN.
ER HAT ZWEI PER-SONEN AUSGE-WÄHLT.
EINE DAVON IST CLIFF FLINCH.
KAMPF-KUNSTEXPERTE, ABSCHLÜSSE AN DEN BESTEN UNIS DES LAN-DES...
... MEDIZI-NER...
... CHE-MIKER...
ZENIGATA! DER COMPUTER HAT EIN ERGEBNIS AUSGESPUCKT!

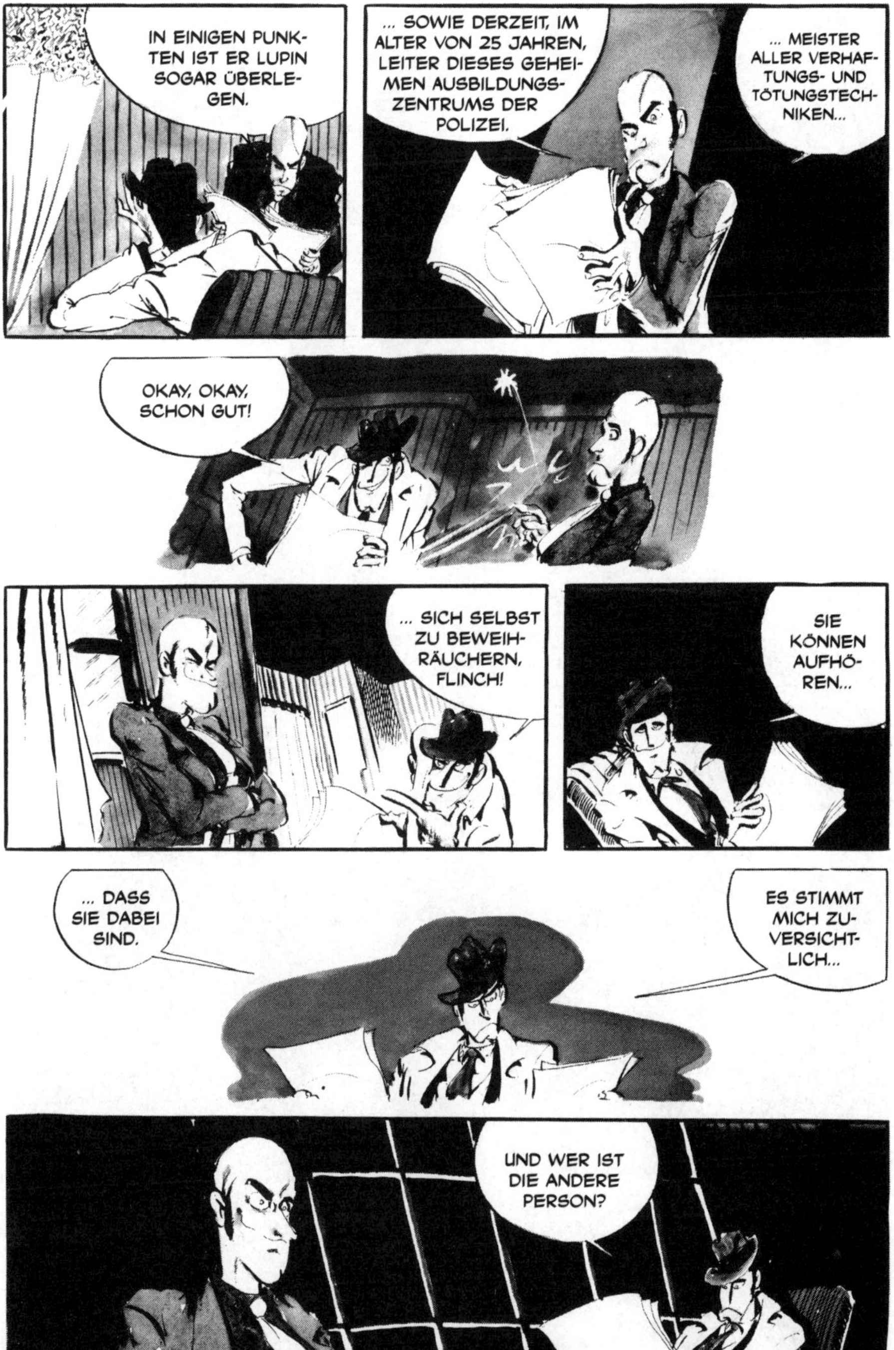
IN EINIGEN PUNKTEN IST ER LUPIN SOGAR ÜBERLEGEN.
... SOWIE DERZEIT, IM ALTER VON 25 JAHREN, LEITER DIESES GEHEIMEN AUSBILDUNGSZENTRUMS DER POLIZEI.
... MEISTER ALLER VERHAFTUNGS- UND TÖTUNGSTECHNIKEN...
OKAY, OKAY, SCHON GUT!
... SICH SELBST ZU BEWEIHRÄUCHERN, FLINCH!
SIE KÖNNEN AUFHÖREN...
ES STIMMT MICH ZUVERSICHTLICH...
... DASS SIE DABEI SIND.
UND WER IST DIE ANDERE PERSON?

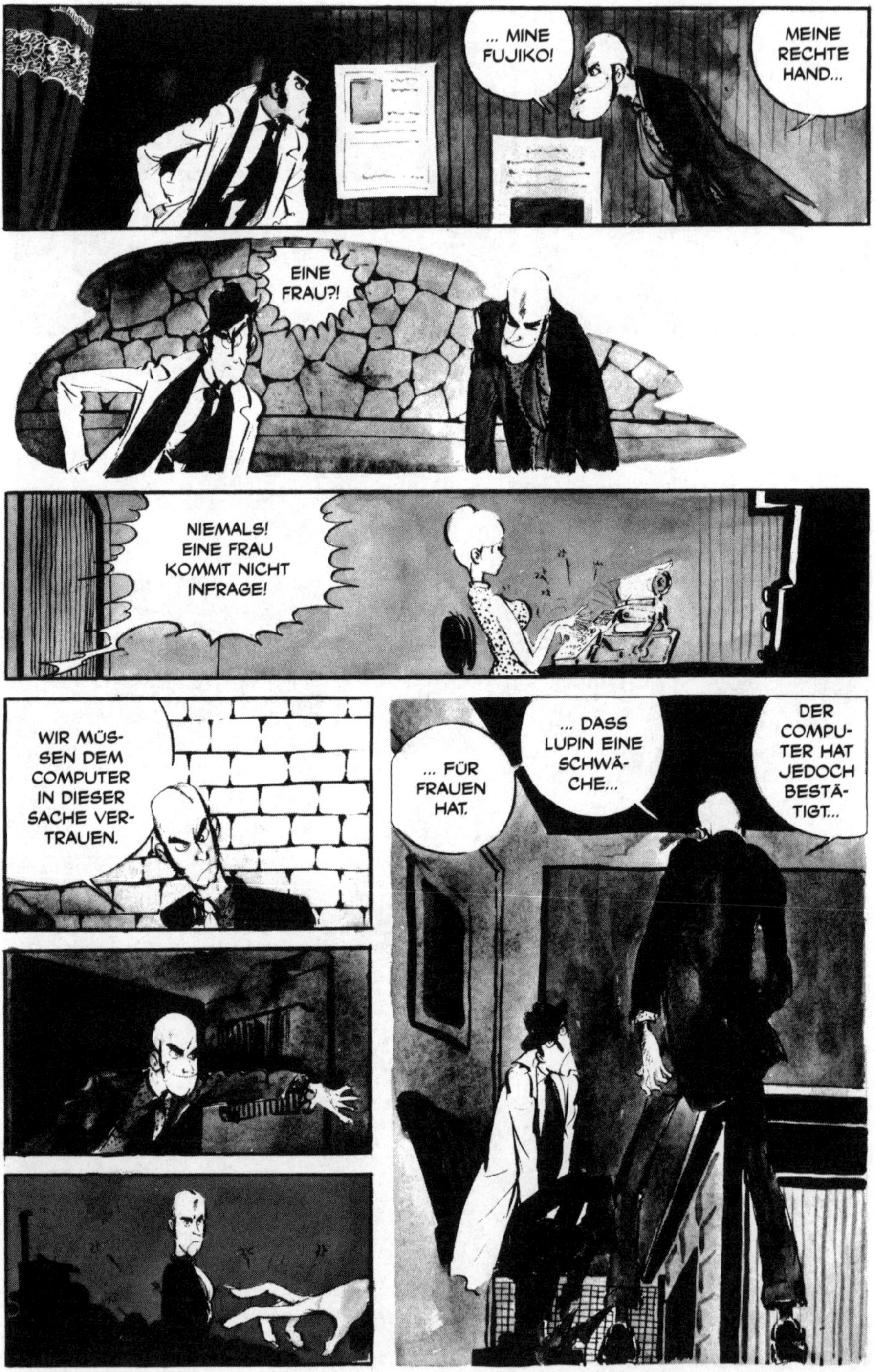

MEINE RECHTE HAND...
... MINE FUJIKO!
EINE FRAU?!
NIEMALS! EINE FRAU KOMMT NICHT INFRAGE!
DER COMPUTER HAT JEDOCH BESTÄTIGT...
... DASS LUPIN EINE SCHWÄCHE...
... FÜR FRAUEN HAT.
WIR MÜSSEN DEM COMPUTER IN DIESER SACHE VERTRAUEN.

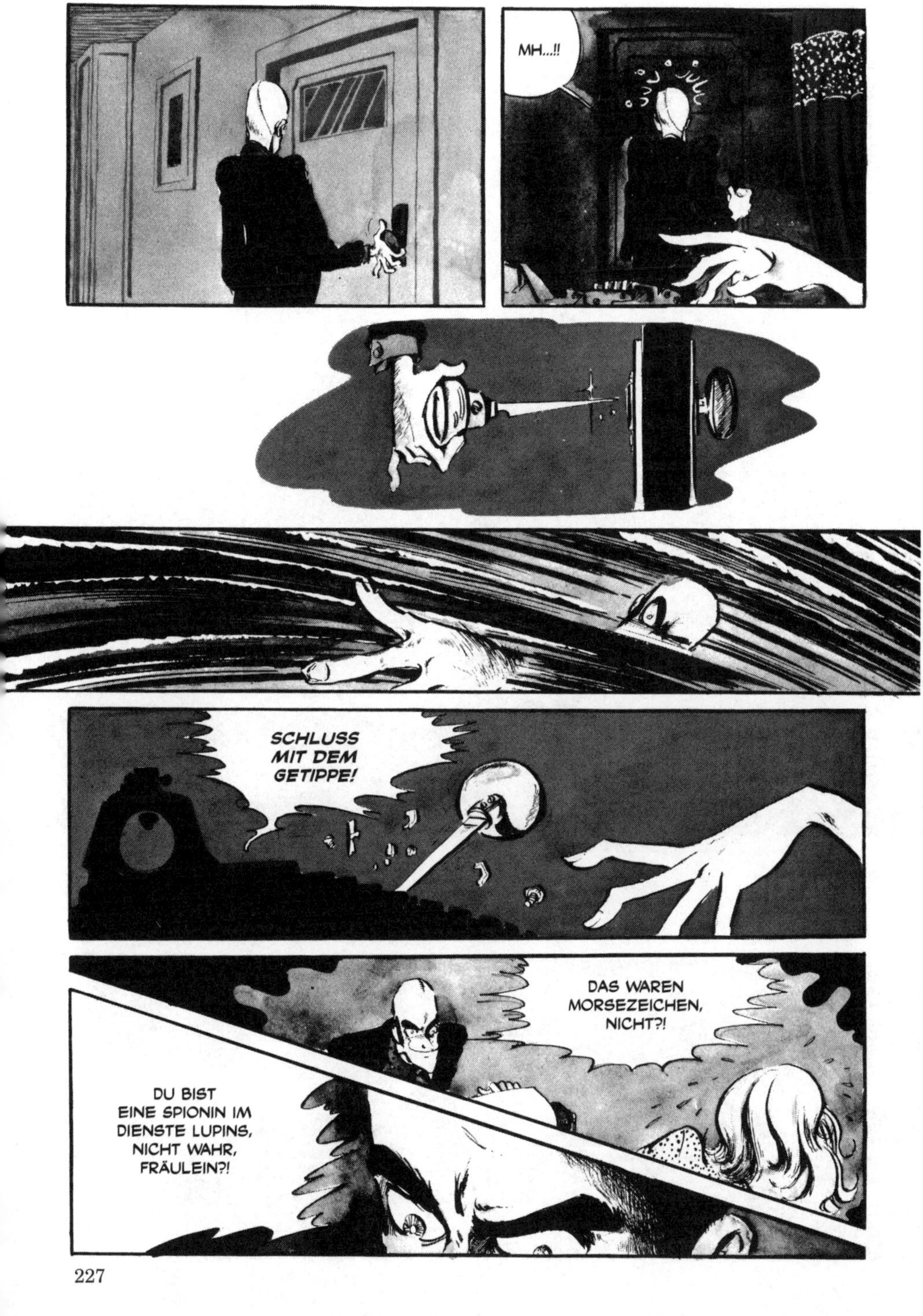
MH...!!
SCHLUSS MIT DEM GETIPPE!
DAS WAREN MORSEZEICHEN, NICHT?!
DU BIST EINE SPIONIN IM DIENSTE LUPINS, NICHT WAHR, FRÄULEIN?!

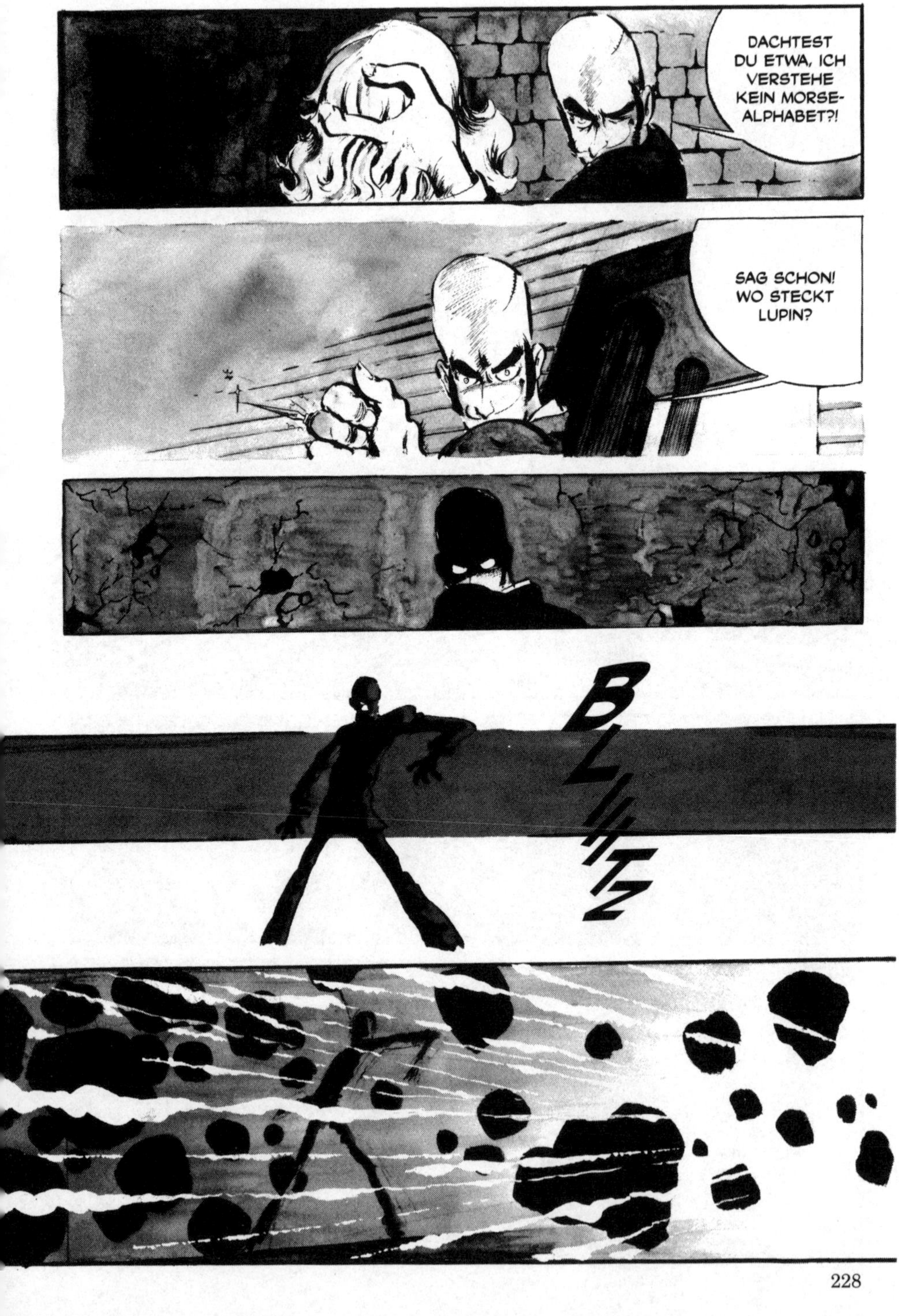
DACHTEST DU ETWA, ICH VERSTEHE KEIN MORSE-ALPHABET?!
SAG SCHON! WO STECKT LUPIN?
BLITZ

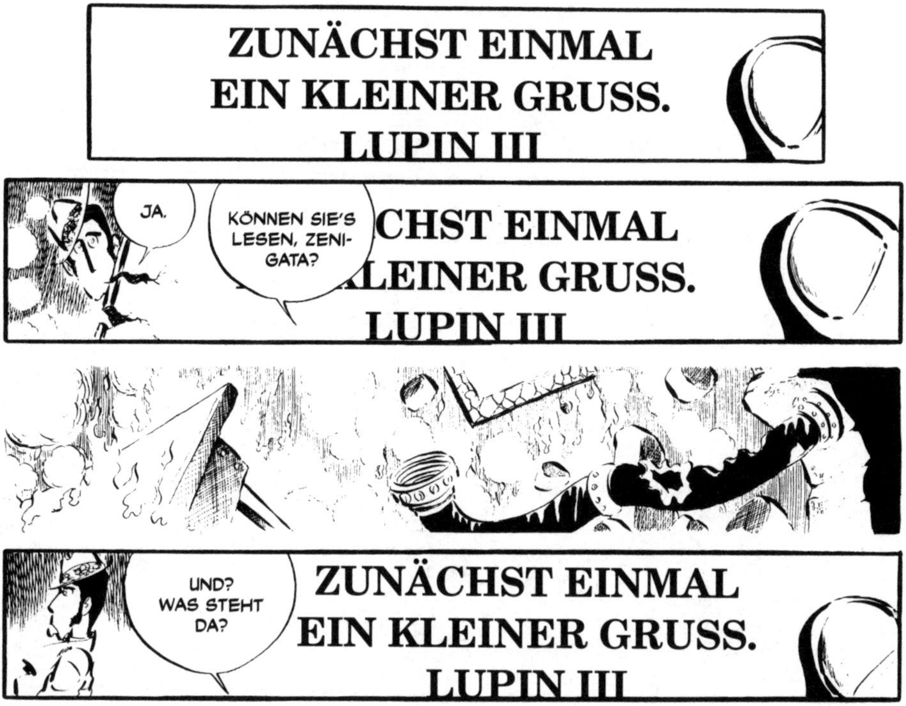
ZUNÄCHST EINMAL
EIN KLEINER GRUSS.
LUPIN III
KÖNNEN SIE'S LESEN, ZENIGATA?
JA.
UND? WAS STEHT DA?
ZUNÄCHST EINMAL
EIN KLEINER GRUSS.
LUPIN III

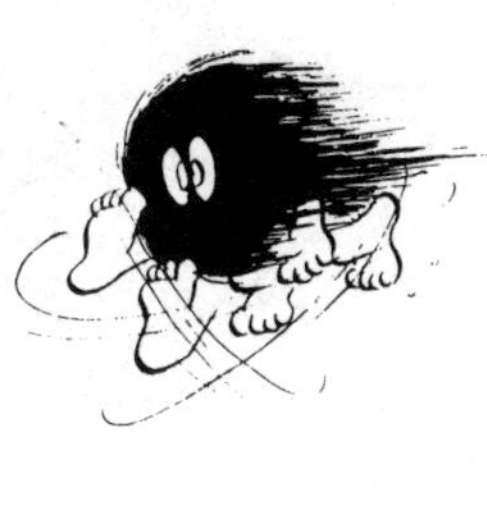

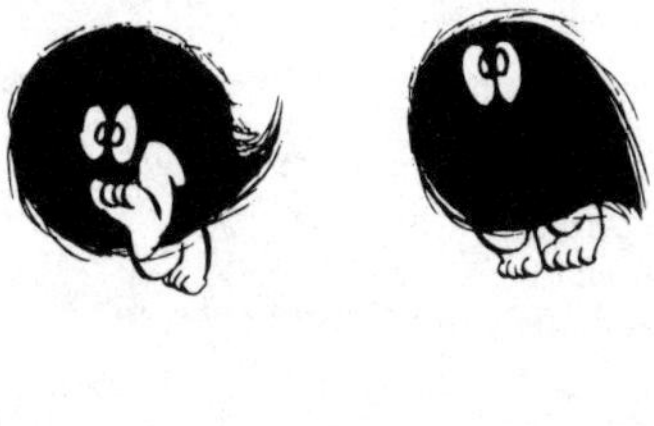

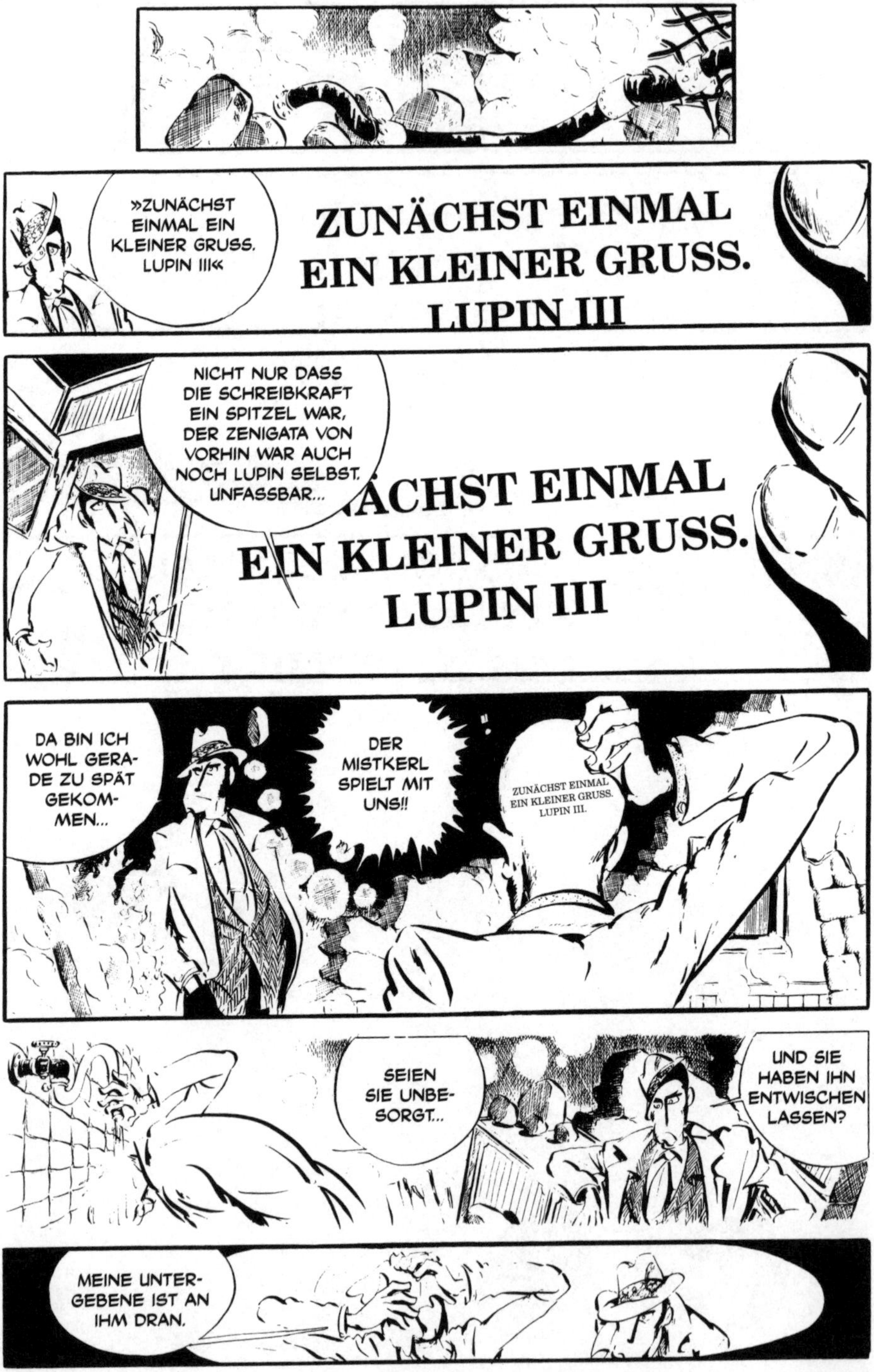
»ZUNÄCHST EINMAL EIN KLEINER GRUSS. LUPIN III«
ZUNÄCHST EINMAL EIN KLEINER GRUSS. LUPIN III
NICHT NUR DASS DIE SCHREIBKRAFT EIN SPITZEL WAR, DER ZENIGATA VON VORHIN WAR AUCH NOCH LUPIN SELBST. UNFASSBAR...
DA BIN ICH WOHL GERADE ZU SPÄT GEKOMMEN...
DER MISTKERL SPIELT MIT UNS!!
ZUNÄCHST EINMAL EIN KLEINER GRUSS. LUPIN III.
UND SIE HABEN IHN ENTWISCHEN LASSEN?
SEIEN SIE UNBESORGT...
MEINE UNTERGEBENE IST AN IHM DRAN.

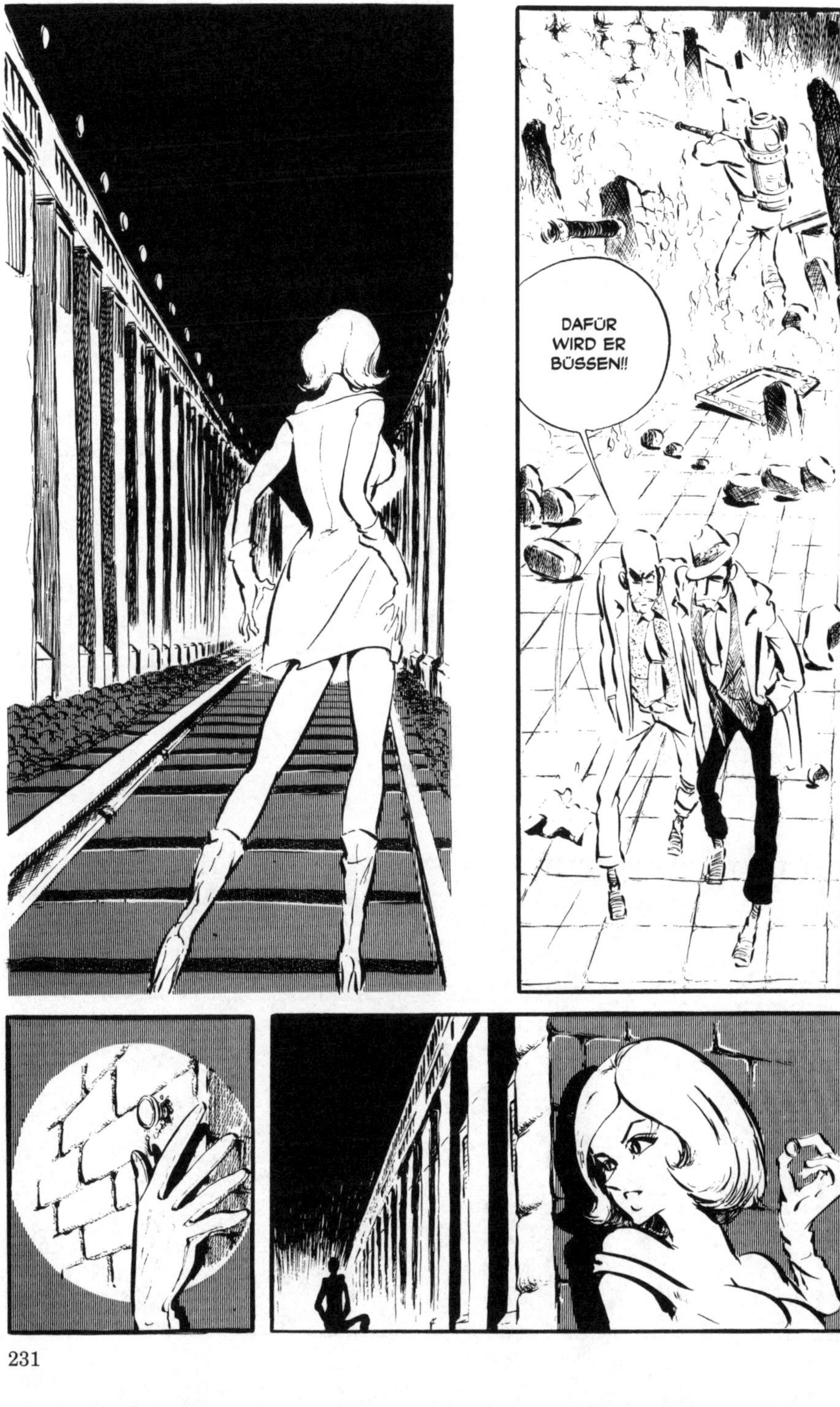
DAFÜR
WIRD ER
BÜSSEN!!

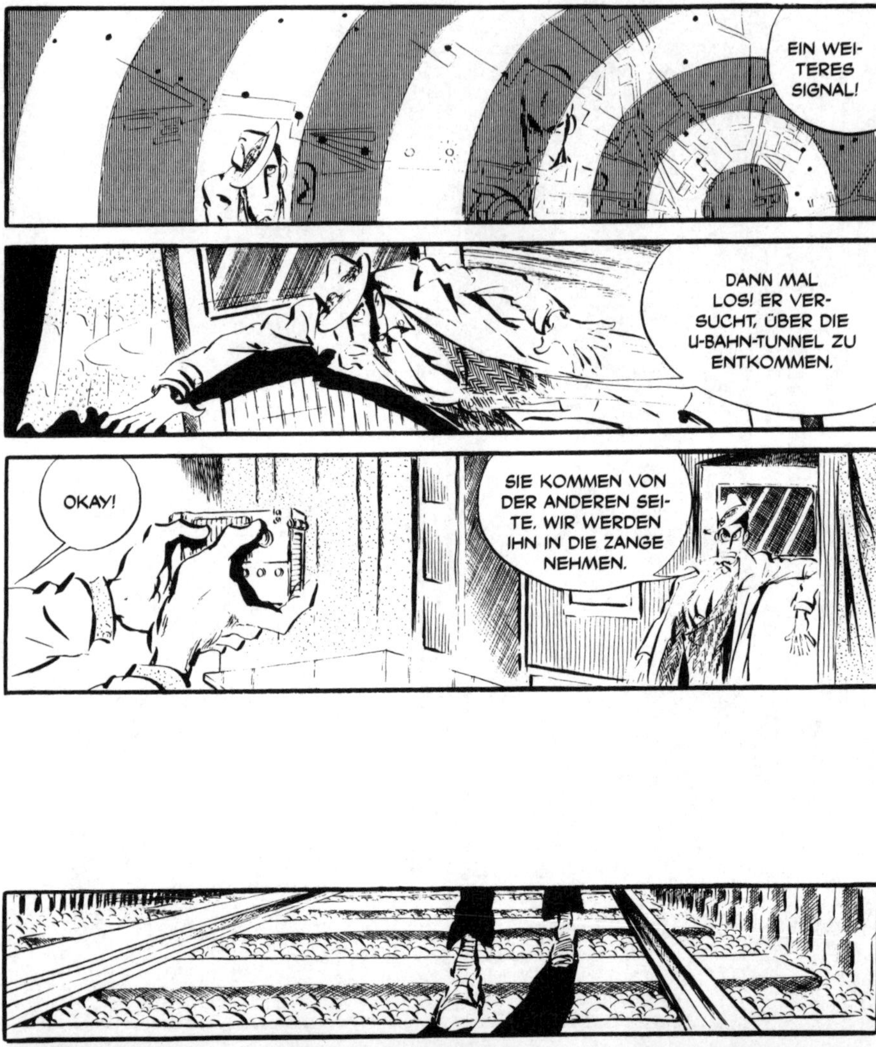

EIN WEITERES SIGNAL!
DANN MAL LOS! ER VERSUCHT, ÜBER DIE U-BAHN-TUNNEL ZU ENTKOMMEN.
SIE KOMMEN VON DER ANDEREN SEITE. WIR WERDEN IHN IN DIE ZANGE NEHMEN.
OKAY!

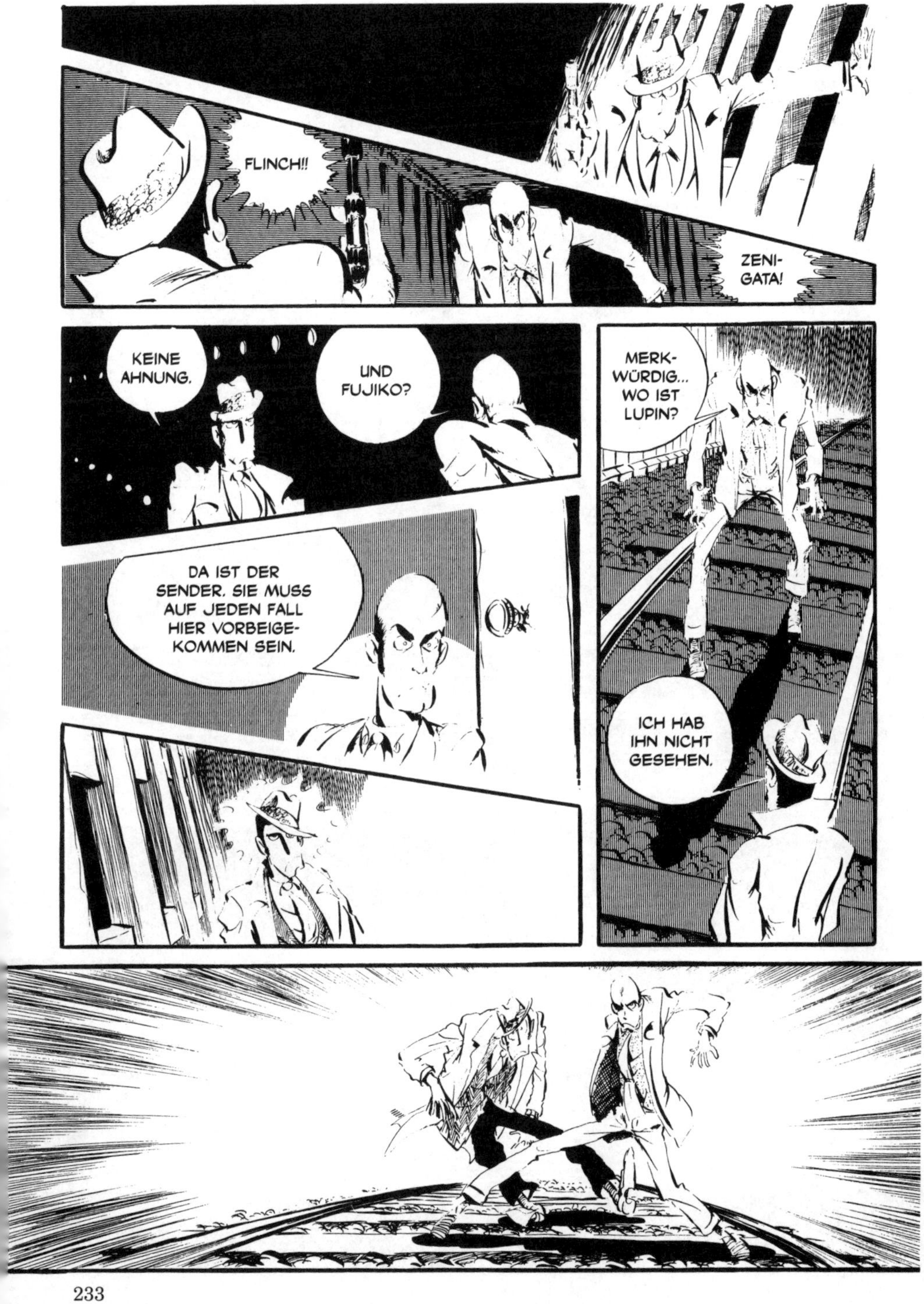

FLINCH!!
ZENI-
GATA!
KEINE
AHNUNG.
UND
FUJIKO?
MERK-
WÜRDIG...
WO IST
LUPIN?
DA IST DER
SENDER. SIE MUSS
AUF JEDEN FALL
HIER VORBEIGE-
KOMMEN SEIN.
ICH HAB
IHN NICHT
GESEHEN.

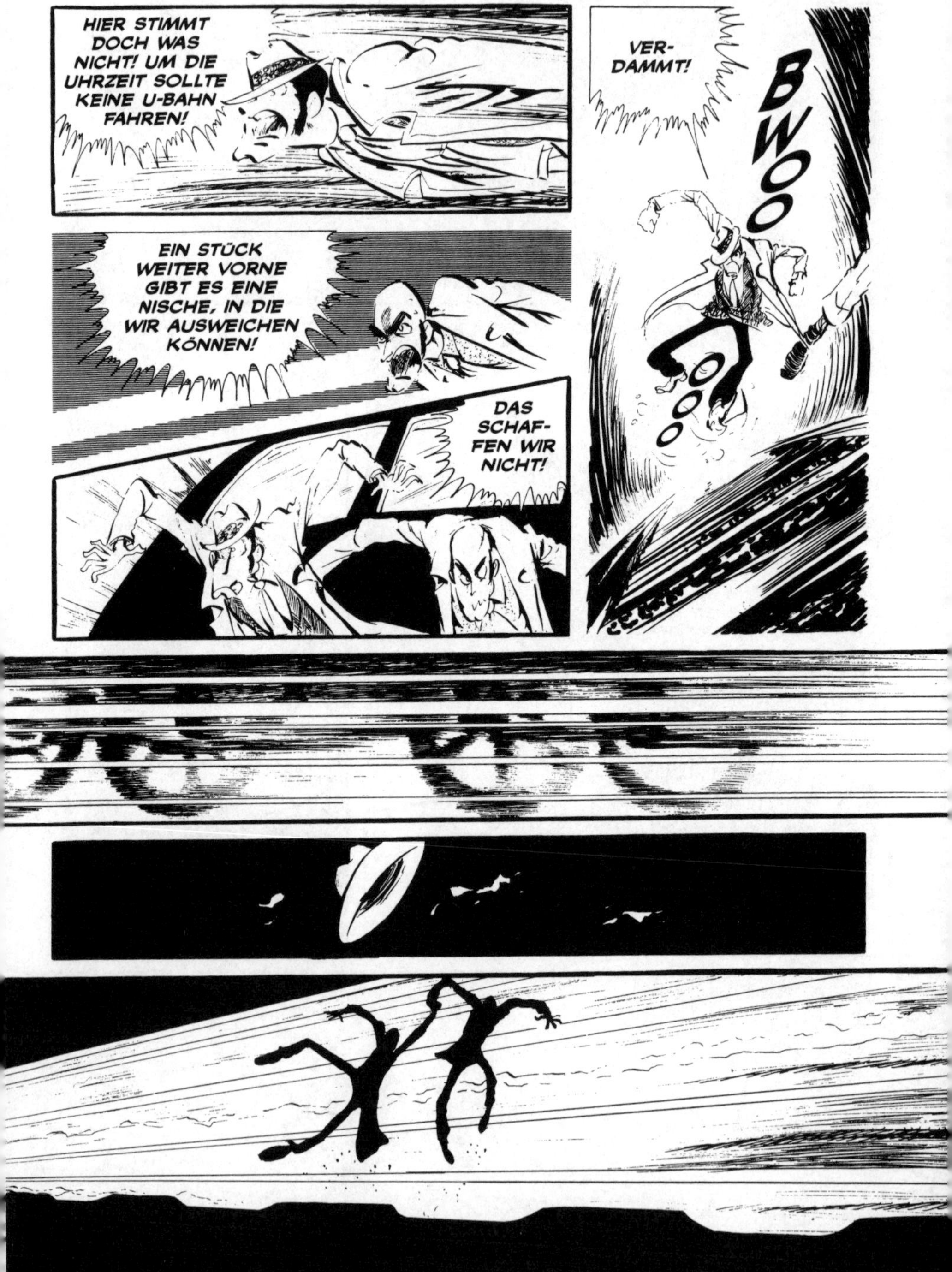
HIER STIMMT DOCH WAS NICHT! UM DIE UHRZEIT SOLLTE KEINE U-BAHN FAHREN!
VER-DAMMT!
BWOO
OOOO
EIN STÜCK WEITER VORNE GIBT ES EINE NISCHE, IN DIE WIR AUSWEICHEN KÖNNEN!
DAS SCHAF-FEN WIR NICHT!

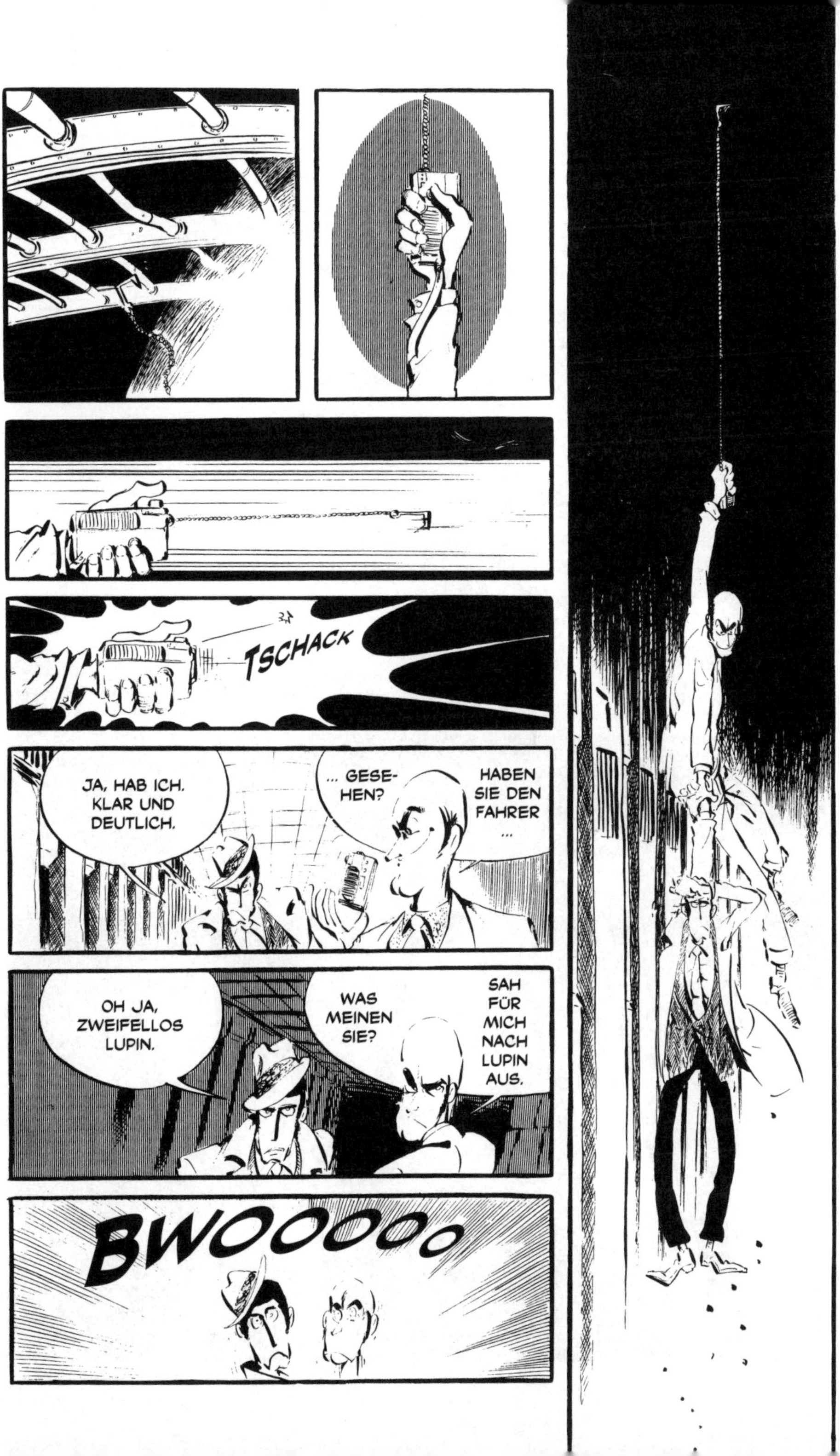
TSCHACK
HABEN SIE DEN FAHRER ...
... GESEHEN?
JA, HAB ICH. KLAR UND DEUTLICH.
SAH FÜR MICH NACH LUPIN AUS.
WAS MEINEN SIE?
OH JA, ZWEIFELLOS LUPIN.
BWOOOOO

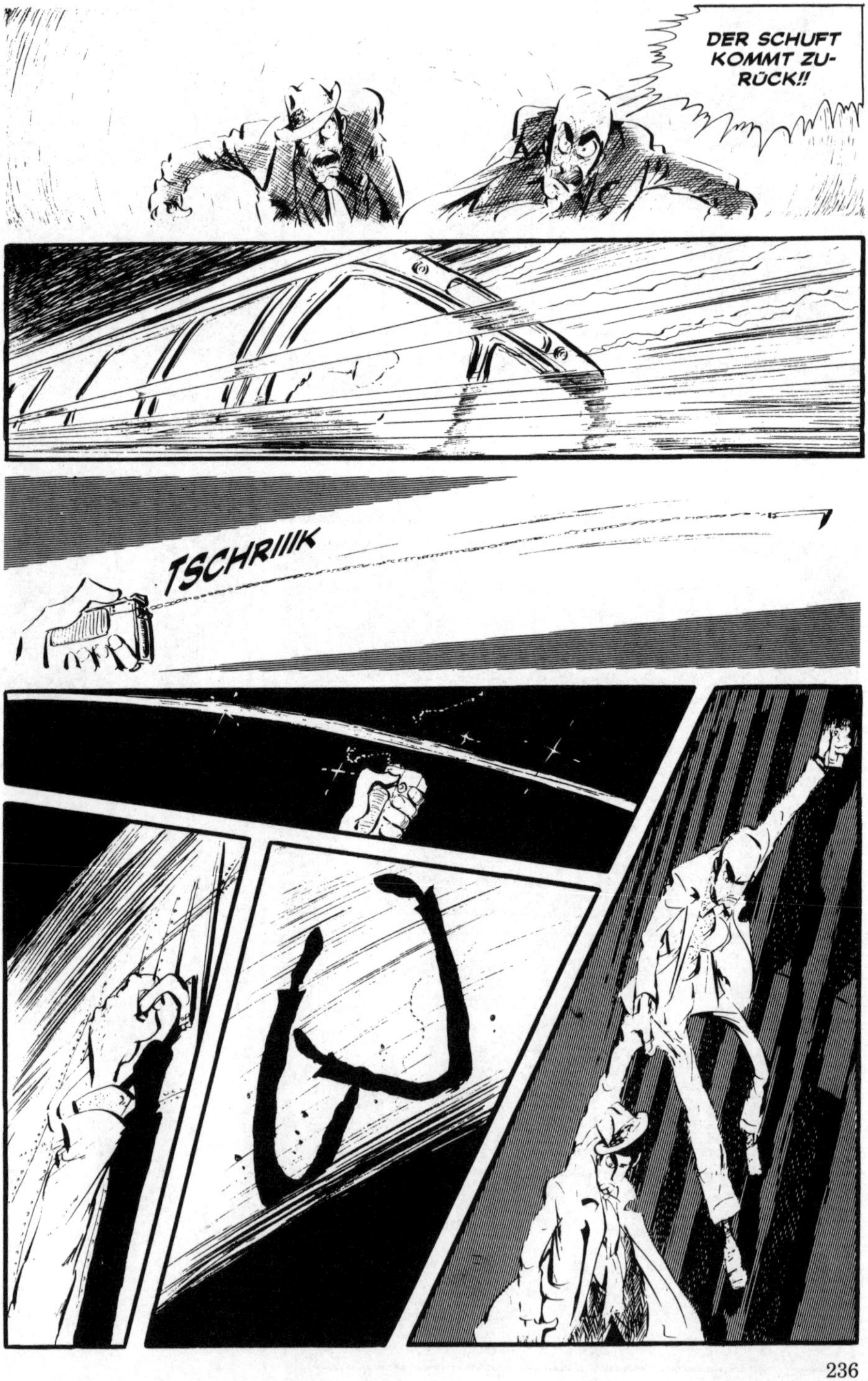
DER SCHUFT KOMMT ZURÜCK!!
TSCHRIIIK

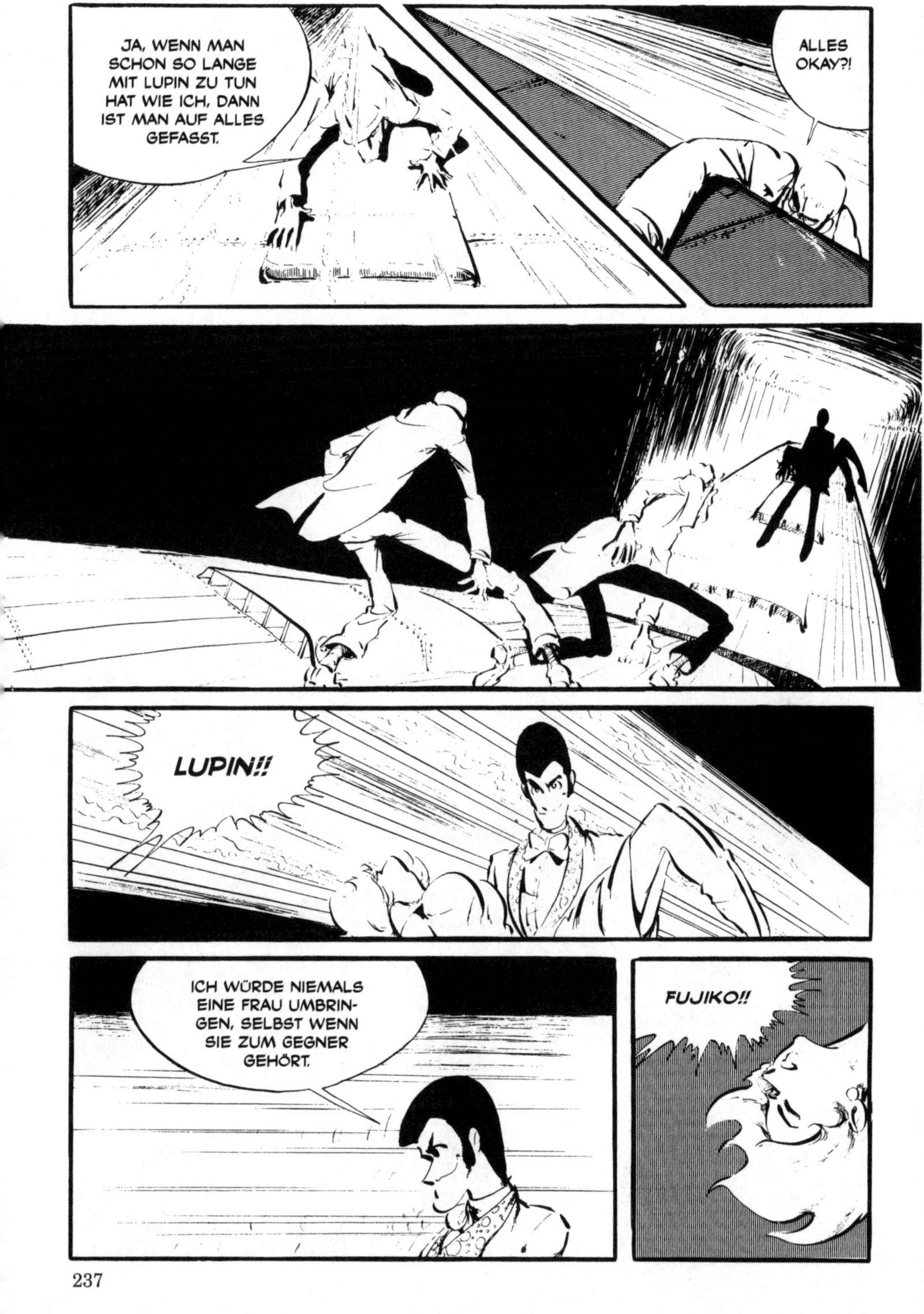

JA, WENN MAN SCHON SO LANGE MIT LUPIN ZU TUN HAT WIE ICH, DANN IST MAN AUF ALLES GEFASST.
ALLES OKAY?!
LUPIN!!
ICH WÜRDE NIEMALS EINE FRAU UMBRINGEN, SELBST WENN SIE ZUM GEGNER GEHÖRT.
FUJIKO!!

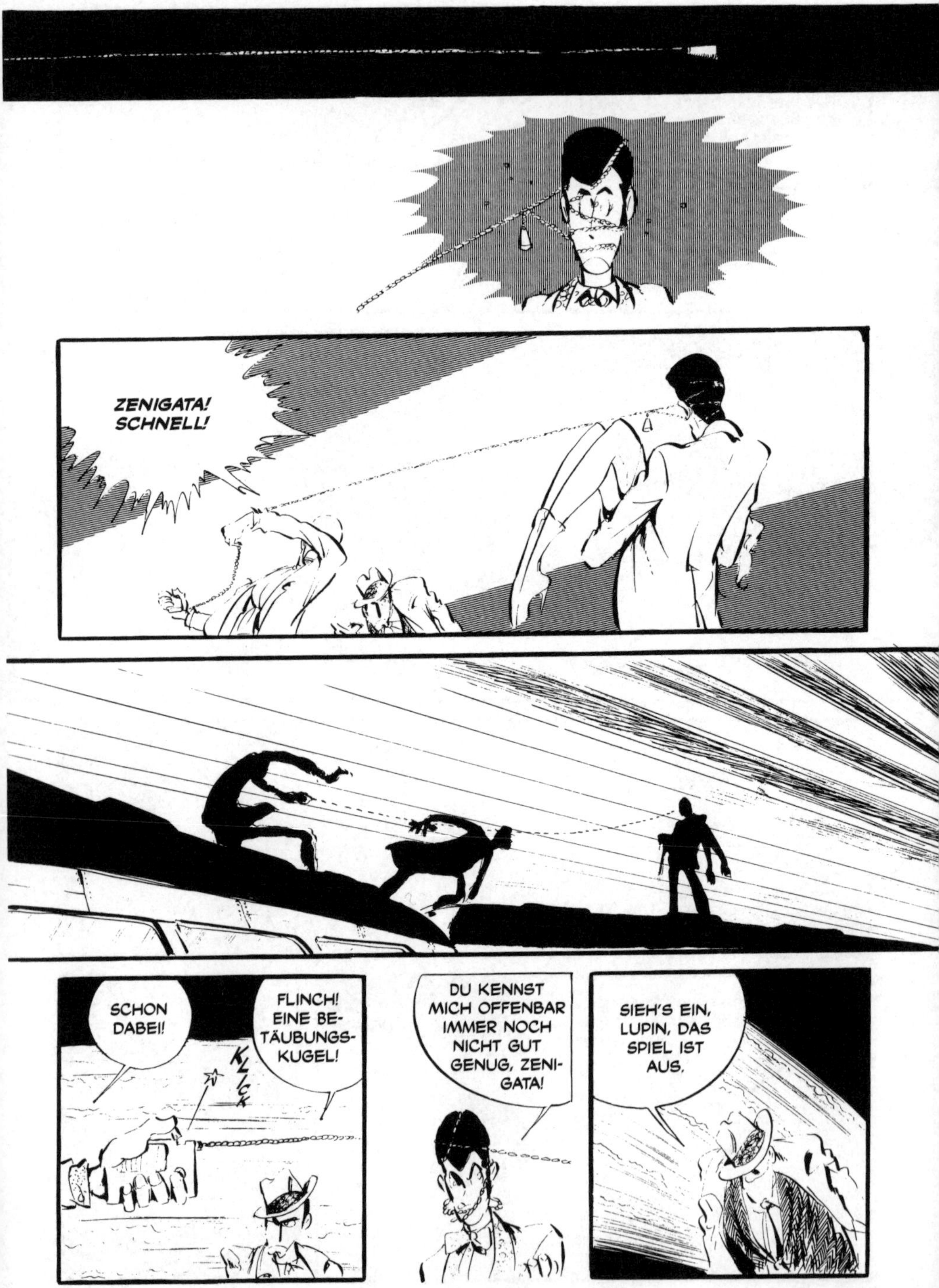
ZENIGATA! SCHNELL!
SCHON DABEI!
FLINCH! EINE BE-TÄUBUNGS-KUGEL!
KLICK
DU KENNST MICH OFFENBAR IMMER NOCH NICHT GUT GENUG, ZENI-GATA!
SIEH'S EIN, LUPIN, DAS SPIEL IST AUS.

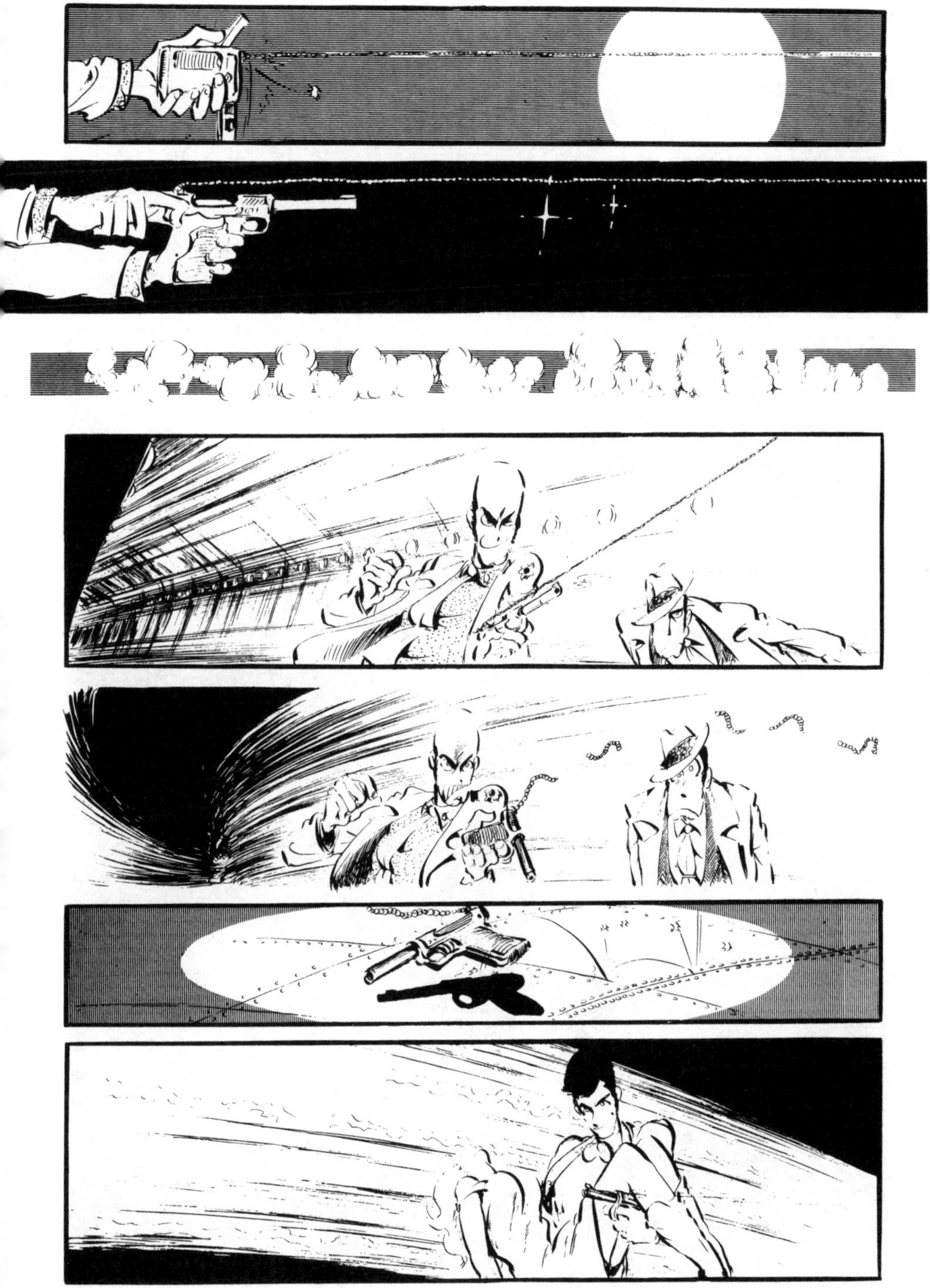

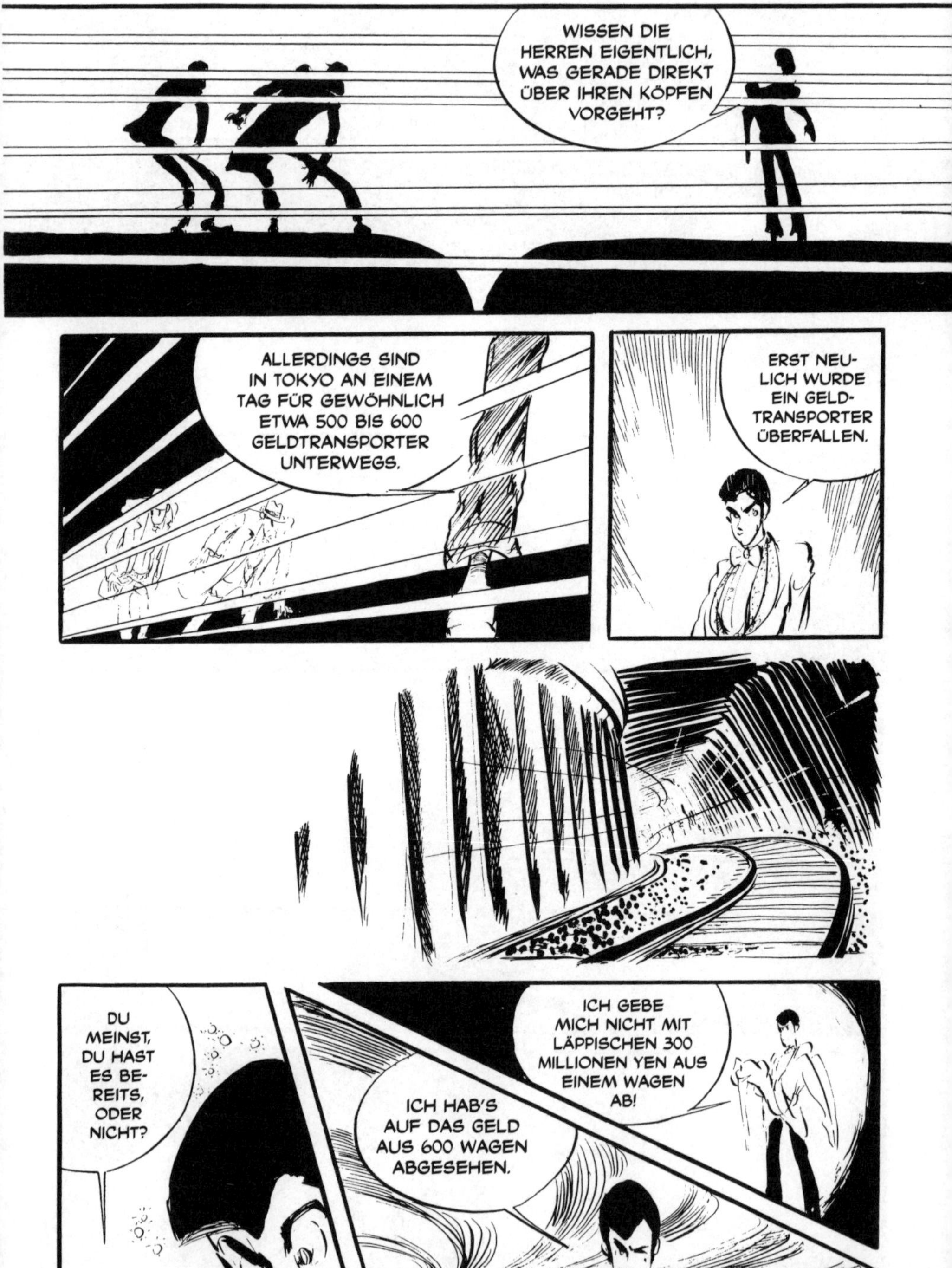
WISSEN DIE HERREN EIGENTLICH, WAS GERADE DIREKT ÜBER IHREN KÖPFEN VORGEHT?
ALLERDINGS SIND IN TOKYO AN EINEM TAG FÜR GEWÖHNLICH ETWA 500 BIS 600 GELDTRANSPORTER UNTERWEGS.
ERST NEULICH WURDE EIN GELDTRANSPORTER ÜBERFALLEN.
ICH GEBE MICH NICHT MIT LÄPPISCHEN 300 MILLIONEN YEN AUS EINEM WAGEN AB!
ICH HAB'S AUF DAS GELD AUS 600 WAGEN ABGESEHEN.
DU MEINST, DU HAST ES BEREITS, ODER NICHT?

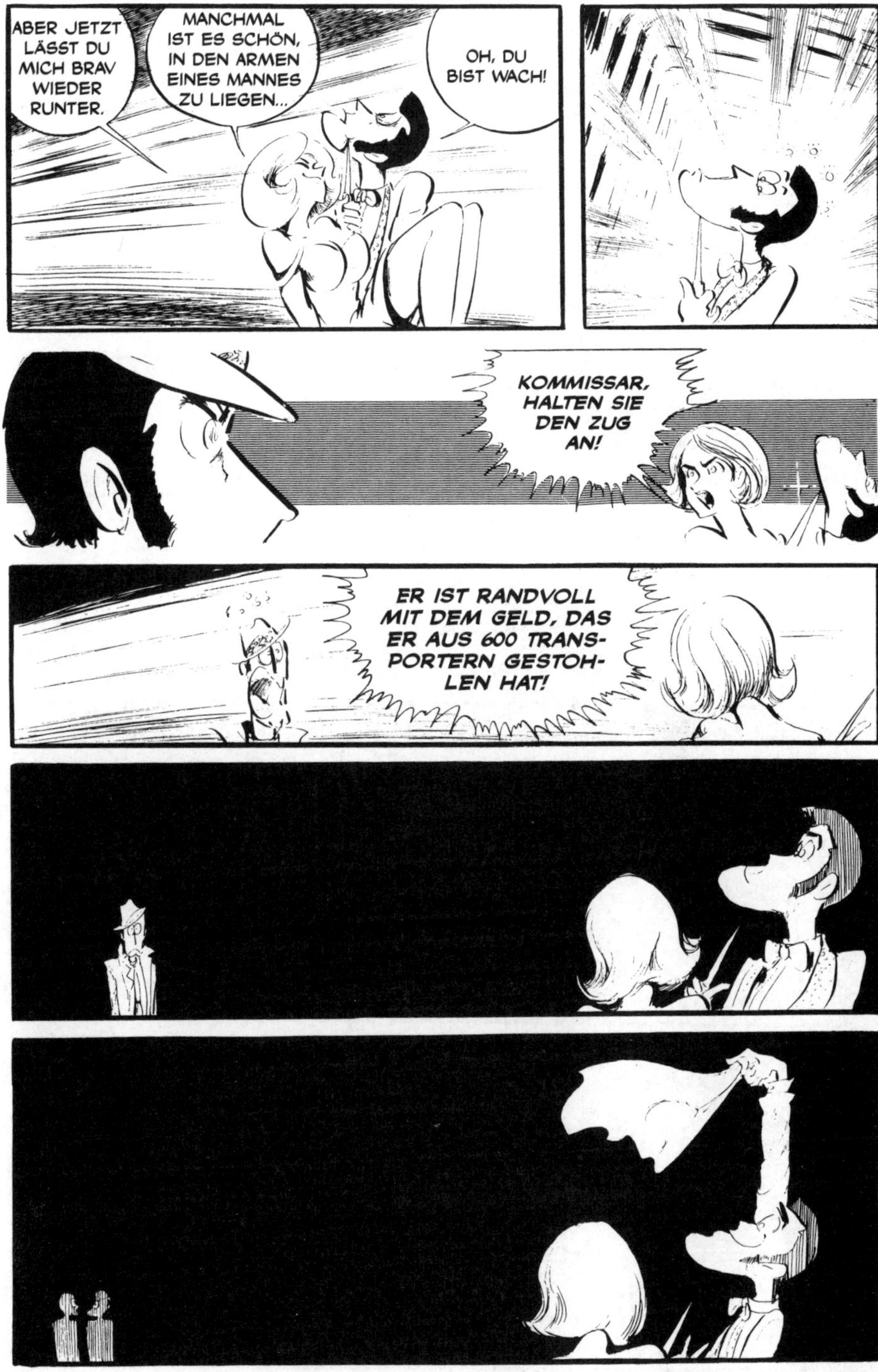
OH, DU BIST WACH!
MANCHMAL IST ES SCHÖN, IN DEN ARMEN EINES MANNES ZU LIEGEN...
ABER JETZT LÄSST DU MICH BRAV WIEDER RUNTER.
KOMMISSAR, HALTEN SIE DEN ZUG AN!
ER IST RANDVOLL MIT DEM GELD, DAS ER AUS 600 TRANSPORTERN GESTOHLEN HAT!

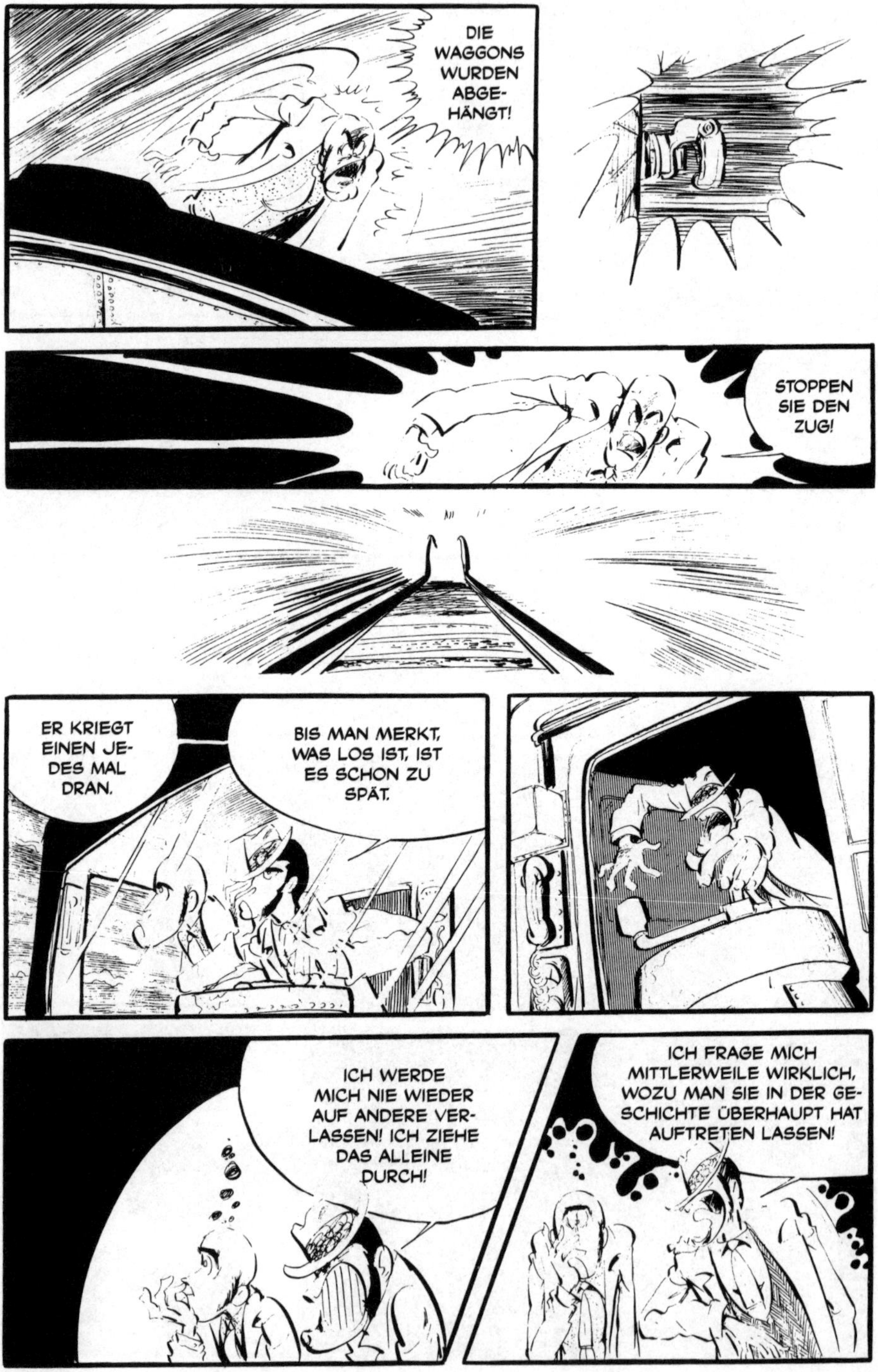
DIE WAGGONS WURDEN ABGE- HÄNGT!
STOPPEN SIE DEN ZUG!
ER KRIEGT EINEN JE- DES MAL DRAN.
BIS MAN MERKT, WAS LOS IST, IST ES SCHON ZU SPÄT.
ICH WERDE MICH NIE WIEDER AUF ANDERE VER- LASSEN! ICH ZIEHE DAS ALLEINE DURCH!
ICH FRAGE MICH MITTLERWEILE WIRKLICH, WOZU MAN SIE IN DER GE- SCHICHTE ÜBERHAUPT HAT AUFTRETEN LASSEN!

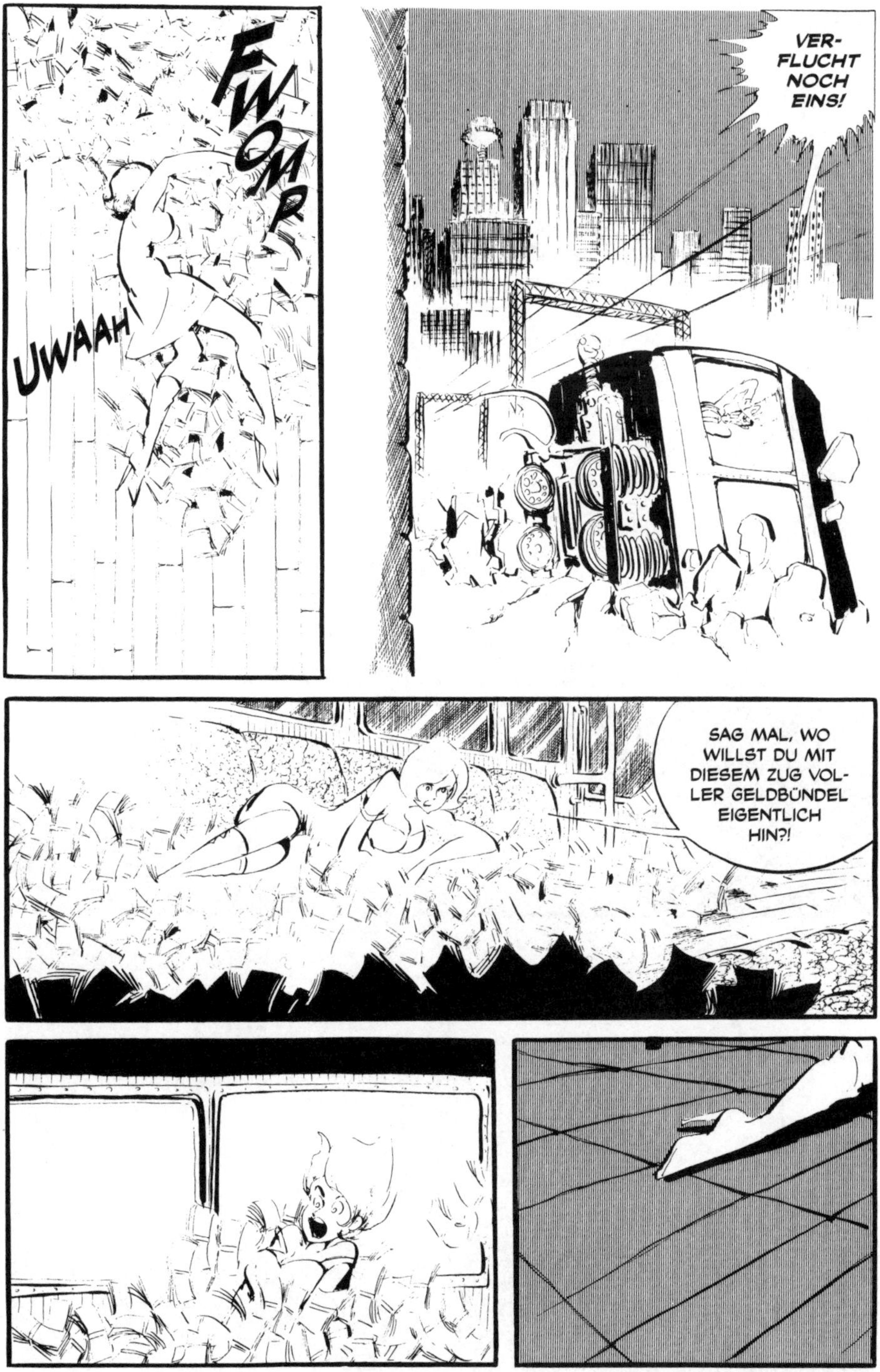
FWOMP
UWAAH
VER-
FLUCHT
NOCH
EINS!
SAG MAL, WO
WILLST DU MIT
DIESEM ZUG VOL-
LER GELDBÜNDEL
EIGENTLICH
HIN?!

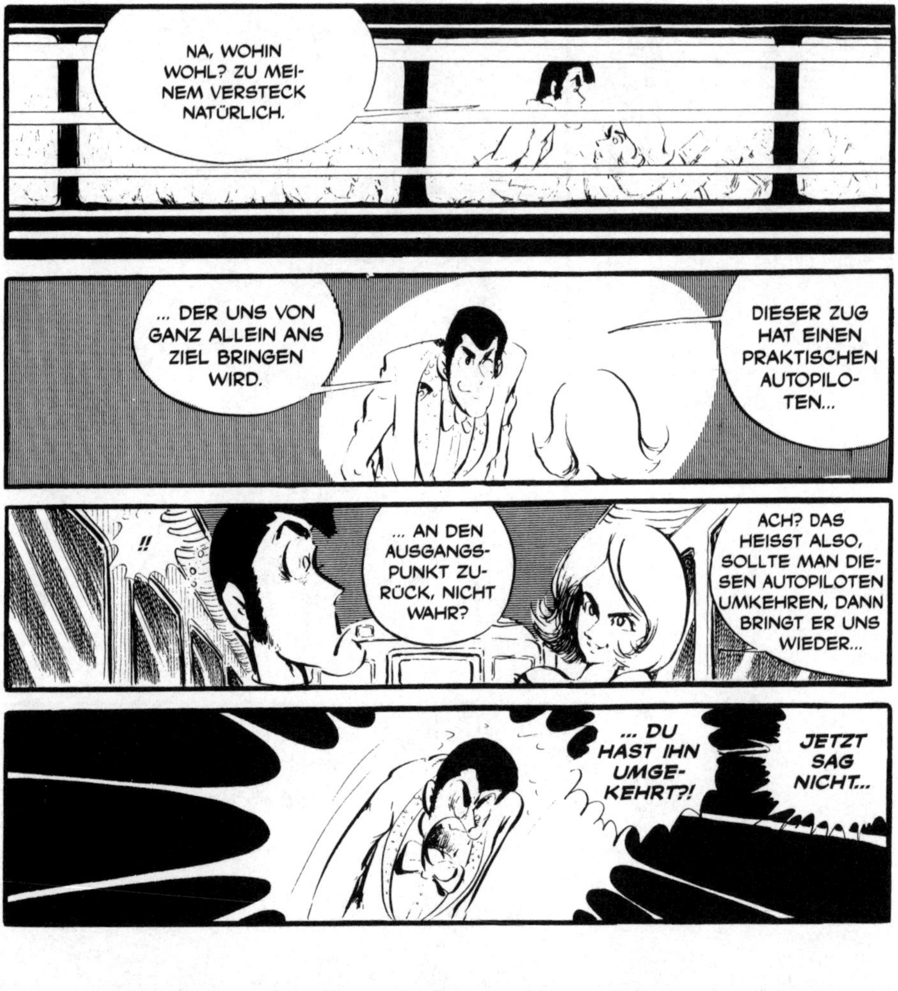

DER LUPIN, DER MICH LIEBTE – ENDE

EIN SAGENHAFTER SCHATZ (TEIL 1)

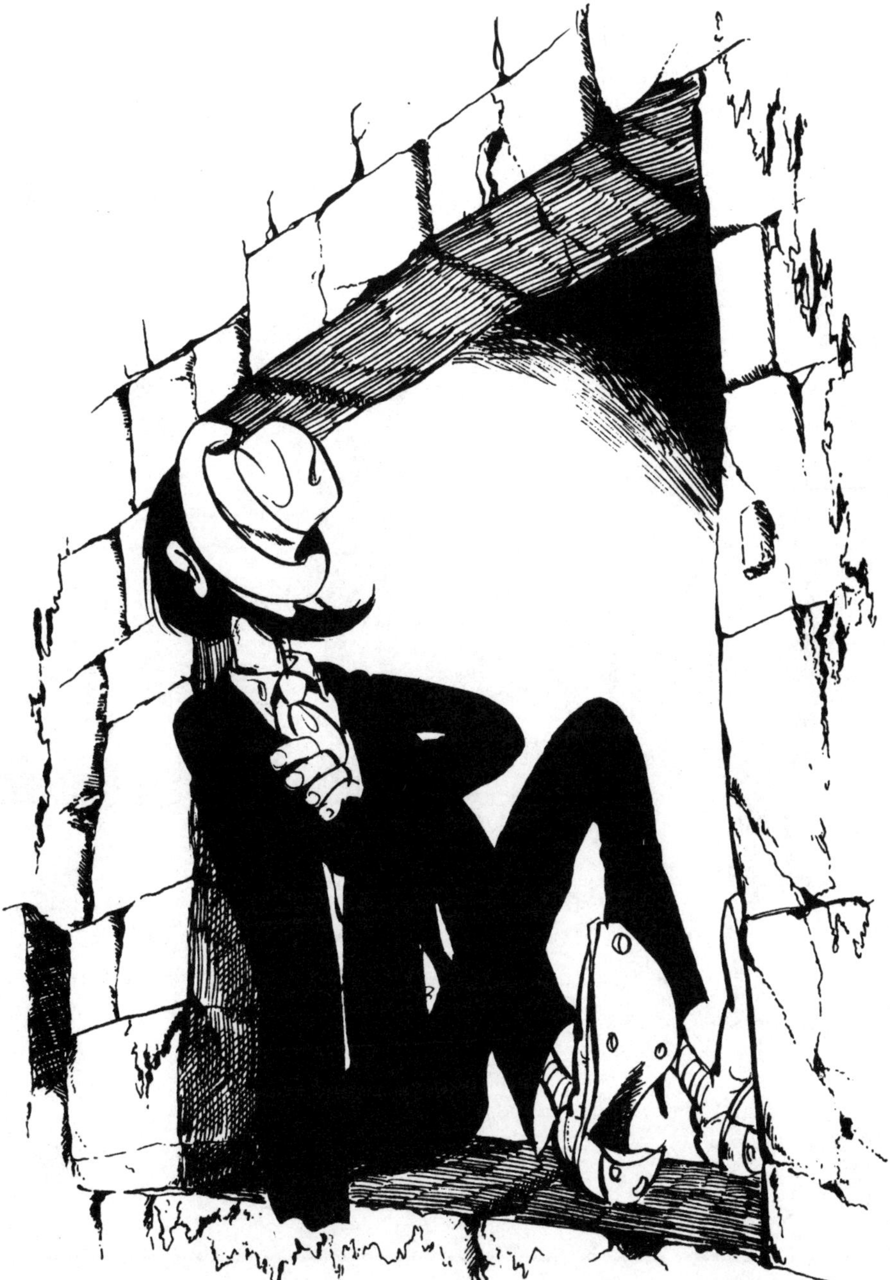

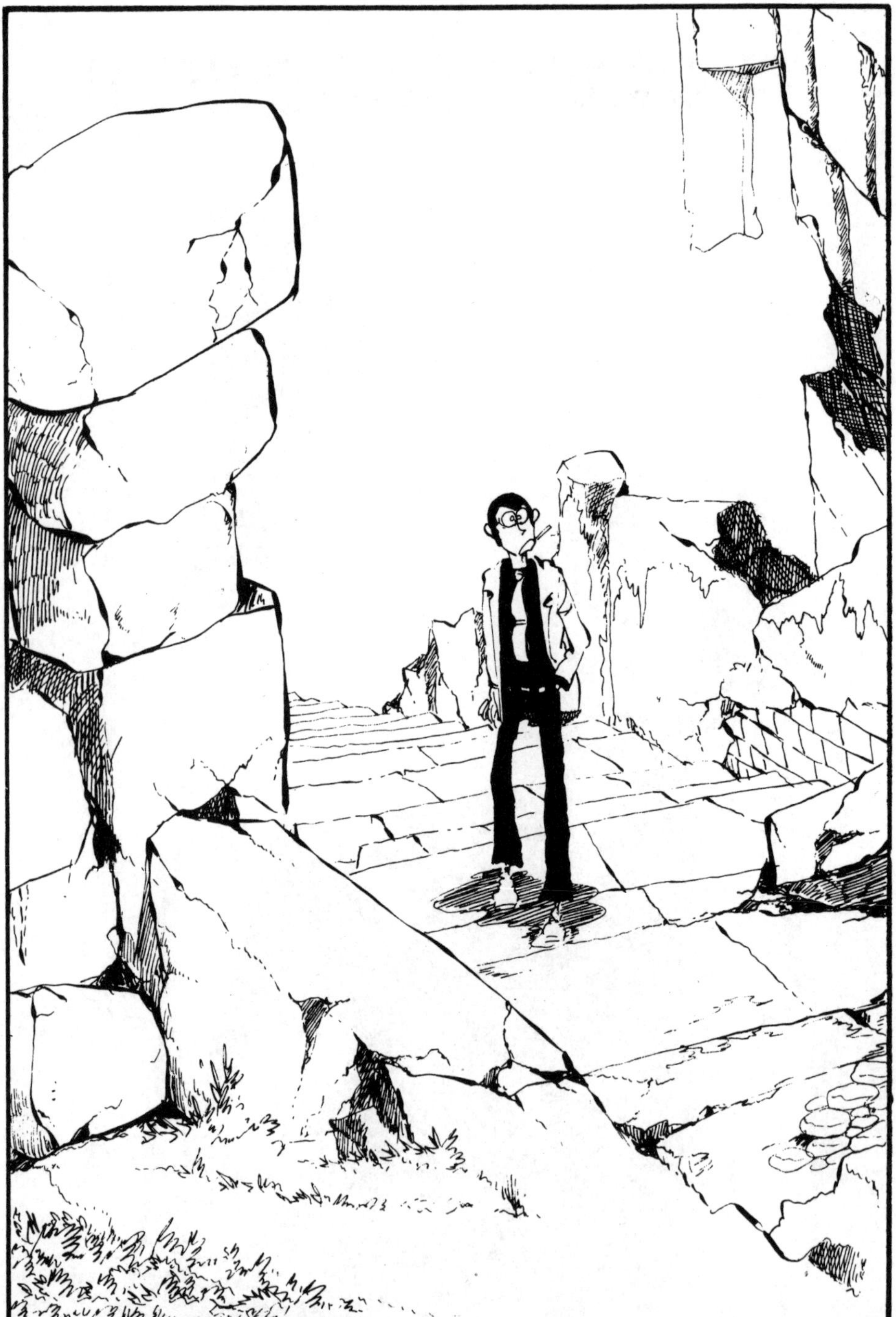

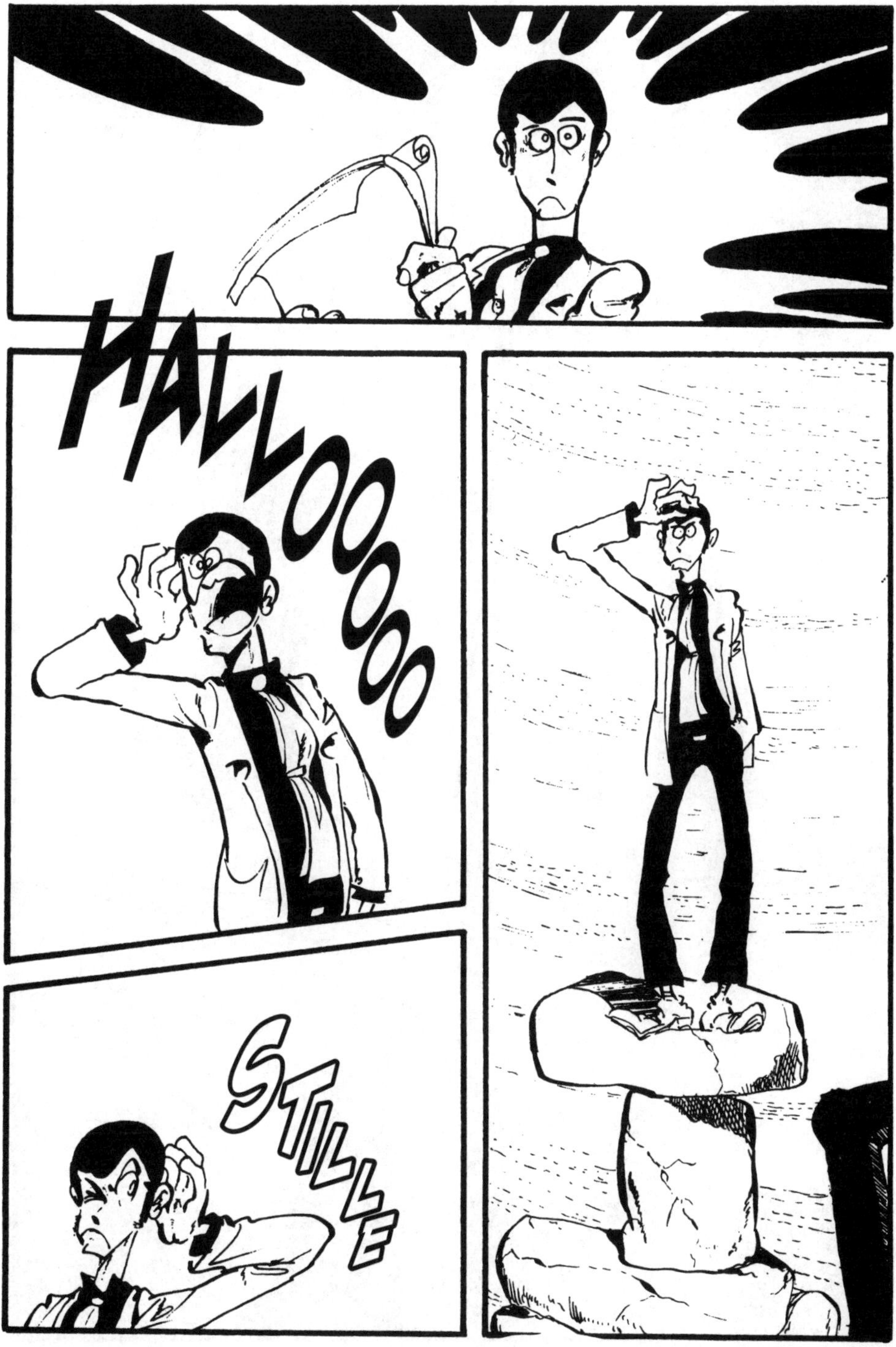
HALLOOOOOO
STILLE

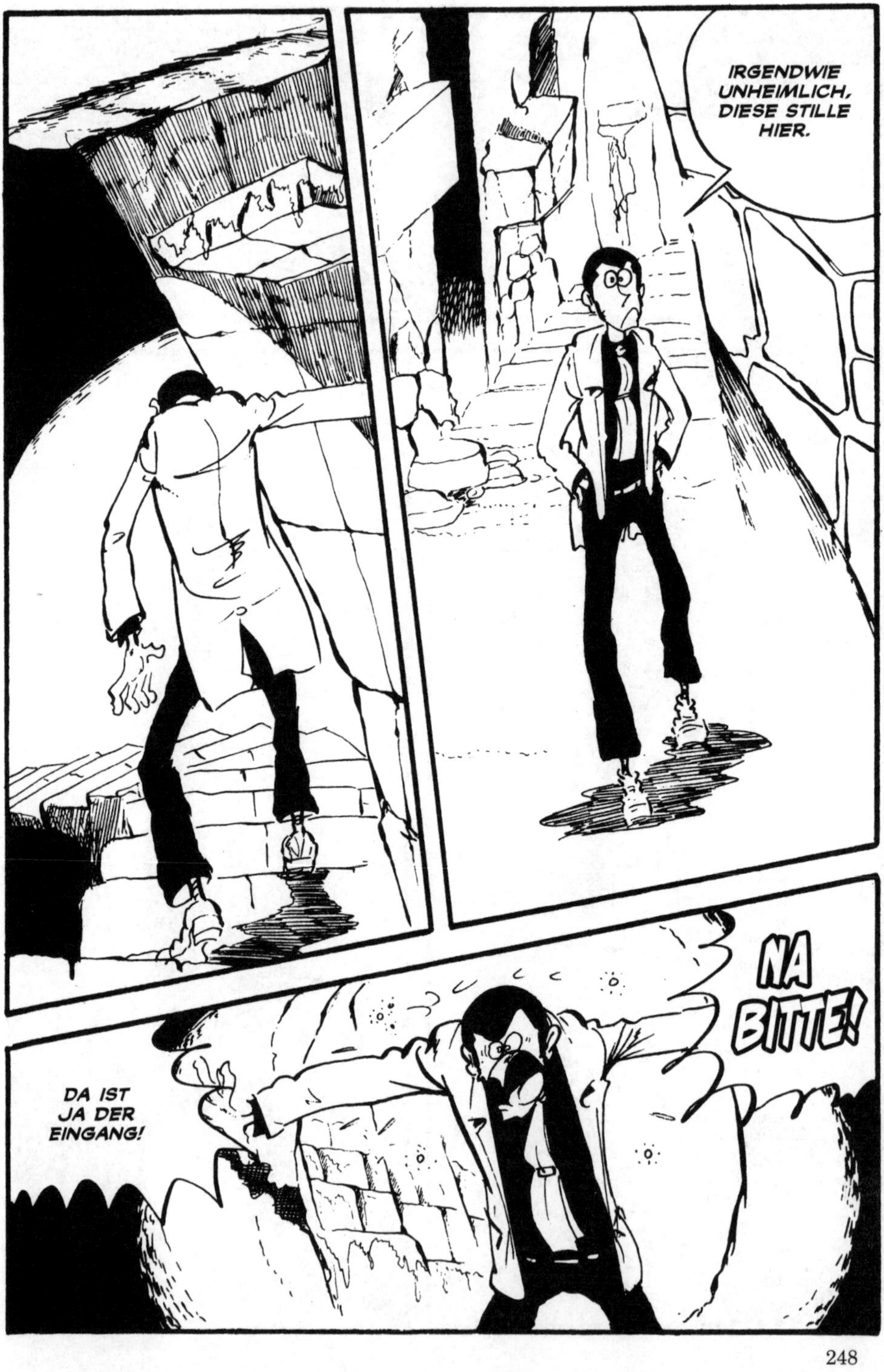
IRGENDWIE UNHEIMLICH, DIESE STILLE HIER.
NA BITTE!
DA IST JA DER EINGANG!

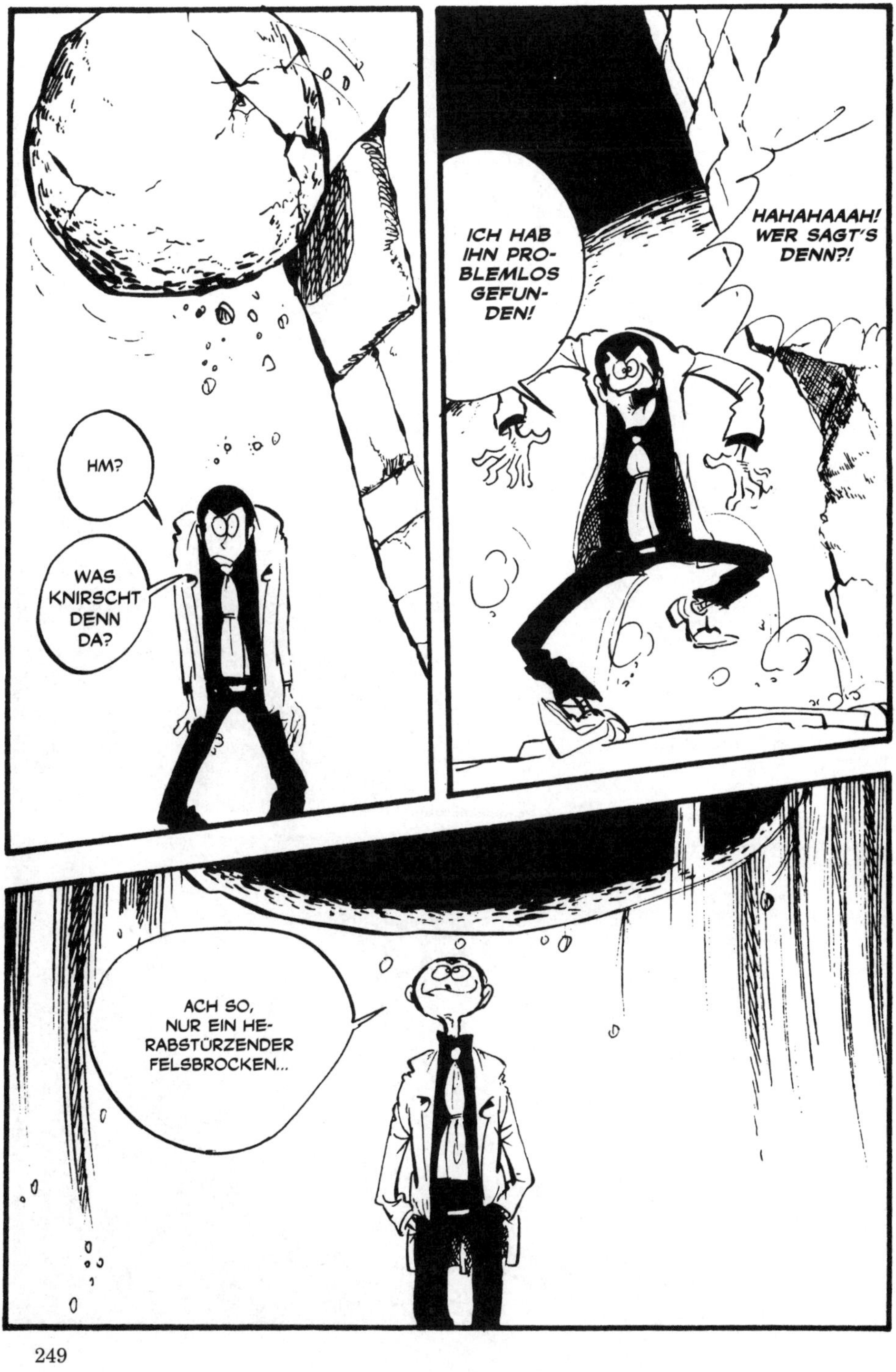
HM?
WAS KNIRSCHT DENN DA?
ICH HAB IHN PROBLEMLOS GEFUNDEN!
HAHAHAAAH! WER SAGT'S DENN?!
ACH SO, NUR EIN HERABSTÜRZENDER FELSBROCKEN...

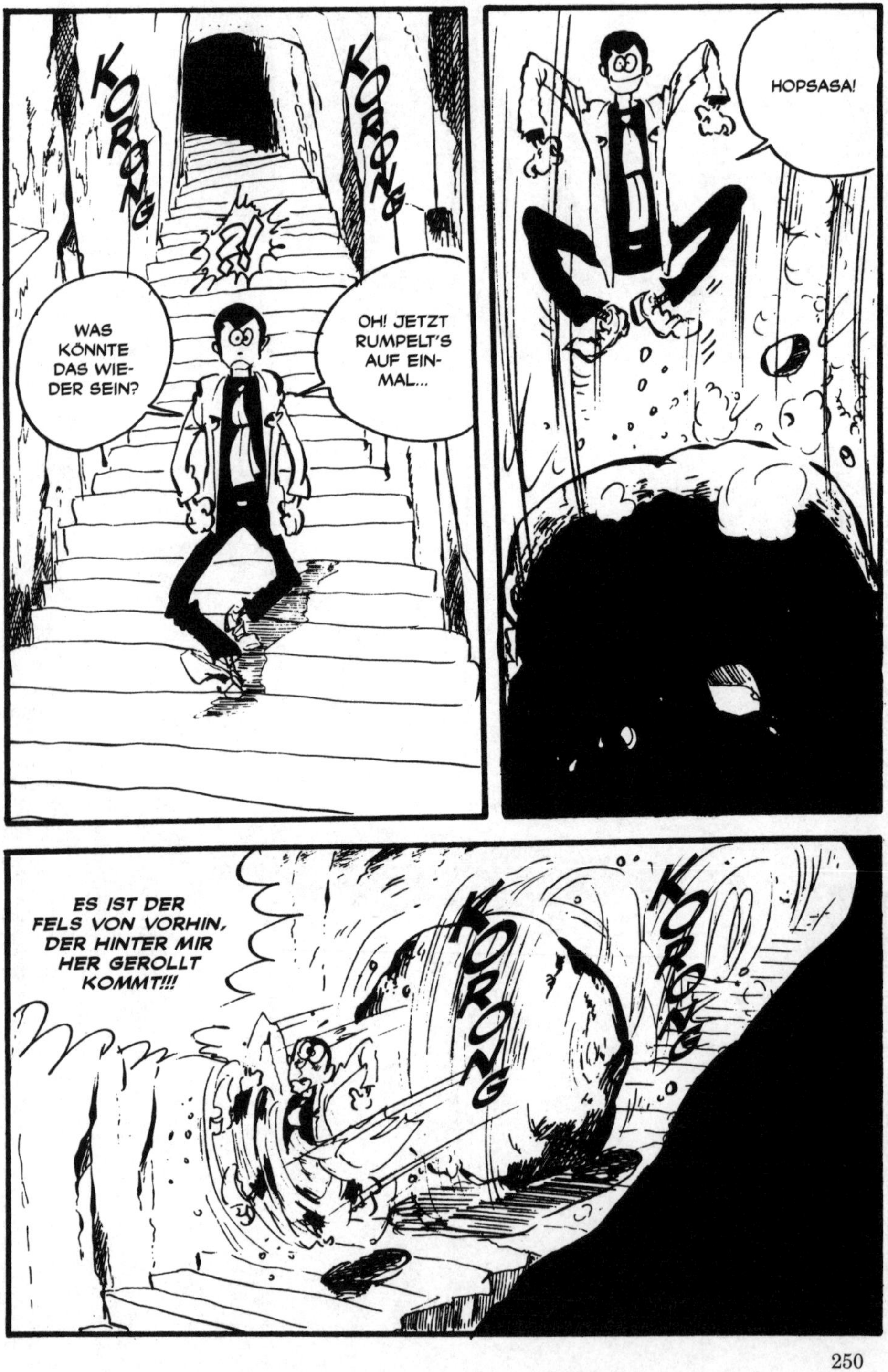
KORONG
KORONG
?!
WAS KÖNNTE DAS WIE-DER SEIN?
OH! JETZT RUMPELT'S AUF EIN-MAL...
HOPSASA!
ES IST DER FELS VON VORHIN, DER HINTER MIR HER GEROLLT KOMMT!!!
KORONG
KORONG

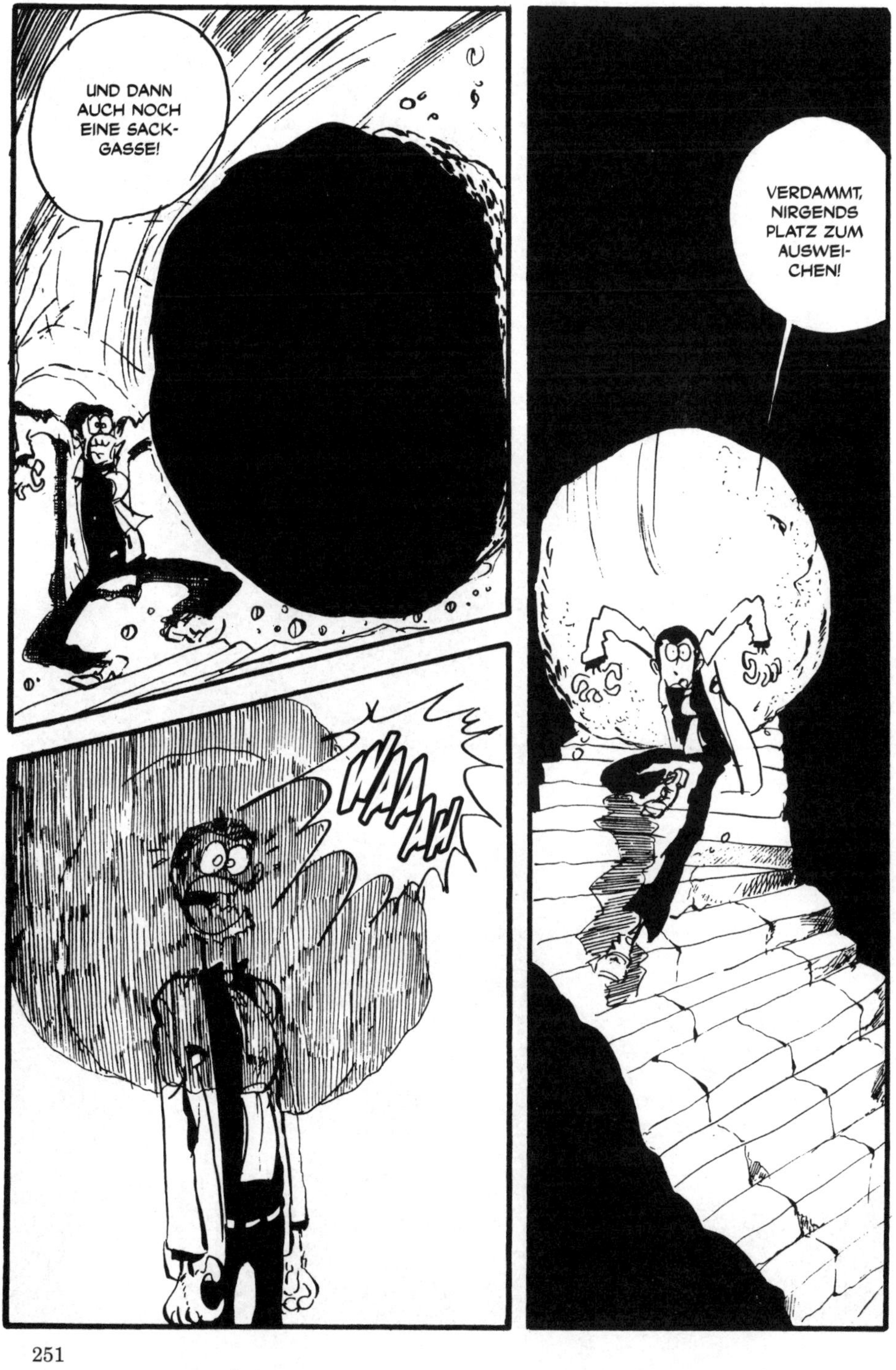
VERDAMMT, NIRGENDS PLATZ ZUM AUSWEI-CHEN!
UND DANN AUCH NOCH EINE SACK-GASSE!
WAAAH

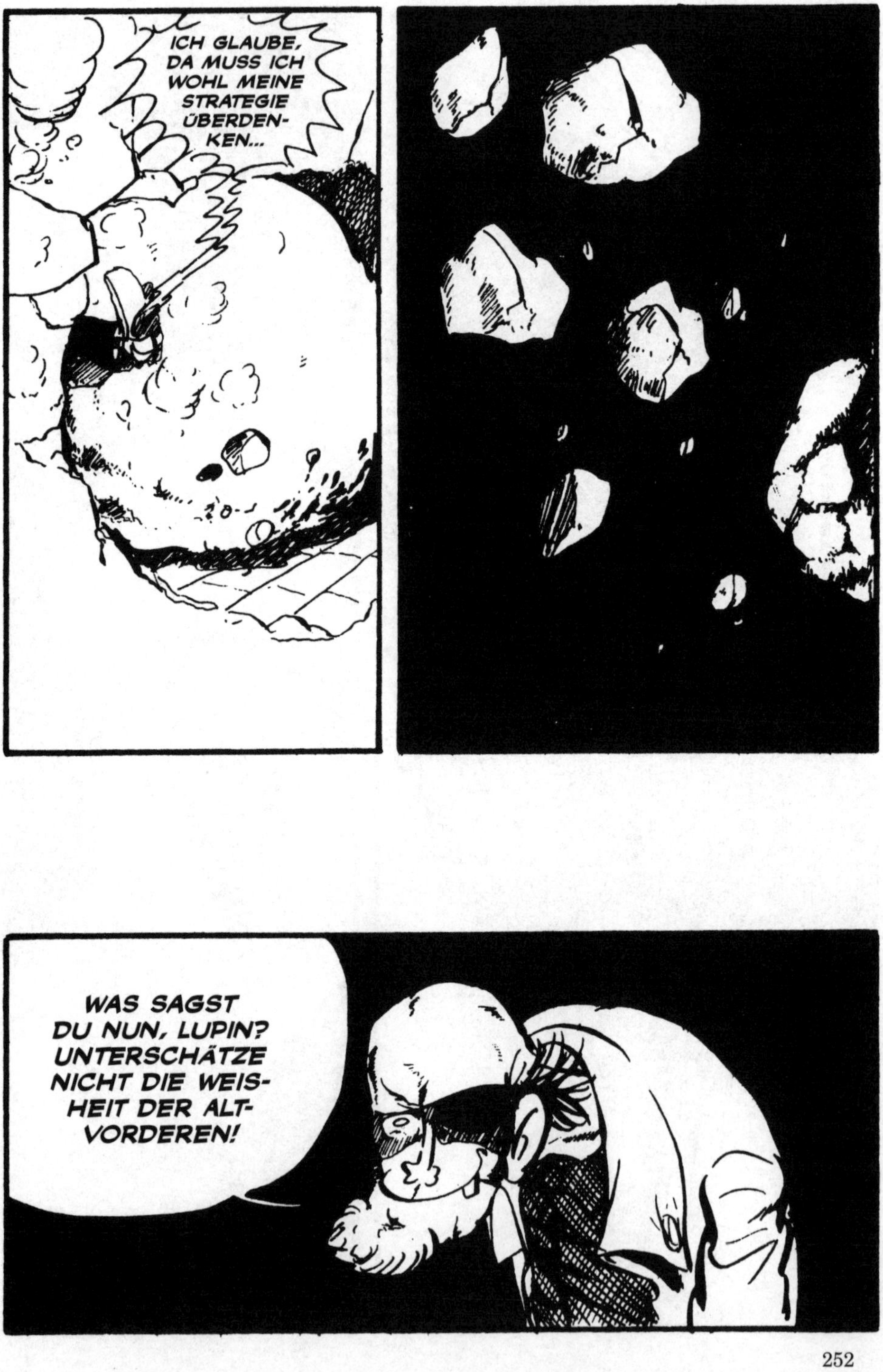
ICH GLAUBE, DA MUSS ICH WOHL MEINE STRATEGIE ÜBERDEN-KEN...
WAS SAGST DU NUN, LUPIN? UNTERSCHÄTZE NICHT DIE WEIS-HEIT DER ALT-VORDEREN!

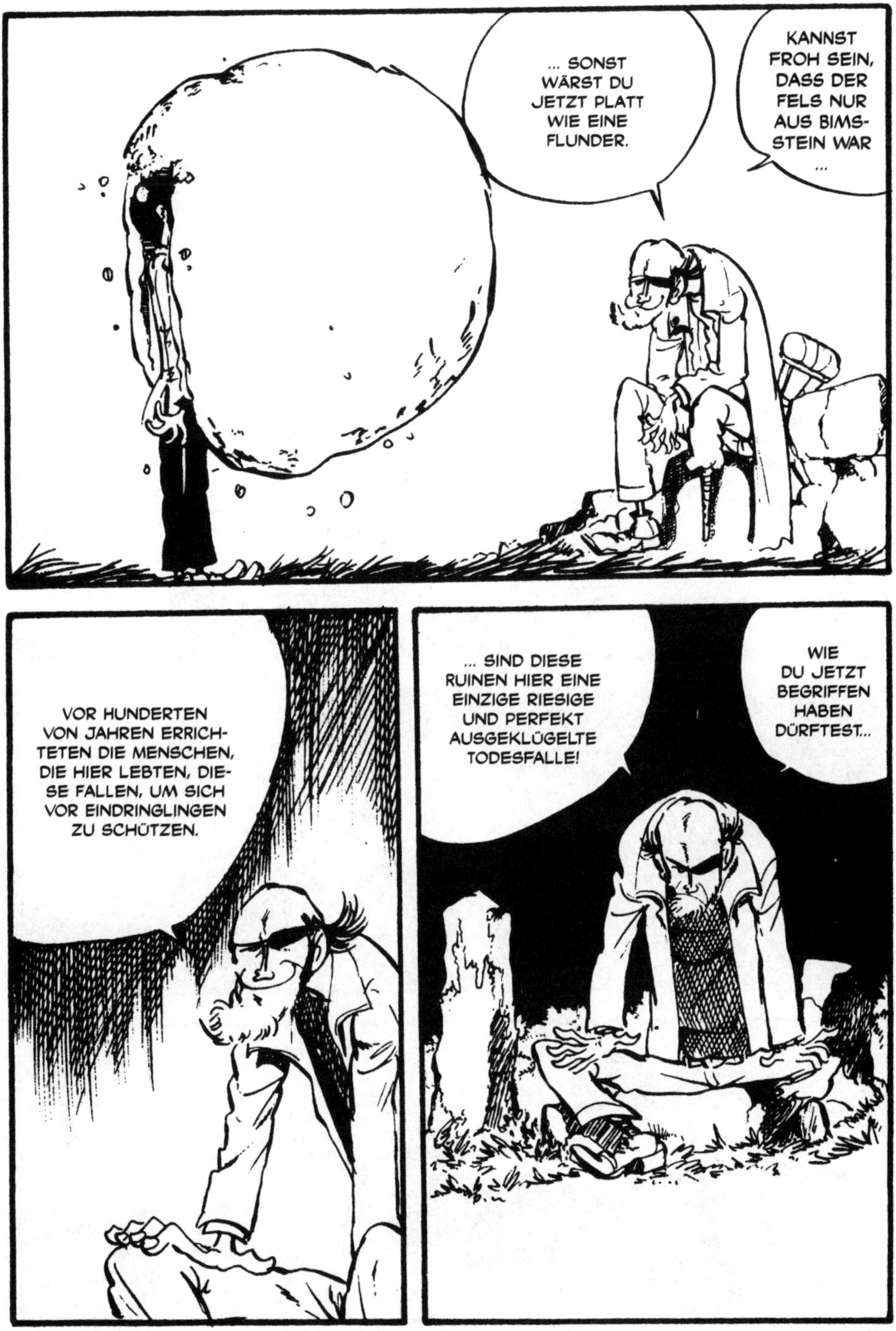
KANNST FROH SEIN, DASS DER FELS NUR AUS BIMS- STEIN WAR ...
... SONST WÄRST DU JETZT PLATT WIE EINE FLUNDER.
WIE DU JETZT BEGRIFFEN HABEN DÜRFTEST...
... SIND DIESE RUINEN HIER EINE EINZIGE RIESIGE UND PERFEKT AUSGEKLÜGELTE TODESFALLE!
VOR HUNDERTEN VON JAHREN ERRICH- TETEN DIE MENSCHEN, DIE HIER LEBTEN, DIE- SE FALLEN, UM SICH VOR EINDRINGLINGEN ZU SCHÜTZEN.

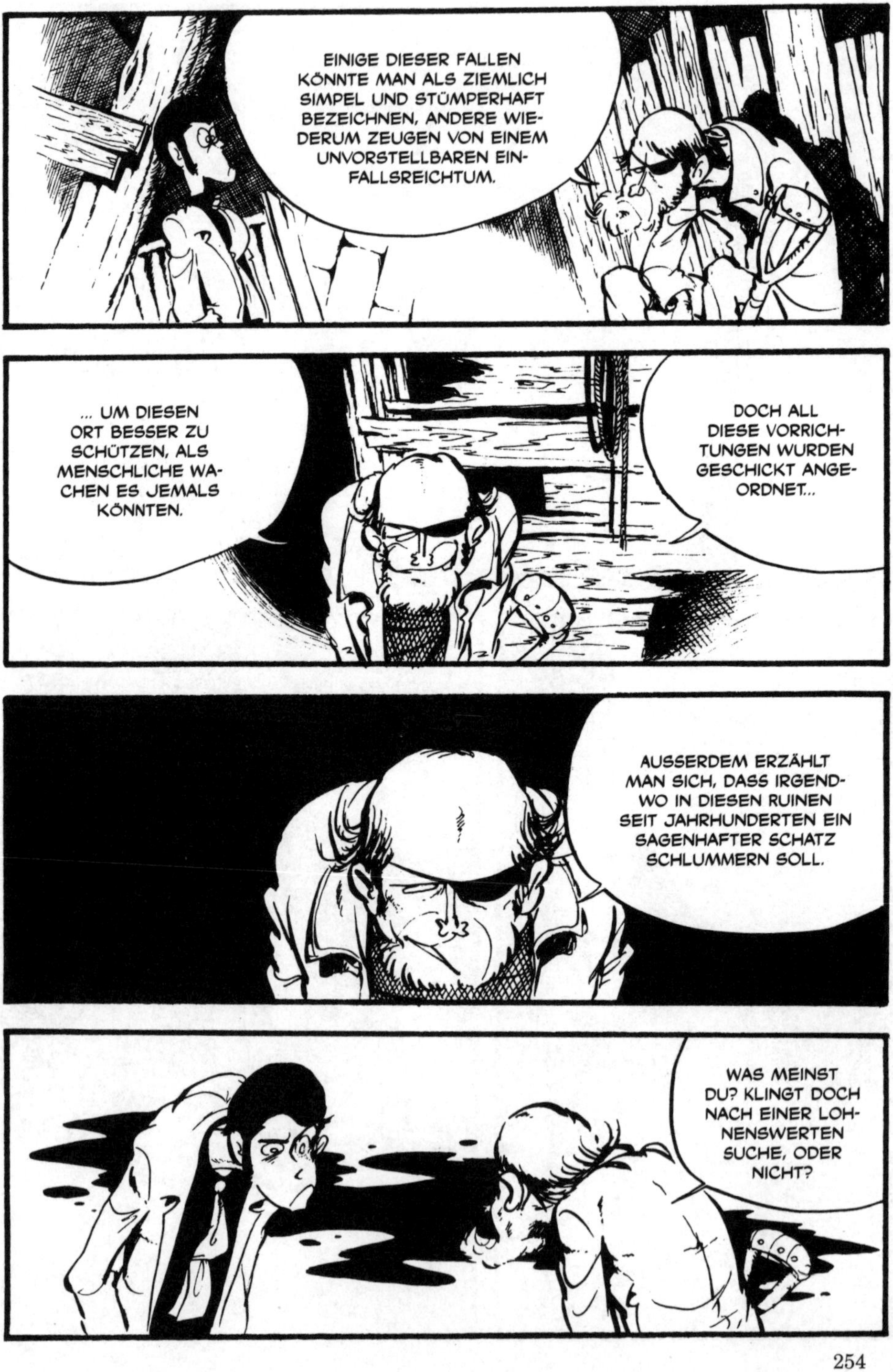
EINIGE DIESER FALLEN KÖNNTE MAN ALS ZIEMLICH SIMPEL UND STÜMPERHAFT BEZEICHNEN, ANDERE WIEDERUM ZEUGEN VON EINEM UNVORSTELLBAREN EINFALLSREICHTUM.
DOCH ALL DIESE VORRICHTUNGEN WURDEN GESCHICKT ANGEORDNET...
... UM DIESEN ORT BESSER ZU SCHÜTZEN, ALS MENSCHLICHE WACHEN ES JEMALS KÖNNTEN.
AUSSERDEM ERZÄHLT MAN SICH, DASS IRGENDWO IN DIESEN RUINEN SEIT JAHRHUNDERTEN EIN SAGENHAFTER SCHATZ SCHLUMMERN SOLL.
WAS MEINST DU? KLINGT DOCH NACH EINER LOHNENSWERTEN SUCHE, ODER NICHT?

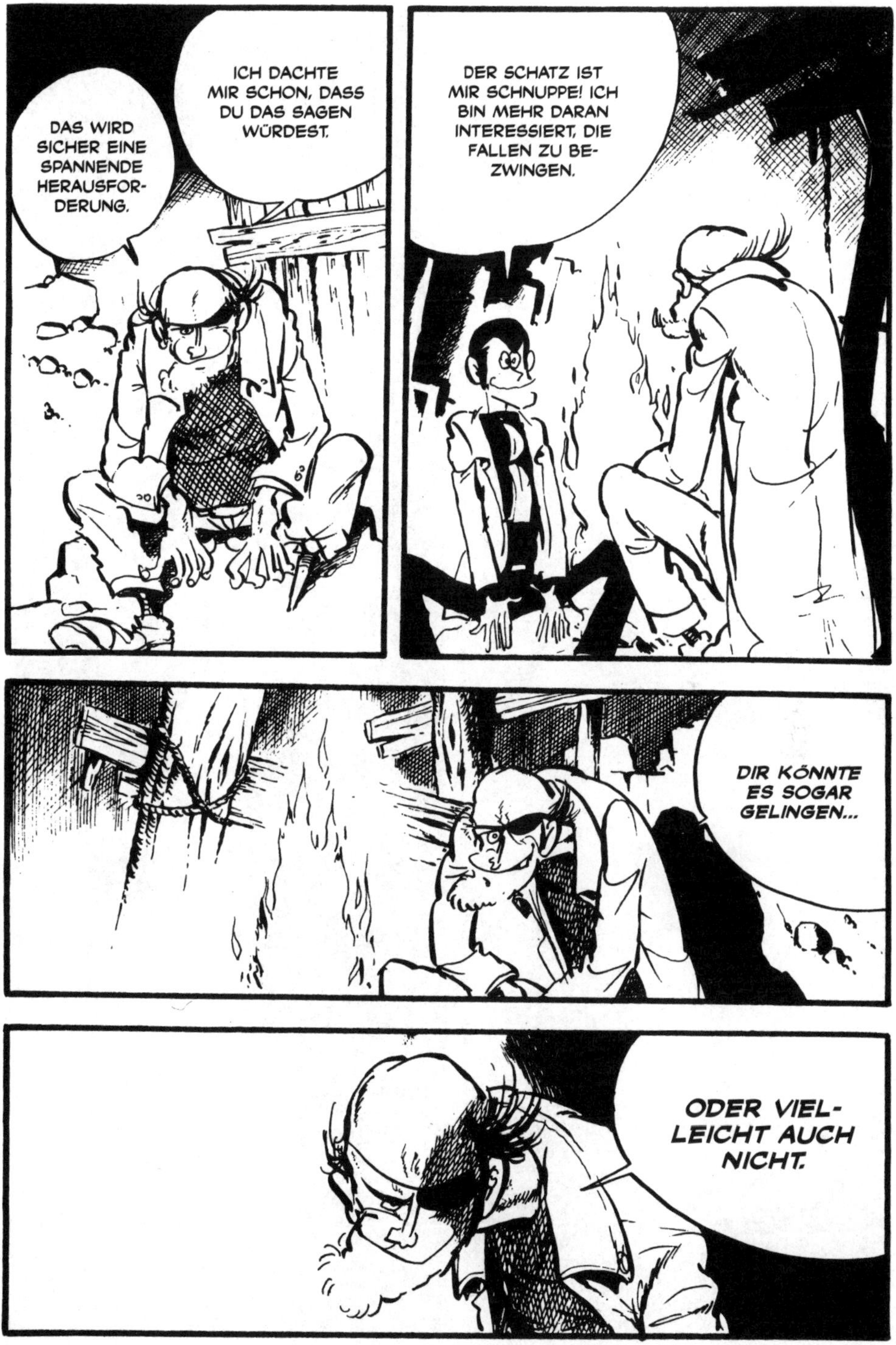
DAS WIRD SICHER EINE SPANNENDE HERAUSFORDERUNG.
ICH DACHTE MIR SCHON, DASS DU DAS SAGEN WÜRDEST.
DER SCHATZ IST MIR SCHNUPPE! ICH BIN MEHR DARAN INTERESSIERT, DIE FALLEN ZU BEZWINGEN.
DIR KÖNNTE ES SOGAR GELINGEN...
ODER VIELLEICHT AUCH NICHT.

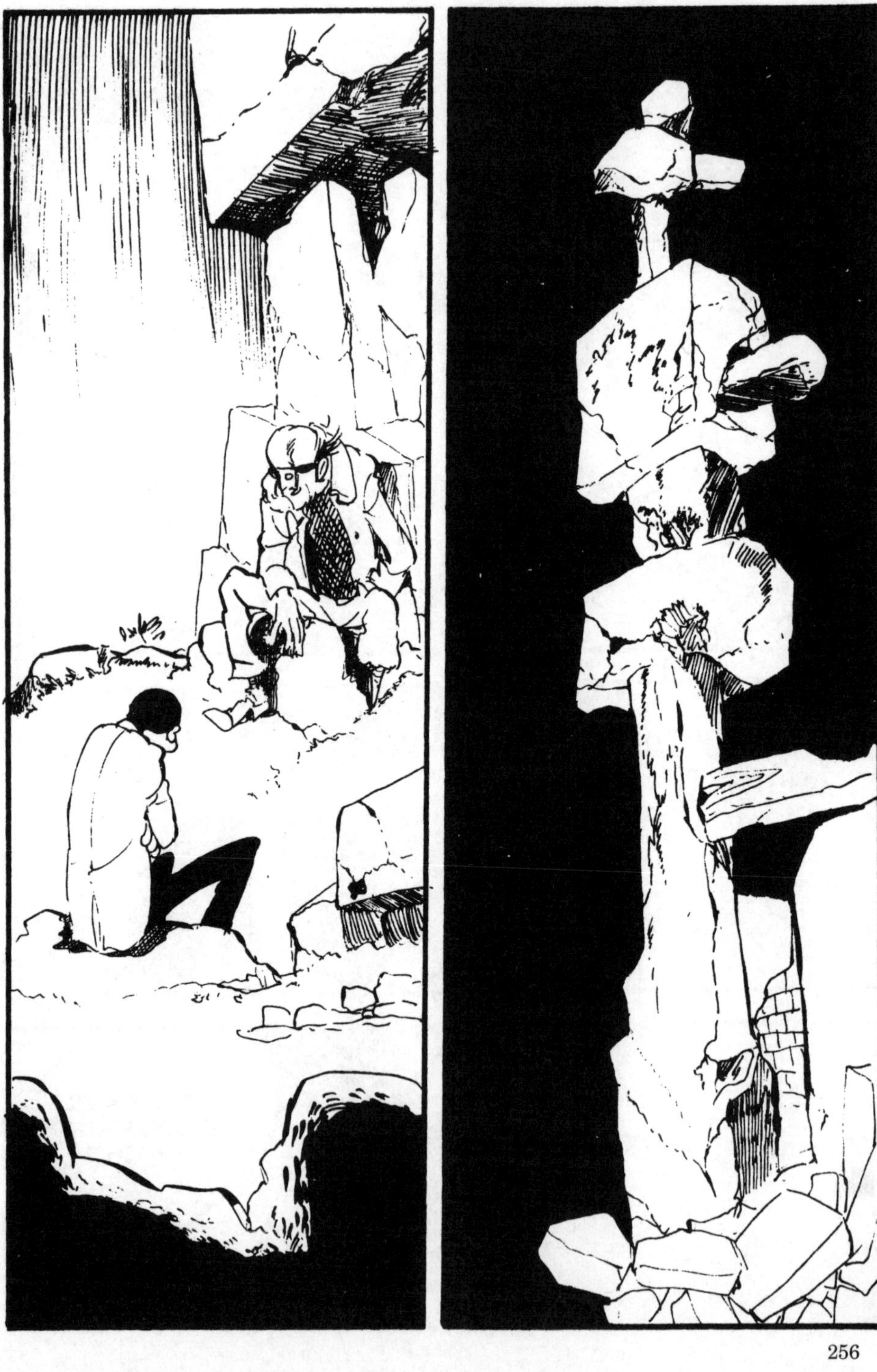

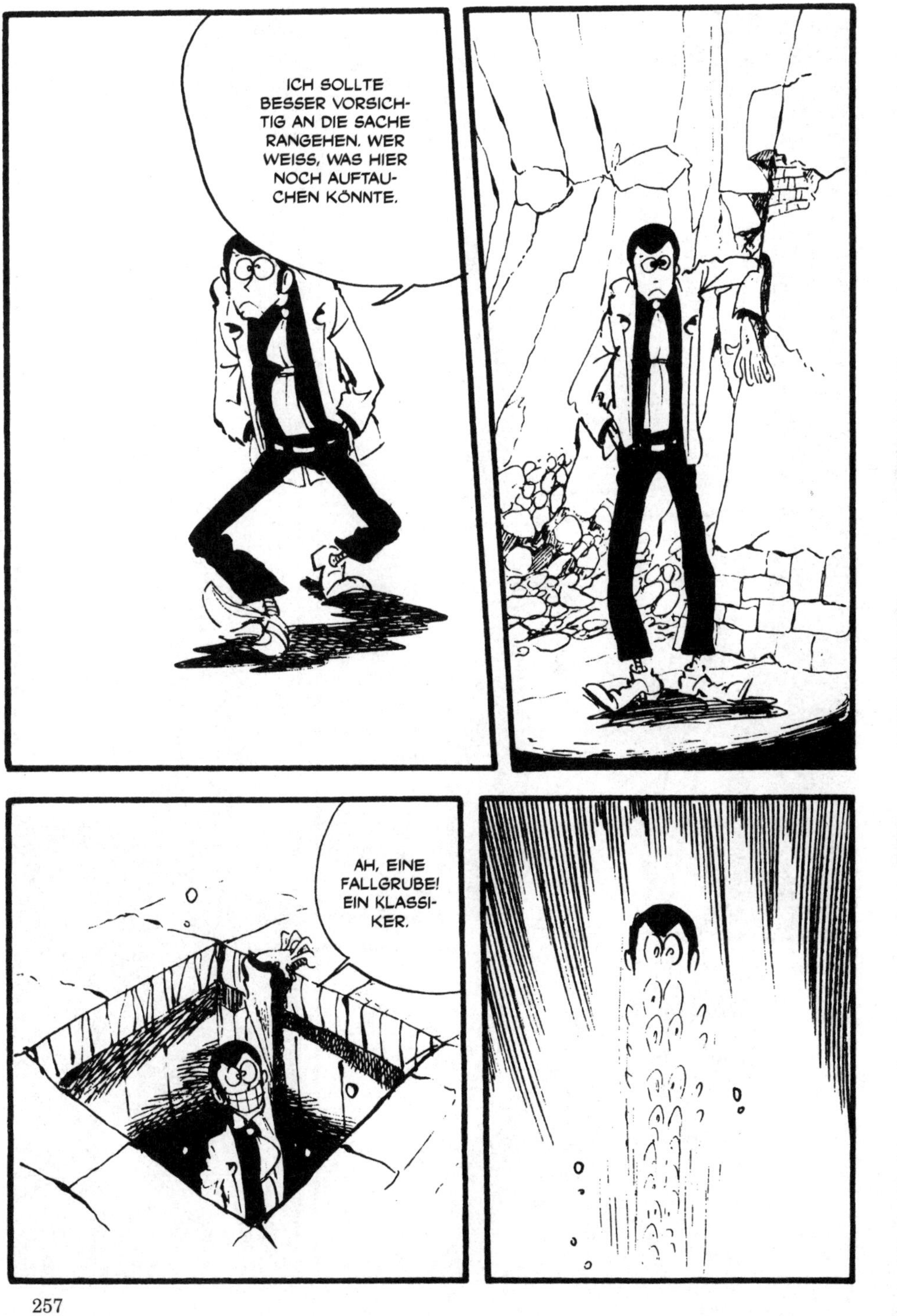
ICH SOLLTE BESSER VORSICHTIG AN DIE SACHE RANGEHEN. WER WEISS, WAS HIER NOCH AUFTAUCHEN KÖNNTE.
AH, EINE FALLGRUBE! EIN KLASSIKER.

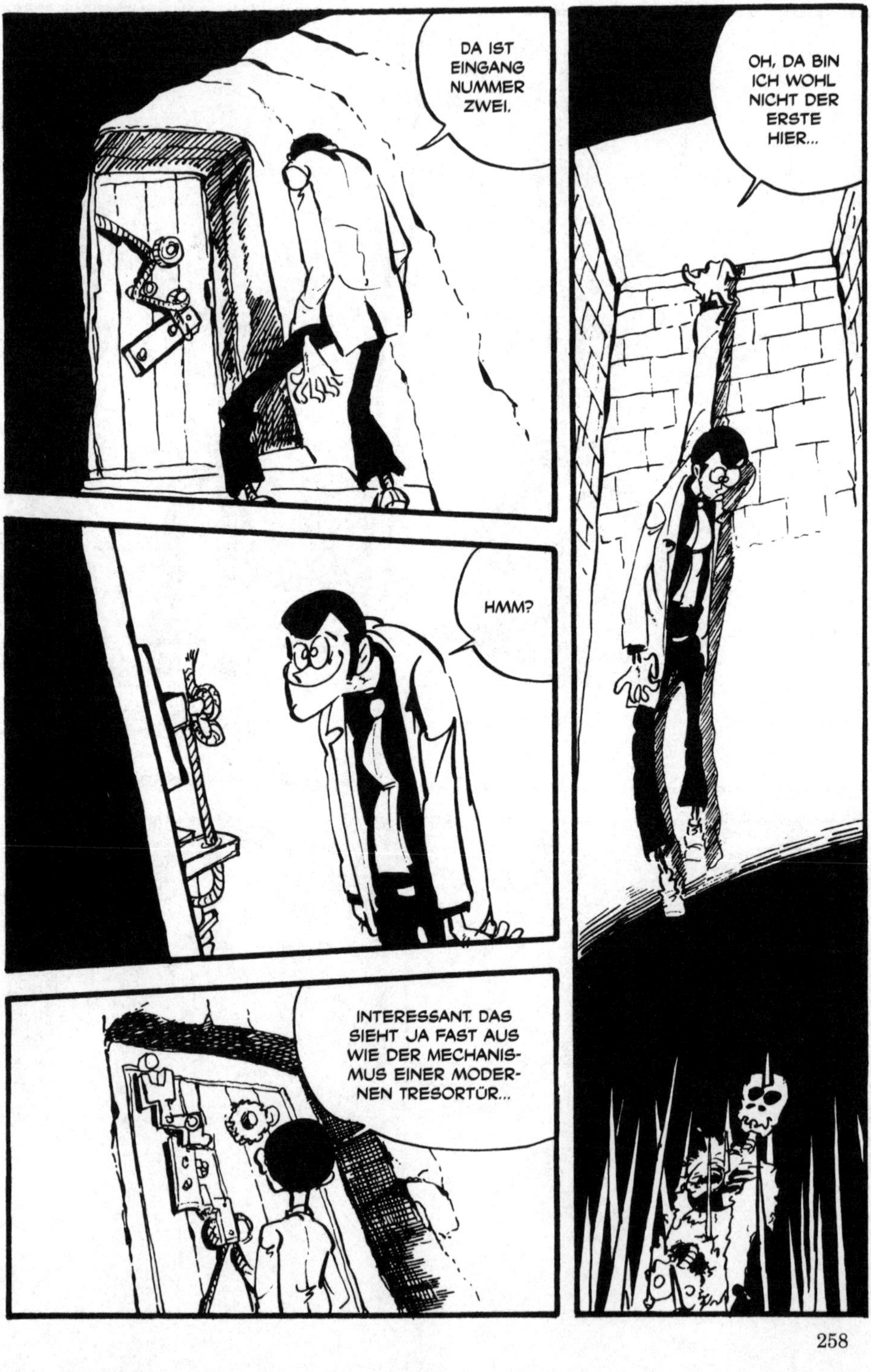
DA IST EINGANG NUMMER ZWEI.
HMM?
INTERESSANT. DAS SIEHT JA FAST AUS WIE DER MECHANIS-MUS EINER MODER-NEN TRESORTÜR...
OH, DA BIN ICH WOHL NICHT DER ERSTE HIER...

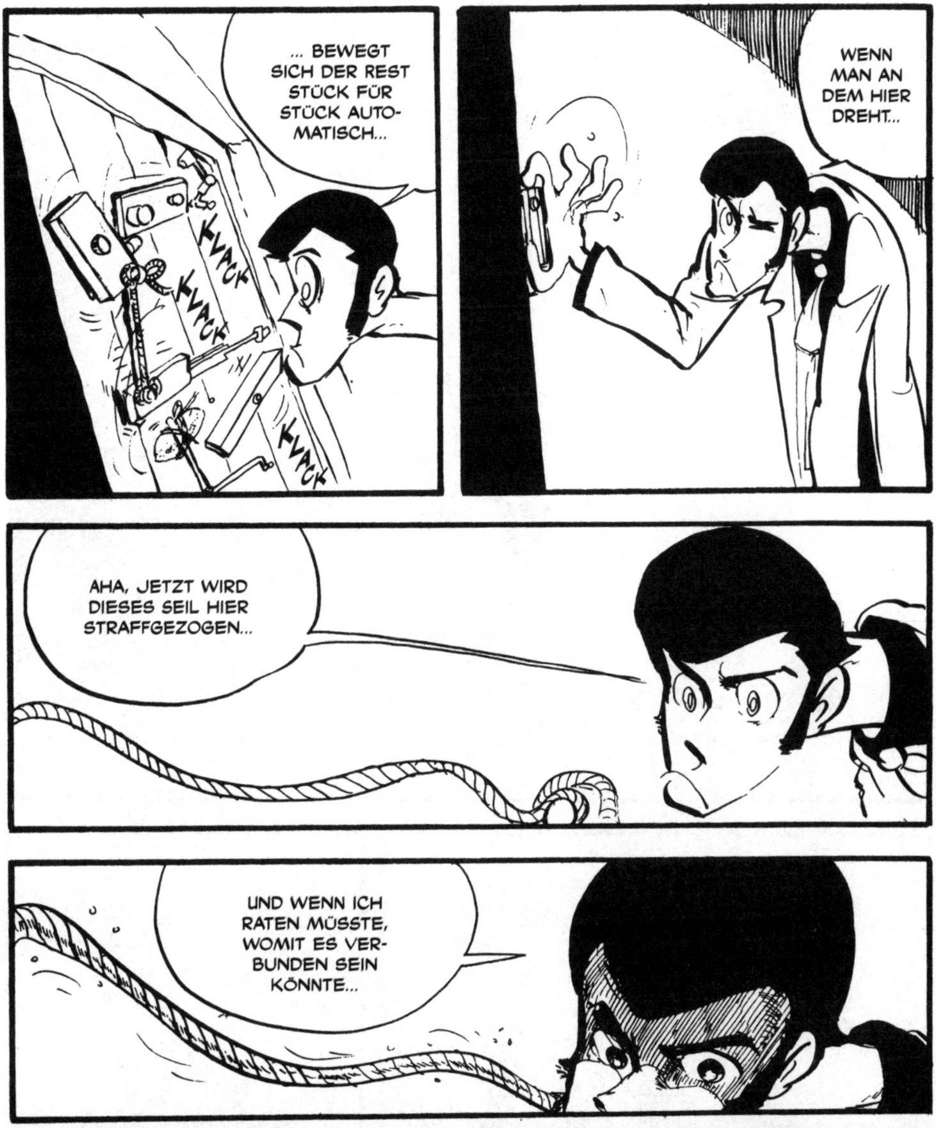
WENN MAN AN DEM HIER DREHT...
... BEWEGT SICH DER REST STÜCK FÜR STÜCK AUTOMATISCH...
KVACK
KVACK
KVACK
AHA, JETZT WIRD DIESES SEIL HIER STRAFFGEZOGEN...
UND WENN ICH RATEN MÜSSTE, WOMIT ES VERBUNDEN SEIN KÖNNTE...

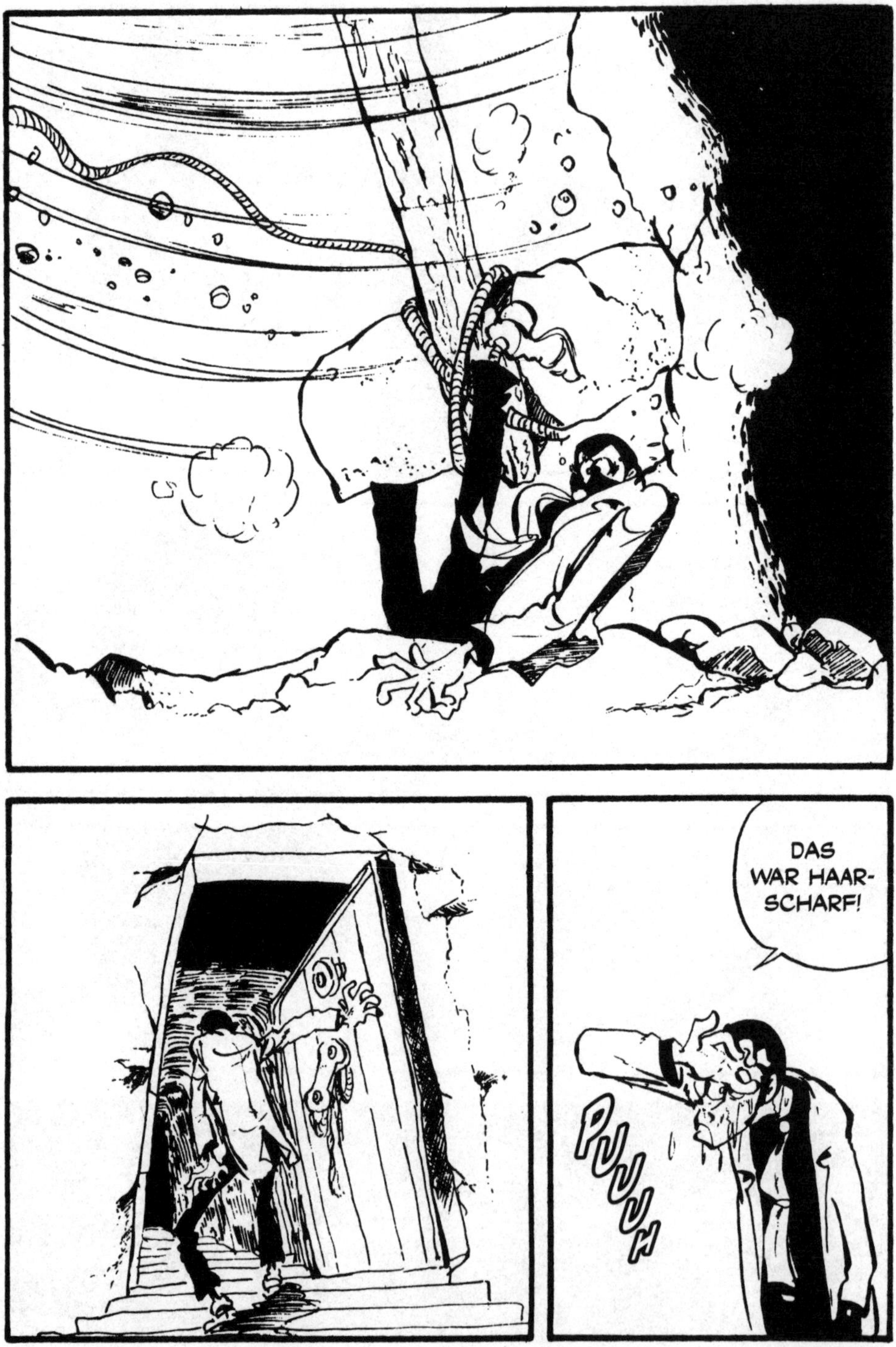
DAS WAR HAAR-SCHARF!
PUUUH

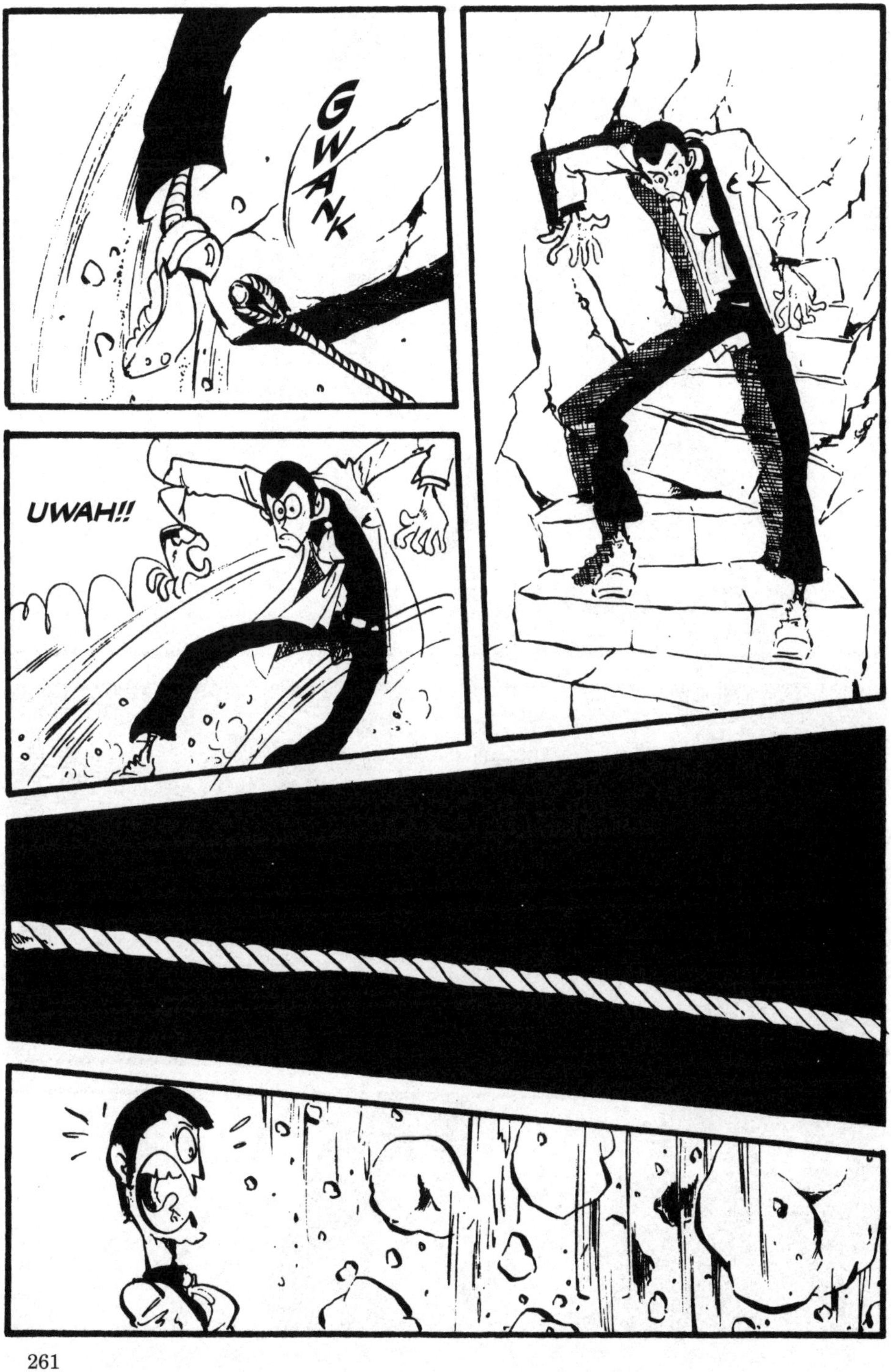
GWANK
UWAH!!

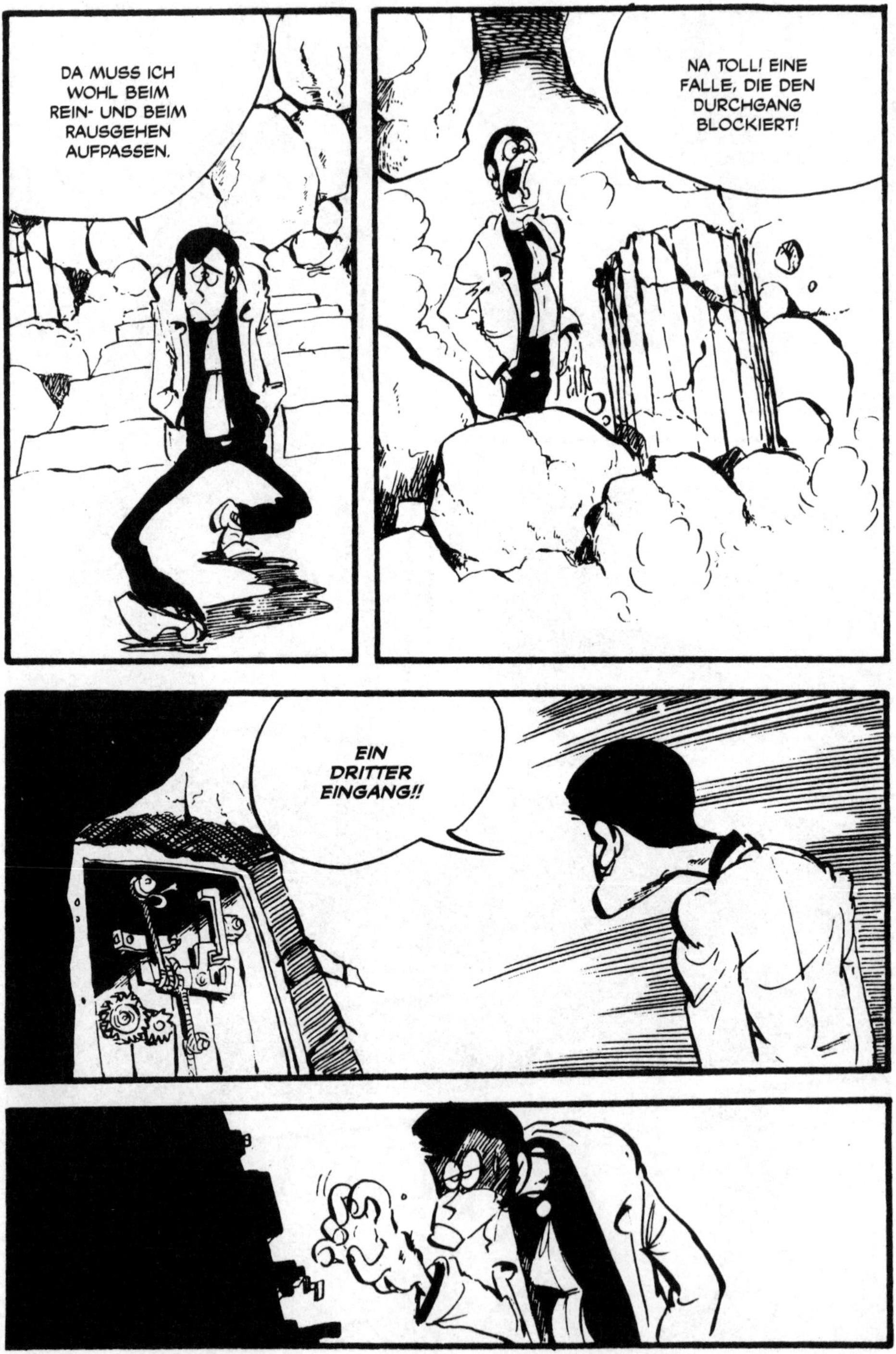
DA MUSS ICH WOHL BEIM REIN- UND BEIM RAUSGEHEN AUFPASSEN.
NA TOLL! EINE FALLE, DIE DEN DURCHGANG BLOCKIERT!
EIN DRITTER EINGANG!!

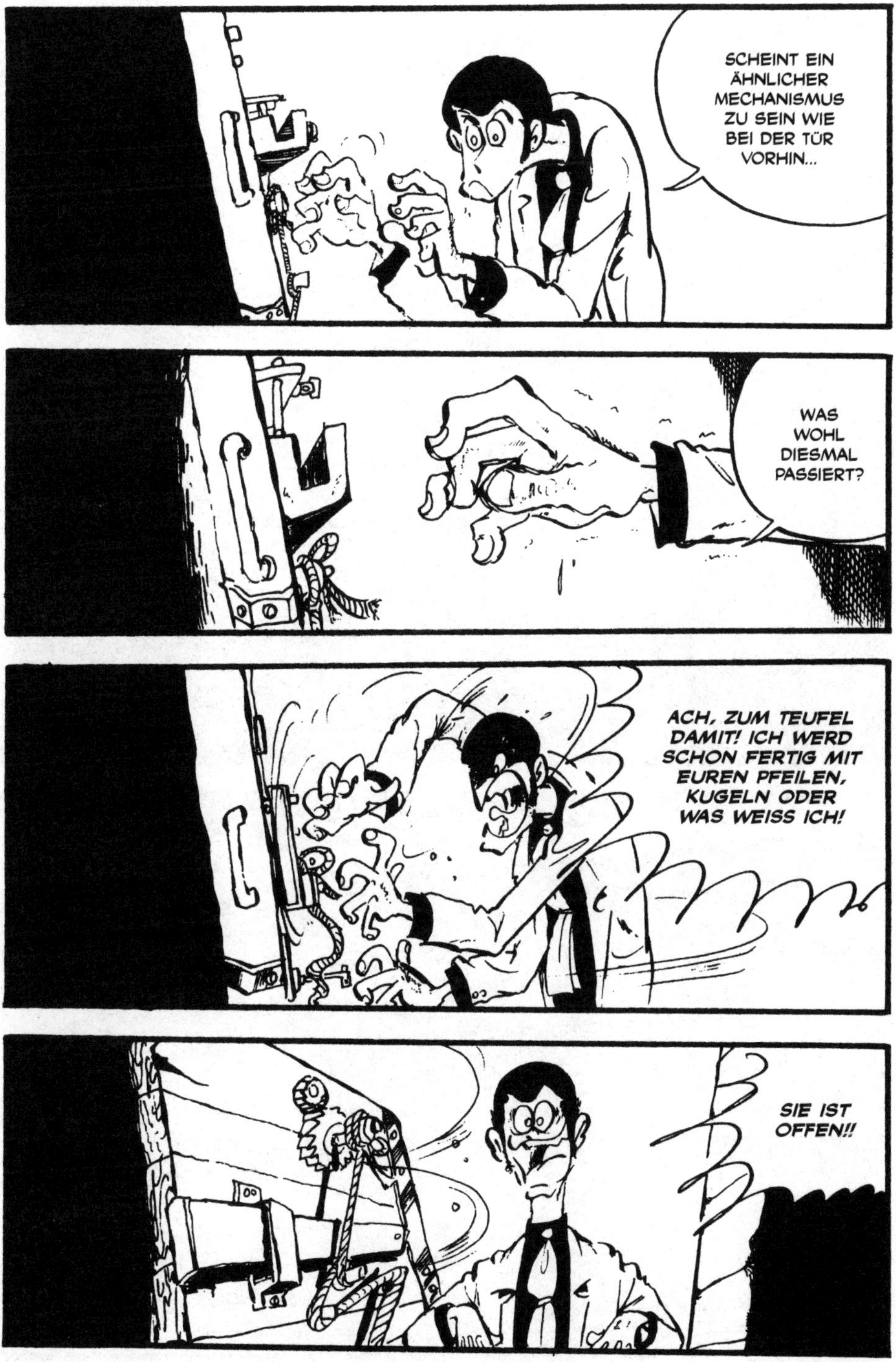
SCHEINT EIN ÄHNLICHER MECHANISMUS ZU SEIN WIE BEI DER TÜR VORHIN...
WAS WOHL DIESMAL PASSIERT?
ACH, ZUM TEUFEL DAMIT! ICH WERD SCHON FERTIG MIT EUREN PFEILEN, KUGELN ODER WAS WEISS ICH!
SIE IST OFFEN!!

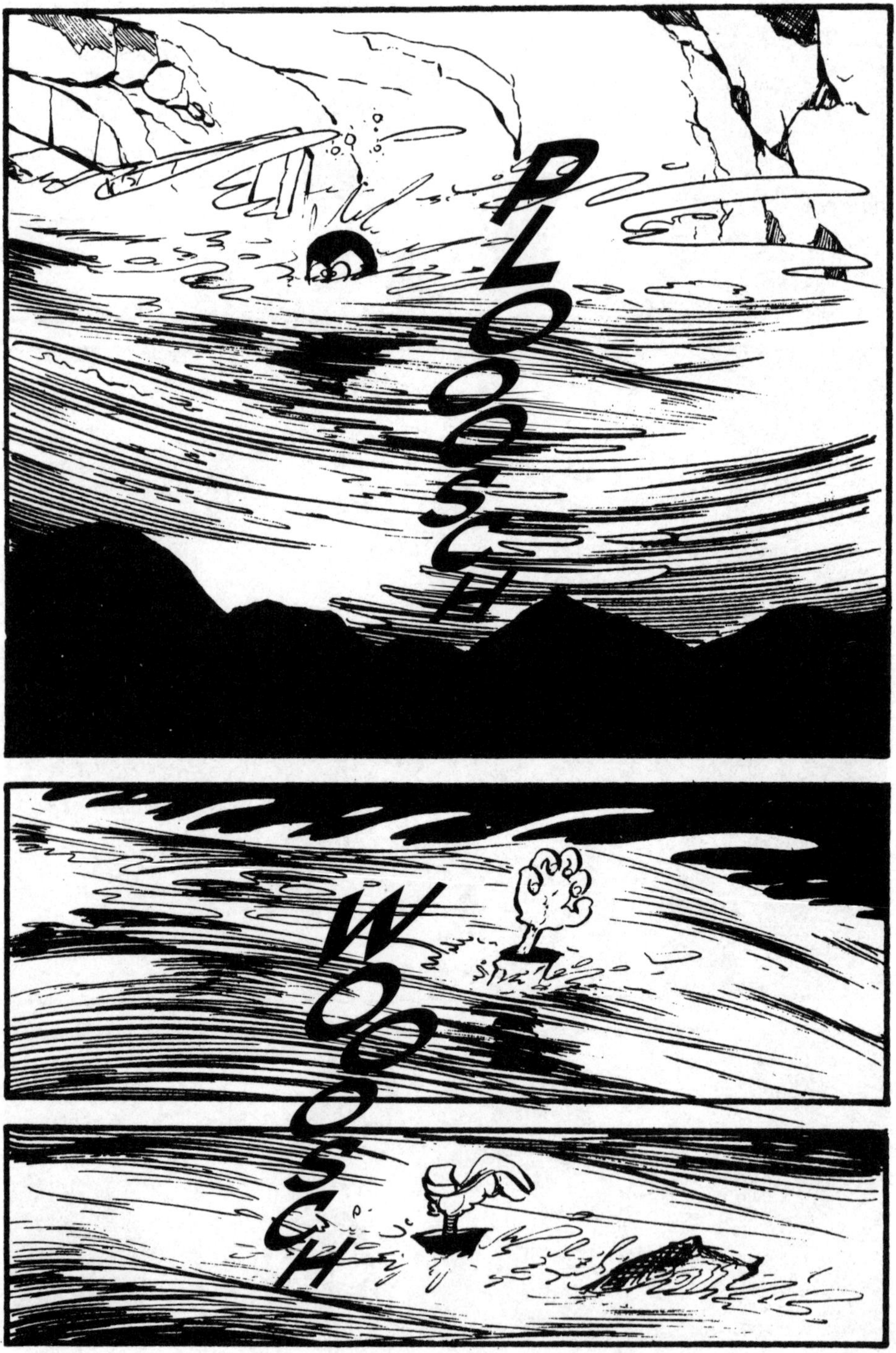
PLOOOSCH
WOOOSCH

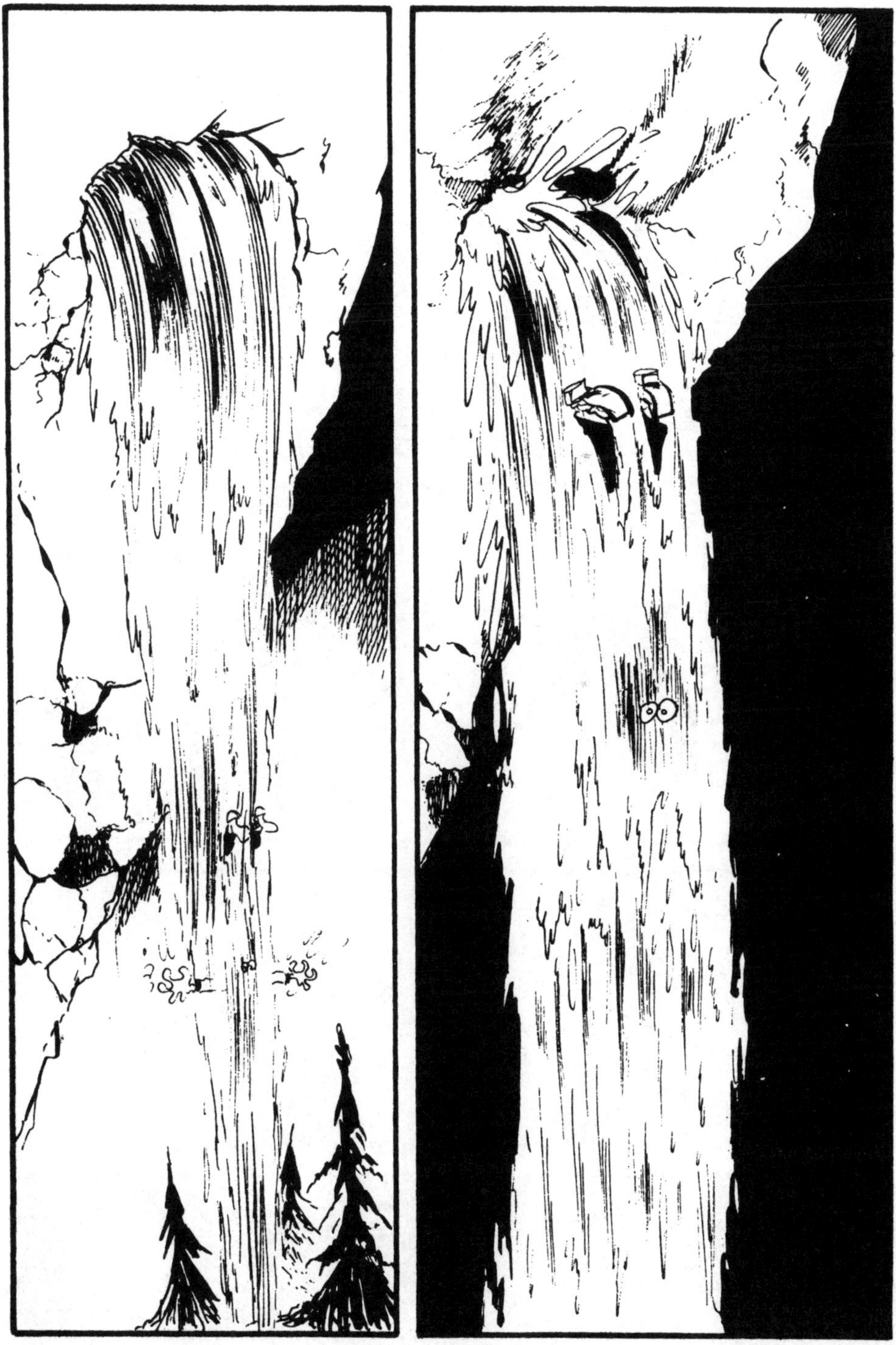

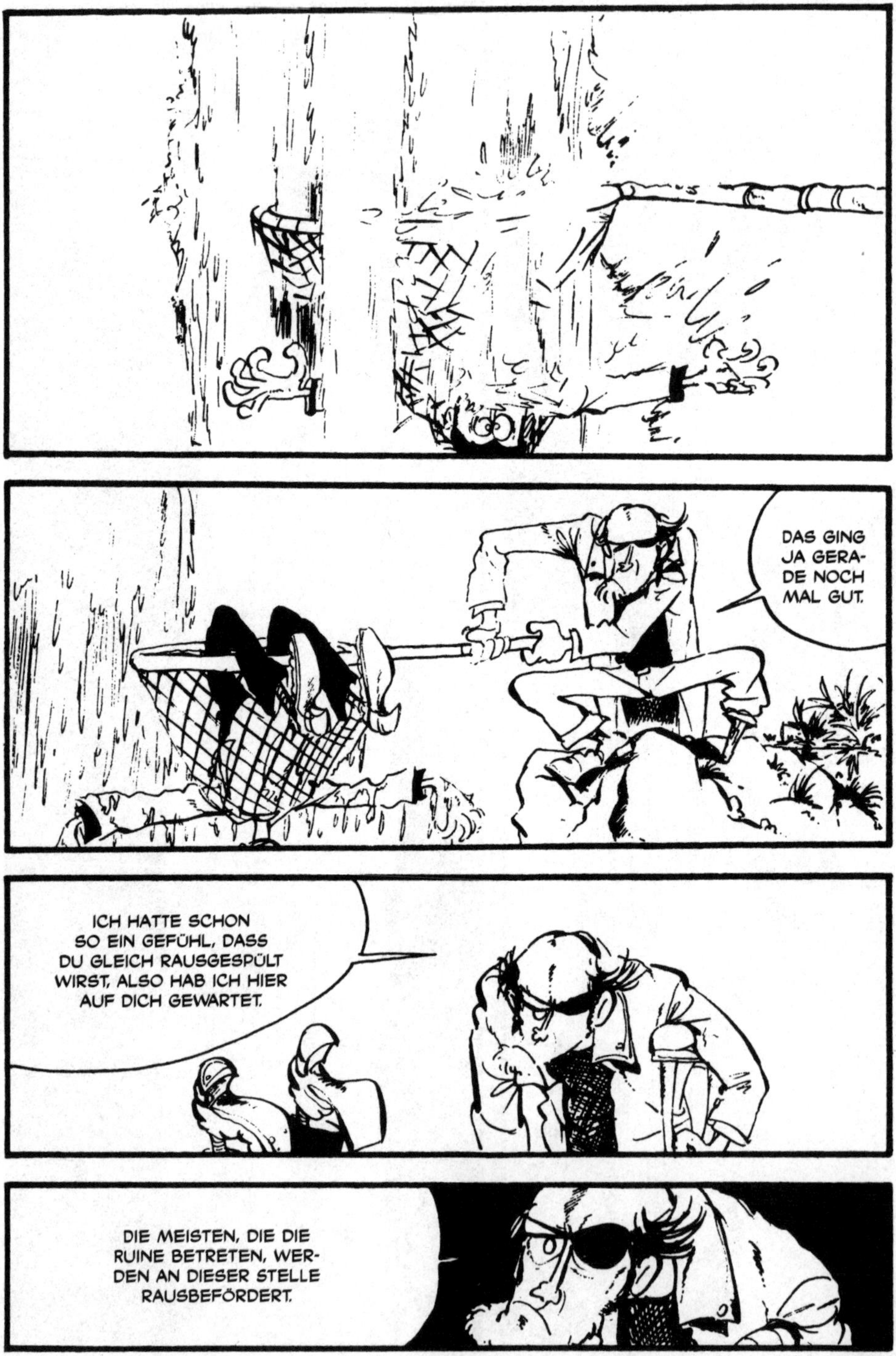
DAS GING JA GERADE NOCH MAL GUT.
ICH HATTE SCHON SO EIN GEFÜHL, DASS DU GLEICH RAUSGESPÜLT WIRST, ALSO HAB ICH HIER AUF DICH GEWARTET.
DIE MEISTEN, DIE DIE RUINE BETRETEN, WERDEN AN DIESER STELLE RAUSBEFÖRDERT.

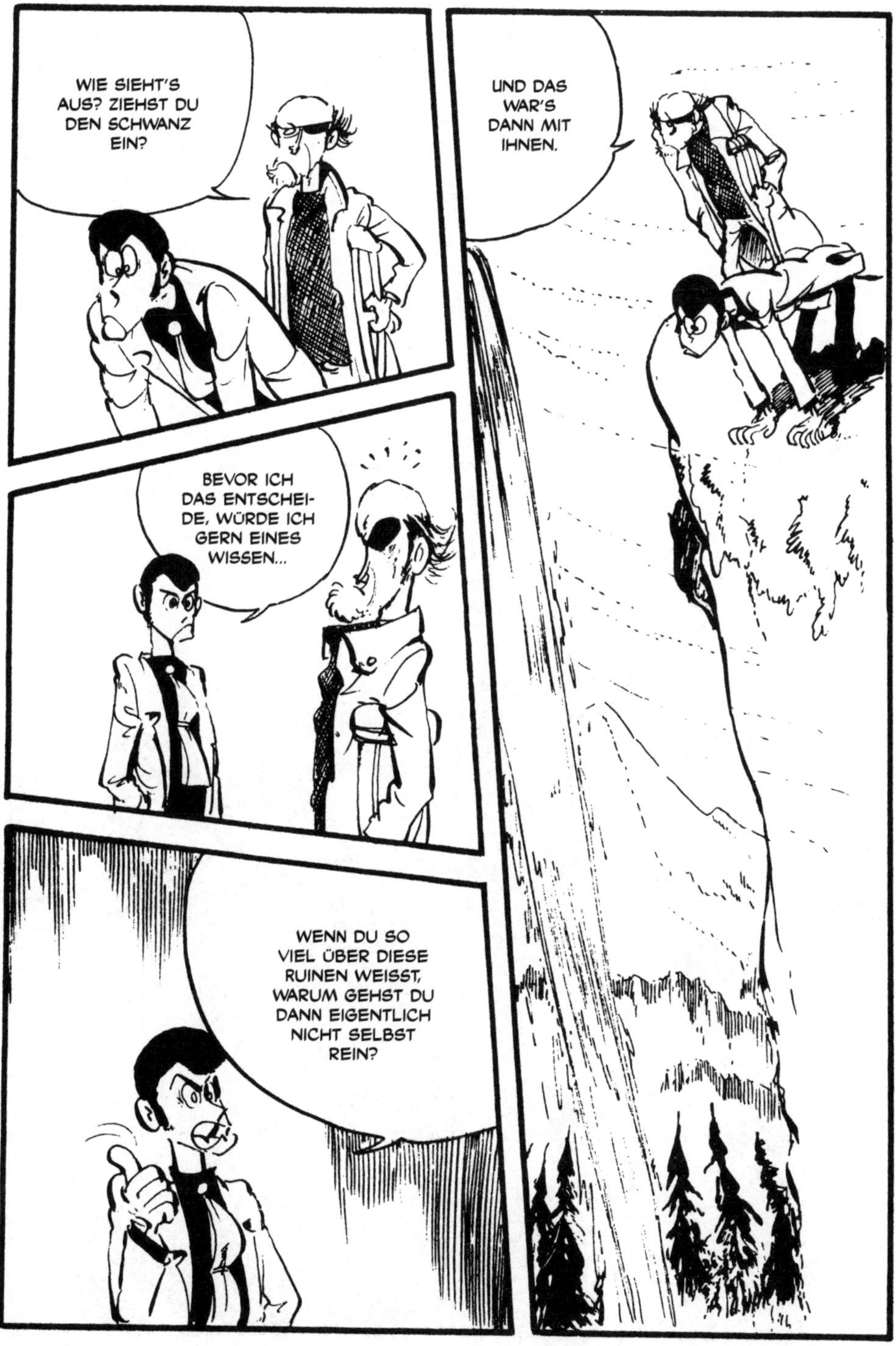
UND DAS WAR'S DANN MIT IHNEN.
WIE SIEHT'S AUS? ZIEHST DU DEN SCHWANZ EIN?
BEVOR ICH DAS ENTSCHEI-DE, WÜRDE ICH GERN EINES WISSEN...
WENN DU SO VIEL ÜBER DIESE RUINEN WEISST, WARUM GEHST DU DANN EIGENTLICH NICHT SELBST REIN?

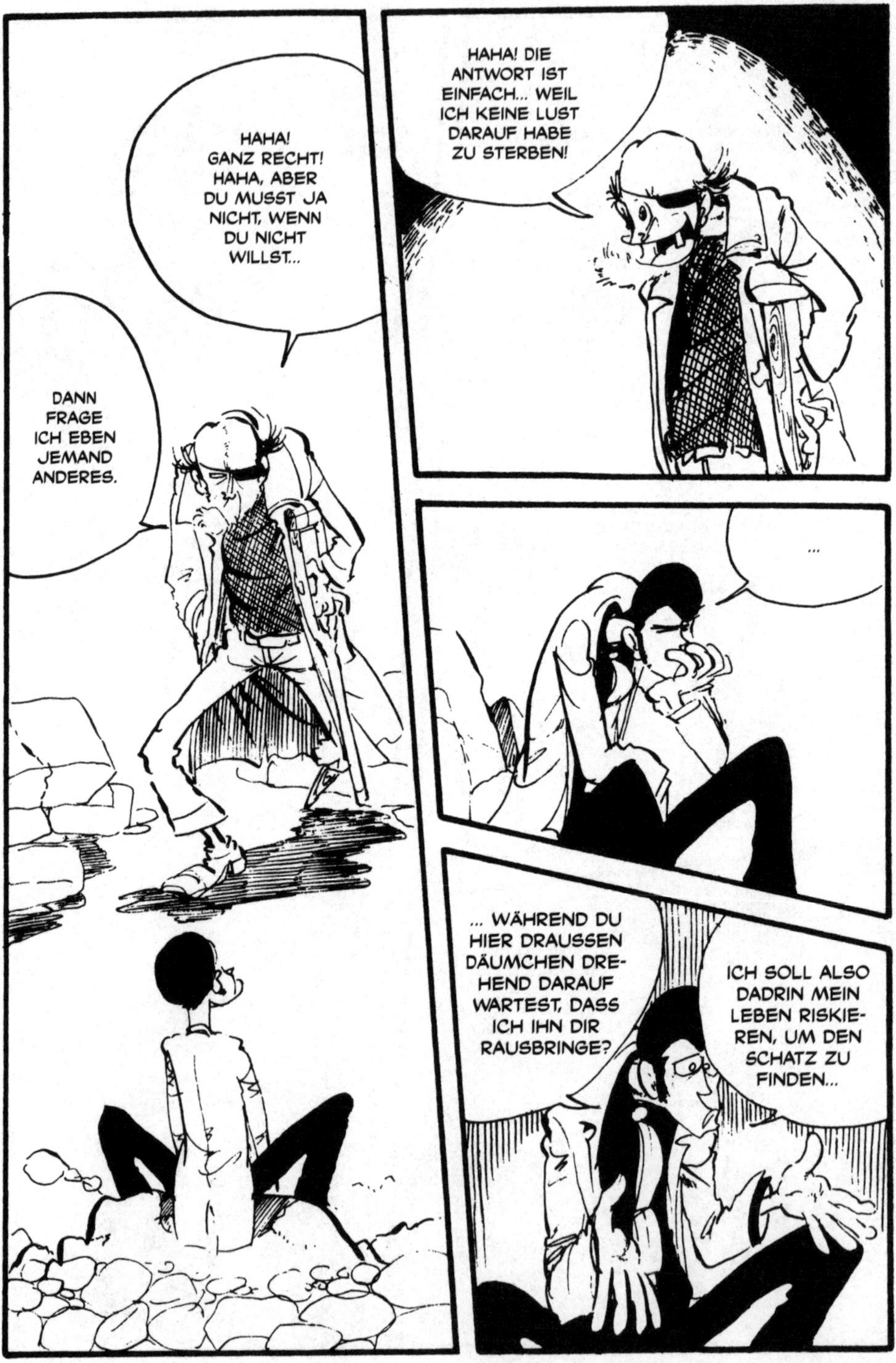
HAHA! DIE ANTWORT IST EINFACH... WEIL ICH KEINE LUST DARAUF HABE ZU STERBEN!
HAHA! GANZ RECHT! HAHA, ABER DU MUSST JA NICHT, WENN DU NICHT WILLST...
DANN FRAGE ICH EBEN JEMAND ANDERES.
...
ICH SOLL ALSO DADRIN MEIN LEBEN RISKIEREN, UM DEN SCHATZ ZU FINDEN...
... WÄHREND DU HIER DRAUSSEN DÄUMCHEN DREHEND DARAUF WARTEST, DASS ICH IHN DIR RAUSBRINGE?

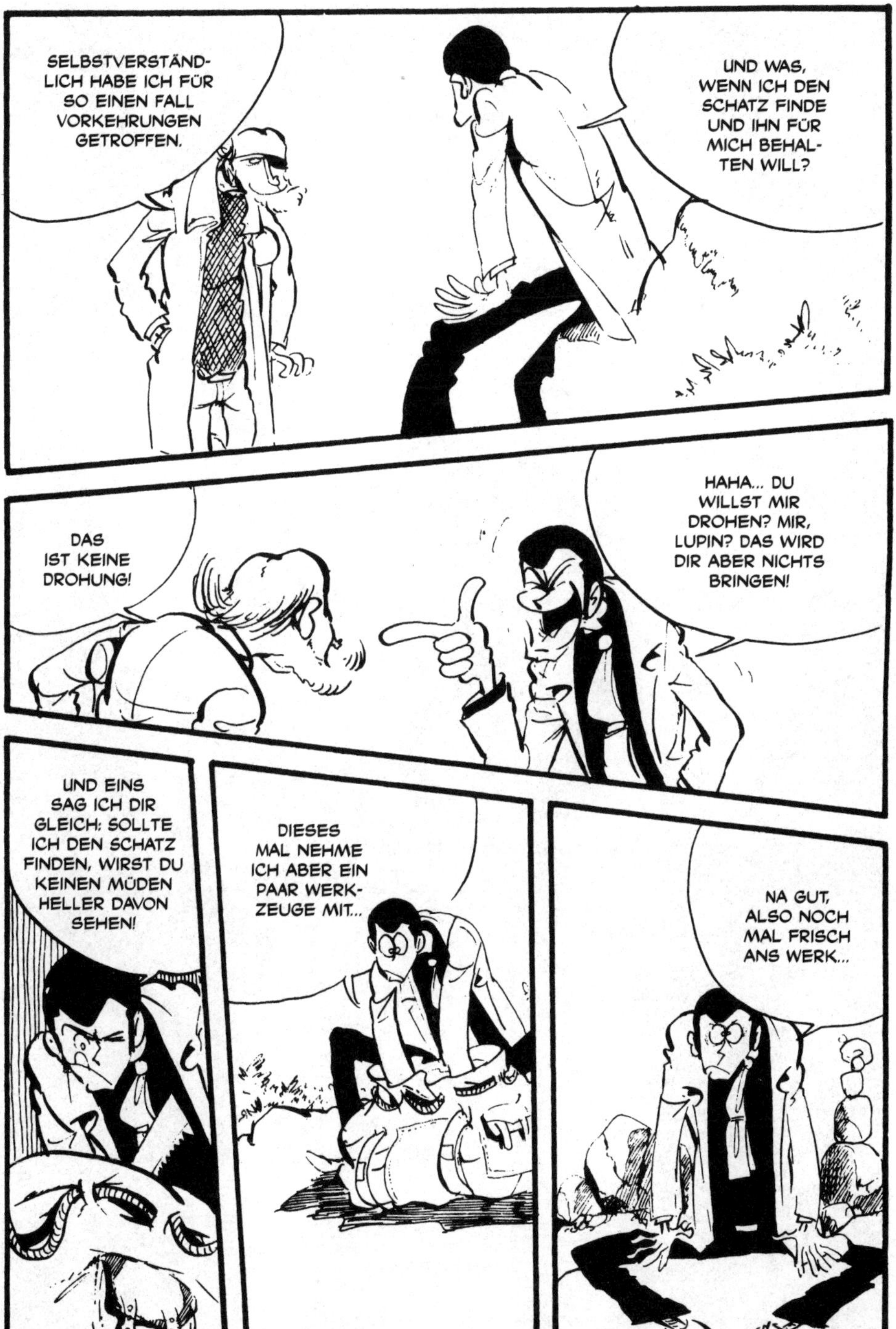
UND WAS, WENN ICH DEN SCHATZ FINDE UND IHN FÜR MICH BEHALTEN WILL?
SELBSTVERSTÄNDLICH HABE ICH FÜR SO EINEN FALL VORKEHRUNGEN GETROFFEN.
HAHA... DU WILLST MIR DROHEN? MIR, LUPIN? DAS WIRD DIR ABER NICHTS BRINGEN!
DAS IST KEINE DROHUNG!
NA GUT, ALSO NOCH MAL FRISCH ANS WERK...
DIESES MAL NEHME ICH ABER EIN PAAR WERKZEUGE MIT...
UND EINS SAG ICH DIR GLEICH: SOLLTE ICH DEN SCHATZ FINDEN, WIRST DU KEINEN MÜDEN HELLER DAVON SEHEN!

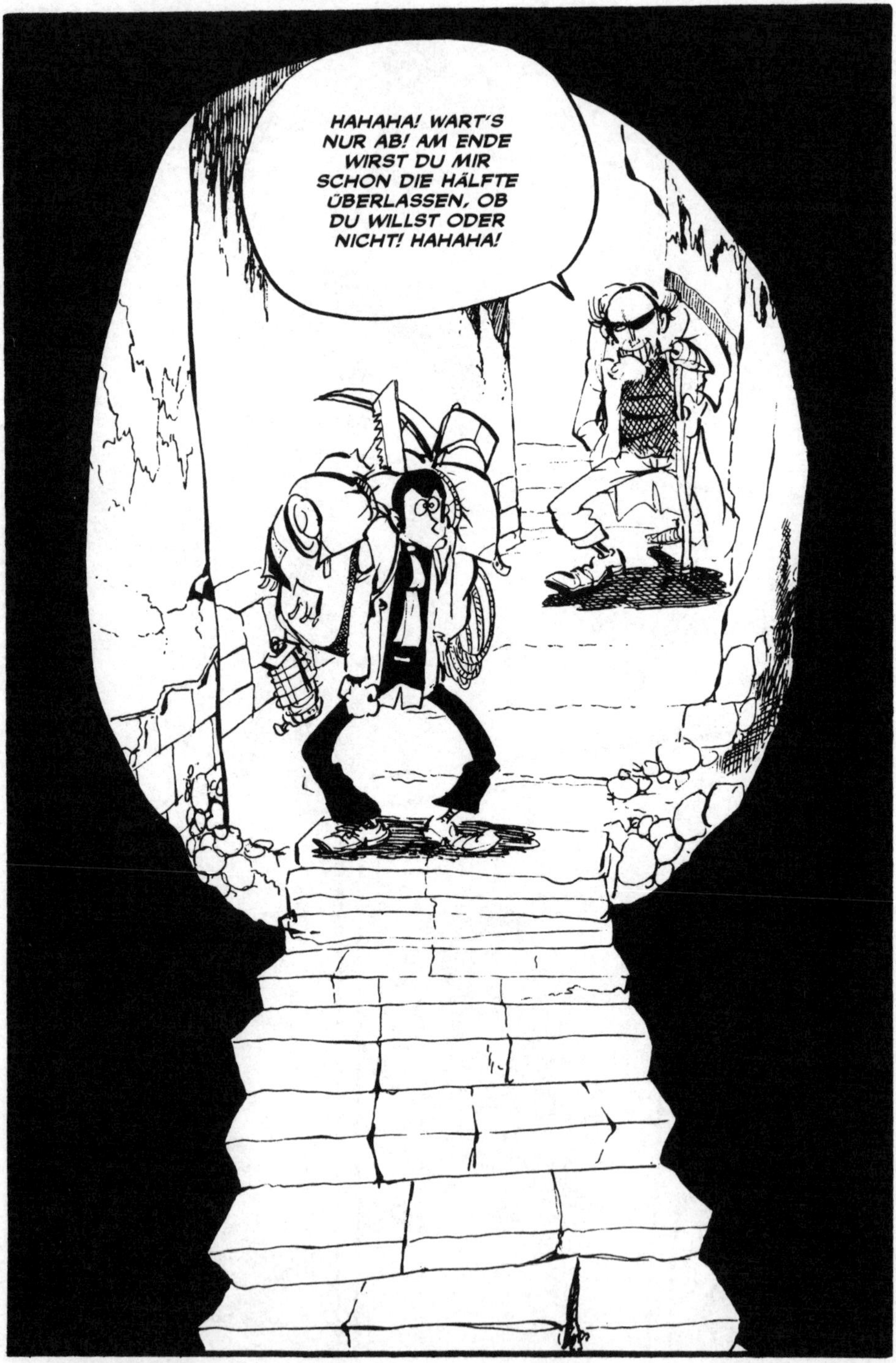

EIN SAGENHAFTER SCHATZ (TEIL 1) – ENDE

EIN SAGENHAFTER SCHATZ (TEIL 2)

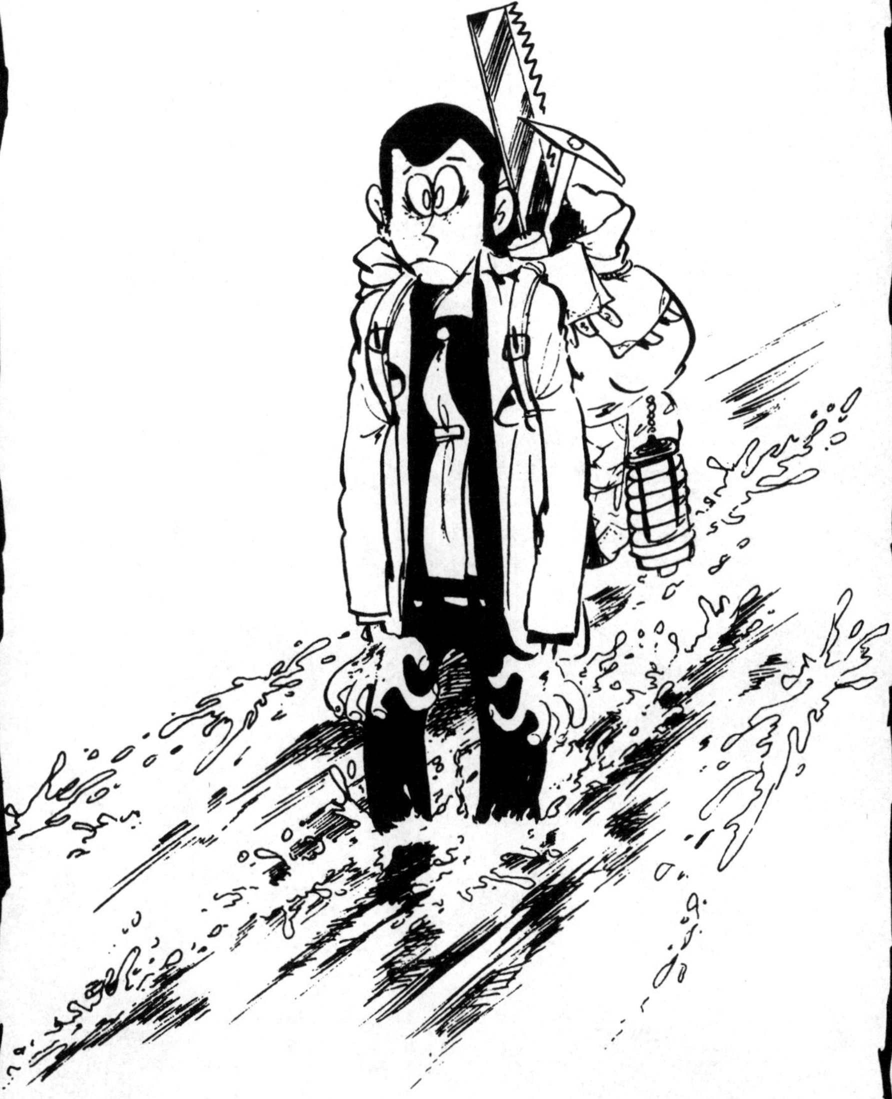

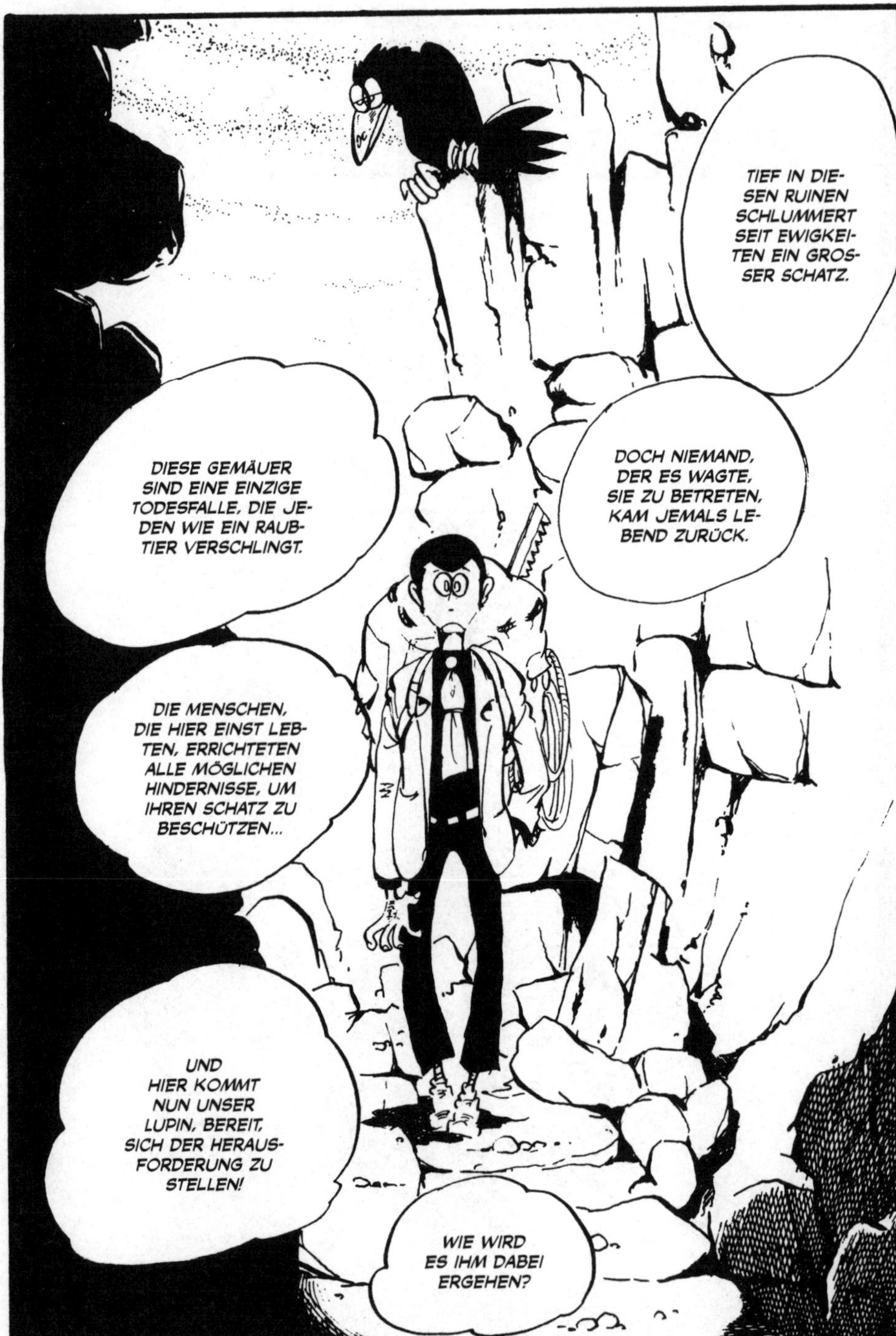
TIEF IN DIESEN RUINEN SCHLUMMERT SEIT EWIGKEITEN EIN GROSSER SCHATZ.
DOCH NIEMAND, DER ES WAGTE, SIE ZU BETRETEN, KAM JEMALS LEBEND ZURÜCK.
DIESE GEMÄUER SIND EINE EINZIGE TODESFALLE, DIE JEDEN WIE EIN RAUBTIER VERSCHLINGT.
DIE MENSCHEN, DIE HIER EINST LEBTEN, ERRICHTETEN ALLE MÖGLICHEN HINDERNISSE, UM IHREN SCHATZ ZU BESCHÜTZEN...
UND HIER KOMMT NUN UNSER LUPIN, BEREIT, SICH DER HERAUSFORDERUNG ZU STELLEN!
WIE WIRD ES IHM DABEI ERGEHEN?

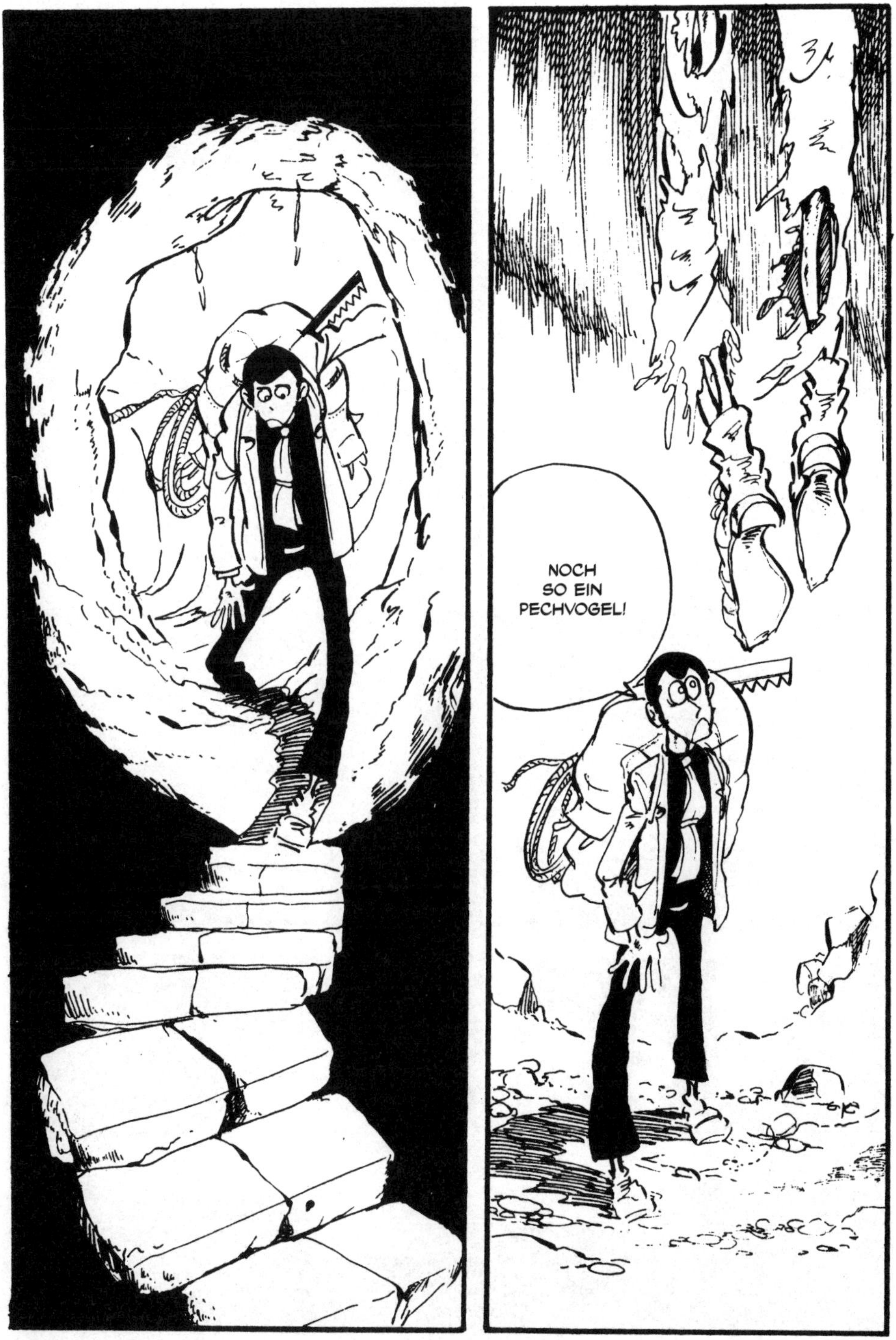
NOCH SO EIN PECHVOGEL!

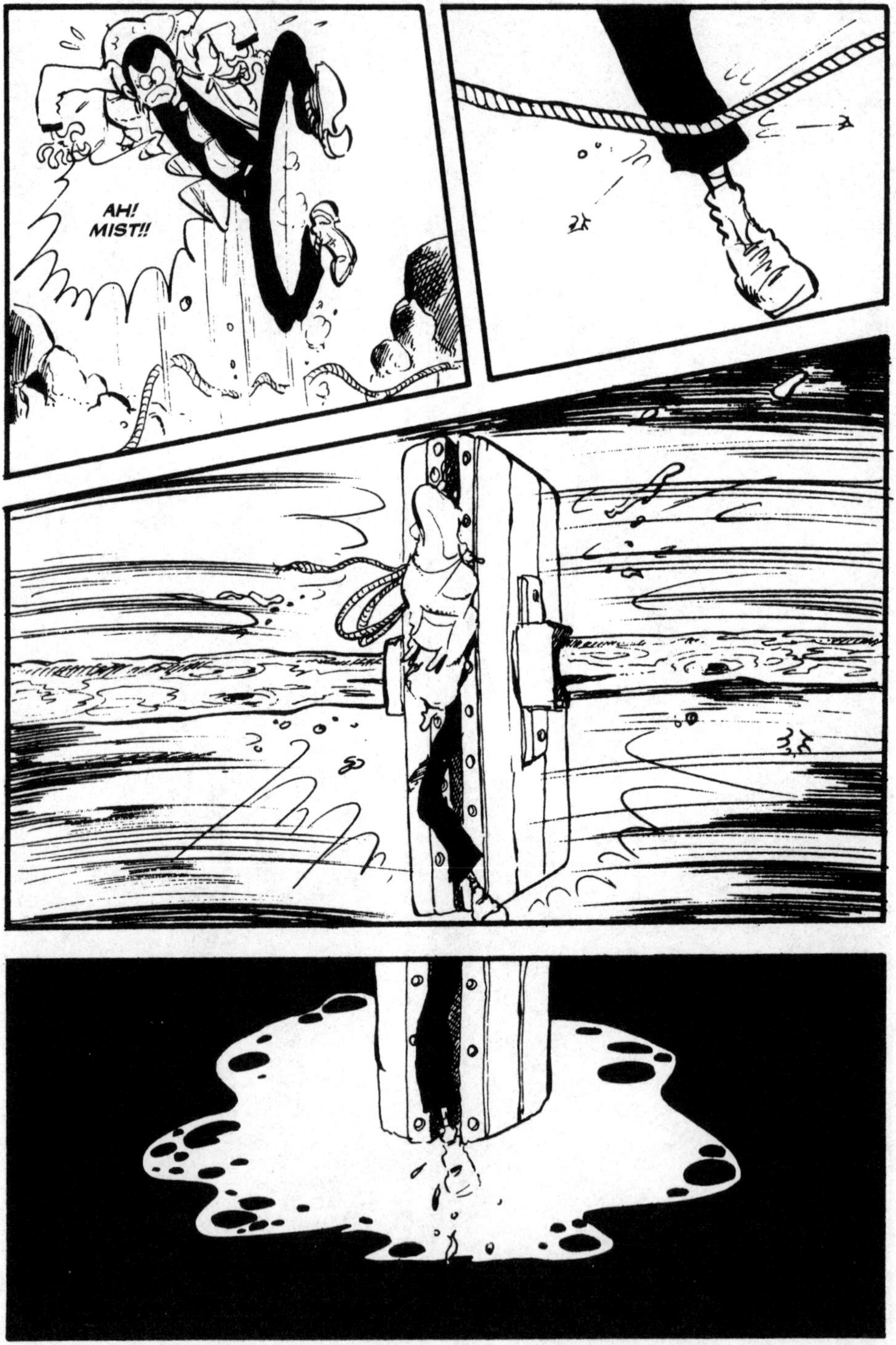
AH!
MIST!!

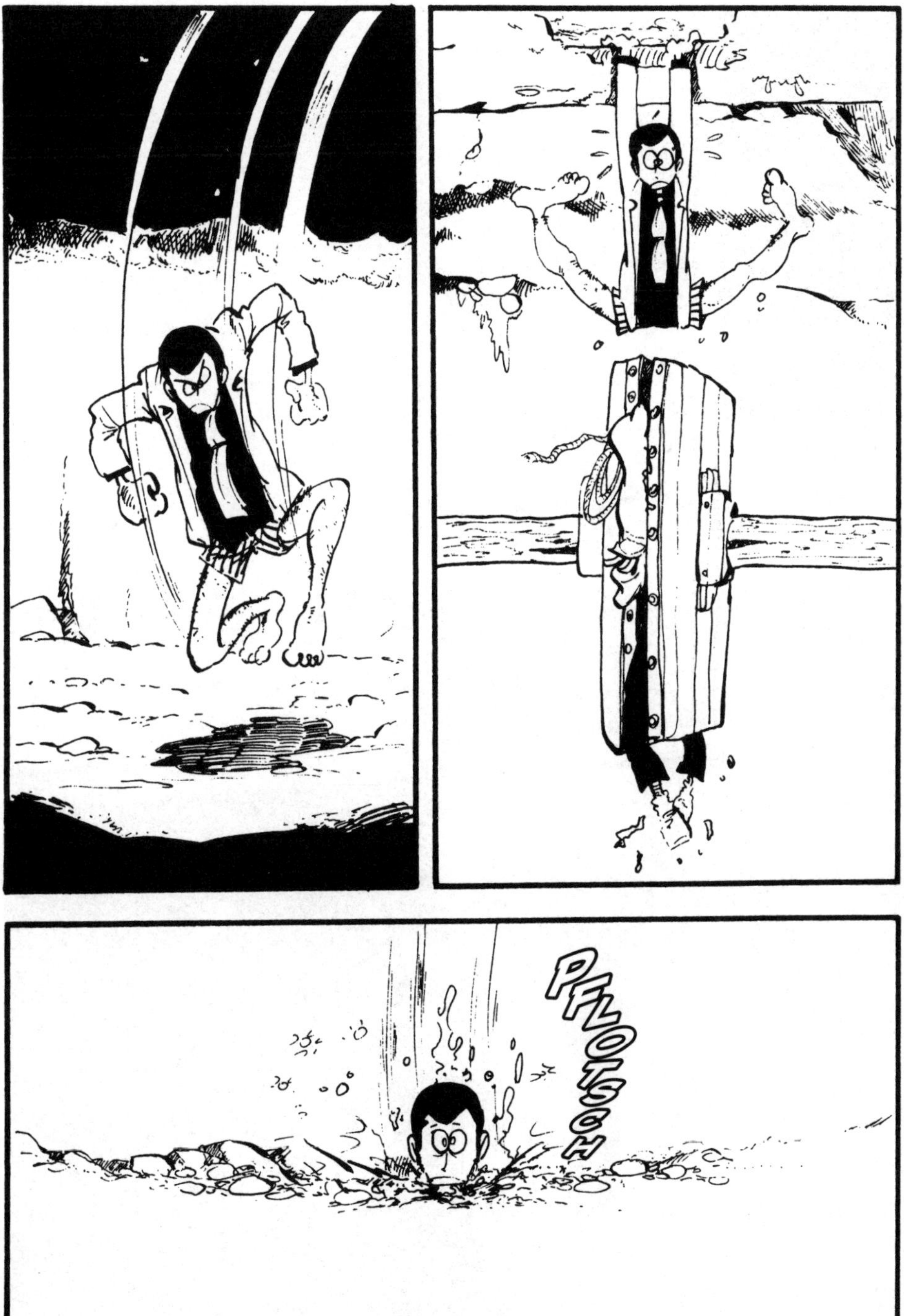
PFLOTSCH

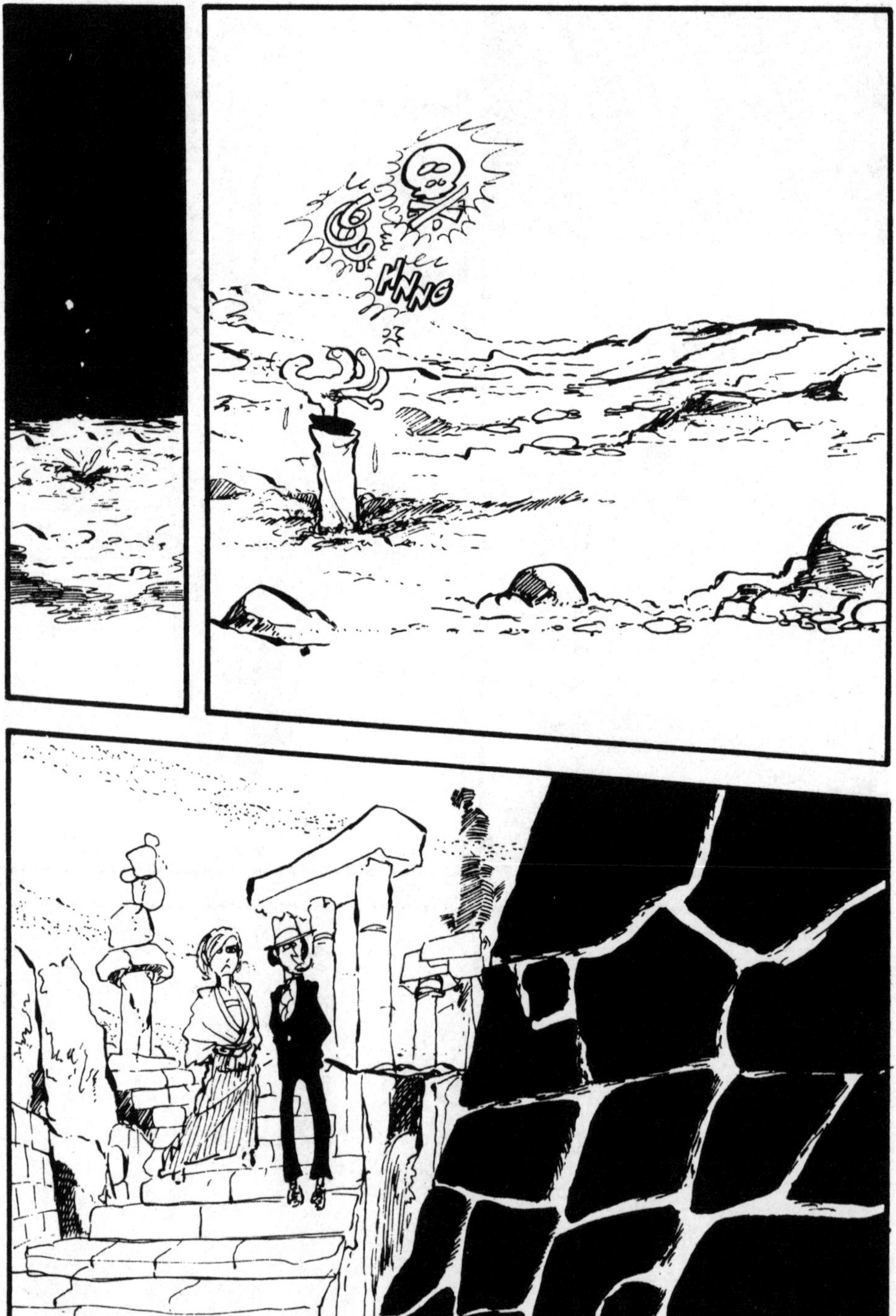
HNNG

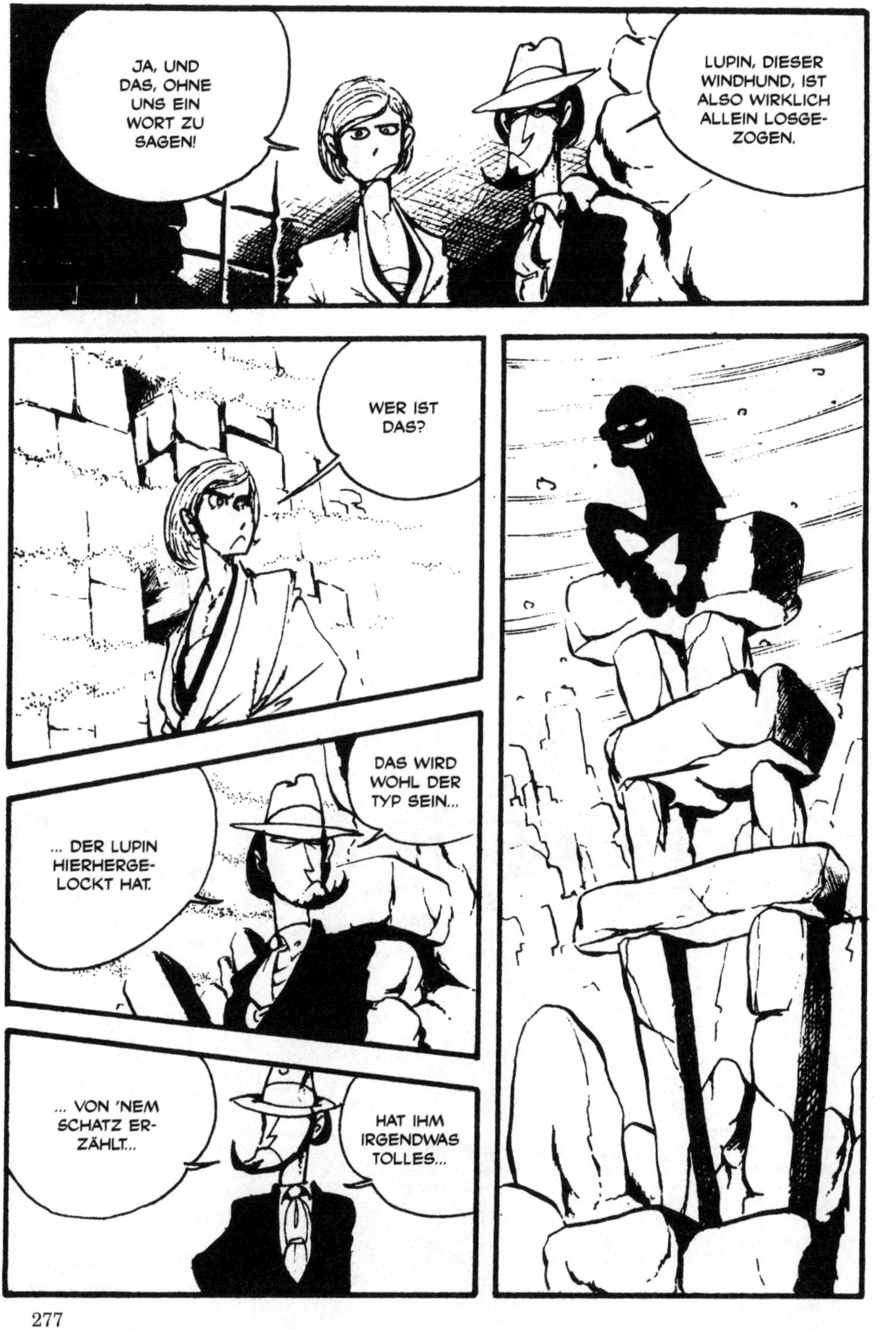
LUPIN, DIESER WINDHUND, IST ALSO WIRKLICH ALLEIN LOSGE-ZOGEN.
JA, UND DAS, OHNE UNS EIN WORT ZU SAGEN!
WER IST DAS?
DAS WIRD WOHL DER TYP SEIN...
... DER LUPIN HIERHERGE-LOCKT HAT.
HAT IHM IRGENDWAS TOLLES...
... VON 'NEM SCHATZ ER-ZÄHLT...

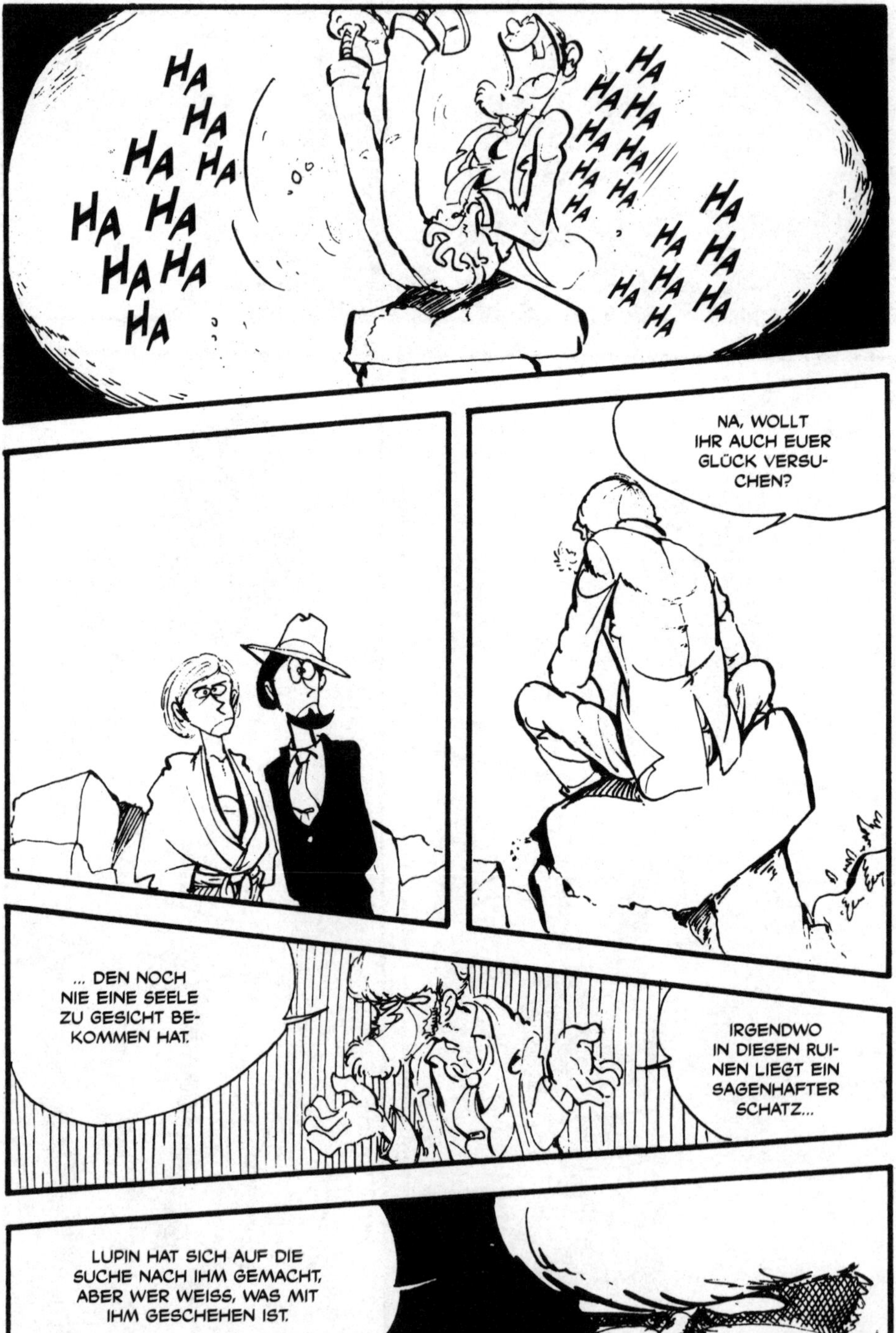
HA HA HA HA HA HA HA HA HA HA HA HA HA HA HA HA HA HA HA HA HA HA HA HA HA
NA, WOLLT IHR AUCH EUER GLÜCK VERSUCHEN?
IRGENDWO IN DIESEN RUINEN LIEGT EIN SAGENHAFTER SCHATZ...
... DEN NOCH NIE EINE SEELE ZU GESICHT BEKOMMEN HAT.
LUPIN HAT SICH AUF DIE SUCHE NACH IHM GEMACHT, ABER WER WEISS, WAS MIT IHM GESCHEHEN IST.

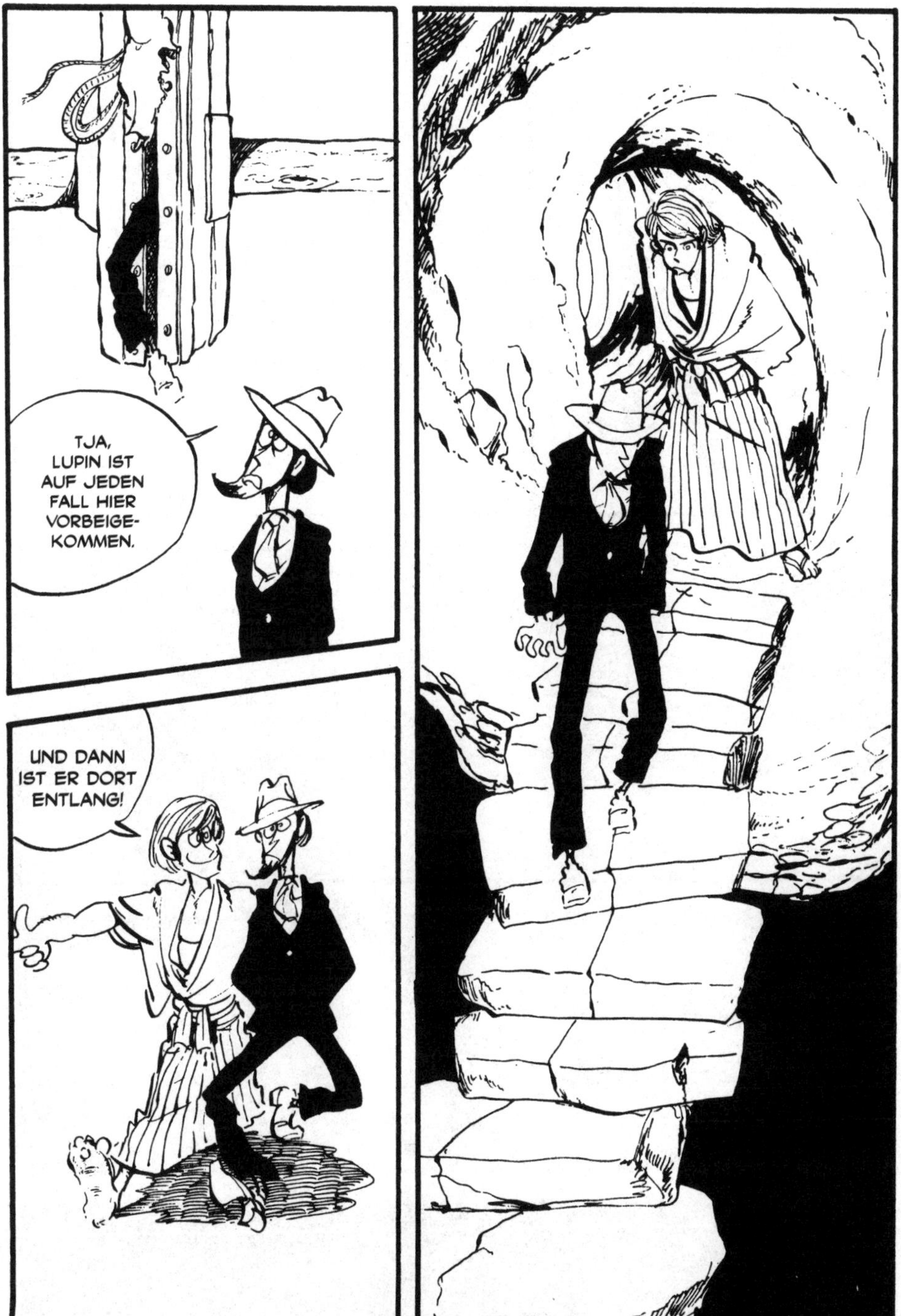
TJA, LUPIN IST AUF JEDEN FALL HIER VORBEIGE-KOMMEN.
UND DANN IST ER DORT ENTLANG!

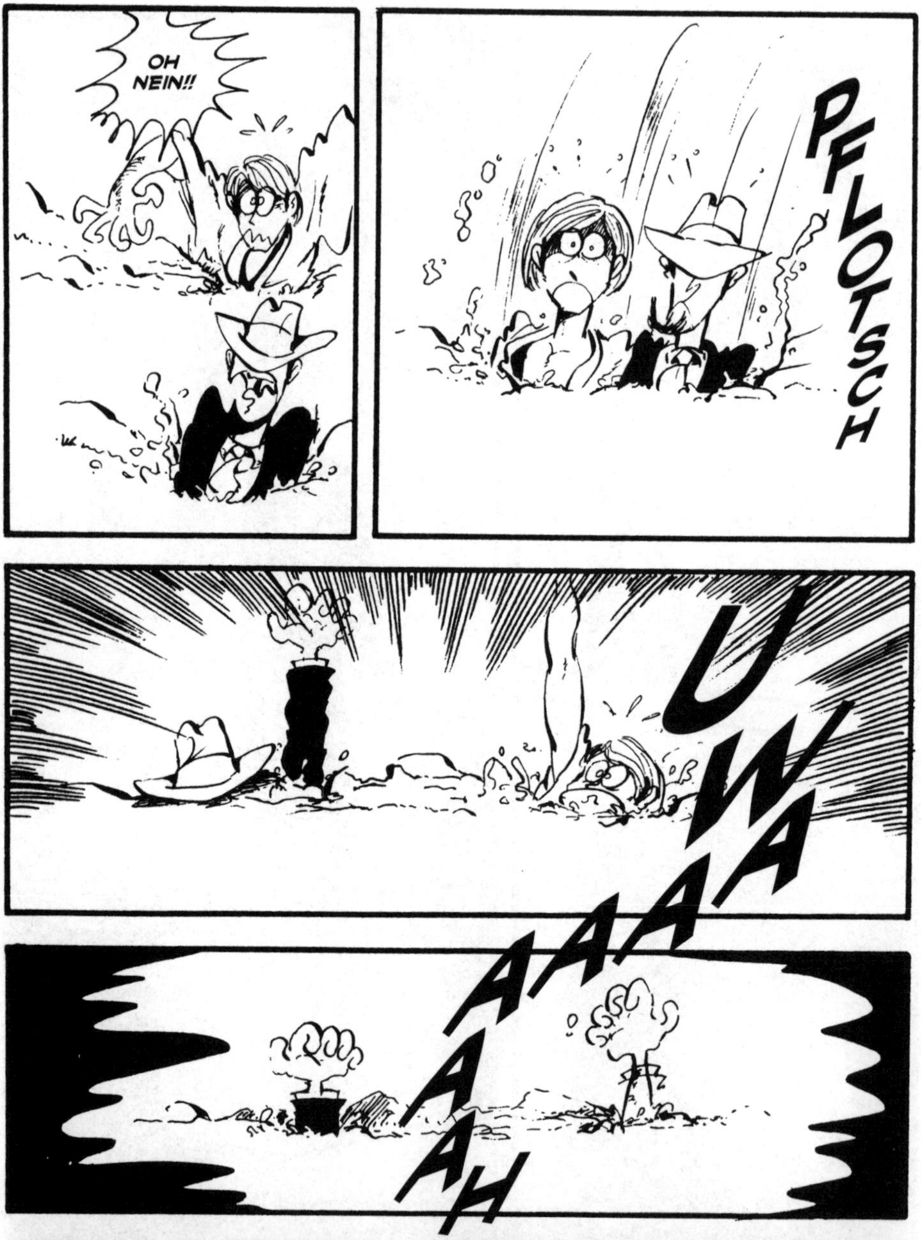
OH NEIN!!
PFLOTSCH
UWAAAAAAAH

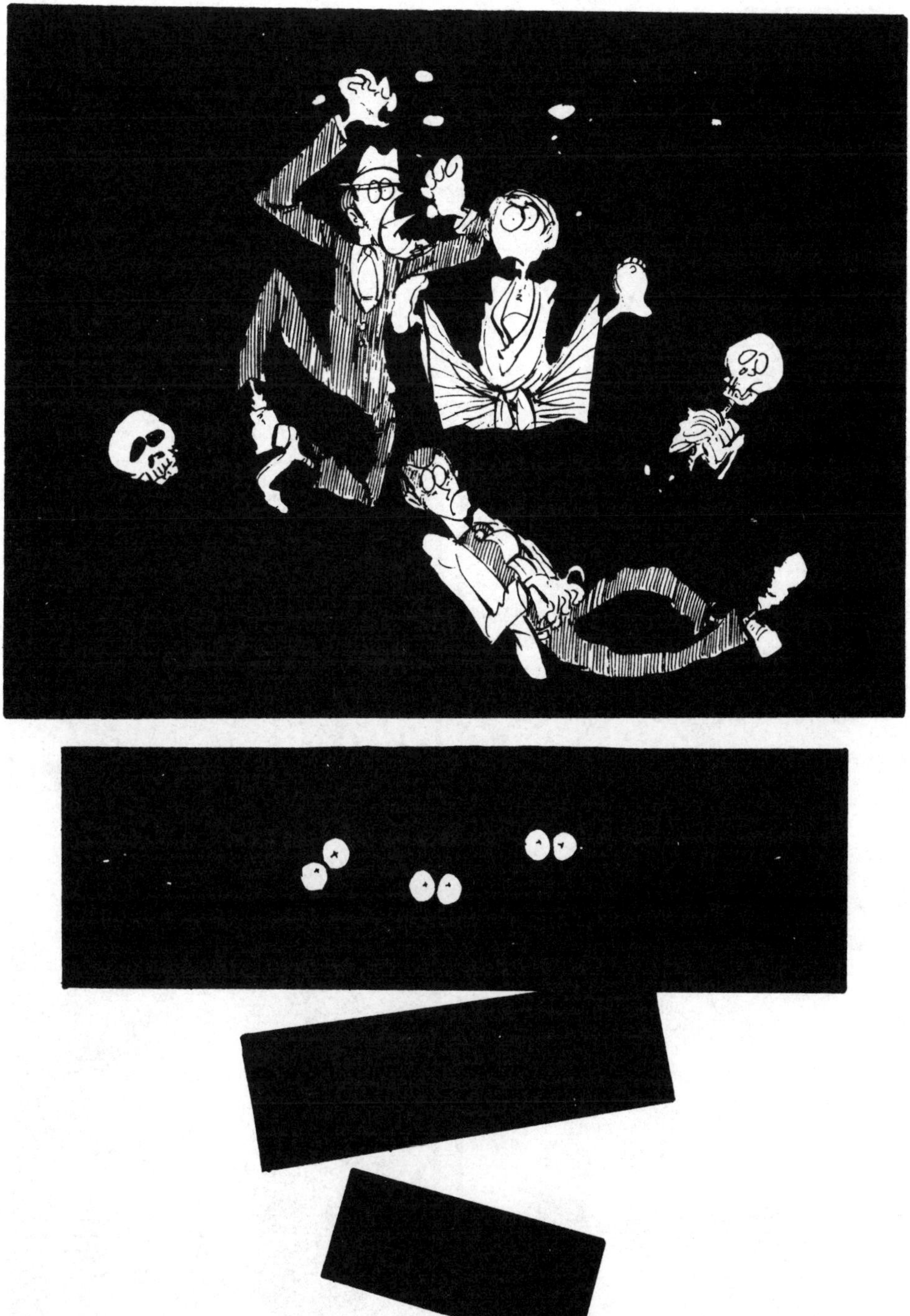

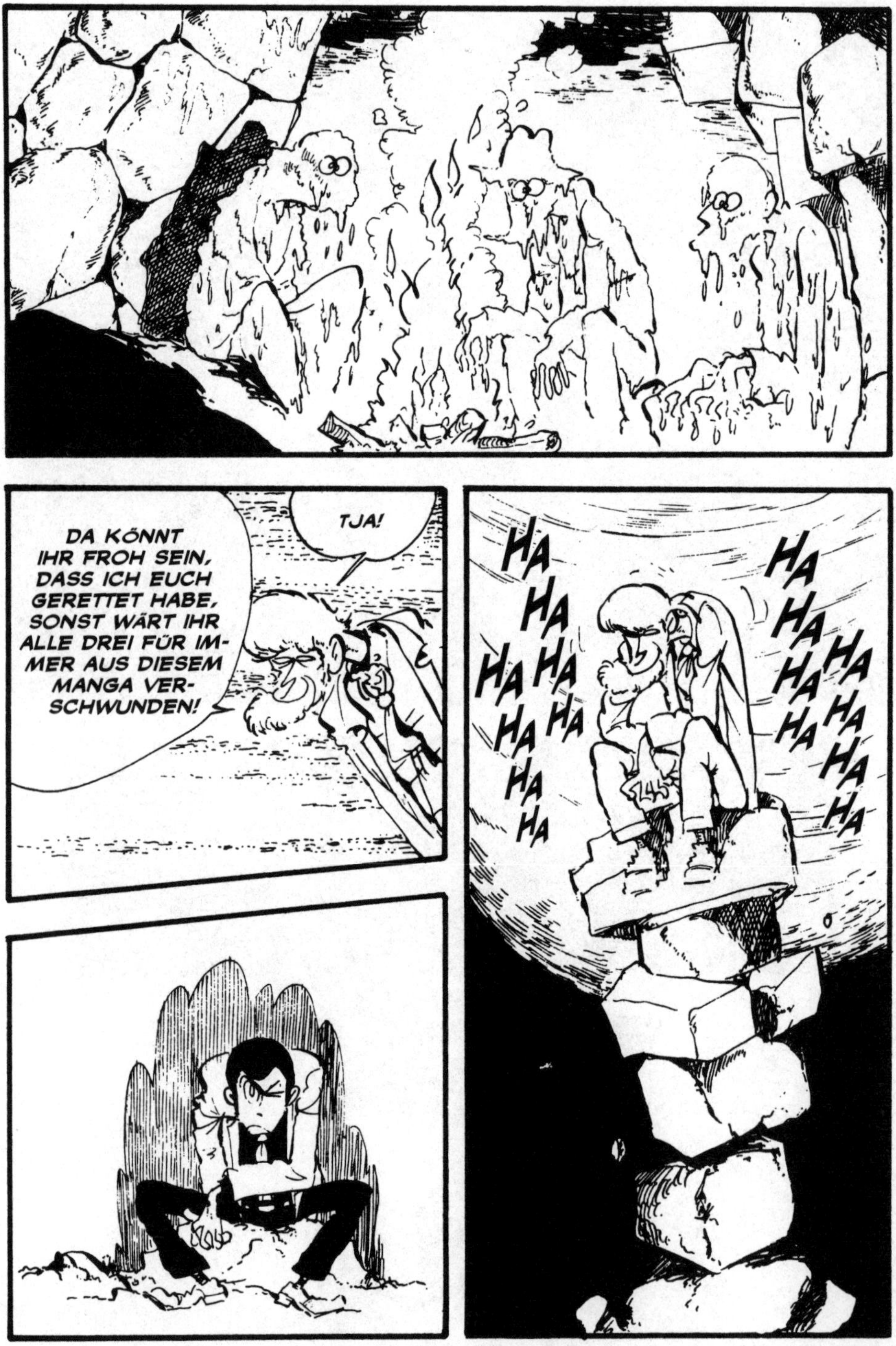
TJA!
DA KÖNNT IHR FROH SEIN, DASS ICH EUCH GERETTET HABE, SONST WÄRT IHR ALLE DREI FÜR IMMER AUS DIESEM MANGA VERSCHWUNDEN!
HA HA HA HA HA HA HA HA HA
HA HA HA HA
HA HA HA HA HA HA HA HA HA HA HA HA

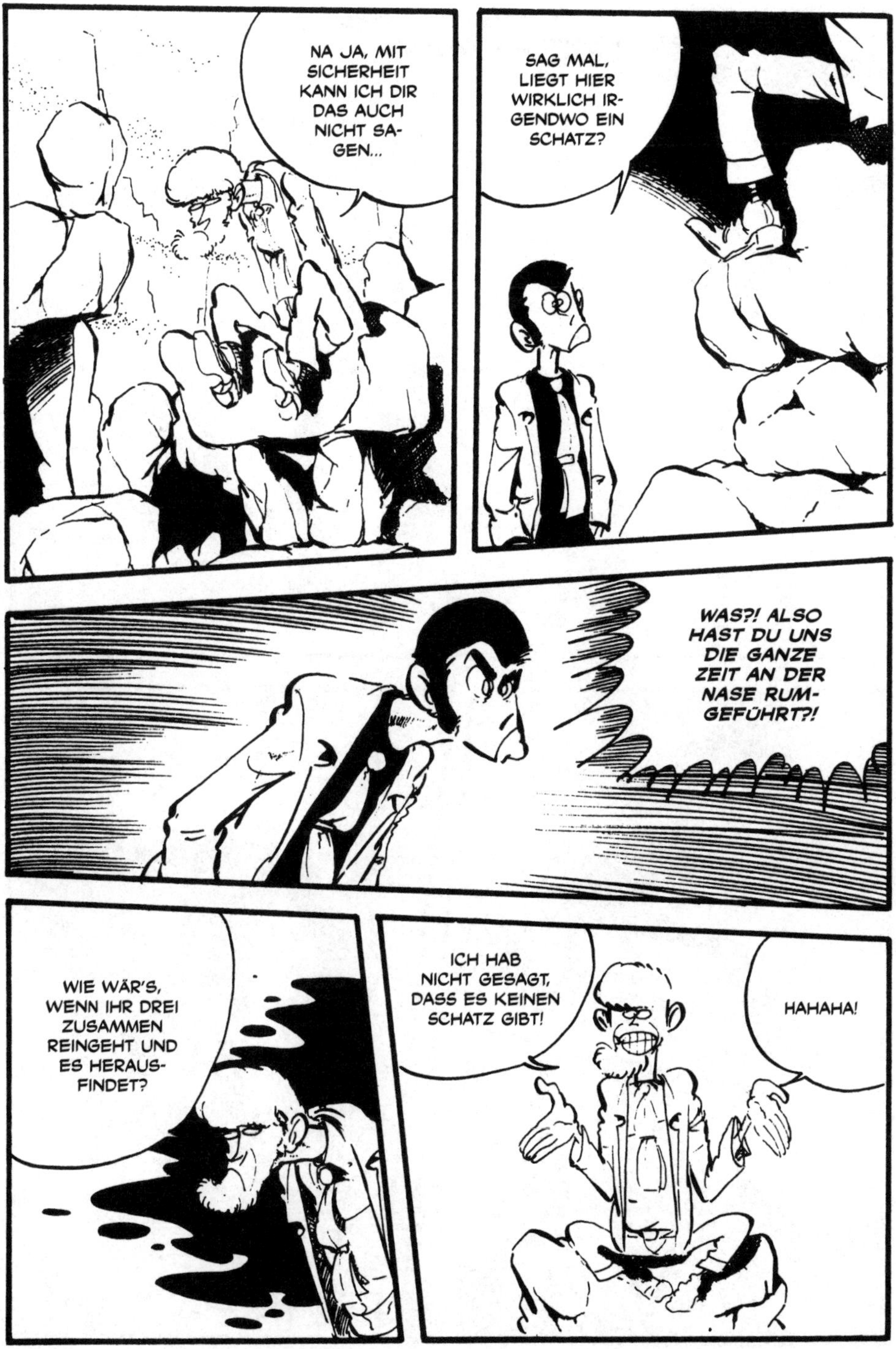
SAG MAL, LIEGT HIER WIRKLICH IRGENDWO EIN SCHATZ?
NA JA, MIT SICHERHEIT KANN ICH DIR DAS AUCH NICHT SAGEN...
WAS?! ALSO HAST DU UNS DIE GANZE ZEIT AN DER NASE RUMGEFÜHRT?!
HAHAHA!
ICH HAB NICHT GESAGT, DASS ES KEINEN SCHATZ GIBT!
WIE WÄR'S, WENN IHR DREI ZUSAMMEN REINGEHT UND ES HERAUSFINDET?

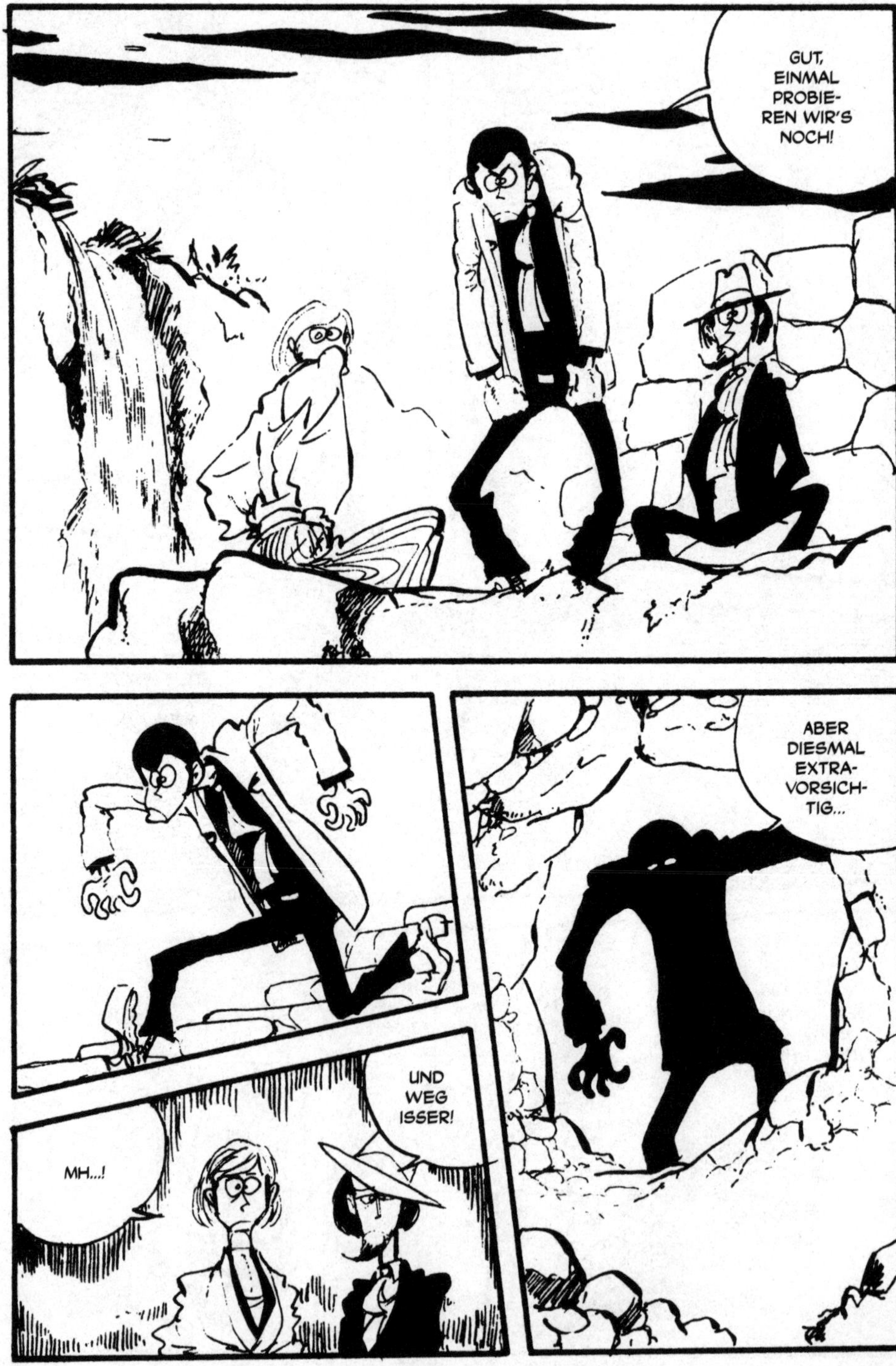
GUT, EINMAL PROBIEREN WIR'S NOCH!
ABER DIESMAL EXTRA-VORSICHTIG...
UND WEG ISSER!
MH...!

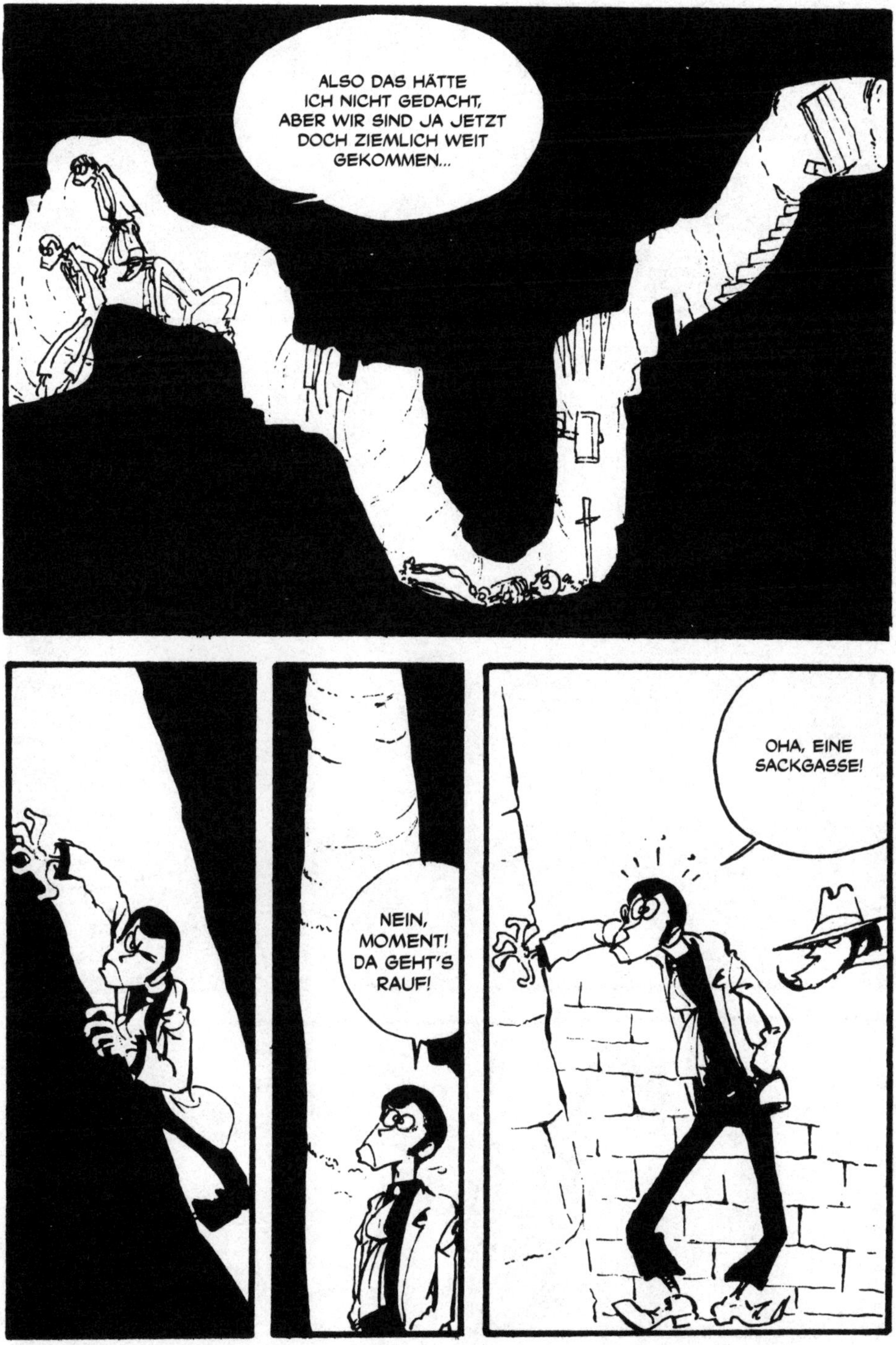
ALSO DAS HÄTTE ICH NICHT GEDACHT, ABER WIR SIND JA JETZT DOCH ZIEMLICH WEIT GEKOMMEN...
NEIN, MOMENT! DA GEHT'S RAUF!
OHA, EINE SACKGASSE!

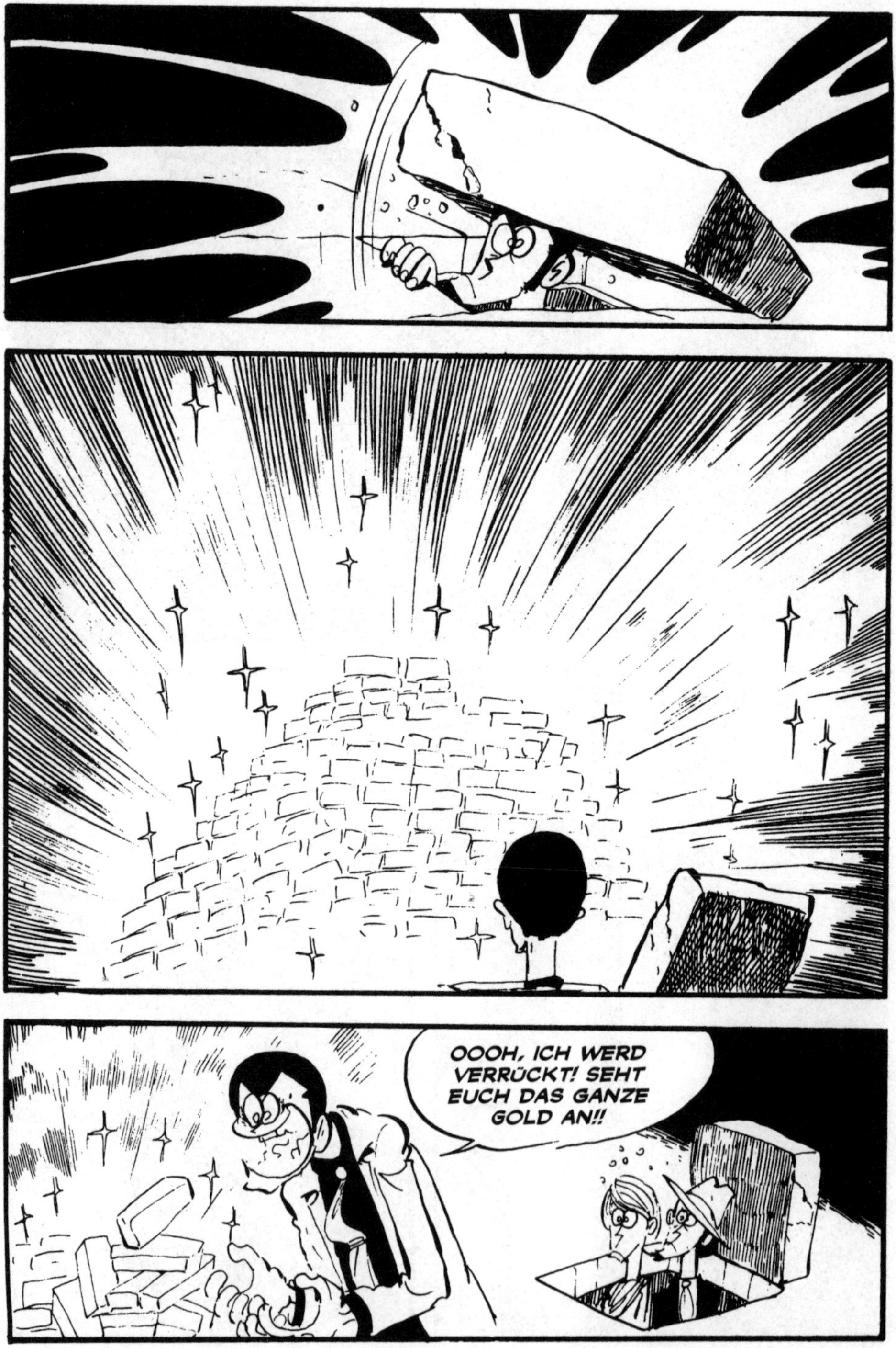
OOOH, ICH WERD VERRÜCKT! SEHT EUCH DAS GANZE GOLD AN!!

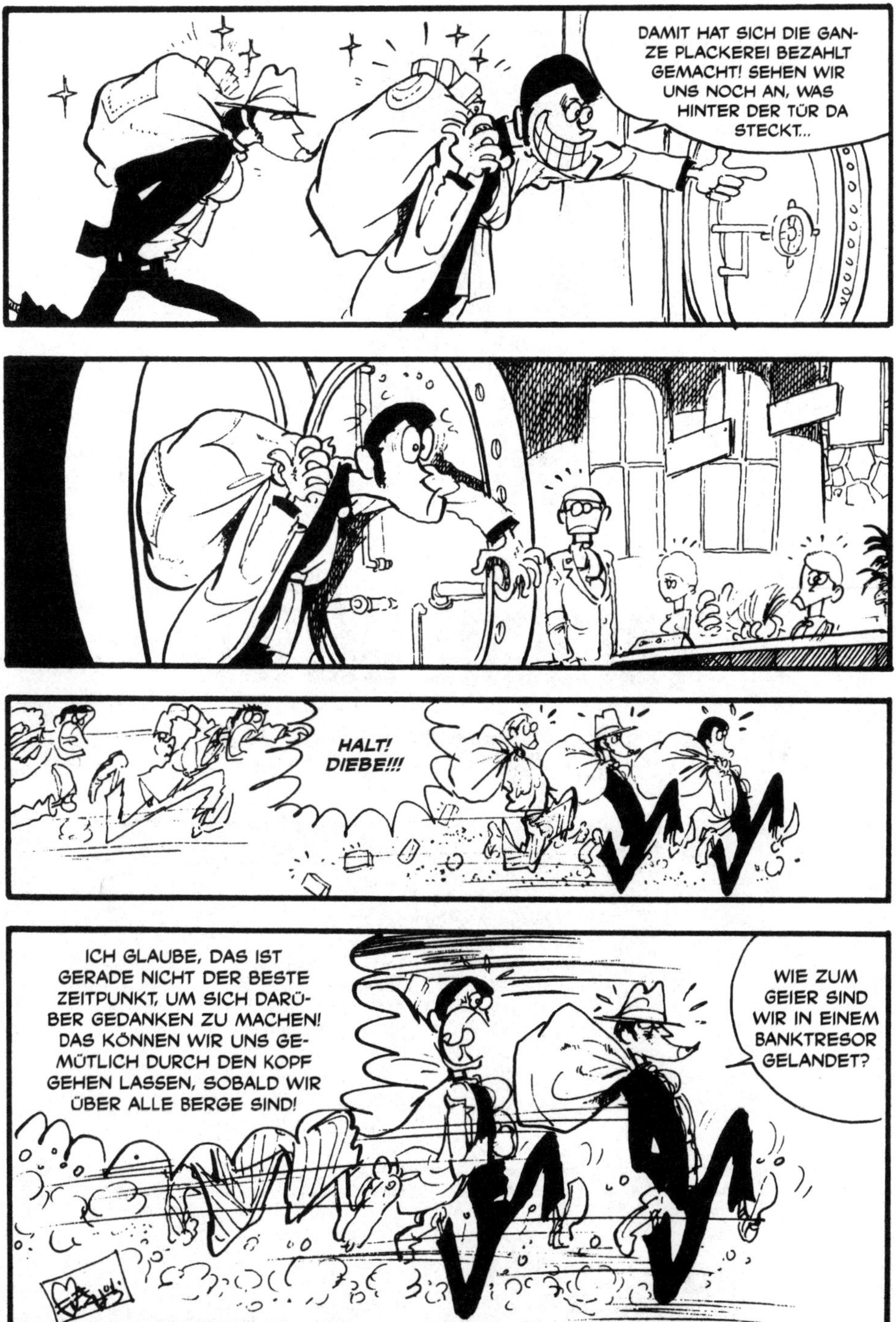

EIN SAGENHAFTER SCHATZ (TEIL 2) – ENDE

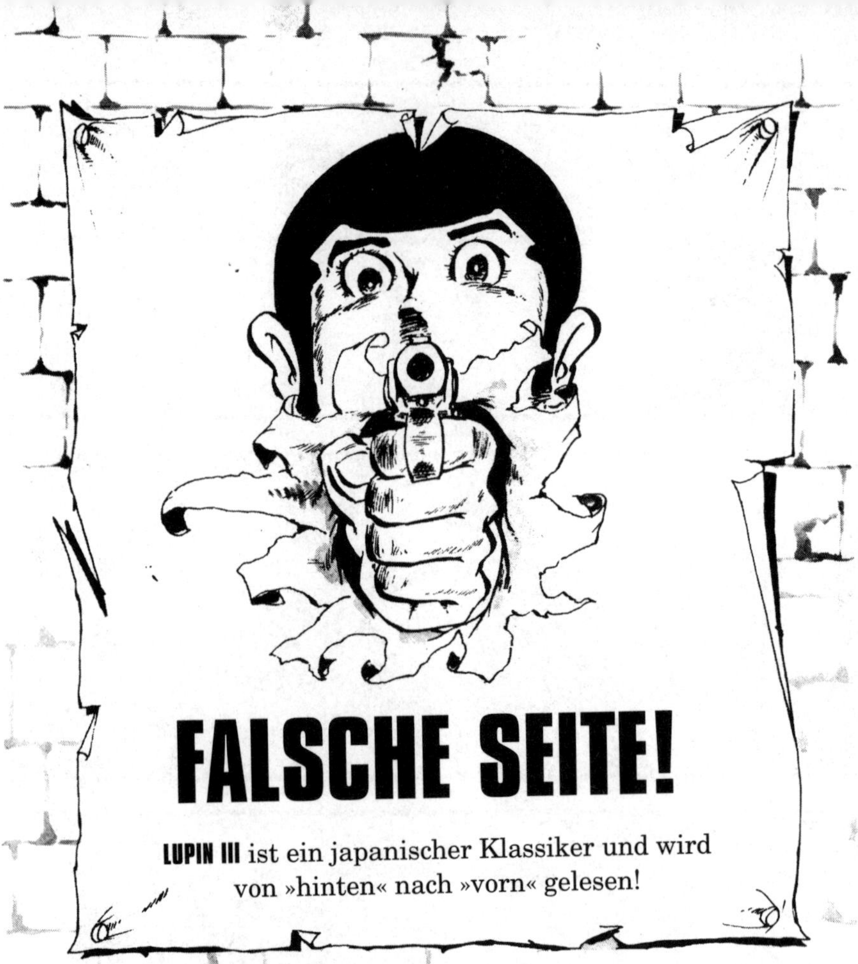

CARLSEN MANGA
Deutsche Ausgabe/German Edition
Carlsen Verlag • Hamburg 2022
Aus dem Japanischen von Martin Bachernegg
LUPIN THE THIRD KESSAKUSHU

First published by Futabasha Publishers Ltd. in 2019

The German language edition published by arrangement with
Futabasha Publishers Ltd., Tokyo through Tuttle-Mori Agency, Inc., Tokyo
Redaktion: Anne Berling
Textbearbeitung: Steffen Haubner

ISBN: 978-3-551-02147-2

Wir produzieren nachhaltig
- Klimaneutrales Produkt
- Papiere aus nachhaltigen und kontrollierten Quellen
- Hergestellt in Deutschland

FSC www.fsc.org
MIX
Papier | Fördert gute Waldnutzung
FSC® C014496